전면개정4판

Legal Aspects of International Finance

국제금융 관계법률

집필위원 최성현 · 신종신

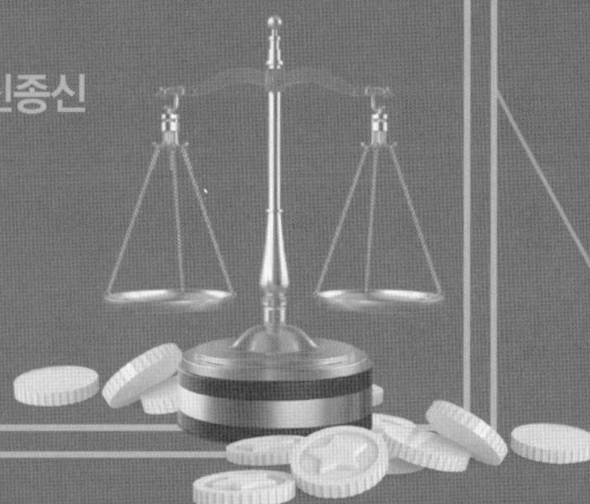

한국금융연수원
KOREA BANKING INSTITUTE

제4판 머리말

이번 재4판에서는 외화대차에 관한 「외국환거래규정」 등의 주요 변경사항을 2024년 12월말 기준으로 '제3장 국제금융 규제법' 에 모두 반영하였다.

제4판의 출간을 위하여 물심양면으로 도와주신 한국금융연수원의 이준수 원장님과 출판미디어사업부의 박양하 과장님께 깊은 감사를 드린다.

2025년 1월

집필위원 일동

제3판 머리말

이번 제3판에서는 먼저 국제금융시장의 최근 동향을 본서의 체계에 맞추어 반영하였다. 국제금융시장에서 대출, 채권, 파생상품 등 다양한 국제금융거래의 기준금리로 사용되고 있는 LIBOR(London Interbank Offered Rates)가 작년부터 순차적으로 산출이 중단됨에 따라 우리나라 등 주요국에서는 LIBOR를 적용하는 신규계약을 축소하고 기존계약은 이를 대체하는 무위험 지표금리(Risk Free Reference Rate; RFR)로의 전환을 가속화하고 있는데, 이와 관련한 거래상의 유의사항을 '제1장 제3절 III. 위험의 이전 및 관리의 중요성' 항목에 추가하였다. 그리고 최근 기후 변화의 중요성 대두, 탄소중립 의제화 등의 영향으로 환경 논의가 부각되면서 녹색금융 및 ESG 금융의 중요성이 한층 더 높아지고 있으며, 책임투자 확대, ESG 정보 공시 강화, 기후리스크 관리 강화 등에 관한 이니셔티브와 가이드라인의 발간이 전세계적으로 활발히 전개되고 있는 바, 최근 국내외에서 발행된 주요 가이드라인을 '제3장 제1절 IV. 국제금융과 금융회사의 윤리 · 사회적 책임' 항목에서 소개하였다.

'제10장 파생상품의 법률관계' 에서는 2016 ISDA 용어집(2006 ISDA Definitions)을 디지털 포맷 형식으로 업데이트한 2021 용어집(2021 ISDA Interest Rate Derivatives Definition)의 제정을 소개하였으며, 또한 비청산 장외파생상품거래의 변동증거금 및 개시증거금 담보를 위한 약정서인 2016 Credit Support Annex for Variation Margin (VM) (Title Transfer - English Law), 2018 Credit Support Annex For Initial Margin (IM) (Security Interest - New York Law) 등을 소개하였다.

‘제11장 국제금융거래의 분쟁해결’에서는, 국제중재에 있어 뉴욕협약(New York Convention) 적용을 받는 상자중재의 중재판정과는 달리, 워싱턴협약(Washington Convention)에 따라 국제투자분쟁해결센터(ICSID)에서 이루어지는 ICSID 중재의 중재판정에 대해서는 분쟁 당사자가 ICSID에 직접 취소(annulment)의 청구를 할 수 있다는 점을 설명하였다. 그리고 국제소송에 있어서는 국제재판관할권 및 외국재판의 승인과 집행에 관한 최근의 판례를 추가하였다.

제3판의 출간을 위하여 물심양면으로 도와주신 한국금융연수원의 서태종 원장님과 출판미디어사업부의 우아미 과장님께 깊은 감사를 드린다.

2023년 1월

최 성 현

제2판 머리말

이번 제2판에서는 국제금융거래에 관한 제반 법규들의 변경 사항을 본서에 반영하는데 중점을 두었다. 그리하여, 우선 국제금융거래의 실무에서 많이 접하게 되는 「외국환거래규정」과 「은행업감독규정」 등의 주요 변경사항을 2021년 1월말 기준으로 '제3장 국제금융 규제법'에 모두 반영하였다.

커버드본드의 법리와 실무에 관한 해설을 다룬 제8장 제2절에서는 구조화기법을 중심으로 서술하였던 우리나라의 커버드본드 발행 방식을 우리나라의 커버드본드 특별법으로 제정된 「이중상환청구권부 채권 발행에 관한 법률」에 따라 새로이 설명하였다.

제10장 제4절의 파생상품거래의 규제에 관한 내용은 제3장에 소개되어 있는 외국환거래법상의 규제 내용과 중첩된 부분이 있고 또 실효된 제도도 있어 제3장으로 통합하여 서술하였다.

작년 한해는 전 세계에 퍼진 코로나 바이러스 사태로 인해 국가적 손실, 사회적 제약, 개인적 고통이 이루 말할 수 없이 큰 한 해였다. 우리 인류 모두의 지혜와 노력으로 올해에는 이번 사태를 극복할 수 있기를 기원하면서, 어려운 와중에도 본서 개정판의 필요성을 환기시켜 주신 한국금융연수원 원장님과 출판미디어 사업부관계자들께 깊은 감사를 드린다.

2021년 2월

최 성 현

머리말

본서는 한국금융연수원에서 개설하고 있는 '영문금융계약서의 이해와 검토 과정', '외화지급보증의 법리와 실무 과정', '해외 프로젝트파이낸싱 과정', '국제금융 과정', '자산유동화 과정', '파생금융상품 과정' 등 법률, 국제금융 및 IB 과정의 법률과목 교재로, 그리고 한국금융연수원에서 주관하고 있는 국가공인 국제금융역 자격시험의 한 과목인 '국제금융관계법률'의 수험교재로 활용할 수 있도록 하기 위하여 집필되었다.

2008년의 미국발 글로벌 금융위기는 1980년대 이후 급속도로 진행되어온 세계화로 인해 전 세계의 경제가 밀접하게 연결되어 있다는 사실을 생생하게 보여주었다. '세계화'라는 단어는 이제 일상생활에서도 유행어가 되었을 만큼 우리에게 익숙한 용어가 되었다. 또한 금융회사에서 국제금융업무나 IB업무를 담당하는 임직원들은 '금융의 세계화'가 가져오는 금융거래의 폭과 깊이의 확대 그리고 금융상품의 내용과 성격의 변화를 일상에서 직접 체험하고 있다. 그러나 법적인 측면에서는 세계화라는 단어만큼 애매모호하고 혼란스러운 개념도 없다. 경제적으로 국가 간의 상호 의존성이 확대되고 세계 금융시장이 하나의 시장으로 통합되고 있는 현상과는 달리, 국제금융거래를 가능하게 하는 바탕으로서의 법적 제도는 전 세계적으로 통일되어 있지 않을 뿐만 아니라 체계적이지도 않기 때문이다.

그 결과 국제금융거래를 할 때마다 당해 계약의 유효성과 집행가능성은 어느 국가의 법에 따라 해석할 것인지를 결정해야 하고, 당해 금융거래가 관련된 특정 국가의 규제 대상인지 여부 및 그 규제 내용을 확인해야만 하며, 분쟁이 발생하는 경우에는 어느 나라에서 소송 또는 중재를 해야 할지를 합의해야 하는 등 국내금융거래에서는 문제가 되지 않는 제반 사항에 대해서도 개별적으로 검토해야 하는 어려움이 따르게 된다. 나아가 우리에게 익숙하지 아니한 영미법 국가의 계약서 구조에 따라 영문으로 길게 작성되어 복잡하게 보이는 계약서의 내용을 계약마다 서로 다른 준거법의 계약법리에 따라 검토해야 하는 일은 국제금융업무 담당자들을 더욱 더 곤혹스럽게 하고 있다.

국제금융거래와 관련된 다양한 법률문제에 대한 체계적인 지식은 금융의 세계화에 따라 국제금융거래가 크게 증가하고 있는 현실의 사정, 그리고 세계 10위권의 경제대국이자 2010년 G-20 정상회의의 의장국이며 국제금융중심지로서 발돋움해 나가고 있는 우리나라의 국제적 위상에 비추어 볼 때, 금융회사에서 국제금융업무를 담당하는 임직원들이 실무적으로 반드시 갖추어야 할 업무능력임에 틀림없다. 그러나 국내에서 발간된 전문도서는 희귀한 실정이고 또한 외국의 전문서적을 참고하는 데도 한계가 있기 때문에, 대개는 외부 변호사의 도움을 받든지 아니면 업무처리 선례를 참조하여 사안별로 단편적인 지식의 습득에 그치는 경우가 대부분이다.

따라서 본서는 은행 등 금융회사의 국제금융업무에서 많이 이루어지고 있는 거래를 중심으로 그와 관련되는 법리를 정리 · 해설함으로써 국제금융업무를 담당하는 금융회사의 임직원들에게 국제금융거래의 준거법, 규제법, 계약법리 및 분쟁해결방법에 관한 기본적인 지식을 보다 종합적이고 체계적으로 전달하는 것을 목표로 하고 있다.

본서의 내용은 크게 분류하면 (i) 국제금융의 법적 환경과 법적 기반, 국제금융에 관한 법적 규제와 국제기준의 내용, 그리고 국제금융거래의 준거법과 규제법의 차이를 다룬 국제금융의 적용법규 부문(제1장~제3장), (ii) 각종 국제금융계약의 구조와 내용 및 그 체결과 이행에 관한 법률문제를 다루고 있는 국제금융거래의 계약법리 부문(제4장~제10장), 그리고 (iii) 국제금융거래의 분쟁해결방법으로서의 소송과 중재, 그리고 변호사의 법률의견서에 관한 내용을 다룬 국제금융거래의 분쟁해결방법 부문(제11장~제12장)의 세 부문으로 구성되어 있다.

본서는 저자들이 은행에서의 실무경험, 변호사로서의 실무경험, 그리고 기존 국내외 관련문헌의 내용을 바탕으로 가능한 한 알기 쉽게 서술하려고 노력하였다. 특히 다루는 주제의 범위가 넓은 편이고 주된 독자층이 국제금융업무의 일선에 있는 실무자라는 점을 감안하여 이론적인 깊이보다는 기본적이고 실무적인 사항 위주로 서술하였다. 따라서 본서는 국제금융거래에 관심이 있는 법과대학과 법학전문대학원의 법학도 및 기업에서 국제금융업무를 담당하고 있는 임직원들에게도 국제금융거래의 법률문제에 대한 전반적 이해를 위한 기본서로 활용될 수 있을 것이다.

복잡한 국제금융계약서의 작성이나 해석, 국제금융과 관련한 다양한 법률문제들에 대한 해설이 한두 권의 책으로 해결될 성질은 아니고 각 주제별로 제각기 심도 있게 다루어져야 할 것이나, 본서의 내용이 적어도 국제금융과 관련된 중요한 법적 이슈를 파악하여 문제에의 접근을 수월하게 하는 가교 역할을 하게 되었으면 하는 것이 저자들의 소박한 바람이다.

본서는 그 내용이나 체계 면에서 부족하고 미흡한 점이 적지 않을 것으로 사료되는 바 잘못된 내용이나 체계상의 오류는 모두 저자들의 몫이라는 점을 밝혀두며, 실무자들 및 현학들의 비판을 수렴하여 더 알차고 체계 있는 도서로 만들어가고자 한다.

마지막으로 본서의 출판을 위하여 물심양면으로 도와주신 한국금융연수원 도서출판부 직원 여러분께 감사드린다.

2011년 10월

집필위원 일동

제1장 총 설

제2장 국제금융거래의 준거법

CONTENTS

제3장 국제금융의 규제법

제 4 장 국제대출거래의 법률관계

제5장 신디케이티드 대출, 대출채권 양도 및 담보금융

제 6 장 은행의 지급보증, 보증과 컴포트레터

제7장 국제채권거래의 법률관계

제10장 파생상품거래의 법률관계

제11장 국제금융거래의 분쟁해결

제12장 법률의견서

제1장

총 설

제1절 국제금융관계법률의 의의

제2절 국제금융관계법률의 내용

제3절 국제금융관계법률의 특성

제 1 절

국제금융관계법률의 의의

Ⅰ. 국제금융과 국제금융관계법률

금융(finance)과 법(law)은 서로 떼려야 뗄 수 없는 상호불가분의 관계에 있다. 금융은 일정한 법적 제도(legal system)를 기반으로 그 제도 내에서만 그리고 그 제도의 지원을 바탕으로 하여서만 이루어질 수 있는 것이기 때문이다. 이와 같은 법과 금융의 상호불가분의 관계는 국내금융(domestic finance)에서든 국제금융(international finance)에서든 동일하게 적용된다.

국내금융은 국내법 제도(national legal system), 즉 (1) 민법이나 상법 등 국내에서의 거래 주체들의 사적 법률관계를 규율하기 위한 사법체계(private law system)와 (2) 국내의 금융제도(domestic financial system)인 (i) 금융거래가 이루어지는 금융시장(financial markets), (ii) 금융거래를 중개하는 금융회사(financial intermediaries) 및 (iii) 중앙은행제도, 지급결제제도, 금융감독제도, 예금보험제도 등과 같이 금융거래가 원활히 이루어지도록 금융시장 및 금융기관을 지원하고 감시하는 법적 제도 내지 기구로서의 금융하부구조(financial infrastructure), 그리고 (3) 공정거래법, 금융소비자보호법, 외환규제법 등 행정주체와 사인 간의 공익적 법률관계를 규율하기 위한 공법체계(public law system)를 기반으로 하여 이루어진다.

국제금융도 국내금융과 마찬가지로 일정한 법적 제도를 기반으로 하여 이루어질 수밖에 없다. 아무리 국제금융이라고 하여도 법적 진공상태(legal vacuum)에서는 존재할 수 없기 때문이다. 그러나 미리 말해둘 것은, 전 세계적으로 적용되는 사법체계나 금융제도 또는 공법체계가 존재하지 않는 것은 물론 특별히 국제금융을 규율하기 위한 전 세계적인 효력을 갖는 '국제금융법(International Financial Law)' 이나 본서의 제목인 '국제금융관계법률' 과 같은 성문법은 어디에도 존재하지 않는다는 것이다. 전 세계에 하나의 국가만 존재한다면 몰라도 수많은 주권국가로 분할되어 있는 현재의 상황에서는, 모든 국가가 동의하지 않는 한 국제연합(United Nations; UN)은 물론 어느 국제기구도 그러한 법을 제정할 수 없기 때문이다.

따라서 먼저 국제금융은 과연 어떠한 법적 제도를 기반으로 하여 이루지는 것인지를 규명하는 것이 필요하다. 나아가 국제금융은 어떠한 내용의 법적 규율과 규제를 받는지 그리고 국제금융거래에는 국내금융거래에서와는 달리 특별히 적용되는 법원리가 존재하는지에 대한 검토가 필요하게 된다. 이러한 목적으로, 이론상 법학의 한 독립된 분야로서 '국제금융법(international financial law)' 또는 '국제금융거래법(international financial transaction law)' 이 주장되고 있다. 또 실제로 각국의 법학전문대학원(law school)이나 법과대학에는 '국제금융법' 또는 '국제금융거래법' 과 같은 과목이 개설되어 있는데, '국제금융법' 또는 '국제금융거래법' 이 다른 법, 특히 상법이나 국제거래법 등과 구별되는 독자적인 하나의 분야로 인정될 수 있는지에 대해서는 논의가 분분하다.

본서는 그 제목이 국제금융에 관련된 각종 법규범의 총체라는 의미의 "국제금융관계법률" 로 되어 있으나, 국제금융 그리고 국제금융거래의 분쟁과 관련된 구체적인 개별 법률들의 평면적인 해설이나 주석을 목적하는 것이 아니라, (i) 국제금융이 과연 어떠한 법적 제도를 기반으로 하여 이루어지는 것인지, 국제금융은 어떠한 내용의 법적 규율과 규제를 받는지, 국제금융거래에 적용되는 준거법과 규제법은 성격상 어떠한 차이가 있는지 등 국제금융의 적용법규에 관한 문제, (ii) 각종 국제금융거래를 위한 계약의 구조와 내용 및 그 체결과 이행의 다양한 법률문제에 관한 계약법리, 그리고 (iii) 국제금융거래의 분쟁해결방법으로서의 소송과 중재에 관한 제반 논점에 관하여 종합적이고 체계적으로 서술하는 것을 그 주된 목적으로 한다.

Ⅱ. 국제금융의 법적환경과 적용법규

1950년대 말부터 1960대 초에 출현한 유로시장(Euromarkets)의 발전과 성숙, 1960년대 초반부터의 신종 금융상품의 개발 및 확산, 1970년대 중반부터 시작된 각국의 자본자유화와 국내금융시장의 대외개방, 1980년대에 이루어진 세계 각국의 금융규제 완화와 금융의 자율화라는 일련의 금융혁신(financial innovation)은 정보통신기술의 발달에 힘입어 이제 각국의 금융회사가 전 세계의 금융시장을 무대로 24시간 금융거래를 할 수 있게 함으로써 전 세계 금융시장의 통합화 내지 세계화를 이루었다고 이야기되고 있다. 또한, 이러한 국제금융시장에서의 공정한 경쟁여건을 마련하고 국제금융시스템의 안전성을 강화하기 위하여 세계적으로 적용되는 다양한 국제금융기준(international financial standards)이 마련되고 있다.

그러나 엄격한 의미에서의 법적 측면에서는 세계는 여전히 통합과는 거리가 먼 분할 상태에 놓여 있다. 현대의 국제사회를 구성하는 것은 주권국가(sovereign state)이고, 그 주권은 평등하다. 이 주권평등(sovereign equality)의 원칙은 국제연합의 기본원칙으로서(UN헌장 제2조 제1호), 현대 국제사회의 근간을 이루는 기본원칙이다. 이 기본원칙에 따르는 한 모든 주권국가의 동의를 얻지 않고서는 그 지배영역에 적용되는 세계적인 통일법을 제정하고 그 실효성을 담보하기 위한 세계적인 통일사법제도를 수립하는 것은 불가능하다. 이 때문에 국제금융거래를 규율하는 세계적인 통일법은 존재하지 않으며, 국제금융거래에 관한 분쟁을 처리하는 국제적 사법기관도 존재하지 않는다. 결국 국제금융거래를 현실적으로 규율하고 있는 법규범은 개별적인 각 국가의 국내법이고, 국제금융거래와 관련된 분쟁은 특정 국가의 사법기관에 의해 해결될 수밖에 없는 것이 현실의 상황이다.

따라서 국제금융거래를 함에 있어서는 그 거래를 규율하기 위한 법규범으로서 어느 특정 국가의 법이 지정되어야만 하며, 그 거래와 관련한 분쟁을 해결할 특정 국가의 법원이 필요하게 된다. 결국 특정 거래에 적용할 국제금융관계법률은 특정 국가의 국제금융관계법률을 의미하게 된다. 즉, 국제금융관계법률이라고 부를 수 있는 것은 예컨대 대한민국의 국제금융관계법률, 프랑스의 국제금융관계법률과 같이 지구상 국가의 수만큼 존재하는 셈이 된다. 한편, 미국과 같이 연방제도를 가지고 있는 국가의 경우에는 예컨대 캘리포니아주의 국제금융관계법률과 뉴욕주의 국제금융관계법률이 서로 다르므로, 각각의 주를 의미하는 각 법역(jurisdiction)[1]마다 국제금융관계법률이 다르다고 하는 것이 더욱 정확한 표현이다.

각 국가 또는 법역의 국제금융관계법률은 우선 실체법(substantive law)과 절차법(procedural law)으로 구분할 수 있다. 실체법은 다시 민법이나 상법 등과

1) "Jurisdiction" 이라는 용어는 두 가지의 서로 다른 의미로 사용된다. 첫째는, 동일한 법이 지배하는 지역, 즉 법역이라는 의미로 사용된다. 법역은 대부분의 경우에는 한 국가를 의미하지만, 한 국가가 서로 별개의 법적 제도를 가진 일부 지역들로 나누어져 있는 경우에는 그 일부 지역이 법역이 되므로 한 국가에 수개의 법역이 있게 된다. 예컨대, 50개의 주(state)로 구성되어 있는 미국(USA)은 주마다 법이 다르므로 각각의 주가 하나의 'jurisdiction' 이 되며, 영국(UK)은 'England and Wales', 'Scotland' 및 'Northern Ireland' 가 각각 서로 다른 법적 제도를 가지고 있으므로 그 각각이 하나의 'jurisdiction' 이다. 우리가 계약서에서 'This Agreement shall be governed by English law(준거법은 영국법으로 한다)' 라고 하는 경우의 "English law" 는 'England and Wales' 의 법을 의미하며, "UK law" 라고 하지 않고 "English law" 라고 쓰는 것은 이러한 사정에서 연유한다. 둘째로는, 특정 분쟁에 관한 재판관할권이라는 의미로 사용된다. 예를 들면 'The courts of Republic of Korea have jurisdiction' 이라고 하는 경우에는 우리나라의 법원이 그 특정 분쟁에 관한 재판관할권을 가진다는 것을 의미한다.

같이 사인 간의 법률관계를 규율하기 위한 사법(private law)과 은행법이나 외환규제법 등과 같이 행정주체와 사인 간의 공익적 법률관계를 규율하기 위한 공법(public law)으로 구분된다. 그리고 각 국가는 국제금융거래와 같이 외국적인 요소(foreign elements)를 가지는 국제거래에서 분쟁이 발생하여 자기 나라의 법원에 소가 제기된 경우, 먼저 자기 나라의 법원에 그 소송에 관한 재판관할권(jurisdiction)이 있는지 여부를 결정하고(국제재판관할권의 문제), 만약 자기 나라의 법원에 재판관할권이 있다고 결정하여 재판을 하게 되는 경우에는 어느 나라의 법에 따라 재판할 것인지를 결정하기 위하여(준거법의 결정 문제) 자국 나름대로의 섭외사법(choice-of-law rules 또는 conflict-of-laws)을 두고 있다.

따라서 각국의 국제금융관계법률은 (i) 거래의 실체관계를 규율하기 위한 실체법인 공법과 사법, (ii) 재판절차 등을 정한 절차법, 그리고 (iii) 특정 거래의 재판관할권과 준거법을 정하기 위한 섭외사법이라는 3종류의 법으로 구분할 수 있다.

그 중에서 국제금융거래와 관련하여 가장 잘 파악하고 있어야 할 법의 내용은 국제금융거래를 규제하는 은행법이나 외환규제법 등의 공법과 국제금융거래에 따른 당사자 간 권리의무의 내용에 관한 민법이나 상법 등 사법의 내용임은 두말할 필요도 없다.

한편, 국제금융거래에서는 그 거래에 적용될 준거법으로서 특정 국가의 법을 정해야 하고 또 분쟁 발생에 대비하여 특정 국가의 법원을 선택해두어야 하는 선결적 문제가 있기 때문에, 그러한 범위 내에서는 국제사법의 내용 및 역할이 무엇인지에 대한 기본적인 지식이 필요하다 할 것이다.

제2절

국제금융관계법률의 내용

I. 국제금융거래법

1. 국제금융과 국제금융거래

국제금융(international finance)이라 함은 경제학에서는 국제무역에 따른 대금결제, 해외차입에 따른 자금이동, 수익을 목적으로 이루어지는 해외투자 등으로 인해 자본의 이동이 국경을 넘어서 이루어지는 현상, 즉 자본의 국제적인 이동(cross-border financial flows 또는 international capital movements)을 말하는 것으로 설명되고 있다.

그러나 법적 또는 제도적 측면에서는 우리나라 국내법상으로든 국제법상으로든 '국제금융(international finance)' 이라는 용어 그 자체 또는 '국제자본이동(international capital movements)' 이라는 용어에 대한 통일적이고 명확한 개념 정의는 이루어져 있지 아니하다. 예컨대, 우리나라의 「자본시장과 금융투자업에 관한 법률」은 제336조에서 종합금융회사의 업무의 하나로 '외자도입, 해외투자, 그 밖의 국제금융의 주선과 외자의 차입 및 전대' 를 규정하면서 "국제금융"이라는 용어를 사용하고 있으나 그 포괄적인 정의는 하지 않고 있다. 또한, '국제통화기금협정(Articles of Agreement of the International Monetary Fund)' §6(3)은 "회원국은 국제자본이동(international capital movements)을 규제하기 위하여 필요한 규제를 행할 수 있다. 그러나 회원국은 §7(3)(b) 및 §14(2)에 정하여 있는 경우를 제외하고는 경상거래(current transactions)를 위한 지급을 제한하거나 또는 채무결제를 위한 자금이체를 부당하게 지연시키는 방법으로 이러한 규제를 행할 수 없다."라고 하여 "국제자본이동(international capital movements)"이라는 용어를 사용하고 있는데, 이 용어가 그 문맥상 경상거래(current transactions)에 대비되는 개념으로 사용되고 있다는 점은 이해할 수 있으나, 어떠한 거래가 국제자본이동에 해당하는지에 대해서는 침묵하고 있다.

따라서 법이론적인 측면에서는 국제금융(international finance)을 그 거래적 성격을 중시하여 국제금융거래(international financial transactions), 즉 지급(payment), 신용공여(credit)나 투자(investment), 또는 금융계약(financial contract)과 관련하여 국경을 넘는(cross-border) 요소를 포함하고 있는 모든 거래를 지칭하는 것으로 설명하는 것이 일반적이다.

금융거래가 국경을 넘어(cross-border) 이루어진다는 것은 자금의 공급자와 수요자가 서로 다른 국가에 소재한다는 것을 의미하며, 이는 또한 자금의 공급자와 수요자가 한 국가를 기준으로 할 때 거주자(resident)와 비거주자(non-resident)의 관계에 있다는 것을 의미한다.[2)]

2) 국제거래는 거래 당사자의 국적을 기준으로 국민과 외국인과의 거래를 의미하는 것으로 정의할 수도 있고(이 기준에 의할 경우, 외국인이 국내에 거주하거나 또는 국민이 외국에 거주하는 경우에는 한 국가 내에서 거래가 이루어지므로 국경을 넘는 거래가 아닐 수도 있다), 달리 거주지를 기준으로 하여 거주자와 비거주자와의 거래를 말하는 것으로 정의할 수도 있는데, 이는 한 국가의 총생산(gross product)의 개념을 국민총생산(gross national product; GNP)으로 파악하느냐 아니면 국내총생산(gross domestic product; GDP)으로 파악하느냐에 달려 있다. 국제수지표와 우리나라의 외국환거래법도 국적이 아닌 거주 개념을 국제거래 및 외환거래의 기준으로 하고 있다.

2. 국제금융거래의 분류

각종 국제금융거래를 포괄적이고 체계적으로 분류하고 있는 공식적인 자료로서는 (i) 경제협력개발기구(Organization of Economic Cooperation and Development; OECD)의 'OECD 자본이동자유화규약(OECD Code of Liberalisation of Capital Movements)' 과 (ii) 각 국가의 국제거래 또는 투자상황을 체계적으로 기록한 표인 국제수지표(Balance of Payments; BOP) 및 국제투자대조표(International Investment Position; IIP)를 들 수 있다.

(1) OECD 자본이동자유화규약에 따른 분류

'OECD 자본이동자유화규약' 은 국제자본이동에 관련된 거래의 종합적인 목록을 16개 항목으로 분류하여 제시하고 있는데,[3] 그 중 국제금융거래에 해당하는 항목으로서 (i) 해외직접투자(direct investment), (ii) 중장기자본시장(capital markets)에서의 지분증권 또는 채무증권(만기 1년 이상)의 공모발행, 사모발행, 상장 및 매매, (iii) 단기자금시장(money markets)에서의 증권 기타 상품의 공모발행, 사모발행, 상장과 매매, 그리고 단기시장상품을 통한 대출 및 차입, (iv) 집합투자증권(collective investment securities)의 공모발행, 사모발행, 상장 및 매매, (v) 무역관련신용, (vi) 대출거래, (vii) 지급보증, (viii) 예금거래, (ix) 외화매매 및 교환 등을 열거하고 있다.

우리나라의 현행「외국환거래법」은 국제자본이동에 관련된 거래를 통칭하여 '자본거래' 라 부르고 있는데, 'OECD 자본이동자유화규약' 체제와 기존 자본거래 규제 체제를 고려하여 자본거래를 크게 (i) 예금, 신탁계약에 따른 자본거래, (ii) 금전의 대차, 채무의 보증계약에 따른 자본거래, (iii) 대외지급수단, 채권 기타의 매매 및 용역계약에 따른 자본거래, (iv) 증권의 발행, (v) 증권의 취득, (vi) 파생상품거래, (vii) 기타의 자본거래, (viii) 현지금융, 그리고 (ix) 직접투자 및

3) OECD Code of Liberalisation of Capital Movements 2010, Annex D: General List of International Capital Movements and Certain Related Operations.

부동산 취득의 9개의 거래유형으로 구분하여 각각의 거래유형별로 그 규제범위 및 규제사항을 규정하고 있다(외국환거래법 제3조 제1항 제19호; 외국환거래규정 제7장, 제8장 및 제9장).

(2) 국제수지표와 국제투자대조표에 따른 분류

국제수지표(BOP)는 일정 기간 동안 한 나라의 거주자와 비거주자 사이에 이루어진 모든 경제적 거래를 체계적으로 분류하여 기록한 표이고, 국제투자대조표(IIP)는 일정 시점 현재 한 나라의 거주자의 비거주자에 대한 금융자산 및 금융부채의 잔액을 보여주는 표이다.

국제수지표(BOP)와 국제투자대조표(IIP)는 한 국가의 국내경제 동향분석은 물론 대외지급능력과 외화유동성 상황을 파악하는 데 매우 중요하게 이용되는 통계들로서, 우리나라에서는 한국은행이 국제통화기금(International Monetary Fund; IMF)의 '국제수지매뉴얼(Balance of Payments and International Investment Position Manual)'을 참고하여 우리나라의 국제수지표(매월)와 국제투자대조표(매분기)를 정기적으로 작성 · 공표하고 있다.

국제수지표(BOP)는 크게 경상수지(Current account), 자본수지(Capital account), 금융계정(Financial account), 그리고 오차 및 누락(Net errors and omissions)인 4개의 계정으로 구성되고([표 1-1] 참조), 국제투자대조표(IIP)는 국제수지표상의 금융계정만으로 구성되어 있다(국제수지표와 국제투자대조표의 관계는 [표 1-2] 참조).

금융계정(Financial account)은 다시 (i) 직접투자(Direct investment), (ii) 증권투자(Portfolio investment), (iii) 파생금융상품(Financial derivative), (iv) 기타투자(Other investment), 그리고 (v) 준비자산(Reserve assets)으로 구분되는데, 국제금융거래는 바로 이 금융계정에 계상된다. 이와 같은 금융계정의 분류에 근거하여 국제금융거래를 분류하면 다음과 같다.[4]

---

4) 국제수지표와 국제투자대조표 및 그 통계내용에 관한 자세한 설명은 한국은행에서 출판하는 관련 단행본 및 한국은행 통계전용 홈페이지 ECOS(http://ecos.bok.or.kr) 참조.

[표 1-1] 국제수지표의 세부구성 항목

Ⅰ. 경상수지
- 1. 상품수지
  - 1.1 일반상품
  - 1.2 중계무역순수출
  - 1.3 비화폐용금
- 2. 서비스수지
  - 2.1 가공서비스
  - 2.2 운송
  - 2.3 여행
  - 2.4 건설
  - 2.5 보험서비스
  - 2.6 금융서비스
  - 2.7 통신, 컴퓨터, 정보서비스
  - 2.8 지식재산권사용료
  - 2.9 유지보수서비스
  - 2.10 기타사업서비스
    - 2.10.1 연구개발서비스
    - 2.10.2 전문,경영컨설팅서비스
    - 2.10.3 기술,무역,기타사업서비스
  - 2.11 개인, 문화, 여가서비스
  - 2.12 정부서비스
- 3. 본원소득수지
  - 3.1 급료 및 임금
  - 3.2 투자소득
    - 3.2.1 직접투자소득
      - 3.2.1.1 직접투자배당
      - 3.2.1.2 직접투자이자
    - 3.2.2 증권투자소득
      - 3.2.2.1 증권투자배당
      - 3.2.2.2 증권투자이자
    - 3.2.3 기타투자소득
- 4. 이전소득수지
  - 4.1 일반정부
  - 4.2 기타부분
    - 4.2.1 개인이전
    - 4.2.2 기타경상이전

Ⅱ. 자본수지
- 1. 자본이전
- 2. 비생산 · 비금융자산

Ⅲ. 금융계정
- 1. 직접투자
  - 1.1 직접투자(자산)
    - 1.1.1 주식
    - 1.1.2 수익재투자
    - 1.1.3 채무상품
  - 1.2 직접투자(부채)
    - 1.2.1 주식
    - 1.2.2 수익재투자
    - 1.2.3 채무상품
- 2. 증권투자
  - 2.1 증권투자(자산)
    - 2.1.1 주식
    - 2.1.2 부채성증권
      - 2.1.2.1 장기증권
      - 2.1.2.2 단기증권
  - 2.2 증권투자(부채)
    - 2.2.1 주식
    - 2.2.2 부채성증권
      - 2.2.2.1 장기증권
      - 2.2.2.2 단기증권
- 3. 파생금융상품
  - 3.1 파생금융상품(자산)
  - 3.2 파생금융상품(부채)
- 4. 기타투자
  - 4.1 기타투자(자산)
    - 4.1.1 무역신용
      - 4.1.1.1 장기무역신용
      - 4.1.1.2 단기무역신용
    - 4.1.2 대출
      - 4.1.2.1 장기대출
      - 4.1.2.2 단기대출
    - 4.1.3 현금 및 예금
    - 4.1.4 기타자산
    - 4.1.5 기타지분
  - 4.2 기타투자(부채)
    - 4.2.1 무역신용
      - 4.2.1.1 장기무역신용
      - 4.2.1.2 단기무역신용
    - 4.2.2 차입
      - 4.2.2.1 장기차입
      - 4.2.2.2 단기차입
    - 4.2.3 현금 및 예금
    - 4.2.4 기타부채
    - 4.2.5 기타지분
    - 4.2.6 특별인출권
- 5. 준비자산

Ⅳ. 오차 및 누락

출처: 한국은행, 우리나라 국제수지통계의 이해, 2016.7, 23면

[표 1-2] 국제투자대조표(IIP)와 국제수지표(BOP)의 관계

<table>
<tr><td rowspan="2">〈BOP〉</td><td>경 상 수 지
상 품
서 비 스
본 원 소 득
이 전 소 득</td><td colspan="4"></td></tr>
<tr><td>자 본 수 지
자 본 이 전
비생산비금융자산</td><td colspan="4"></td></tr>
<tr><td colspan="6">〈IIP〉</td></tr>
<tr><td>〈기초잔액〉</td><td>〈거래요인〉</td><td colspan="3">〈비거래요인〉</td><td>〈기말잔액〉</td></tr>
<tr><td>대 외 투 자
외국인투자
순국제투자</td><td>금 융 계 정
직 접 투 자
증 권 투 자
파 생 금 융 상 품
기 타 투 자
준 비 자 산</td><td>가 격
변 동</td><td>환 율
변 동</td><td>기 타
변 동</td><td>내국인투자
외국인투자
순국제투자</td></tr>
<tr><td></td><td>오 차 및 누 락</td><td colspan="4"></td></tr>
</table>

출처: 한국은행, 우리나라 국제투자대조표의 이해, 2014.11, 2면

1) 해외직접투자(Foreign Direct Investment; FDI)

해외직접투자는 외국에 있는 기업의 경영에 대해 통제(control) 또는 상당한 영향력(a significant degree of influence)을 행사하기 위해 행하는 대외투자로서, 투자자가 투자대상기업에 대해 의결권(voting power)의 10% 이상에 해당하는 주식 등 지분증권(equity securities)을 취득하는 경우 통제 또는 상당한 영향력을 가지는 것으로 간주하여 해외직접투자로 분류한다. 투자대상기업의 배당되지 않은 이익 중 직접투자자의 몫도 수익재투자라 하여 직접투자에 해당하며, 직접투자자와 투자대상기업 사이의 일정 기간 이상의 자금 대출과 차입도 직접투자에 포함된다.

해외직접투자는 그 형태에 따라 신규설립투자(greenfield investment), 인수 및 합병(M&As), 그리고 합작투자(joint ventures)의 세 가지로 분류하기도 한다. 따라서 해외직접투자는 주로 인수 및 합병(M&As)과 합작투자(joint ventures)의 측면에서 주로 논의되고 있다.

그리고 해외직접투자는 투자방향을 기준으로 내국인의 해외투자(Outward FDI; 이하 "해외직접투자")와 외국인의 국내투자(Inward FDI; 이하 "외국인직접투자")로 구분할 수 있다. 우리나라는 외국인직접투자를 촉진하기 위하여 「외국인투자촉진법」을 두고 있으며, 해외직접투자에 대해서는 「외국환거래법」에서 이를 규율하고 있다.

2) 증권투자(Foreign Portfolio Investment)

투자대상기업에의 경영참가를 목적으로 하는 해외직접투자와는 달리, 증권투자(foreign portfolio investment)는 배당금이나 이자 또는 자본이득을 얻을 목적으로 투자대상기업의 지분증권(equity securities), 채무증권(debt securities) 등을 취득하는 것을 말한다. 다만, 지분증권에 대한 투자라고 하더라도 투자대상기업 의결권의 10% 이상을 취득하는 경우는 해외직접투자에 해당한다. 지분, 주식, 주식예탁증서(depository receipts) 등이 지분증권에 해당하며, 채무증권은 만기 기준으로는 중장기채와 단기채를, 발행인 기준으로는 국채와 공채, 회사채 등을 모두 포괄한다.

3) 파생상품거래(Financial Derivatives Transactions)

파생상품(financial derivative contract)은 국제수지매뉴얼(BPM6)에 의하면, '특정 금융상품(financial instrument), 지표(indicator) 또는 실물상품(commodity)에 연결되어 있는 금융상품(financial instrument)으로서, 특정 금융위험(이자율위험, 환위험, 주식 및 상품의 가격위험, 신용위험 등)이 금융시장에서 거래될 수 있도록 하는 수단이 되는 금융상품(financial instrument)' 을 말한다.

파생상품은 계약형태에 따라 선도(forward), 선물(futures), 스왑(swap) 및 옵션(option)으로 나눌 수 있으며, 그 상품이 거래되는 장소에 따라서는 거래소에서 거래되는 장내파생상품(exchange-traded derivatives)과 거래소 외부에서 거래되는 장외파생상품(over-the-counter derivatives)으로 구분할 수 있다.

4) 기타투자(Other Investment)

기타투자는 해외직접투자, 증권투자 및 파생상품거래에 포함되지 않는 외국과의 모든 금융거래를 말하며, 외상수출입에 따른 무역신용(trade credit and advances), 대출(loans), 현금 및 예금(currency and deposits) 등의 금융거래로 구성된다.

3. 국제금융거래법의 내용

국제금융거래는 계약을 통해 이루어지는 것이므로, 국제금융거래법은 국경을 넘어 이루어지는 대출, 보증, 담보제공, 채권발행, 파생상품거래, 프로젝트파이낸스, 자산유동화 등 각종 국제금융거래를 위한 계약의 체결과 관련된 법률문제,

계약의 유효성과 집행가능성에 관한 법률문제, 당사자의 법적 지위와 관련된 법률문제, 거래조건을 포함한 당사자의 계약상 권리와 의무에 관한 사항 등을 검토하는 것을 그 주된 내용으로 한다.

그리고 국제금융거래의 계약내용을 이해하고 검토할 수 있기 위해서는 국제금융거래의 준거법, 변호사의 법률의견서 등에 대한 이해가 선행되어야 하고, 계약당사자 간의 분쟁발생시 해결방안 등에 대한 지식도 필요하므로, 이러한 사항들에 관하여 검토하는 것도 국제금융거래법의 내용에 포함된다.

Ⅱ. 국제금융규제법

1. 국제통화기금협정과 국제금융규제

국제조약인 '국제통화기금협정(Articles of Agreement of the International Monetary Fund)' (이하 "IMF협정")은 원칙적으로 그 회원국에게 국제자본이동(international capital movements)을 규제하기 위해 필요한 규제를 할 수 있는 재량권을 부여하고 있으며, 회원국은 그러한 재량권을 행사함에 있어 IMF의 승인을 받을 필요도 없다(IMF협정 §6(3)). 그러나 이와 같은 회원국의 재량권 행사에는 (i) 재량권의 행사는 경상거래를 위한 지급을 제한하거나 채무결제를 위한 자금이체를 부당하게 지연시키는 방법으로는 행할 수 없고(IMF협정 §6(3)), (ii) 경상거래를 위한 지급 및 자금이체에 대한 제한을 가하는 경우에는 IMF의 승인을 받아야 하며(IMF협정 §8(2)(a)), 그리고 (iii) IMF협정 §8(2)(a)의 규정에 위반되는 기존의 외환규제를 임시적으로 유지하거나 채택할 수는 있으나 국제지급 및 안정된 환율제도로의 개선을 촉진시킬 수 있는 상업 및 금융상의 협약을 다른 회원국과 체결하기 위하여 가능한 모든 조치를 취해야 한다(IMF협정 §14)는 세 가지의 제한이 따른다.

나아가 IMF협정은 이와 같은 모든 요건에 부합하는 회원국 외환규제의 적용이 회피되는 것을 방지하기 위하여 "회원국의 통화에 관련된 외환계약으로서 본 협정에 부합되게 유지 또는 부과되어 있는 그 회원국의 외환관리규정에 위반되는 외환계약은 어느 회원국의 영토 내에서도 이를 집행할 수 없다(Exchange contracts which involve the currency of any member and which are contrary to the exchange control regulations of that member maintained or imposed consistently with this Agreement shall be unenforceable in the territories of any member)."(IMF협정 §8(2)(b))라고 규정하고 있다. 이 규정은 IMF협정에 부합하는 특정 회원국의 외환규제법규는 다른 회원국도 이를 적용하도록 의무화함으로써, IMF협정에 부합하는 특정 회원국의 외환규제법규에 대해 소위 역외적용의 효과(extra-territorial effect)를 부여하기 위한 것이다.

이 IMF협정 §8(2)(b)는 세계의 거의 모든 국가가 IMF의 회원국이라는 점에 비추어 볼 때 그 영향력이 매우 크다고 할 수 있다. 그러나 몇몇 국가의 법원에서는 이 IMF협정 §8(2)(b)상의 "외환계약(exchange contracts)"의 개념을 좁게 해석함으로써 그 적용범위를 제한하였는바, 일반적으로 "외환계약(exchange contracts)"의 해석에 대해서는 이 개념을 좁게 해석하는 국가들과 넓게 해석하는 국가들의 두 부류로 구분할 수 있다.

영국, 미국 및 벨기에의 법원은 외환계약(exchange contracts)의 개념을 좁게 보아 현물환 및 선물환 계약(spot and forward foreign exchange contracts)과 차액결제선물환계약(non-deliverable forward contracts)과 같이 그 직접적 또는 간접적 목적이 외환거래인 계약만을 의미하는 것으로 해석하였다.

이에 반해 프랑스 및 룩셈부르크 법원은 외환계약(exchange contracts)의 개념을 넓게 보아 한 국가의 외환 재원에 영향을 미치는 계약은 모두 외환계약(exchange contracts)에 포함시키고 있다. 따라서 현물환 및 선물환 계약(spot and forward foreign exchange contracts)과 차액결제선물환 계약(non-deliverable forward contracts) 등 그 직접적 또는 간접적 목적이 외환거래인 계약은 물론이고, 계약상의 의무를 이행하기 위해서는 당사자가 자국의 통화를 매각하여 외국 통화를 매입할 수밖에 없는 성격의 계약도 외환계약(exchange contracts)에 포함된다. 이러한 성격을 가진 계약으로는 대출계약을 들 수 있다. 예컨대, 프랑스 회사를 차주로 하고 미달러화를 지급통화로 하는 대출계약(loan agreement)의 경우에, 프랑스 회사인 차주가 대주에게 대출금을 상환하기 위해서는 유로화(Euro)를 가지고 미달러화를 매입해야 하기 때문이다.

독일은 외환계약(exchange contracts)의 개념을 넓게 해석하는 국가로 인식되어왔으나, 1993년과 1994년 독일 대법원의 세 건의 판결에서는 대출계약이 IMF협정 §8(2)(b)의 적용을 받지 않는 것으로 결정되었다.

특정 계약에의 IMF협정 §8(2)(b)의 적용 가능성은, (i) 그 계약과 관련한 분쟁의 법정지가 어느 국가인지, (ii) 그 계약의 준거법이 어느 국가의 법인지, 그리고 (iii) 그 계약상의 의무이행지가 어느 국가인지의 세 가지 요인에 영향을 받을 수밖에 없다. 일반적으로 (i) 그 계약과 관련한 분쟁의 법정지가 그 계약과 관련된 외환규제법규를 제정한 국가인 경우, (ii) 그 계약의 준거법이 외환계약(exchange contracts)의 개념을 넓게 해석하는 국가의 법인 경우, 그리고 (iii) 그 계약상의 의무이행지가 그 계약과 관련된 외환규제법규를 제정한 국가인 경우에는 그 특정 계약에 대하여 IMF협정 §8(2)(b)의 적용 가능성이 높으며, 그 반대의 경우에는 적용 가능성이 낮다고 할 수 있다.

2. 우리나라의 국제금융규제

많은 국가들, 특히 신흥시장국들(emerging market countries)은 자본유출입의 변동성을 완화하기 위하여 나름대로의 국제금융 규제제도를 시행하고 있다. 국제금융을 규제하는 방식으로는 크게 국제금융거래 자체에 일정한 규제를 가하는 직접규제방식과 금융회사에 대하여 외환건전성을 유지하도록 함으로써 간접적으로 규제효과를 가져오는 간접규제방식으로 대별할 수 있다.

우리나라도 「외국환거래법」, 「공공차관의 도입 및 관리에 관한 법률」, 「자본시장과 금융투자업에 관한 법률」 등에서 일정한 국제금융거래에 대하여는 신고의무 등을 부과함으로써 일정한 규제를 하고 있으며, 「외국환거래법」은 외국환은행 등 외국환업무취급기관에 대해 일정한 외환건전성 유지의무를 부과하고 있다.

제3절

국제금융관계법률의 특성

Ⅰ. 국제금융거래의 준거법과 규제법의 차이

국제금융거래에 적용될 법규로는 거래를 위한 계약에 적용될 준거법(governing law)과 국제금융거래를 규제하는 각국의 규제법(regulatory laws)이 있는데, 준거법과 규제법은 그 성격이나 적용 등에 있어 많은 차이가 있으므로 먼저 이 문제를 살펴보도록 한다. 이해의 편의를 위하여, 우리나라의 국내은행이 미국의 은행으로부터 일정 금액을 차입하는 거래를 가정해서 설명하면 다음과 같다.

1. 존재상의 차이

위 거래는 대출계약을 통해 이루어지는데, 이 대출계약과 관련된 법적 문제, 특히 그 대출계약의 유효성과 집행가능성, 차입은행과 대출은행의 권리와 의무 기타 거래조건의 해석과 같은 사법(private law) 영역의 문제에 관해서는 그에 대한 판단기준 또는 해석기준이 될 준거법으로서 적어도 어느 한 국가의 법이 적용되어야 하고 또한 오로지 한 국가의 법만이 적용되어야 한다(이는 뒤에서 설명하는 '준거법의 분열(dépeçage)' 문제와는 구별하여야 한다. 준거법의 분열이라 함은 하나의 계약에서 각 쟁점마다 서로 다른 준거법을 적용할 수 있다는 것을 의미한다. 예컨대 당해 계약이 유효하게 성립되었는지 여부는 A국가의 법을 준거법으로 하고, 당해 계약의 이행이 이루어졌는지 여부는 B국가의 법을 준거법으로 하는 경우를 말한다. 그러나 적어도 하나의 쟁점에 대해서는 오로지 한 국가의 법만이 적용되어야 한다). 따라서 위 대출계약에 적용되어야 할 준거법으로는 한국법, 미국 뉴욕주법, 또는 제3국의 법 중 적어도 하나가 지정되어야 하며 또 반드시 하나만 지정되어야 한다.

그러나 위 거래(우리나라 은행의 입장에서는 차입거래이며, 미국 은행의 입장에서는 대출거래가 된다)에 대해서는 우리나라와 미국이 각각 자국의 사정에 따라 일정한 공적규제(public regulation)를 할 수도 있고, 두 국가 중 하나의 국가만이 규제를 할 수도 있으며, 또한 두 국가 모두 규제를 하지 않을 수도 있다. 예컨대, 우리나라「외국환거래규정」제2-5조 제1항은 위 차입금액이 5천만 불을 초과하고 또한 그 만기가 1년을 초과하는 경우에는 차입은행이 이 거래를 기획재정부장관에게 신고하도록 하고 있다. 따라서 이 거래의 당사자인 차입은행과 대출은행은 각각 우리나라와 미국에 당해 거래와 관련된 규제가 존재하는지 여부를 사전에 구체적으로 검토하여야 하고, 대출계약서에는 각 당사자가 당해 거래와 관련하여 자국에 일정한 규제가 존재하는지 여부 및 만약 규제가 있는 경우에는 그 규제와 관련된 의무를 이행했는지에 대해 각각 진술 및 보장(representation and warranty)을 해야 하며, 나아가 각 당사자의 변호사 의견서(legal opinion)를 통하여 규제의 존재 여부 및 규제 관련 의무사항의 이행여부 등을 확인하여야 한다.

위와 같이 어떠한 거래에 있어 당해 거래를 위한 계약에 적용될 준거법은 반드시 존재하여야 하고 또 오로지 한 국가의 법만이 준거법이 되어야 하지만, 위 거래에 관한 각국의 규제법은 존재할 수도 있고 존재하지 아니할 수도 있으며 또한 존재하는 경우에도 한 국가에만 존재할 수도 있고 두 국가 모두에 존재할 수도 있다는 점에서 차이가 있다.

2. 선택상의 차이

계약의 준거법을 어느 국가의 법으로 할 것인지는 후술하는 바와 같이 당사자자치(party autonomy)의 원칙에 따라 당사자가 합의에 의해 선택할 수 있으나, 당해 계약에 대하여 어느 국가의 규제법이 적용되는지의 문제는 당사자가 선택할 수 없다.

위 거래의 경우, 대출계약의 준거법은 우리나라의 차입은행과 미국의 대출은행이 합의하여 대출계약서상의 준거법선택조항(choice-of-law clause)을 통하여 우리나라의 법을 준거법으로 선택할 수도 있고 미국 뉴욕주법을 준거법으로 선택할 수도 있으며, 아니면 제3국의 법, 예컨대 영국법을 준거법으로 선택할 수도 있다. 이와 같은 준거법 선택에 관한 당사자자치는 후술하는 바와 같이 거의 모든 나라에서 인정되고 있다.

그러나 규제법은 각국의 강행법규(mandatory law)로서, 당사자가 임의로 그와 달리 정할 수 있는 임의법규(default law)와는 달리, 자국의 규제대상자에 대하여 강제적으로 적용되며, 그 강행법규의 위반행위는 무효가 되거나(당해 강행법규가 효력규정인 경우) 또는 제재의 대상이 된다(당해 강행법규가 단속규정인 경우). 위 거래에 있어 차입금액이 5천만 불을 초과하고 또 만기가 1년을 초과하는 경우에 우리나라의 차입은행은 반드시 「외국환거래규정」에 따라 기획재정부장관에게 신고하여야 하며, 미국의 대출은행도 미국법상 일정한 규제가 있다면 그 규제에 따라야 한다. 따라서 우리나라의 차입은행과 미국의 대출은행의 합의에 의하여 위 거래에 대해서는 우리나라의 규제법이 적용된다든지 아니면 미국의 규제법이 적용된다든지 하는 선택은 할 수가 없다.

당사자가 선택한 준거법에는 그 준거법국의 사법(private law)은 물론 규제법과 같은 공법(public law)도 포함되는 것으로 보는 것이 각국의 최근 경향이다. 그러나 예컨대, 위 거래에서 대출계약의 준거법을 미국 뉴욕주법으로 정하였다 하더라도, 이에 의해 위 거래에 대해서는 미국의 규제법만 적용되고 한국의 규제법은 적용되지 않는 것으로 되는 것은 아니다. 여전히 우리나라의 차입은행에 대해서는 우리나라의 규제법이 적용되며 미국의 대출은행에 대해서는 미국의 규제법이 적용된다. 따라서 위 거래가 차입금액이 5천만 불을 초과하고 또 만기가 1년을 초과하는 거래로서 이 거래에 대해 한국법상으로는 일정한 신고의무라는 규제가 있는 반면 미국에는 아무런 규제가 없다고 가정할 때, 위 거래의 대출계약의 준거법을 미국 뉴욕주법으로 선택했다고 하여 우리나라의 차입은행이 미국 뉴욕주법에 따라 아무런 규제를 받음이 없이 위 차입거래를 할 수 있는 것은 아니며, 여전히 우리나라의 법에 따라 일정한 신고의무를 이행하여야 한다.

3. 적용상의 차이

위 거래의 대출계약과 관련된 분쟁으로 인해 어느 특정 국가의 법원에 소가 제기된 경우, 그 법원은 자국이 그 분쟁에 관한 재판관할권이 있는지를 자국의 섭외사법상 국제재판관할권 유무의 판단에 관한 규정에 따라 결정한다. 그 결과 자국에 재판관할권이 있다고 결정한 경우에는 자국의 섭외사법상 준거법결정 원칙에 따라 어느 국가의 법을 준거법으로 할지를 결정하여, 그 준거법으로 결정된 특정 국가의 법에 따라 재판을 하게 된다.

따라서 위 대출계약과 관련된 소송이 우리나라 법원에 제기된 경우, 우리 법원은 우리나라의 「국제사법」 제2조(국제재판관할)에 따라 우리나라에 재판관할권이 있는지를 판단하고, 그 결과 만약 우리나라에 재판관할권이 있다고 결정한 경우에는 우리나라의 「국제사법」에 따라 어느 국가의 법을 준거법으로 할지를 결정하게 된다.

준거법의 결정에 관하여는 대부분의 국가가 계약의 준거법 선택에 관한 당사자자치(party autonomy)를 인정하고 있다. 우리나라도 「국제사법」 제25조(당사자자치)에서 당사자자치를 인정하고 있으므로 당사자가 선택한 법이 계약의 준거법이 되며, 따라서 그 준거법은 우리나라의 법이 될 수도 있고 외국법이 될 수도 있다. 위 대출계약의 경우 우리나라의 차입은행과 미국의 대출은행이 그 준거법을 한국법으로 선택해두었다면 우리나라의 법이, 미국 뉴욕주법으로 선택해두었다면 미국 뉴욕주법이 준거법이 된다.

그리하여 위 대출계약에 대한 재판을 담당하게 된 우리나라의 법원은 이와 같은 원칙에 의해 준거법으로 결정된 특정 국가의 법, 즉 우리나라의 법 또는 미국 뉴욕주법에 따라 재판을 하게 된다. 준거법이 미국 뉴욕주법으로 결정된 경우, 우리나라 법원의 입장에서는 외국법인 미국 뉴욕주법의 내용을 알지 못하지만 그렇다 하더라도 재판은 미국 뉴욕주법에 따라서 할 수밖에 없다.[5]

그런데 앞에서 설명한 바와 같이 준거법에는 그 준거법국의 사법(private law)은 물론 규제법과 같은 공법(public law)도 포함되는 것으로 보는 것이 각국의 최근 경향이므로, 논리적인 일관성을 유지하면, 법원이 준거법에 따라 재판을 함에 있어서는 그 준거법국의 사법(private law)은 물론 공법(public law)도 적용하여 판결을 내려야 한다는 결과가 된다. 그러나 이 문제에 대해서는 사법(private law)과 공법(public law)의 적용 방식이 서로 다르기 때문에 이를 구분하여 살펴보아야 한다.

우선, 계약과 관련된 법률문제 중 사법(private law) 영역의 문제에 대해서는 준거법국의 사법, 즉 준거법국의 민법이나 상법을 적용하여 재판을 한다는 점에 대해서는 각국의 태도가 일치한다.[6]

그러나 규제법과 같은 공법(public law) 영역의 문제에 있어서는 사법의 경우와는 달리, 어느 국가의 규제법을 적용하여 재판할 것인지에 대해 각국의 입장이

5) 외국적 요소가 있는 법률관계에 적용될 준거법으로서의 외국법의 내용이 법원의 직권조사사항인지 여부 및 그 의미와 내용의 확정 방법에 관하여 대법원 2010.3.25. 선고 2008다88375 판결은 "섭외적 사건에 관하여 적용될 준거법으로서의 외국법은 여전히 사실이 아니라 법으로서 법원은 직권으로 그 내용을 조사하여야 하고, 그러한 직권조사에도 불구하고 그 외국법의 내용을 확인할 수 없는 경우에 한하여 조리 등을 적용할 것이다(대법원 1990.4.10. 선고 89다카20252 판결, 대법원 2000.6.9. 판결 98다35037 판결 참조). 한편 섭외적 사건에 관하여 적용될 준거법인 외국법의 내용을 확정하고 그 의미를 해석함에 있어서는 그 외국법이 본국에서 현실로 해석 · 적용되고 있는 의미 또는 내용에 좇아야 하고, 소송과정에서 그 외국의 판례 등 해석기준에 관한 자료가 제출되지 아니하여 그 내용이 확인이 불가능한 경우에만 일반적인 법해석기준에 따라 법의 의미 · 내용을 확정할 수 있는 것이다(대법원 1991.2.22. 선고 90다카19470 판결, 대법원 2010.1.28. 선고 2008다54587 판결 참조)."라고 판시하고 있다.

일치하지 아니한다. 이에 있어서도 우선 자국의 법이 준거법인 경우에는 당연히 자국의 규제법을 적용하여 재판하게 될 것이므로 별 문제가 없으나, 외국법이 준거법인 경우에는 문제가 복잡해진다. 최근 각국, 특히 대륙법계 국가의 입법 동향을 보면, 외국의 공법도 그것이 공법이라는 이유만으로 그 적용이 배제되지 않는 것이라고 하여 원칙적으로 그 적용 가능성을 열어두면서도(국제사법 제6조 참조), 한편으로는 그 적용 가능성을 제한하는 장치를 여러 겹으로 두고 있다. 그 첫 번째 장치는 외국의 공법이 적용되면 법정지국의 사회질서(public policy)에 반하는 결과가 되는 경우에는 그 외국의 공법을 적용하지 않는다는 것이며(법정지의 사회질서에 의한 제한; 국제사법 제10조 참조), 두 번째 장치는 입법목적에 비추어 준거법에 관계없이 해당 법률관계에 적용되어야 하는 법정지의 규제법 등 공법, 즉 소위 '국제적 강행규정(internationally mandatory rules)'은 외국법이 준거법으로 지정되는 경우에도 이를 적용한다는 것이다(법정지의 국제적 강행규정에 의한 제한; 국제사법 제7조 참조). 특히 자국의 규제법 등 공법, 즉 국제적 강행규정(internationally mandatory rules)의 적용에 있어서는 자국의 섭외사법상 준거법결정 원칙을 적용하여 어느 국가의 법을 적용할 것인지를 따지지도 아니하고 바로 자국의 규제법 등 공법이 적용되는지 여부를 판단한다.

결국 각국은 사법 영역에 있어서는 준거법이 외국법이더라도 적극적으로 이를 적용하지만, 이와는 달리 공법 영역에 있어서는 준거법이 외국법인 경우 그 외국의 규제법의 적용에 대해서는 소극적인 태도를 버리지 않고 있다고 할 것이며, 도리어 자국의 규제법을 적극적으로 적용하는 태도를 취하고 있다.

6) 다만 여기에도 예외가 없는 것은 아니며, 순수한 국내계약임에도 불구하고 그 국내의 강행규정의 적용을 회피하기 위하여 외국법을 준거법으로 선택한 경우에는 준거법에 불구하고 국내의 강행규정을 적용하는 것이 각국의 일반적 입장이다(국제사법 제25조 제4항 참조). 예컨대 우리나라의 사람끼리 국내에서 원화로 대차거래를 함에 있어 그 자금의 용도가 도박자금이어서 우리나라 민법상의 강행규정인 민법 제103조(반사회질서의 법률행위)에 따라 그러한 대차거래가 무효가 되므로 이를 회피하기 위하여 도박자금의 대차거래가 무효로 되지 않는 국가의 법을 대차계약의 준거법으로 선택하였다 하더라도, 이 경우 우리나라의 법원은 그 준거법인 외국의 법을 적용하지 아니하고 우리나라의 강행규정인 민법 제103조(반사회질서의 법률행위)를 적용하여 위 대차거래를 무효라고 결정한다.

Ⅱ. 준거법으로서의 영미법의 사용

오늘날 대부분의 국제금융계약서는 영어로 작성될 뿐만 아니라, 그 구조도 영미법 국가에서 사용하는 계약서 구조에 따르고 있다. 나아가 계약의 준거법으로는 영국법(English law) 또는 미국 뉴욕주법(New York law)이 가장 많이 선택되고 있다. 따라서 영미법계 국가는 물론 우리나라와 같은 대륙법계 국가의 로펌(law firm)이나 사내변호사들(corporate lawyers)도 영미법 국가의 계약서 구조에 따른 국제계약서의 작성 방법을 배우고 있다. 이러한 사정은 예컨대 동구 유럽국가에 대한 프로젝트파이낸싱 업무를 많이 취급하는 유럽부흥개발은행(EBRD)이 차입상대방이나 여타 참가자들이 영미법계 국가의 기업인지 여부를 불문하고 무조건 미국이나 영국식 스타일의 계약서 사용을 강제하고 있다는 사실 등에서도 그 이유를 엿볼 수 있다.

나아가 관행적으로 발전된 계약서들, 예컨대 대출거래, 채권발행거래, 프로젝트파이낸싱거래, 파생상품거래를 위한 계약서 등은 모두 'Loan Market Association(LMA)', 'Loan Syndications and Trading Association(LSTA)', 'International Capital Market Association(ICMA)' 또는 'International Swaps and Derivatives Association(ISDA)' 과 같은 관련 협회에 의해 표준화되었다. 이 표준화된 계약서들이 국제금융거래에서도 사용되고 있는데, 이 표준계약서 양식들도 모두 영미식 계약서 구조를 따르고 있다. 그 결과 이러한 계약서 양식은 대륙법계 국가에서 국제금융계약에서는 물론 심지어 국내금융계약에서도 그 나라의 언어로 번역되어 사용되는 경우도 많아지게 되었다. 예컨대, 우리나라에서도 국내 프로젝트파이낸싱 거래에서 사용하는 대출계약서는 영미식 계약서를 번역하여 국내 사정에 맞게 변형한 형태로 사용하고 있으며, 국내에서의 파생상품거래도 ISDA의 표준계약서 양식을 그대로 사용하거나 번역하여 사용하고 있다.

이제 영미법계 국가들뿐만 아니라 중국, 우리나라 등 신흥국들도 국제금융시장에서 차지하는 비중이 높아짐에 따라 먼 장래에 오늘날과 같은 영미식 계약서 작성 관행에 변화가 올지는 알 수 없다. 하지만 적어도 가까운 장래에 커다란 변화가 있을 것 같지는 않으므로 현재로서는 특히 금융회사에서 국제금융업무를 담당하는 임직원은 영미법을 준거법으로 하는 영미식 계약서의 구조와 그 기본 법리 및 법률용어에 익숙해질 필요가 있다고 할 것이다.

그러나 금융회사의 임직원들이 영미법을 전공으로 삼아 공부를 해야 한다거나 영미법에 대한 상당한 식견을 가져야 하는 것은 아니며(이는 변호사의 직분에 속하는 사항이다), 국제금융계약서의 전체적인 구조를 이해하고 계약의 유효성이나 집행가능성, 그리고 주요 거래조건 등 계약서의 중요한 내용에 대해서 의문을 제기하고 그에 대한 제1차적인 검토를 할 수 있는 능력만 가지면 된다고 할 것이다. 국제금융거래에 사용하는 계약서는 대부분 변호사가 작성하므로 구체적이고 상세한 검토는 계약서를 작성한 변호사를 통하여 검토할 수밖에 없으며, 또 반드시 그렇게 하여야 한다.

따라서 금융회사에서 국제금융업무를 담당하는 임직원은 우선, 대출거래, 채권발행거래, 프로젝트파이낸싱거래, 파생상품거래를 위한 계약서 등 모든 국제금융계약서의 기본 구조가 모두 동일하게 다음과 같이 되어 있다는 점을 파악하고 그 각 조항의 내용과 목적을 이해하는 것이 필요하다.

(i) 당사자 및 계약일자(Parties; Date of Agreement)
(ii) 용어의 정의(Definitions)
(iii) 거래조건(Terms of Transaction)
(iv) 인출 또는 지급의 선행조건(Conditions Precedent)
(* 채무불이행사유(Defaults) 포함)
(v) 진술 및 보장 사항(Representations and Warranties)
(vi) 적극적 준수사항(Affirmative Covenants)
(vii) 소극적 준수사항(Negative Covenants)

(viii) 재무적 준수사항(Financial Covenants)

(ix) 기한이익상실사유의 발생 및 그 효과(Events of Default)

(* "Default" 와 "Event of Default" 의 구별 필요)

(x) 기타사항(Miscellaneous; 준거법 및 재판관할 조항 포함)

(xi) 부속명세서(Schedules)

(xii) 부속양식(Exhibits)

다음으로, 국제금융계약서에 사용되는 법률용어의 의미를 이해할 수 있어야 한다. 물론 이 법률용어들은 최종적으로는 준거법에 따른 의미를 가지는 것인데, 마치 외국어 공부를 하면서 단어나 숙어를 외우듯이 하나씩 그 의미를 파악해나가는 수밖에 없다. 그렇지만, 위 계약서 구조에 나오는 용어들 이외에 알아야 할 법률용어들은 사실상 그다지 많지 않으며, 우리말로 그 뜻을 알게 되면 우리나라 법의 해당 법률용어와 그 의미가 크게 다르지 않으므로 먼저 우리나라 법의 법률용어에 친숙하는 것이 중요하다고 할 수 있다.

마지막으로, 그리고 가장 중요한 것은, 항상 (i) 국제금융계약서상의 거래조건 조항에 기술된 내용이 계약당사자가 협상에 의하여 정한 거래조건을 정확하게 반영하고 있는지를 확인하는 것이며, (ii) 계약의 준거법상 계약에서 정한 거래조건대로 계약이 이행될 수 있는지, 즉 계약 그 자체는 유효하게 성립하였으며 이를 방해하는 요소는 없는지, 채권의 이행이나 강제집행을 방해하는 요소는 없는지, 담보가 있는 경우에는 담보권이 유효하게 설정되었는지 그리고 그 담보권실행에 제약요소는 없는지 등의 문제에 대해서 의문을 제기하고 나아가 (iii) 거래 자체를 금지하거나 제한하는 관련국가의 규제법규는 없는지 또 규제법규에서 요구하는 사항이 있다면 그 요구사항을 이행하였는지 등의 문제에 대한 검토의 필요성에 유념하면서, 이러한 법적 쟁점에 대해 담당 변호사에게 논점을 명확히 하여 질문하고 그에 대한 변호사의 답변을 이해할 수 있는 능력 또는 자세를 가지는 것이 무엇보다도 필요하다 할 것이다.

Ⅲ. 위험의 이전 및 관리의 중요성

역사적으로 리스크의 이전(risk shifting) 및 리스크 관리(risk management)는 금융시장, 특히 국제금융시장에서 가장 중요한 거래요소로 자리잡고 있다.

1950년대 말부터 1960년대 초에 각국의 규제에서 탈피하기 위하여 출현하기 시작한 유로시장(Euromarkets)에서는 금리와 자본이동에 대한 제약이 없었기 때문에 약간의 금리차에 대해서도 금리재정(interest rate arbitrage)이 활발하게 이루어졌으며, 이를 계기로 금리위험을 경감할 수 있는 각종의 신상품이 개발되기 시작하였다.

1960년대에는 양도성예금증서(Certificate of Deposit; CD), 변동금리부채권(Floating Rate Note; FRN), 변동금리부대출(Floating Rate Loan; Roll-over Loan) 등의 금융상품이 도입되었다. 이를 필두로 하여 그리고 과학기술의 발달에 힘입어, 1960대 초부터 세계 각국에서 시작된 금융혁신(financial innovation), 즉 새로운 상품과 시장의 개발(innovation), 금융의 증권화(securitization), 금융규제의 완화와 금융자율화(liberalization), 금융기관 간의 경쟁심화(increased competition), 그리고 금융시장의 통합화 또는 세계화(globalization)가 진행되었다. 이 과정에서 환율 및 금리의 변동으로 인한 금융자산의 가격위험과 거래상대방의 채무불이행위험 내지 신용위험을 관리하거나 타인에게 이전시키기 위한 다양한 금융상품 및 거래형태가 개발되었다.

가격위험이전 또는 자금조달의 목적으로 1970년대 초부터 출현한 선물 · 옵션 · 스왑 등의 전통적 파생상품(derivatives), 신용위험이전을 목적으로 1990년대부터 개발되기 시작한 신용파생상품(credit derivatives), 그리고 자금조달목적과 BIS의 자기자본규제에의 대응 및 신용위험의 전가 등 다양한 목적을 가지고 1970년대 초반부터 출현한 자산유동화거래(asset securitization) 등이 모두 이러한 금융혁신의 산물이라고 할 수 있다.

금융시장의 수요에 맞추어 변호사들은 위와 같은 새로운 금융상품이나 거래형태를 위한 법적 이론과 구조를 개발하고 당사자 간의 위험이전을 위한 다양한 기법들을 고안해내었다.

그러한 기법들 중의 하나가 국제금융거래와 관련된 리스크를 이전시키기 위하여 국제금융시장의 초기에 만들어진 계약상의 조항들이다. 원래 국제대출은 은행간 대출(interbank lending)이거나 또는 신용등급이 높은 국가(sovereigns), 다국적기업(multinational companies), 또는 국제적인 대규모기업(large international corporations)을 차주로 하는 대출이었으며, 또한 외국의 담보제도에 대해 잘 알고 있지 못한 대출은행의 입장에서는 외국의 담보물을 담보로 취득하는 것에 대해 그 효능을 확신할 수 없었기 때문에, 대체로 담보가 없는 신용대출이 대부분이었다. 그 결과 채권보호를 위한 많은 법적 기법들이 도입되었는데, 그 기법들이 지금은 국제금융계약서의 표준 조항으로 자리잡고 있다. 이러한 조항들로는 채권자들 간의 평등한 권리를 보장하기 위한 동등대우(pari passu) 조항, 교차채무불이행(cross-default) 조항, 담보제공금지(negative pledge) 조항, 외국으로의 대출과 관련된 위험을 최소화하기 위한 조세보상(tax gross-up) 조항, 불법(illegality) 조항, 증가비용(increased costs)조항 등 소위 대주 수익보호(yield protection) 조항, 기타 국제금융거래와 관련된 리스크를 경감하기 위한 많은 차주 준수사항(covenants) 조항들이 있다.

한편, 파생상품, 대출, 채권 등 다양한 국제금융거래의 기준금리로 사용되어오던 LIBOR(London Interbank Offered Rates)가 2022년부터 순차적으로 산출이 중단됨에 따라 주요국에서는 LIBOR를 적용하는 신규계약을 축소하고 기존계약은 이를 대체하는 무위험 지표금리(Risk Free Reference Rate; RFR)로의 LIBOR 전환(LIBOR transition)을 가속화하고 있는데([표1-3] 참조), LIBOR를 사용하는 금융회사들은 이로 인해 법적 리스크, 운영 리스크, 신용 리스크, 규제 리스크, 소송 리스크, 평판 리스크 등의 위험에 직면할 수도 있다. LIBOR를 적용하는 금융계약들 중 LIBOR 산출이 중단되는 경우에 이를 대체하여 적용할 기준금리를 명시한 대체조항(fallback provision)을 포함하고 있는 계약들은 큰 문제가 없으나, 대체조항(fallback provision)을 포함하고 있지 않은 계약들로서 LIBOR 산출 중단 후에 만기가 도래하는 기존계약들(legacy contracts)은 당사자들 사이에 분쟁을 초래하여 소송의 대상이 될 수도 있다. 기존계약들의 당사자들은 명확한 대체조항(fallback provision)을 추가하여 계약서를 개정하여 이러한 리스크들을 경감시키는 것이 필요하다.

[표 1-3] 주요국 무위험 지표금리(RFR)

	무위험 지표금리(RFR)	산출기관	금리 고시	개요
영국	SONIA(Sterling Overnight Index Average)	영란은행	2018년 4월	은행의 익일물 무담보 예금금리
미국	SOFR(Secured Overnight Financing Rate)	뉴욕연준	2018년 4월	미국 국채 담보 익일물 Repo 금리
EU	ESTR(Euro Short-Term Rate)	유럽중앙은행	2019년 10월	은행의 익일물 무담보 예금금리
스위스	SARON(Swiss Average Rate Overnight)	SIX 증권 거래소	2009년 9월	은행의 익일물 Repo 금리
일본	TONA(Tokyo Overnight Average Rate)	일본은행	1992년 12월	금융기관간 익일물 콜금리

출처: 백인석, "KOFR(한국무위험지표금리) 산출 의의 및 향후 과제, 자본시장", 자본시장연구원 자본시장 포커스 2022-13호(2022. 06. 14 ~ 06. 27)

따라서 국제금융계약서의 각 조항을 검토함에 있어서는 당사자 간 위험의 이전 또는 위험관리의 목적상 그 각 조항이 가지는 의미가 무엇인지를 항상 염두에 두면서 접근하는 자세가 필요하다.

제 2 장

국제금융거래의 준거법

제1절

준거법의 의의

I. 준거법의 개념

국제금융거래는 국경을 넘어서 이루어지는 금융거래이므로 그 계약관계에 대해서는 여러 나라의 법이 적용될 가능성이 있다. 예컨대, 우리나라의 기업이 영국, 독일, 프랑스, 싱가포르 및 호주의 은행들로 구성된 신디케이트 은행들(syndicate banks)로부터 미달러화 대출을 받는다고 가정해보자. 이 대출계약에는 우리나라를 포함한 위 각국의 법률들은 물론 계약이 체결된 장소의 국가, 계약의 이행장소로 지정된 장소의 국가 및 대출 통화 국가의 법률이 적용될 가능성이 있다. 이와 같이 서로 다른 여러 나라의 법률이 적용될 수 있는 잠재적 가능성으로 인해 그 계약의 유효성과 집행가능성, 계약 당사자들의 권리와 의무, 그리고 계약 내용의 해석에 관한 불확실성의 문제가 야기된다. 이러한 불확실성을 해소하여 계약의 유효성과 계약 내용의 해석 등에 관한 확실성과 예측가능성을 확보하기 위해서는 특정 계약에 적용될 법률로서 어느 특정 국가의 법을 정하여 둠으로써, 다른 나라의 법이 적용될 가능성을 가능한 한 배제하는 것이 필요하다. 이와 같이 특정 계약의 해석과 규율에 적용될 법으로 정해진 특정 국가의 법을 준거법(governing law 또는 proper law)이라 한다.

앞에서 준거법을 '특정 국가의 법' 이라고 일단 정의하였으나, 과연 특정 국가의 법(the law of a country)만이 계약의 준거법으로 될 수 있는지, 아니면 상인법(lex mercatoria), '국제물품매매계약에 관한 유엔협약(United Nations Convention on Contracts for the International Sale of Goods; CISG)', '국제상사계약원칙(UNIDROIT Principles of International Commercial Contracts; UNIDROIT Principles)', 유럽계약법원칙(Principles of European Contract Law; PECL)' 등과 같은 국제관습, 국제조약 또는 국제원칙도 계약의 준거법으로 될 수 있는지에 대해서는 견해가 나뉘고 있다. 1980년의 '계약채무의 준거법에 관한 유럽공동체협약(Convention on the Law Applicable to Contractual Obligations)' (이하 "로마협약")' 과 2009년 이를 대체한 EU의 'Rome I Regulation' (이하 "Rome I")은 준거법의 선택에 관한 당사자자치(party autonomy)의 원칙을 천명하면서 단순히 "law"라는 용어를 사용하고 있어 견해가 갈리고 있으나, 이 "law"라는 용어는 특정 국가의 법을 지칭하는 것으로 해석하는 견해가 우세하다.[1] 다만, Rome I의 전문(Recital) (13)은 국제관습, 국제조약 또는 국제원칙 등의 비국가법(non-State body of law)도 당사자가 참조에 의한 형식으로 계약에 편입함으로써 준거법으로 할 수 길을 열어두고 있다.[2] 우리나라의 「국제사법」은 당사자들이 준거법을 지정하지 아니한 경우의 준거법 결정에 관한 제26조 제1항에서는"가장 밀접한 관련이 있는 <u>국가의 법</u>에 의한다"고 규정하는 데 반해, 준거법선택에 관한 당사자자치의 원칙을 명시한 제25조 제1항에서는"계약은 당사자가 명시적 또는 묵시적으로 선택한 <u>법</u>에 의한다"라고 규정하여 그 표현을 달리하고 있기 때문에, 우리나라 「국제사법」의 해석상으로도 견해가 나뉠 수 있다.

이와 같은 계약의 준거법은 계약의 내용 등에 관한 분쟁 발생 시, 당사자 간의

1) Sambugaro Giulia, *What "law" to choose for international contracts,* The European Legal Forum (E) 3-2008, 126-132.

2) "This Regulation does not preclude parties from incorporating by reference into their contract a non-State body of law or an international convention."

자율적인 분쟁해결이 불가능하여 법원이나 중재기관 등에 의해 타율적인 해결이 불가피한 경우 법원이나 중재기관이 적용해야 할 재판규범이 될 뿐만 아니라, 당사자들 간 자율적인 분쟁해결에 있어서도 그 해석기준이 된다는 점에서 중요한 의미를 가진다.

Ⅱ. 준거법으로서의 '특정 국가의 법'의 의미

특정 국가의 법이 준거법이라 할 때 그 특정 국가의 법이라 함은 당해 국가의 절차법(procedural law)과 섭외사법(choice-of-law rules 또는 conflict-of-laws)을 제외한 실체법(substantive law)만을 의미한다.

그런데 실체법은 다시 민법이나 상법 등과 같이 사인 간의 법률관계를 규율하기 위한 사법(private law)과 은행법 등의 규제법과 같이 행정주체와 사인 간의 공익적 법률관계를 규율하기 위한 공법(public law)으로 구분할 수 있다. 따라서 법정지국의 법원이 준거법으로 지정된 외국법에 따라 재판을 함에 있어서는 그 외국의 사법만을 적용하여야 하는지, 아니면 그 외국의 공법도 적용하여야 하는지에 대해 의문이 제기된다.

이에 대해서는 전통적으로 공법은 속지주의 원칙(territoriality principle)에 따라 해당 국가 내에서만 적용되는 것이라는 이유로 외국의 공법은 적용하지 아니하였다. 그러나 사법과 공법의 구분 기준이 명확하지 않을 뿐만 아니라 최근 사법의 공법화 현상으로 인해 공법과 사법의 구별이 명확하지 않은 경우가 많게 됨에 따라, 준거법으로 지정된 외국법의 공법도 법정지국의 공서양속 등 사회질서(public policy)에 반하지 않는 한 준거법으로서 적용할 수 있다는 방향으로 이론이 전개되었으며, 스위스의 섭외사법이 그러한 이론을 최초로 입법화하였다

(Switzerland' s Federal Code of Private International Law§13,[3] §17[4]).

우리나라의 「국제사법」도 "이 법에 의하여 준거법으로 지정되는 외국법의 규정은 공법적 성격이 있다는 이유만으로 그 적용이 배제되지 아니한다." 라고 규정하여 동일한 입장을 천명하고 있다(국제사법 제6조). 다만 "외국법에 의하여야 하는 경우에 그 규정의 적용이 대한민국의 선량한 풍속 그 밖의 사회질서에 명백히 위반되는 때에는 이를 적용하지 아니한다." 라고 명시하여 일정한 제한을 두고 있다(국제사법 제10조).

그러나 준거법으로 지정된 외국의 공법도 적용될 수 있다는 원칙을 널리 인정하게 되면, 설사 외국의 공법이 법정지국의 사회질서(public policy)에 반하는 경우에는 예외적으로 이를 적용하지 않는다 하더라도 이러한 수단만으로는 법정지국의 이익이 충분히 보호되지 않을 수 있다. 때문에 대륙법계의 많은 국가들은 소위 '국제적 강행규정(internationally mandatory rules)' 또는 '절대적 강행규정(super-mandatory rules)' 이라 불리는 특별한 강행규정 개념을 고안하여 외국의 공법이 적용되는 경우를 사실상 제한하고 있다. 이러한 국제적 강행규정(internationally mandatory rules) 개념은 로마협약, Rome I은 물론 우리나라 「국제사법」에도 도입되어 있다(이에 대해서는 후술한다).

Ⅲ. 국제재판관할권과의 분리

준거법의 문제는 어느 나라의 법원이 계약상 분쟁을 재판할 권한이 있느냐의

3) "The reference in this Code to a foreign law includes all provisions applicable to the facts of the case under that law. The application of a provision of foreign law is not precluded solely because the provision is attributed the character of public law."

4) "The application of provisions of foreign law shall be precluded if it would produce a result which is incompatible with Swiss public policy (ordre public)."

여부를 결정하는 개념인 국제재판관할권(jurisdiction)의 문제와도 구분하여 생각하여야 한다.

예를 들면, 우리나라 은행이 우즈베키스탄의 회사에 대출을 하면서 그 계약의 준거법은 미국 뉴욕주법으로 하되 재판관할은 한국의 법원에 있다고 정할 수도 있는데, 이 경우 계약의 내용에 분쟁이 발생한 때 소송은 당사자들이 정한 합의관할법원인 우리나라의 법원에서 하게 되겠지만, 우리나라의 법원은 우리나라의 법이 아니라 계약의 준거법인 미국 뉴욕주의 법을 적용하여 재판을 하게 된다.

다만, 후술하는 바와 같이, 당사자들은 특별한 사정이 없는 한 자신들의 이익을 위하여 법정지국과 준거법국을 동일한 국가로 선택하는 것이 보통이다.

제 2 절

준거법의 적용범위

Ⅰ. 서설

준거법이 특정 계약의 해석과 규율에 적용되어야 할 법이라고 하지만 준거법이 계약관계의 모든 사항을 규율하는 것은 아니라는 점을 주의하여야 한다. 따라서 아래에서는 계약의 해석과 규율에 관한 사항 중 준거법의 적용을 받는 사항과 준거법의 적용을 받지 않는 사항을 구분하여 살펴보기로 한다.

Ⅱ. 준거법의 적용을 받는 사항

1. 계약의 성립과 유효성

우리나라의 「국제사법」 제29조 제1항 및 Rome I §10(1)은 “계약의 성립 및 유효성은 그 계약이 유효하게 성립하였을 경우 이 법에 의하여 적용되어야 하는 준거법에 따라 판단한다." 라고 하여 계약의 성립(existence)과 유효성(validity)은 계약의 준거법에 의하여 규율됨을 명시하고 있다.

여기에서 계약의 성립이란 청약과 승낙에 의한 계약의 성립을 말하며, 계약의 유효성이란 계약의 방식상 유효성(formal validity)이 아니라 계약의 실질적 유효성(substantial or material validity)을 말한다. 계약의 실질적 유효성은 계약 성립의 전제가 되는 당사자의 권리능력 · 행위능력 등 능력(powers)이나 회사의 내부적 권한위임관계(authorization) 등의 존부에 따른 계약의 유효성을 말하는 것이 아니고, 계약의 성립을 전제로 하여 계약내용 자체에 그 계약을 취소할 수 있거나 무효로 하는 사항이 있는지 여부, 예컨대 대출계약상 대출금의 용도가 불법거래에 충당할 목적인 경우에 대출계약이 무효로 될 것인지의 여부를 말한다.

그리고 계약이 유효하지 않은 경우의 효과, 즉 계약의 무효나 취소도 준거법에 따른다((Rome I §12(1)(e)).

나아가 준거법 선택에 관한 당사자 간 합의의 성립 및 유효성도 준거법에 따라 결정한다(국제사법 제25조 제5항). 즉, 당사자가 준거법을 미국 뉴욕주법으로 선택하는 합의를 하였는데 그러한 합의의 성립 여부나 유효성 여부에 관하여 분쟁이 있는 경우에 그러한 합의의 성립 및 유효성도 미국 뉴욕주법에 따라 판단하여야 한다는 것이다. 이에 대해서는 법정지의 섭외사법 또는 실체법에 따라 결정해야 한다는 반대 견해도 있으나, 이러한 견해에 따르면 법정지가 결정되기 전에는, 즉 계약체결 시점에서는 준거법 합의의 성립과 유효성 여부를 판단할 수 없다는 문제가 있다.

2. 계약의 해석

계약상의 용어 등 계약의 해석(interpretation)은 준거법에 따라 결정된다. 예컨대 금융계약상 'lien' 이나 'negative pledge' 와 같은 법률용어는 나라마다 서로 다른 의미를 가질 수 있는데, 계약서상에 그 정의조항이 있다 하더라도 그 의미의 최종적인 해석은 준거법에 따라 결정된다(Rome I §12(1)(a)).

3. 기타 사항

(1) 당사자의 권리의무

계약상의 당사자의 권리의무는 준거법에 의하여 결정된다.

(2) 의무의 이행 여부 및 의무불이행의 효과

당사자에 의한 계약상 의무의 이행 여부, 그리고 의무불이행에 따른 계약의 해지 · 해제(termination), 기한이익의 상실(acceleration), 손해배상책임의 범위 등 의무불이행의 효과는 준거법에 따라 결정된다(Rome I §12(1)(b)(c)).

(3) 채무의 소멸

채무의 소멸 사유(the various ways of extinguishing obligations), 그리고 채무의 소멸시효(prescription and limitation of actions) 문제도 준거법에 따라 결정된다(Rome I §12(1)(d)).

Ⅲ. 준거법의 적용을 받지 않는 사항

1. 당사자의 법적 지위 및 능력

계약 당사자의 법적형태가 법인인지, 법인격 없는 단체인지, 조합인지 또는 개인인지 등 당사자의 법적 지위(status)의 문제와 당사자가 권리능력이나 행위능력이 있는지에 관한 능력(powers)의 문제는 계약의 준거법이 아닌 당사자의 본국법, 주소지법, 본거지법 또는 설립지법을 적용한다는 것이 각국의 일반적인 입장이다(국제사법 제11조, 제13조 및 제16조; Rome I §1(2)(a)(f)(g) 참조).

2. 회사 등 법인과 단체에 관한 사항

국제금융거래의 주체는 주로 회사이다. 회사 등 법인과 단체의 규율에 관한 모든 사항, 즉 법인과 단체의 설립, 권리능력의 범위, 주주총회나 이사회 등의 지배구조, 대표이사 등 대표의 대표권과 그 제한, 이사의 의무와 책임, 주주 등 사원의 권리와 의무, 해산이나 청산과 같은 소멸에 관한 사항 등에 대해서는 계약의 준거법이 적용되지 아니하고 각국의 회사법(우리나라의 경우 상법에 포함되어 있음)이나 기타 법인과 단체에 관한 법률(우리나라의 경우에는 민법)과 같은 법인과 단체의 속인법이 적용된다.

따라서 회사의 경우 대출계약서에 서명하는 자가 대표권 또는 대리권을 가지고 있는지 여부, 차입에 관하여 이사회결의 또는 주주총회의 승인이 있는지 여부 등에 관한 사항은 계약의 준거법이 아니라 그 회사의 속인법에 따라 결정되어야 한다.

그런데 외국의 회사 등 법인이나 단체의 속인법을 어느 국가의 법으로 볼 것인지에 대해서는 국가마다 차이가 있다. 법인이나 단체의 설립 당시 준거한 국가의 법, 즉 설립준거법을 속인법으로 보는 국가도 있고, 법인이나 단체의 본거지 국가의 법을 속인법으로 보는 국가도 있다. 예컨대 미국이나 영국은 설립준거법을 속인법으로 보고 있다.

우리나라의 「국제사법」은 "법인 또는 단체는 그 설립의 준거법에 의한다. 다만, 외국에서 설립된 법인 또는 단체가 대한민국에 주된 사무소가 있거나 대한민국에서 주된 사업을 하는 경우에는 대한민국 법에 의한다."(국제사법 제16조)라고 규정하여 설립준거법주의를 원칙으로 하고, 예외적으로 본거지법주의를 채택하고 있다. 본거지법주의를 예외적으로 채택한 것은 우리나라 「상법」 제617조, 즉 "외국에서 설립된 회사라도 대한민국에 그 본점을 설치하거나 대한민국에서 영업할 것을 주된 목적으로 하는 때에는 대한민국에서 설립된 회사와 동일한 규정에 의하여야 한다."라는 규정의 취지를 수용한 것이다. 따라서, 예컨대 프로젝트파이낸스 또는 자산유동화 등의 구조화금융과 관련하여 또는 우리나라 상법상의 사채발행한도에 대한 규제를 회피하기 위하여 조세피난처 등에 설립된 특수목적회사(special purpose company)가 그 주된 사업을 한국에서 하는 경우, 그 특수목적회사의 설립준거법이 우리나라 법은 아니지만 우리나라 법원은 그 특수목적회사의 규율에 관한 사항에 대해서는 우리나라의 상법을 적용할 수 있다.

3. 소송절차

소송절차에 대해서는 "절차는 법정지법에 따른다."는 일반원칙에 따라 법정지국의 절차법이 적용되고 계약의 준거법이 적용될 여지가 없다. 앞에서 설명한 바와 같이 계약의 준거법 적용은 실체법상의 문제에 한정된다.

우리나라 대법원도 "욜단국은행이 국내법원에 내국회사를 상대로 한 대여금 청구소송을 제기한 경우 그 준거법이 행위지법인 욜단국법이 된다고 하더라도 그 재판의 소송절차에 관하여는 당연히 국내의 재판절차법규가 적용되는 것이고 증거의 증거능력에 관한 규정은 위와 같은 재판절차법규에 해당되는 것이므로, 구두증거의 증거능력을 제한한 욜단국법은 적용될 수 없다."(대법원 1988.12.13. 선고 87다카1112 판결)라고 판시하여 이와 같은 일반원칙을 확인하고 있다.

4. 계정통화와 지급통화의 문제

국제금융계약상 채권액으로 지정된 통화를 계정통화(money of account)라 하며, 우리나라의 입장에서 볼 때 그 계정통화가 외국통화인 경우 그 채권을 외화채권이라 한다(민법 제377조). 계정통화의 개념이나 명목가치, 법정통용력 등의 문제에 대해서는, 그 통화 소속국의 법에 의할 것이라는 점에 대해 당사자 간에 묵시적인 합의가 있었던 것으로 해석하여 그 통화 소속국의 법에 의하는 것이 섭외사법상의 일반원칙이다.

그러나 외화채권의 경우 채무자 또는 채권자가 계정통화(money of account)가 아닌 지급지의 통화로 지급을 하거나 또는 지급을 청구할 수 있는 권리(채무자의 대용급부권과 채권자의 대용급부청구권)를 가지는지 여부, 또 그러한 권리가 인정된다면 계정통화(money of account)와 지급통화(money of payment)의 환산율은 어느 일자를 기준으로 결정하느냐 하는 문제가 발생한다.

채무자의 대용급부권에 대해서는 대부분의 국가가 이를 인정하고 있으며, 우리 「민법」 제378조도 "채권액이 다른 나라 통화로 지정된 때에는 채무자는 지급할 때에 있어서의 이행지의 환금시가에 의하여 우리나라 통화로 변제할 수 있다."라고 규정하여 같은 입장을 취하고 있다. 그러나 국제금융계약서는 일반적으로 계정통화(money of account)와 지급통화(money of payment)가 어느 국가의 통화인지를 명확히 규정하고 있으며,[5] 나아가 채무자가 자국의 법상 가지는 대용급부권을 포기한다는 규정을 둠으로써 채무자의 대용급부권을 인정하지 아니하고 있는데,[6] 계약상 이와 같은 명시적인 특약이 있는 경우에는 계약자유의 원칙상 채무자의 대용급부권은 배제되는 것으로 해석되고 있다.

한편, 채권자가 대용급부청구권을 행사할 경우도 있을 수 있다. 우리 판례는

5) "This is an international loan transaction in which the specification of Dollars is of the essence, and Dollars shall be the currency of account and of payment in all events."

6) "The Borrower waives any right it may have in any jurisdiction to pay any amount under this Agreement and any other documents executed pursuant hereto in a currency or currency unit other than that in which it is expressed to be payable."

"채권액이 외국통화로 지정된 금전채권인 외화채권을 채무자가 우리나라 통화로 변제함에 있어서는 민법 제378조가 그 환산시기에 관하여 외화채권에 관한 같은 법 제376조, 제377조 제2항의 '변제기' 라는 표현과는 다르게 '지급할 때' 라고 규정한 취지에서 새겨볼 때 그 환산시기는 이행기가 아니라 현실로 이행하는 때 즉 현실이행시의 외국환 시세에 의하여 환산한 우리나라 통화로 변제하여야 한다고 풀이함이 상당하므로 채권자가 위와 같은 외화채권을 대용급부의 권리를 행사하여 우리나라 통화로 환산하여 청구하는 경우에도 법원이 채무자에게 그 이행을 명함에 있어서는 채무자가 현실로 이행할 때에 가장 가까운 사실심 변론종결 당시의 외국환 시세를 우리나라 통화로 환산하는 기준시로 삼아야 한다."
라고 하여 채권자의 대용급부청구권을 인정함과 동시에, 계정통화의 지급통화로의 환산율 결정은 '사실심 변론종결 당시' 를 기준으로 하여야 한다고 판시하고 있다(대법원 1991.3.12. 선고 90다2147 전원합의체판결; 2007.4.12. 선고 2006다72765 판결; 2007.7.12. 선고 2007다13640 판결; 대법원 2008.7.10. 선고 2008다9891 판결).

국제금융계약서는 현실적으로 계정통화가 아닌 다른 통화로 지급되는 경우를 상정하여, 그 경우 지급통화를 통상적인 환전절차에 따라 신속하게 계정통화로 환산한 결과 그 금액이 채권액에 미달하는 경우 그 미달금액만큼은 채권이 변제되지 않은 것으로 규정함으로써, 환율변동의 위험을 채무자에게 부담시키고 있다.[7)]

7) "The payment obligation hereunder shall not be discharged by an amount paid in another currency whether pursuant to a judgment or otherwise, to the extent that the amount so paid on prompt conversion to Dollars under normal banking procedures does not yield the amount of Dollars due hereunder."

제3절

준거법의 결정

I. 당사자의 합의에 의한 준거법 선택

국제금융거래와 같이 외국적인 요소(foreign elements)를 가지는 국제거래에서 분쟁이 발생하여 자기 나라의 법원에 소가 제기된 경우, 먼저 자기 나라의 법원에 그 소송에 관한 재판관할권이 있는지의 여부를 결정하고(국제재판관할권의 문제), 만약 자기 나라의 법원에 재판관할권이 있다고 결정하여 재판을 하게 되는 경우 어느 나라의 법에 따라 재판할 것인지를 결정하기 위하여(준거법의 결정 문제), 세계 각국은 자국 나름대로의 섭외사법(choice-of-law rules 또는 conflict-of-laws rules)을 두고 있으며, 우리나라에도 그러한 법률로서 「국제사법」이 제정되어 있다. 우리나라 대법원도 "국제사법 제1조가 '이 법은 외국적 요소가 있는 법률관계에 관하여 국제재판관할에 관한 원칙과 준거법을 정함을 목적으로 한다' 고 규정하고 있으므로, 거래 당사자의 국적 · 주소, 물건 소재지, 행위지, 사실발생지 등이 외국과 밀접하게 관련되어 있어 곧바로 내국법을 적용하기보다는 국제사법을 적용하여 그 준거법을 정하는 것이 더 합리적이라고 인정되는 법률관계에 대하여는 국제사법의 규정을 적용하여 준거법을 정하여야 한다.”(대법원 2008.1.31. 선고 2004다26454 판결)라고 판시하여 이와 같은 법리를 확인하고 있다.

우리나라의 「국제사법」에 의하면 준거법의 결정, 그중에서도 계약에 관한 준거법의 결정에 관하여서는, 계약당사자들이 계약의 준거법을 선택한 경우와 선택하지 아니한 경우로 나누어서, 계약당사자들이 준거법을 선택하지 아니한 경우에는 “그 계약과 가장 밀접한 관련이 있는 국가의 법”을 준거법으로 하는 한편(국제사법 제26조 제1항), 계약당사자들이 계약의 준거법을 선택한 경우에는 “계약은 당사자가 명시적으로 또는 묵시적으로 선택한 법에 의한다.”(국제사법 제25조 제1항)라고 규정하여 계약당사자들이 선택한 법을 준거법으로 한다는 것을 명시하고 있다.[8)]

위와 같은 우리나라 국제사법의 내용과 같이, 계약당사자들이 계약의 준거법을 선택한 경우에는 그 의사를 존중하여 계약당사자들이 선택한 법을 계약의 준거법으로 결정하는 것을 ‘당사자자치(party autonomy)의 원칙’이라 하는데, 이는 곧 민법상의 계약자유의 원칙이 반영된 것으로 볼 수 있다.

계약의 준거법 결정에 관한 당사자자치의 원칙은 영국과 미국 뉴욕주에서는 물론 세계 각국에서 일반적으로 인정되고 있다. 이 원칙은 특히 1980년의 로마협약과 이를 대체한 2009년의 Rome I에 명확하게 명시되어 있다(Rome I §3 Freedom of Choice). 미국의 통일상법전(Uniform Commercial Code) §1-301(c)(2)[9)]와 ‘Restatement of the Law Second: Conflict of Laws’ §187도 이 원칙을 명시하고 있으며, 미국 뉴욕주는 ‘일반채무법(General Obligations Law)’ §5-1401에서 계약금액이 미화 25만 달러 이상이면 당해 계약이 뉴욕주

8) 중재에 있어서의 준거법의 결정에서도 법원의 재판에서와 마찬가지로 당사자자치의 원칙이 인정되고 있다. 우리나라의 「중재법」은 “중재판정부는 당사자들이 지정한 법에 따라 판정을 내려야 한다. 특정 국가의 법 또는 법 체계가 지정된 경우에 달리 명시된 것이 없으면 그 국가의 국제사법이 아닌 분쟁의 실체에 적용될 법을 지정한 것으로 본다.”(중재법 제29조 제1항)라고 규정하여 당사자자치의 원칙을 천명하고 있다.

9) 미국의 통일상법전(Uniform Commercial Code) §1-301(c)(2)는 과거 §1-105를 개정한 것인데, 개정 전의 규정인 §1-105는 어느 주법을 준거법으로 지정하기 위해서는 당해 계약이 당해 주와 ‘합리적인 관련(reasonable relation)’이 있어야 한다고 규정하고 있으며, 대부분의 주는 아직도 §1-105를 그대로 채택하고 있다.

와 합리적인 관련(reasonable relation)이 없더라도 뉴욕주법을 준거법으로 합의할 수 있다고 규정하고 있다.

당사자는 또한 계약의 일부에 관하여도 준거법을 선택할 수 있다(국제사법 제25조 제2항; Rome I §3(1)). 따라서 당사자는 하나의 계약 전체에 대하여 반드시 하나의 준거법을 선택하여야 하는 것은 아니며, 계약상의 법적 쟁점을 세분하여 각각의 쟁점에 대하여 준거법을 달리 정하거나 그중 일부에 대해서만 준거법을 정할 수도 있다. 예컨대, 당해 계약이 유효하게 성립되었는지 여부는 A국가의 법을 준거법으로 하고, 당해 계약의 이행이 이루어졌는지 여부는 B국가의 법을 준거법으로 하는 경우를 말한다. 이를 준거법의 분열(dépeçage)이라 한다. 그러나 적어도 하나의 쟁점에 대해서는 오로지 한 국가의 법만이 적용되어야 한다.

당사자는 또한 기존에 선택하였던 준거법을 그 후에 합의에 의하여 다른 준거법으로 변경할 수도 있다(국제사법 제25조 제3항; Rome I §3(2)).

Ⅱ. 당사자의 합의가 없는 경우의 준거법

계약당사자가 준거법을 선택하지 아니한 경우의 준거법(이를 '객관적 준거법'이라 한다)의 결정은 그 계약과 관련된 소송이 제기된 법원에서 하게 된다. 이에 관하여 우리나라의 「국제사법」은 국제적으로 널리 인정되고 있는 원칙에 따라 "당사자가 준거법을 선택하지 아니한 경우에 계약은 그 계약과 가장 밀접한 관련이 있는 국가의 법에 의한다."(국제사법 제26조 제1항)라고 명시하고 있다.[10] 또한, 어느 국가의 법이 계약과 가장 밀접한 관련이 있는지를 결정함에 있어 법관의 판단을 용이하게 하기 위해, 예컨대 양도계약에 있어서 양도인의 이행이나

10) 우리나라의 「중재법」도 당사자들이 준거법을 지정하지 아니한 경우에는 "중재판정부는 분쟁의 대상과 가장 밀접한 관련이 있는 국가의 법을 적용하여야 한다(중재법 제29조 제2항)." 라고 규정하고 있다.

용역제공계약에 있어서 용역의 이행 등과 같이, 로마협약과 스위스 국제사법에서 규정하고 있는 용어인 '특징적 이행(characteristic performance)' 을 기초로 하는 추정규정(국제사법 제26조 제2항)[11]과 부동산에 대한 권리를 대상으로 하는 계약에 있어서의 추정규정(국제사법 제26조 제3항)[12]을 두고 있다.

국제금융계약에 있어서는 계약서에 준거법선택조항(choice-of-law clause)을 두어 준거법을 미리 합의해두는 것이 보통이므로 법원이 객관적 준거법을 결정하는 사례가 없다. 하지만 국제무역에 있어서의 신용장(letter of credit)거래에 사용되고 있는 국제상업회의소(ICC)의 신용장통일규칙(UCP 600)에는 준거법조항이 없으며, 또한 당사자들이 별도로 준거법을 지정하여두는 경우가 거의 없으므로, 신용장거래 관련 분쟁이 발생하는 경우 재판을 하는 법원은 자기 나라의 섭외사법에 따라 준거법을 결정할 수밖에 없다. 따라서 우리나라의 법원에 소송이 제기되는 경우, 수출자와 신용장 개설은행 간 또는 신용장 매입은행과 개설은행 간 분쟁의 경우에는 신용장 개설은행 소재지법이 '특징적 이행(characteristic performance)' 을 하는 당사자의 영업소 소재지법으로서 준거법이 될 가능성이 크다.[13]

11) "당사자가 계약에 따라 다음 각호 중 어느 하나에 해당하는 이행을 행하여야 하는 경우에는 계약체결 당시 그의 상거소가 있는 국가의 법(당사자가 법인 또는 단체인 경우에는 주된 사무소가 있는 국가의 법)이 가장 밀접한 관련이 있는 것으로 추정한다. 다만, 계약이 당사자의 직업 또는 영업활동으로 체결된 경우에는 당사자의 영업소가 있는 국가의 법이 가장 밀접한 관련이 있는 것으로 추정한다.
1. 양도계약의 경우에는 양도인의 이행
2. 이용계약의 경우에는 물건 또는 권리를 이용하도록 하는 당사자의 이행
3. 위임 · 도급계약 및 이와 유사한 용역제공계약의 경우에는 용역의 이행"

12) "부동산에 대한 권리를 대상으로 하는 계약의 경우에는 부동산이 소재하는 국가의 법이 가장 밀접한 관련이 있는 것으로 추정한다."

13) 우리나라의 현행 「국제사법」으로 전면 개정되기 전의 「섭외사법」이 시행되던 때의 신용장사건에 관한 대법원판결에서는 "수입신용장 개설은행의 신용장에 따른 대금지급의무는 법률행위인 신용장상의 지급확약에 의하여 발생하는 것인바, 그 법률행위의 성립과 효력 등에 관하여는 섭외사법 제9조에 따라 당사자가 지정한 준거법에 의하며, 당사자가 명시적으로나 묵시적으로 준거법을 정하지 아니한 경우에는 같은 조의 단서를 적용하여 행위지법에 의하나, 신용장 매입은행이 개설은행의 소재지와는 다른 법률이 적용되는 곳에 존재하는 경우에는 같은 법 제11조에 의하여 신용장 개설은행의 지급확약 의사표시를 통지한 곳, 즉 개설은행의 소재지에서 시행되는 법이 행위지법으로 간주된다."(대법원 1997.5.9. 선고 95다34385 판결)라고 판시한 적이 있다.

제4절

준거법선택에 관한 당사자자치의 제약사항

I. 서설

준거법선택에 관한 당사자자치의 원칙에 따라 계약의 당사자는 자신들의 합의에 의해 자유로이 준거법을 선택하여, 그 준거법에 따라 자신들의 계약상의 법률관계가 모두 규율되는 것을 기대한다. 하지만, 이러한 당사자자치가 무제한적인 것은 아니다.

다음과 같은 일정한 사항에 대해서는 당사자가 선택한 준거법이 아니라 법정지국 등 관련국가의 강행규정(mandatory rules)이 적용되는 경우가 있으므로, 그러한 범위 내에서는 당사자의 준거법선택의 자유가 제약된다.

II. 법정지국의 사회질서에 반하는 사항

법정지국의 입장에서 볼 때 계약의 준거법이 적용되면 자국의 공서양속 등 사회질서(public policy)에 반하는 결과가 초래되는 사항에 대해서는 준거법을 적용하지 않는 것이 각국의 일반적인 입장이다. 예컨대 도박, 성매매, 인신매매 또는 마약거래를 위한 자금의 대출이나 법정지국에 대항하는 반란단체를 지원하기 위한 대출에 대해서는 그것이 계약의 준거법상으로는 유효하더라도 법정지국의 미풍양속 기타 사회질서에 반하는 것인 경우에는 법정지국법을 적용하여 그 효력을 인정하지 아니한다.

우리나라 「국제사법」 제10조도 "외국법에 의하여야 하는 경우에 그 규정의 적용이 대한민국의 선량한 풍속 그 밖의 사회질서에 명백히 위반되는 때에는 이를 적용하지 아니한다." 고 규정하고 있다.[14)]

Ⅲ. 법정지국의 강행규정에 반하는 사항

우리 「국제사법」은 Rome I §3(3)[15)]의 규정과 동일하게 "모든 요소가 오로지 한 국가와 관련이 있음에도 불구하고 당사자가 그 외의 다른 국가의 법을 선택한 경우에 관련된 국가의 강행규정은 그 적용이 배제되지 아니한다."(국제사법 제25조 제4항)라고 규정하고 있다.

이와 같이 계약의 당사자는 계약 체결 당시의 상황에 관련된 모든 요소가 오로지 특정 국가와 관련이 있는 경우에도 계약의 준거법 선택에 관한 당사자자치의 원칙에 기대어 그 특정 국가가 아닌 다른 국가의 법을 준거법으로 선택할 수는

14) "국제사법 제10조는 '외국법에 의하여야 하는 경우에 그 규정의 적용이 대한민국의 선량한 풍속 그 밖의 사회질서에 명백히 위반되는 때에는 이를 적용하지 아니한다.' 라고 규정하고 있는데, 이는 대한민국 법원이 외국적 요소가 있는 소송사건에 대하여 준거법으로 외국법을 적용해야 할 경우에 이로 인하여 대한민국의 선량한 풍속 그 밖의 사회질서에 명백히 위반되는 결과가 발생하는지 여부 등을 심리해야 한다는 것일 뿐이고, 이와는 달리 대한민국 법원이 국내법을 적용함으로 인하여 외국법상의 공서양속에 위반하는 결과가 야기되는지 여부를 심리해야 한다는 취지는 아니다."(대법원 2006.5.26. 선고 2005므884 판결)

15) "Where all other elements relevant to the situation at the time of the choice are located in a country other than the country whose law has been chosen, the choice of the parties shall not prejudice the application of provisions of the law of that other country which cannot be derogated from by agreement."

있으나, 그 특정국가에 그 계약과 관련된 강행규정이 있는 경우에는 당사자가 선택한 준거법을 적용할 것이 아니라 그 특정국가의 강행규정을 적용해야 한다는 것이 각국의 일반적 입장이다.

이러한 원칙은 외국적 요소가 없는 순수한 국내계약(single country contract)을 체결하는 것임에도 불구하고 그 계약과 관련되는 당해 국가의 강행규정을 회피하기 위한 의도로 당사자가 외국의 법을 준거법으로 선택하는 경우 그로 인해 발생할 수 있는 폐해를 방지하기 위한 것이므로 외국적 요소(foreign elements)가 있는 국제계약에는 적용되지 아니한다.

예컨대, 계약의 당사자가 모두 우리나라 사람이고 그 목적물도 우리나라에 소재하고 있는 경우와 같은 순수한 국내계약의 경우에도 외국법을 준거법으로 할 수는 있으나, 그 계약과 관련된 분쟁에 관하여 우리나라의 법원이 재판을 하게 되면 우리나라 법원은 그 계약과 관련된 우리나라의 강행규정이 있는 경우 당사자가 선택한 준거법을 적용하는 것이 아니라 우리나라의 강행규정을 적용하여 재판을 하게 된다.

여기에서 말하는 '강행규정(mandatory rules)' 은 당사자의 합의에 의해 그 적용을 배제할 수 없는 규정(provisions which cannot be derogated from by agreement)으로서, 우리나라의 경우 민법이나 상법과 같은 사법에 포함되어 있는 강행규정을 말한다. 강행규정인 한 효력규정과 단속규정을 모두 포함한다.[16)] 이러한 강행규정은 '국제적 강행규정(internationally mandatory rules)' 과 구별하여 '국내적 강행규정(internal mandatory rules)' 또는 '통상의 강행규정(ordinary mandatory rules)' 이라고도 한다.

16) 우리 민법이나 상법상 어떠한 규정이 강행규정에 해당하는지에 대하여 명문의 규정을 두고 있는 경우도 있지만, 그렇지 않은 경우에는 법규의 성질 및 사회적 의의 등을 고려하여 구별하여야 하는데, 우리 민법상으로는 권리능력(제3조), 행위능력(제5조 이하) 및 법인제도(제31조 이하)에 관한 규정, 물권에 관한 규정(제2편 물권), 사회적 · 경제적 약자를 보호하는 규정(제607조, 608조, 제652조 등), 거래안전을 보호하기 위한 규정(제508조, 제523조 이하 등), 친족관계에 관한 규정(제4편 친족), 상속에 관한 규정(제5편 상속) 등이 강행규정에 해당하는 것으로 해석되고 있다.

Ⅳ. 국제적 강행규정에 반하는 사항

'국제적 강행규정(internationally mandatory rules)' 이라 함은 각국의 강행규정 중 법정지국의 섭외사법상의 준거법 결정원칙에 불구하고, 즉 법정지국의 법원이 자국의 섭외사법상의 준거법 결정원칙을 적용하여 어느 국가의 법을 준거법으로 할지를 따져볼 필요도 없이 항상 적용되어야 할 성격의 강행규정을 말한다.

어떠한 강행규정이 국제적 강행규정(internationally mandatory rules)에 포함되는지에 대해서는 학자들마다 견해가 다르나, 형법, 노동법, 세법, 공공수용법, 사회보장법, 통화규제법, 수출입규제법, 공정거래법, 외환규제법, 금융규제법 기타 모든 행정규제법을 포함하는 견해에 따르면, 각국의 공법, 특히 규제적 성격을 가지는 법규는 모두 포함된다고 해석할 수 있다. Rome I은 국제적 강행규정을 '최우선 강행규정(overriding mandatory provisions)' 이라는 용어로 표현하면서, '준거법에 불구하고 특정 국가의 정치적, 사회적, 또는 경제적 질서 등과 같은 공익의 보호를 위해 이를 존중하는 것이 중대하다고 간주되는 규정' 을 말한다고 정의하고 있다(Rome I §9(1)).[17]

일반적으로 '강행규정(mandatory rules)' 이라 하면 규제법 등의 공법(public law)뿐만 아니라 민법이나 상법 등과 같은 사법(private law)에 포함되어 있는 강행규정도 포괄하는 광의의 개념이다. 사법에 포함되어 있는 강행규정이 주로 계약관계 당사자 간의 대립적 이해관계를 강제적으로 조정하는 데 그 목적이 있다면, 규제법 등의 공법은 초개인적인 공적 이익(public interests)의 추구에 그 목적이 있다고 할 것인바, 국제적 강행규정(internationally mandatory rules)은 이와 같은 넓은 의미의 강행규정 중 공적인 이익을 추구하기 위한 공법만을 의미한다. 앞에서 설명한 바와 같이 민법이나 상법 등과 같은 사법(private law)에 포

17) "Overriding mandatory provisions are provisions the respect for which is regarded as crucial by a country for safeguarding its public interests, such as its political, social or economic organisation, to such an extent that they are applicable to any situation falling within their scope, irrespective of the law otherwise applicable to the contract under this Regulation."

함되어 있는 강행규정은 국제적 강행규정(internationally mandatory rules)과 구별하기 위하여 일반적으로 국내적 강행규정(internal mandatory rules) 또는 통상의 강행규정(ordinary mandatory rules)이라 부른다.

국제적 강행규정(internationally mandatory rules)은 그것이 어느 국가의 강행규정인지에 따라 준거법국의 국제적 강행규정, 법정지국의 국제적 강행규정, 그리고 제3국의 국제적 강행규정으로 구분할 수 있다. 이론적인 측면에서 본다면 법정지국의 법원은 우선 계약의 당사자가 선택한 준거법국의 국제적 강행규정을 적용하여야 할 것이지만, 대부분 국가의 섭외사법은 준거법국의 국제적 강행규정의 적용에 대해서는 명시적인 규정을 함이 없이 주로 자국의 국제적 강행규정, 또는 제3국의 국제적 강행규정의 적용에 대해서만 명시적인 규정을 하고 있다.

예컨대, 법정지국의 국제적 강행규정의 적용에 관해서는 우리나라의 「국제사법」 제7조는 '대한민국 법의 강행적 적용' 이라는 제목하에 "입법목적에 비추어 준거법에 관계없이 해당 법률관계에 적용되어야 하는 대한민국의 강행규정은 이 법에 의하여 외국법이 준거법으로 지정되는 경우에도 이를 적용한다." 라고 명시하고 있으며, Rome I 도 동일한 취지의 규정을 두고 있다(Rome I §9(2)).[18]

제3국의 국제적 강행규정의 적용에 관해서는 우리나라의 「국제사법」은 이에 관한 규정을 두고 있지 않으나, Rome I 은 계약상의 의무이행지 국가의 국제적 강행규정에 의할 경우 계약상의 의무이행이 위법이 되는 때에는 법정지국의 법원은 그 계약상의 의무이행지 국가의 국제적 강행규정에 대하여 효력을 부여할 수 있다고 규정하여, 법정지국의 법원에 제3국의 국제적 강행규정을 적용할 수 있는 재량권을 부여하고 있다. 이와 함께 그러한 재량권을 행사함에 있어서는 그 국제적 강행규정의 성격과 목적, 그리고 그 국제적 강행규정을 적용한 경우 또는 적용하지 아니한 경우의 효과를 고려하여야 한다고 규정하고 있다(Rome I §9(3)).[19]

18) "Nothing in this Regulation shall restrict the application of the overriding mandatory provisions of the law of the forum."

따라서 법정지국의 섭외사법에 따라 법정지국의 국제적 강행규정 또는 제3국의 국제적 강행규정이 적용되거나 고려되는 범위 내에서는 준거법의 적용이 제한된다.

V. 물권법에 관한 사항

계약자유를 원칙으로 하는 채권법은 대체로 임의법규(default law)이며 그 내용도 세계적으로 보편화 · 통일화되는 경향이 있다. 그러나 물권법은 배타성을 갖는 물권을 규율하는 법이기 때문에 각국은 물권의 종류와 내용을 자국의 법률에 엄격히 규정하고 그 밖의 내용과 종류의 물권을 인정하지 아니하는 물권법정주의의 원칙을 취하고 있으며, 그 결과 물권법은 강행법규(mandatory law)의 성격을 가진다. 또한 물권법은 각국의 특유한 관습과 전통에 바탕을 두고 있어 나라마다 그 종류와 내용이 고유하다는 특징이 있다.

따라서 국제금융거래에서 채권의 담보를 위하여 특정 물건이나 권리에 대하여 담보권의 설정(creation of security interest)을 함에 있어서는 이와 같은 물권의 특징, 담보권실행의 편의, 그리고 각국의 섭외사법이 물권의 준거법을 어떻게 정하고 있는지를 고려하여, 담보물의 소재지 등 관련이 있는 국가의 법을 담보권설정계약의 준거법으로 하는 것이 일반적이다.[20] 또한 담보권의 제3자 대항요건의 구비(perfection of security interest)도 담보권설정계약의 준거법에 따르는 것이

19) "Effect may be given to the overriding mandatory provisions of the law of the country where the obligations arising out of the contract have to be or have been performed, in so far as those overriding mandatory provisions render the performance of the contract unlawful. In considering whether to give effect to those provisions, regard shall be had to their nature and purpose and to the consequences of their application or non-application."

20) Hannah L. Buxbaum, *Unification of the Law Governing Secured Transactions: progress and prospects for Reform,* Uniform Law Review(2003-1/2), 321-339.

필요하다.

부동산 및 동산에 대한 담보권, 즉 저당권이나 질권 또는 양도담보권의 설정계약은 그 부동산이나 동산이 소재하는 나라의 법률을 준거법으로 한다.

채권 · 주식 그 밖의 권리 또는 이를 표창하는 유가증권을 대상으로 하는 질권설정계약의 경우에는 담보대상인 권리의 준거법을 그 준거법으로 한다.

그리고 무기명증권에 대한 담보권설정계약은 그 무기명증권의 소재지법을 준거법으로 한다. 그러나 무기명증권이 실물에 의해 거래되지 아니하고 중개기관의 계좌이체에 의해 거래되는 경우에는 그 무기명증권을 보유하고 있는 중개기관 소재지법을 준거법으로 하는 것이 일반적이다(관련 중개기관 소재지 접근방식; Place of the Relevant Intermediary Approach).

제5절

준거법선택에 있어서의 실무상 고려사항

Ⅰ. 서설

앞에서 설명한 바와 같이 세계 각국이 일반적으로 준거법선택에 관한 당사자자치(party autonomy)의 원칙을 인정하고 있기 때문에, 국제금융계약의 당사자들은 계약의 유효성과 해석에 관한 확실성 및 예측가능성을 위하여 계약서에 준거법선택조항(choice-of-law clause)을 두어 준거법을 지정해두는 것이 보통이다.

당사자가 선택할 수 있는 준거법은 당해 계약과 실질적인 관련이 있는 법에 한정되지 않으며 중립적인 법의 선택도 가능하다. 국제금융거래의 경우에 당사자들이 계약의 준거법으로 선택할 가능성이 있는 법으로서는 대출은행 국가의 법, 차주 국가의 법, 국제금융센터 소재지의 법, 중립적인 제3국의 법 등을 생각할 수 있다. 그리고 그 선택에 관하여 당사자 간의 의견이 다를 경우 협상력의 차이로 인해 대주의 의견이 차주의 의견에 우선하는 것이 현실이다.

관행적으로는 영국법(English law)이나 미국 뉴욕주법(New York law)이 주로 선택되고 있는데, 국제금융계약의 준거법을 선택함에 있어 일반적으로 고려해야 할 사항들은 다음과 같다.

Ⅱ. 차주국법의 기피

대출계약에 있어 차주국의 법을 준거법으로 선택할 경우에는 차주국이 대출계약 당시 적용되던 법의 내용을 나중에 변경함으로써 대출계약의 내용이 대주측에 불리하게 될 우려가 있다. 예컨대 대출계약이 체결된 후에 차주국이 대외지급정지입법(moratorium legislation)을 하거나 대출이자율을 하향조정하는 등의 입법조치를 취하게 되면 동 입법의 소급적용을 특히 배제하지 아니하는 한 대출계약의 내용이 변경되는 결과를 가져오게 된다. 이와 같이 차주국이 입법에 의하여 계약에 간섭하는 것을 배제하기 위하여 대주는 차주국 이외의 법을 준거법으로 선택하기를 원하게 된다.

그런데 차주국 이외의 법을 준거법으로 한다고 해서 차주국의 입법조치로부터의 영향을 모두 배제할 수는 없다. 차주국에 소재하는 채무자의 재산을 집행하기 위해서는 차주국 법원의 집행판결을 받아야 하는데, 차주국 법원은 계약의 준거법이 자국의 강행규정과 모순된다는 이유로 집행을 거절할 가능성이 있기 때문이다. 또한 준거법이 계약관계의 모든 사항을 규율하는 것은 아니고 차주국법에 의하여 규율되어야 할 사항도 있기 때문에 이러한 사항은 준거법을 타국법으로 정하더라도 차주국법의 적용을 배제할 수는 없는 것이다. 그리고 외국환관리에 관해서는 차주국이 IMF 가입국인 경우 준거법이 아닌 차주국법을 존중하도록 협약되어 있기 때문에 차주국법의 적용을 배제할 수 없게 된다(전술 IMF협약 제8조 2(b) 참조).

한편, 차주의 재산이 소재하는 나라의 법원에서 재판을 하면 그 재산에 대한 집행이 편리하다. 이 경우 관할법원은 자국법을 적용하는 것에 익숙하기 때문에 준거법을 법정지의 법으로 선택해두면 재판이 신속해지고 집행도 편리하게 된다. 대체로 차주의 재산은 차주국에 있기 때문에 이에 대한 집행의 편리를 꾀하고자 하는 경우에는 차주국법을 준거법으로 선택하는 경우도 있다.

Ⅲ. 분쟁해결결과의 예측가능성

계약의 당사자가 계약서 조항에 대한 법적 해석의 결과를 예측할 수 있다면, 계약과 관련하여 향후 발생할 수 있을 것으로 예상되는 모든 사안에 관한 계약 당사자의 합의 내용을 계약서에 포함시킴으로써, 향후 발생하는 사안의 법적 결과에 대한 확실성을 높여 당사자 간의 분쟁 위험을 경감시킬 수 있다. 또한 당사자들이 원하지 않는 법원에 의한 분쟁의 강제적 해결이 아닌 당사자 간의 자율적인 분쟁해결을 도모할 수도 있다.

계약을 해석함에 있어, 대륙법 전통은 계약서의 문언보다 당사자의 주관적 의사를 중시하는데 비해, 영미법 전통은 계약서 문언의 객관적 의미를 중시하여 계약서 문언에 따라 당사자의 의사를 객관적으로 해석하는 경향이 강한 것으로 인식되고 있다.

국제금융거래에 있어서도 계약서 조항의 법적 해석에 대한 결과의 확실성 및 분쟁해결결과의 예측가능성을 통한 법적안정성이 중요하기 때문에, 당사자의 주관적 의사를 중시하는 대륙법보다는 계약서 문언의 객관적 의미를 중시하는 영미법이 준거법으로 더 선호되고 있다.

Ⅳ. 국제금융거래에의 적합성 및 안전성

준거법은 국제금융거래의 필요를 충족시킬 수 있고 복잡한 금융거래의 미세한 사항도 규율할 수 있을 정도로 법이론이 치밀하게 발달되어 있으며, 정치적 불안정과 법적 편파성이 없는 나라의 법을 선택하는 것이 바람직하다.

런던과 뉴욕은 오랫동안 국제금융의 중심지로 활동하면서 분쟁의 공정한 해결을 위하여 노력해 왔고, 국제금융거래의 분쟁과 그 분쟁해결에 관한 많은 선례를 축적하고 있어 분쟁이 되는 사안의 태양 및 그러한 분쟁해결결과에 대한 예측가능성을 제공하고 있으며, 나아가 분쟁사안에 대한 장래의 합리적 해결을 위한 이론 및 실무의 발전이 상대적으로 신속하게 이루어지고 있다.

이와 같은 이유로 인해서도 영국법(English law)이나 미국 뉴욕주법(New York law)이 국제금융거래의 준거법으로 많이 선택되고 있다.

V. 재판관할과의 관계

당사자가 계약으로부터 발생하는 분쟁해결을 위해 합의하여 선택하는 재판관할법원도 준거법을 선택함에 있어 중요한 고려요소가 된다.

예컨대, 재판관할법원을 우리나라의 법원으로 선택한 경우에는 준거법도 우리나라의 법으로 선택하는 것이 다른 국가의 법을 준거법으로 선택하는 것보다는 여러 측면에서 당사자에게 유리하다. 우선, 우리나라의 법원은 다른 국가의 법원보다는 준거법인 우리나라 법에 대해 보다 더 정통하기 때문에, 준거법인 우리나라 법의 적용을 받는 계약에 대해서는 다른 국가의 법원보다 올바른 판단을 할 가능성이 훨씬 높다. 또한, 우리나라 법이 아닌 다른 국가의 법을 준거법으로 선택한 경우 당사자는 그 다른 국가의 법의 내용을 우리나라 법원에 소명하여야 하기 때문에, 그에 따른 소송비용의 증가와 재판의 지연이라는 불이익이 있으나,[21] 우리나라 법을 준거법으로 하는 경우에는 그와 같은 불이익이 없다.

따라서 특별한 사정이 없는 한 법정지국과 준거법국은 동일한 국가로 선택하는 것이 보통이다.

21) 우리나라 「국제사법」 제5조는 "법원은 이 법에 의하여 지정된 외국법의 내용을 직권으로 조사 · 적용하여야 하며, 이를 위하여 당사자에게 그에 대한 협력을 요구할 수 있다."고 규정하고 있다.

Ⅵ. 언어 및 자문변호사

국제금융시장에서 사용되고 있는 언어와 금융기법이 발달한 국가의 언어도 국제금융계약의 준거법선택에 영향을 미친다. 그리고 국제금융거래의 계약서 작성 및 법률자문(legal advisory services)을 담당하는 로펌(law firm) 및 변호사도 사실상 준거법의 선택에 영향을 미치게 된다.

국제금융시장에서 현재 통용되고 있는 언어가 영어라는 점, 그리고 국제금융거래를 담당하는 로펌 및 변호사가 영국 또는 미국의 로펌이나 변호사라는 점도 영국법(English law)이나 미국 뉴욕주법(New York law)이 국제금융거래의 준거법으로 많이 선택되고 있는 이유 중의 하나이다.

제3장

국제금융의 규제법

제1절

국제금융에 관한 국제기준

I. 서설

1930년대의 세계 대공황을 계기로 은행과 증권의 분리 등 새로운 금융규제가 탄생하였고, 2008년의 글로벌 금융위기를 계기로 금융규제가 크게 강화되고 있다는 역사적 사실에 비추어 보아도 알 수 있듯이, 국내의 금융규제든 국제적인 금융규제든, 금융규제는 항상 위기(crises)의 산물로 탄생하고 또 발전되어왔다.

1970년대 초반 고정환율제의 브레튼우즈체제(Bretton Woods System) 붕괴와 세계 각국의 변동환율제 채택의 여파 속에, 1974년 서독의 Herstatt Bank와 뉴욕의 Franklin National Bank가 커다란 외환차손으로 인해 파산하게 되면서, 1950년대 이후 급속히 성장해온 소위 '유로시장(Euromarkets)' 이라 불리는 국제금융시장의 안정성에 대해 심각한 의문이 제기되었다. 이에 1974년 9월 G-10 국가의 중앙은행 총재들과 스위스은행 총재가 국제결제은행(Bank of International Settlement; BIS)에 모여 유로시장(Euromarkets)의 안정을 위해 필요하다면 언제든지 최후의 지불지원수단(the lender of last resort)을 제공할 것을 천명하였다. 이를 계기로 유로시장(Euromarkets)의 안정성을 더욱 더 제고

하기 위하여 바젤은행감독위원회(Basel Committee on Banking Supervision; BCBS)가 설립되었으며, 이 BCBS는 소위 국제금융에 관한 국제기준(이하 "국제금융기준(International Financial Standards; IFSs)")을 제정하는 최초의 기구가 되었다.

그리고 1994~1995년의 멕시코 외환위기와 1997년의 아시아 외환위기를 계기로 하여 '국제금융체제(International Financial Architecture)' 의 개념이 부각되면서, BCBS나 IOSCO 등과 같은 다양한 국제금융기준 제정기구들의 활동을 조율하기 위한 목적으로 1999년에 G-20과 금융안정포럼(Financial Stability Forum; FSF)이 창설되었다.

최근에는 2008년 미국의 서버프라임 모기지(sub-prime mortgage) 사태로 촉발된 글로벌 금융위기를 계기로 G-20이 부활되어, 국제통화기금(IMF) 그리고 2009년 FSF를 승계한 금융안정위원회(Financial Stability Board; FSB)[1)]와 함께, 기존의 국제금융기준 제정기구의 지원하에 국제금융규제의 후견임무를 맡게 되었다.

Ⅱ. 국제금융기준과 그 제정기구

국제금융기준(International Financial Standards)은 시스템리스크(system risk), 즉 특정 시장, 부문 또는 국가에서 발생한 채무불이행, 유동성경색 또는 금융위기가 다른 시장, 부문 또는 국가로 전이되고 나아가서는 전 세계적인 금융위기로 확대되는 위험을 방지하기 위하여 세계적으로 적용되는 최소한의 금융기준(a set of minimum financial standards)이라고 정의할 수 있다. 가장 잘 알려져

1) FSB에 관한 자세한 내용은 금융위원회가 2010. 4. 발간한 「FSB와 글로벌 금융규제개혁」을 참조하기 바람.

있는 국제기준은 1988년 BCBS가 제정한 '자기자본 측정과 기준에 관한 국제적 합의(International Convergence of Capital Measurement and Capital Standard)' 즉 BIS기준 자기자본비율제도이다.

1975년 이래 제정되어온 다양한 국제금융기준들은 BCBS 등과 같은 제정기구가 국제적으로 널리 인정되는 원칙(principles), 관행(practices) 또는 가이드라인(guidelines) 등을 그 내용으로 하여 모두 '권고(recommendations)'의 형식으로 제정되고 있다. 이와 같이 국제금융기준들은 국가 간의 조약은 아니기 때문에 그 자체로는 법적 구속력을 가지지 아니하며(no legally binding power), 단지 각 국가가 국제금융기준의 내용을 국내법으로 입법하거나 자국 금융감독기관의 규정 등에 편입하여 법규로서의 효력을 부여한 경우에 한해서만 그 국가 내에서 법적 구속력을 가지게 된다.

주요 국제금융기준(International Financial Standards) 및 그 제정기구(Standard Setting-Bodies)로는 FSF(현재는 FSB)의 국제기준편람(Compendium of Standards)[2]에 포함되어 있는 12개의 주요 국제금융기준(12 Key Standards for Sound Financial Systems)([표 3-1] 참조)[3]과 그 각 제정기구들[4]을 들 수 있다.

국제통화기금(IMF)은 세계은행(World Bank)과 공동으로 FSF(현재는 FSB)가 발표한 위 주요 국제금융기준들(12 Key Standards for Sound Financial Systems)이 그 회원국들에서 이행되고 있는지 여부를 '국제기준 및 규범준수에 관한 보고(Reports on the Observance of Standards and Codes; ROSCs)'와 '금융부문평가프로그램(Financial Sector Assessment Programs; FSAPs)'을 통하여 점검하고 있다.

나아가 이 국제금융기준들의 이행은 금융시장의 자체기능을 통하여, 그리고

2) http://www.financialstabilityboard.org/cos/index.htm
3) http://www.financialstabilityboard.org/cos/key_standards.htm
4) 국제금융기준의 제정기구들에 관해서는, 금융위원회가 2010. 4. 발간한 「FSB와 글로벌 금융규제개혁」177면 이하와 금융감독원이 2010. 12. 발간한 「금융감독제도」의 [부록 2: 금융감독 관련 주요 국제기구], 그리고 한국은행이 2017. 12. 발간한 「국제금융기구」를 참조하기 바람.

회원국 상호평가(peer assessment), 또는 자금세탁방지 국제기구인 FATF (Financial Action Task Force)의 기준들이 적용되는 자금세탁 및 테러주의자 자금조달 방지제도에 비협조적인 국가 또는 지역의 블랙리스트화(blacklisting) 등을 통하여 간접적으로도 강제되고 있다.

[표 3-1] FSB가 지정한 12개의 주요 국제금융기준

분야	기 준	제정기구
	거시경제 정책 및 모범의 투명성	
통화 및 금융 정책의 투명성	통화 및 금융 정책의 투명성에 관한 모범규범	IMF
재정 정책의 투명성	재정의 투명성에 관한 모범규범	IMF
자료 공시	특별자료 공시기준/ 일반자료 공시제도	IMF
	금융 규제와 감독	
은행감독	효율적인 은행감독을 위한 핵심원칙	BCBS
증권규제	증권규제의 목적과 원칙	IOSCO
보험감독	보험 핵심원칙	IAIS
	기관 및 시장의 하부구조	
위기해결 및 예금보험	효율적인 예금보험제도를 위한 핵심원칙	BCBS/IADI
도산	도산 및 채권자권리	World Bank
기업지배구조	기업지배구조에 관한 원칙	OECD
회계 및 감사	국제회계기준(IFRS)/국제감사기준(ISA)	IASB/IAASB
지급결제	제도적으로 중요한 지급결제제도를 위한 핵심원칙	CPSS
	증권결제제도를 위한 권고안	CPSS/IOSCO
	중앙청산소를 위한 권고안	CPSS/IOSCO
시장의 완전성	자금세탁 및 테러리스트 금융에 관한 40개 권고안 및 9개 특별권고안	FATF

출처: FSB

Ⅲ. 현행 국제금융체제

2008년 시작된 글로벌 금융위기와 이로 인한 세계경제의 동반 침체는 국제사회로 하여금 위기의 극복과 재발 방지를 위해 새로운 대응 방식이 필요하다는 인식을 갖게 하였다. 당면한 위기의 확산을 막기 위해서는 효과적인 국제 공조체제의 구축이 절실했고, 향후 위기의 재발을 예방하기 위해서는 국제금융질서와 금융규제체제의 대대적인 개편이 불가피했다. 그리고 그 대응 방식으로는 기존의 국제기구에 의한 수직적 접근방식(institutional vertical approach), 예컨대 IMF와 같은 국제기구로 하여금 그러한 개편 과정을 주도하도록 하는 방식보다는 국제금융기준 제정기구들을 통한 국가 간의 협조라는 수평적 접근방식(horizontal approach of intergovernmental cooperation)이 선호되었다.

그러나 기존의 G-7 위주의 논의 구조로는 글로벌 금융위기에 효과적으로 대응하기 어렵다는 한계가 있을 뿐만 아니라 위기를 초래한 기존의 국제금융시스템을 효과적으로 개선하기에도 부족하다는 공감대가 형성되었다. 이에 따라 우리나라를 포함한 주요 신흥국이 참여하는 G-20가 금융위기에 대처하고 위기 재발을 방지하기 위한 국제 금융질서 개편의 새로운 주역으로 자리 잡게 되었다. 그리하여 G-20 정상회의 제1차 회의가 2008년 11월 미국 워싱턴에서 개최된 데 이어, 제2차 회의가 2009년 4월 영국 런던에서, 제3차 회의가 2009년 9월 미국 피츠버그에서, 제4차 회의가 2010년 6월 캐나다 토론토에서, 그리고 제5차 회의가 2010년 11월 우리나라 서울에서 개최되었다.

글로벌 경제 현안에 대한 정부간 논의 구조가 G-7에서 G-20로 전환되면서, 금융시스템 개혁에 대한 국제적 논의 구조도 G-7 중심의 FSF에서 G-20를 구성하는 각국 금융당국과 국제기준 제정기구들을 포괄하는 FSB로 확대 개편되었고, FSB의 기능과 역할도 대폭 강화되었다. G-20 정상회의가 글로벌 금융위기에 대응하기 위한 전반적인 국제 공조 방안을 포괄적으로 논의하는 최상위 협의체라면, FSB는 G-20로부터 임무를 부여받아 금융위기의 재발을 막고 금융시장의 안정을 도모하기 위하여 구체적인 금융규제 개혁과제를 도출하고 실천 가능한 개선방안을 마련하는 협의체이다.

이에 따라 현재 금융규제 개혁에 관한 논의는 G-20 정상회의에서 금융규제 개혁의 주요 이슈에 대해 합의한 기본방향에 따라 FSB를 중심으로 각국의 금융당국과 국제기준 제정기구들이 실천 가능한 세부 개선방안을 마련하고, FSB가 이들 개선방안의 추진상황과 각국의 이행상황을 점검하여 G-20 정상회의에 보고하는 방식으로 진행되고 있다.

[그림 3-1] 현행 국제금융체제(International Financial Architecture)

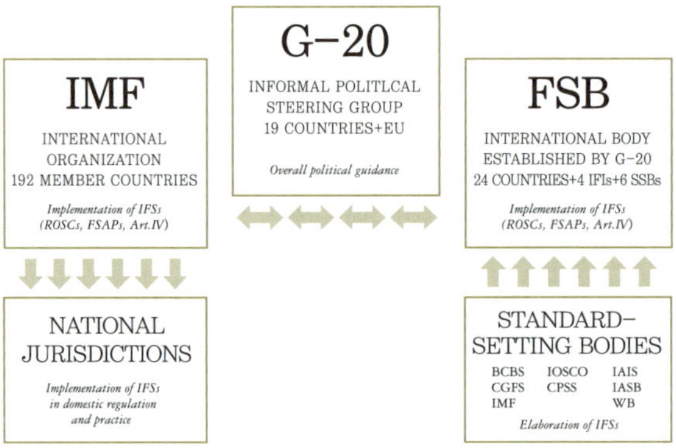

출처: Mario Giovanoli, "The Reform of the International Financial Architecture after The Global Crisis," International Law and Polictics, Volume 42 (2009), p.100

또한 G-20 정상회의는 IMF의 정당성, 유효성 및 신뢰성 제고를 위해 회원국의 경제력 변화를 반영하도록 쿼터 비중을 조정하고, 신흥 · 개도국의 대표성을 높이는 방향으로 이사회 구성을 조정하는 등 지배구조를 개혁하는 한편, 금융위기에 대한 대응 능력을 높이기 위해서 IMF의 역할과 기능을 강화하기로 합의하였다. 즉 금융위기가 발생한 국가를 지원하기 위해 IMF의 재원을 대폭 확충하고, 금융위기 발생을 사전에 감지하고 예방할 수 있도록 IMF를 중심으로 조기경

보체제(Early Warning System)를 갖추기로 하였다.

따라서 2008년과 2009년의 글로벌 금융위기 이후의 현행 국제금융체제(International Financial Architecture)(그림 [3-1] 참조)는 앞에서 본 바와 같이 그 임무와 회원국 및 법적 지위가 각각 서로 다른 G-20, FSB 및 IMF, 그리고 국제금융기준 제정기구들과 각국 금융당국이 그 기초를 이루고 있다고 할 수 있다(그림 [3-2] 참조).

[그림 3-2] G-20, FSB 및 BCBS의 회원국

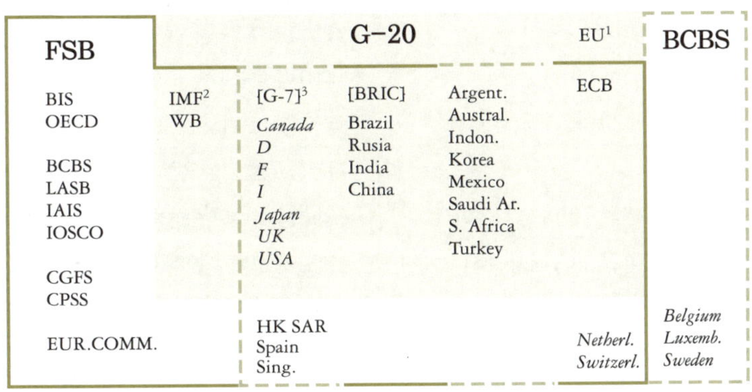

1 Council Presidency
2 Including chairs of IMFC and Development Committee for the G-20
3 G-10 countries are in *italics*(G-7 plus Belgium, the Netherlands, Sweden and Switzerland)

출처: Mario Giovanoli, "The Reform of the International Financial Architecture after The Global Crisis," International Law and Polictics, Volume 42 (2009), p.100

이와 같은 현행 국제금융체제(International Financial Architecture)하에서 특히 금융규제의 개혁과 관련하여 논의되고 있는 사항으로는 (i) 건전성규제 강화, (ii) '시스템적으로 중요한 금융회사(Systematically Important Financial Institutions; SIFI) 규제', (iii) 금융회사 임직원의 보상체계 개선, (iv) 장외파생상품 규제 강화, (v) 회계제도 개선, (vi) 글로벌 금융안전망의 구축, (vii) 헤지펀드에 대한 규제 강화, (viii) 신용평가사에 대한 규제 강화 등이 있다.

금융회사 건전성규제 강화와 관련하여서는 BCBS가 마련한 은행 자본 및 유동성 규제 개혁안, 즉 Basel III가 우리나라가 의장국이 되어 2010년 11월 서울에서 개최한 제5차 G-20 정상회의에서 승인되었으며, 2010년 12월 16일 최종안이 BCBS에 의해 발표되었다.[5] Basel III의 주요 개정 내용은 [표 3-2]와 같으며, 국가별로 법규에 반영하는 절차를 거쳐 2013년 1월 1일부터 단계적으로 시행된다.

[표 3-2] 바젤 II와 바젤 III 비교

구분	바젤 II	바젤 III
자본규제	• BIS자본비율 ≥ 8% (Tier 1비율 ≥ 4%) (보통주자본비율 ≥ 2%)	• 총자본비율 ≥ 8% + 2.5% + α + β • Tier 1비율 ≥ 6% + 2.5% + α + β • 보통주자본비율 ≥ 4.5% + 2.5% + α + β
	• 자본의 인정요건이 명시적이지 않아 자본의 과대 계상 소지	• 자본종류별 인정요건 설정 - 영구성, 손실흡수능력, 후순위성 등 - 필요시 보통주 전환 성격 의무화 • 자본공제항목을 엄격히 규정
	• 최저자본비율만 규제	• 완충자본제도 추가 도입 - 자본보전 buffer(고정형) - 경기대응 buffer(변동형)
	• 동일 비율 규제	• 대형은행(SIFI)에 대한 차등 규제 - 추가자본 부과, 감독강화, 감독자협의체 운영 등
	• 장외파생상품, 유동화증권, 트레이딩 계정 등은 일반 시장 상황을 가정하여 자본 부과	• 위기상황을 반영하여 자본부과 - stressed VaR 도입, 거래상대방 신용리스크 강화 등

5) Basel III는 두 개의 문서, 즉 "Basel III: A global regulatory framework for more resilient banks and banking systems"와 "Basel III: International framework for liquidity risk measurement, standards and monitoring"으로 발표되었다. 그 내용 및 번역문은 한국은행과 금융감독원이 공동으로 2011. 1. 11. 발간한 「Basel III 기준서: 글로벌 자본 및 유동성 규제체계」를 참고하기 바람.

구분	바젤 II	바젤 III
레버리지 규제	• 신용등급에 기반한 자본비율만 규제	• Tier 1 자본 / 총익스포져 ≥ 3%
유동성 규제	• 자본비율만 규제하였으며, 계량적 유동성 비율 규제 없음	• LCR ≥ 100% - 30일 이내 순현금 유출 규모 이상으로 고유동성 자산 보유 • NSFR ≥ 100% - 1년 이상 고정화되는 자산 규모 이상으로 장기 가용 유동성 유지

출처: 금융감독원, 금융감독제도, 2010. 12, 22면

시스템적으로 중요한 금융회사(SIFI)의 규제는 SIFI의 부실화 가능성을 축소하고, 만약 SIFI가 부실화된 경우에도 구제금융비용을 절감하고 대마불사(Too-Big-To-Fail)의 기대를 방지하여 부실의 파급효과를 방지하는 데 그 목적이 있다. G-20 서울 정상회의에서는 SIFI가 높은 손실흡수 능력을 갖도록 추가적으로 자본을 보유토록 하는 한편(글로벌 차원에서 시스템적으로 중요한 금융회사인 G-SIFI에 대해서는 보다 높은 수준의 자본 보유 의무를 부과함), 부실화된 SIFI가 공적자금 지원 없이도 금융시스템의 혼란 없이 신속하게 정리될 수 있도록 정리체계와 수단을 마련하고, SIFI에 대한 감독을 강화하며, SIFI의 도산에 따른 전염 리스크를 줄이기 위해 핵심 금융시장 인프라를 구축하는 것을 주요 내용으로 하는 FSB의 정책체계를 승인하였다. SIFI에 대한 구체적인 정책방안은 FSB가 BCBS 및 여타 관련 국제기구들과 협의하여 2011년과 2012년에 걸쳐 준비하도록 예정되어 있다.[6]

6) 금융규제 개혁에 관한 자세한 내용은 금융위원회가 2010. 4. 발간한 「FSB와 글로벌 금융규제 개혁」과 한국은행이 2014. 6. 발간한 「글로벌 금융위기 이후 금융규제 개혁 논의」를 참조하기 바람.

Ⅳ. 국제금융과 금융회사의 윤리 · 사회적 책임

1. 오디우스채무이론(Doctrine of Odious Debt)

자본의 국제적 이동(cross-border financial flows)은 자금을 공급받는 국가 또는 기업에 긍정적으로든 부정적으로든 커다란 영향을 미칠 수밖에 없기 때문에, 국제금융거래에 의한 자금공급의 대상, 금액, 목적, 조건 등에 관한 윤리적 차원의 문제에 대해서도 국제사회는 오래전부터 많은 관심을 기울여오고 있다.

특히 국가채무(sovereign debt)와 관련하여서는 '오디우스채무이론(Doctrine of Odious Debt)'이 등장하였다. 이 이론은 국제사회에서 전폭적인 지지를 받지는 못하였으나, 개발도상국이나 빈곤국가의 대외채무 탕감문제 등과 관련하여 현재도 계속해서 주장되고 있다.

이 이론은 스페인의 식민지로 있던 쿠바(Cuba)의 독립문제를 둘러싸고 1898년에 발생한 미국과 스페인 간의 전쟁에 이은 양국 간 평화협정에서 쿠바는 식민치하에서 부담하게 되었던 대외채무를 상환할 책임이 없다는 미국의 주장에서 유래되었다. 미국은 그 주장의 근거로 첫째, 그 대외채무는 쿠바 국민의 동의 없이 부담하게 된 채무이고, 둘째, 쿠바 국민의 이익을 위하여 부담한 채무가 아니며, 셋째, 채권자들은 대출 당시에 위와 같은 두 가지 사실에 대해 인지하고 있었던 점을 제시하였다.

그 후 미국의 위 주장은 독재정권이나 군사정권의 지배하에 있는 국가가 부담하게 된 국가채무로서 위 세 가지 요건, 즉 국민동의의 부재(absence of consent), 국민이익의 부재(absence of benefit), 그리고 채권자의 인지(creditor awareness)의 요건이 충족되는 채무는 비합법적 채무(illegitimate debt), 즉 '오디우스채무(odious debt)'에 해당하므로 다음 정권으로 이전되지 않으며 따라서 그 국가는 그러한 채무를 상환할 책임이 없다는 내용의 오디우스채무이론으로 발전되었다.

현재 이 이론은 독재정부나 군사정부의 국가에서 부담한 채무, 전쟁의 목적으로 조달한 국가채무, 국민의 이익을 위하지 아니한 제3세계 국가의 채무 등을 오디우스채무로 분류하고 있다. 그리고 이 이론을 뒷받침하기 위하여 부당이득, 권리남용, 대리인의 불법행위, 대표이사의 권리남용 등과 같은 사법상의 법리를 원용하고 있다.

2. 지속가능금융과 사회책임금융

1987년 세계환경개발위원회(World Commission on Environment and Development; WCED)가 '우리 공동의 미래(Our Common Future)' 라는 보고서에서 '미래세대가 그들의 필요를 충족시킬 수 있는 가능성을 손상시키지 않는 범위에서 현재 세대의 필요를 충족시키는 발전' 이라는 의미의 '지속가능발전(Sustainable Development)' 개념을 처음 제시한 이래 이 개념이 전 세계적인 화두로 부각되면서, 기업의 사회적 책임(Corporate Social Responsibility; CSR)이 한층 더 강조되었고, 이는 금융부문에서도 금융회사의 '지속가능금융(Sustainable Finance)' 또는 '사회책임금융(Socially Responsible Finance)'에 대한 요구를 높이는 계기가 되었다.

이에 유엔(UN) 등을 중심으로 금융회사의 사회책임금융을 활성화시키기 위한 많은 활동들(initiatives)이 전개되고 있는데, '유엔환경계획 금융이니셔티브(UN Environmental Program (UNEP) Finance Initiative; UNEP FI)', '유엔글로벌 콤팩트(UN Global Compact)', '지구온난화가스 정보공개 프로젝트(Carbon Disclosure Project; CDP)', '적도원칙(Equator Principles)', '유엔책임투자원칙(UN Principles for Responsible Investment)' 등을 그 주요한 예로 들 수 있다.

유엔환경계획 금융이니셔티브(UNEP FI)는 1992년 리우정상회담에서 지속가능발전에 대한 전 세계적 합의를 계기로 '유엔환경계획(UNEP)' 의 산하기구로서 설립되었으며, 현재 약 200개의 상업은행, 투자은행, 보험회사, 국제개발은행, 벤처캐피털펀드 등이 회원으로 가입하고 있다. UNEP FI는 '환경과 지속가능발전에 관한 금융회사들의 UNEP 성명서(UNEP Statement by Financial Institutions on the Environment and Sustainable Development)' 를 통하여 금융회사들과 공동으로 환경친화적이고 지속가능한 금융회사의 대내외 활동에 관한 모범관행을 파악하여 이를 정립하고 실행하는 것을 그 주된 임무로 하고 있다.

유엔글로벌콤팩트(UN Global Compact)는 기업의 사회적 책임을 전 세계에 확산시키기 위해 코피 아난 전 유엔 사무총장의 제안에 의해 2000년에 창설되어 모든 기업에 적용되는 인권, 노동, 환경 및 반부패의 4개 분야에 관한 10대 원칙을 제정하였으며, 현재 8,000개 이상의 기업 및 비영리단체가 회원으로 참가하고 있다. 금융부문에 관하여서도 'Who Cares Wins: Connecting Financial Markets to a Changing World' 라는 보고서를 통하여 증권거래소, 연기금, 투자자, 금융회사, 규제기관 등 금융시장의 모든 참가자들에 대한 각각의 권고안을 제시하고 있다.

지구온난화가스 정보공개 프로젝트(Carbon Disclosure Project; CDP)는 3,000개 이상의 각국 주요 상장기업을 대상으로 기후변화와 관련된 위험과 기회, 전략, 지배구조, 온실가스 배출회계 등에 대한 정보를 설문형식으로 요청하여 이를 금융회사에 제공함으로써 투자와 대출에 체계적으로 반영할 수 있도록 하기 위하여, 금융회사들이 주도하여 2003년에 설립한 비영리단체이다. 영국에 본부를 두고 있으며, 수집된 정보는 매년 9월경 보고서로 발표되고 있다.

적도원칙(Equator Principles)은 프로젝트파이낸스거래에 있어서의 환경 및 사회적 위험을 결정, 평가 및 관리하기 위해 2003년 국제금융공사(International Finance Corporation; IFC)와 10개 금융회사가 자발적으로 채택한 원칙으로서, 사회 및 환경의 지속가능성에 관한 '국제금융공사 이행기준(International Finance Corporation (IFC) Performance Standards)' 과 '세계은행그룹 환경, 보건 및 안전 가이드라인(World Bank Group Environmental, Health, and Safety Guidelines)' 에 기초하고 있다. 2011년 5월 현재 27개 국가의 72개 금융회사가 이 원칙을 채택하고 있으며, 이들 금융회사들이 신흥시장국 프로젝트파이낸스 채권의 70% 이상을 보유하고 있다.

유엔책임투자원칙(UN Principles for Responsible Investment)은 UNEP FI와 UN Global Compact의 주도하에 개발되어 2006년에 발표되었으며 6개 원칙과 33개 세부 실천프로그램으로 구성되어 있다. 기관투자가들(investment institutions)의 투자의사결정에 있어 환경, 사회 및 지배구조(Environmental, Social and Governance; ESG) 이슈를 고려하는 것을 그 주된 내용으로 하고 있으며, 2021년 1월 현재 3,600개 이상의 기관투자가들이 이 원칙을 채택하고 있다.

이와 같은 금융회사의 사회적 책임에 관한 국제환경에 발맞추어 우리 국내 금융회사들도 지속가능금융 내지 사회책임금융에 대한 철저한 인식 및 대응이 필요하다고 할 것이다. 국내금융에 있어서도 그러하지만 국제금융부문에 있어서는 특히 녹색금융(Green Finance)과 ESG 금융(ESG Finance)의 적극적 실천 및 자금세탁방지(Money Laundering Prevention)를 위한 국제사회 노력에의 적극적 동참이라는 세 측면이 강조된다.

3. 녹색금융

2008년 8월 우리 정부는 지구온난화로 인한 환경위기와 미국 서브프라임 사태로 인한 글로벌 경제위기를 동시에 타개하기 위해 '저탄소 녹생성장(Low Carbon and Green Growth)' 을 새로운 국가비전으로 제시하고, 2009년 1월에는 3대 분야 17개 신성장동력을 선정하였는데 그 중 '녹색금융' 의 경우 녹색산업 금융지원, 배출권시장 활성화 및 녹색금융 인프라 조성을 위한 12개의 주요 과제에 대한 세부추진계획을 수립하였으며, 2010년 1월에는 「저탄소 녹색성장 기본법」을 제정하였다. 그 후 녹색금융의 추진이 활발하지 못하여 그 개념과 기준도 체계적으로 마련되지 않고 있었는데, 최근의 급격한 기후변화에 대응하기 위해 2015년 파리에서 채택된 「파리협정」에 따라 당사국들은 자발적으로 온실가스 감축목표를 수립하고 이를 이행할 의무를 부담하게 되면서, 우리 정부도 기후위기의 심각성에 대한 인식을 바탕으로 이러한 국제사회의 흐름에 발맞추어 2020년 7월 그린뉴딜 정책을 발표하고, 같은 해 10월 2050년 탄소중립 목표를 선언하였으며, 2021년 9월에는 「기후위기 대응을 위한 탄소중립 · 녹색성장 기본법」을 제정(2022년 3월 25일 시행; 「저탄소 녹색성장 기본법」은 폐지)하여 기후위기 대응과 탄소중립 달성을 위한 법적 기반을 마련하였다. 그리고 2021년 1월에는 금융위원회가 "2050 탄소중립 뒷받침을 위한 녹색금융 활성화 전략"을 발표하였으며, 2022년 3월에는 은행연합회 등 5개 금융협회가 「금융권 녹색금융 핸드북」을 발간하였다.

녹색금융은 지속가능금융 및 사회책임금융의 또 다른 표현으로서, UNEP FI는 녹색금융의 개념을 (i) 경제활동 전반에 걸쳐 자원 및 에너지 효율을 높이고 환경을 개선하는 상품 및 서비스의 생산에 자금을 제공함으로써 녹색성장을 지원하는 활동과, (ii) 환경을 파괴하는 활동에 자금이 공급되는 것을 효과적으로 차단하기 위한 자율적인 심사 및 감시체계를 만드는 활동이라는 두 가지 방향에서 정의하고 있다. 「금융권 녹색금융 핸드북」은 녹색금융을 "금융회사가 녹색산업 및 녹색성장과 관련된 기업, 자산 등에 투자, 대출 또는 보증 등 금융서비스를 제공하는 일련의 활동"으로 정의하고 있다.[7]

금융회사는 이러한 녹색금융의 개념을 바탕으로 하여 (i) 녹색기술과 녹색산업의 육성을 통하여 일자리를 창출하는데 앞장 설 뿐만 아니라 관련산업이 글로벌 경쟁력을 갖출 수 있도록 선도하고, (ii) 기업과 개인의 생산활동과 소비활동이 친환경적으로 이루어질 수 있도록 녹색금융상품을 개발하고 보급을 활성화함으로써 국가경제 전체의 에너지효율 개선과 환경훼손 방지를 유도하며, (iii) 산업환경 변화와 탄소시장 형성 등 새로운 변화에 대응하여 새로운 수익원을 발굴하는 데 적극 노력해 나가야 한다.

7) 은행연합회 · 금융투자협회 · 생명보험협회 · 손해보험협회 · 여신금융협회, 「금융권 녹색금융 핸드북」, 2022, 14면.

4. ESG 금융

환경(Environmental), 사회(Social), 지배구조(Governance)를 의미하는 ESG는 기업의 중장기적 가치에 영향을 미치는 비재무적 요소를 통칭하는 용어인데, 투자자의 투자의사결정에 있어 ESG이슈가 고려되어야 한다는 것을 주된 내용으로 하는 2006년의 유엔책임투자원칙(UN Principles for Responsible Investment)이 발표된 이후 ESG는 책임투자의 원칙과 범위를 구체화하는 대표적인 용어가 되었다. 따라서 "ESG 금융"이라는 용어는 지속가능금융 내지 사회적책임금융의 구체적 표현이라고 할 수 있으며, 또한 녹색금융을 포함하는 의미로 사용되고 있다.

최근 기후 변화의 중요성 대두, 탄소중립 의제화 등의 영향으로 환경 논의가 부각되면서 ESG 금융의 중요성이 더욱 더 높아지고 있으며, 책임투자 확대, ESG 정보 공시 강화, 기후리스크 관리 강화 등에 관한 이니셔티브와 가이드라인의 발간이 전세계적으로 활발히 전개되고 있다. 이하에서는 국내외에서 발행된 주요 가이드라인을 ESG 금융 부문과 ESG 공시 관련으로 나누어 간략하게 소개한다(자세한 내용은 국내 금융권의 ESG 금융 정보 공유 플랫폼인 ESG Finance Hub 사이트 참조).

(1) ESG 금융 관련 가이드라인

가이드라인 (발행일)	발행처	주요 내용
PRB (책임은행원칙) (2019.9.22)	UNEP FI	UNEP FI가 2019년에 발표한 이 원칙은 회원은행들의 핵심전략, 의사결정, 대출 및 투자가 UN SDGs(지속가능개발목표) 및 파리기후협약 등의 국제협약들에 부합하도록 하는 6가지 원칙을 제시하고 있다.
EU 분류체계 (EU Taxonomy) (2020.3.9)	European Commission	EU 분류체계(EU Taxonomy)는 지속가능금융(Sustainable Finance)의 확대를 위하여 환경적으로 지속가능한 경제활동에 대한 정의와 이의 분류를 규정하는 체계로서, 6개 환경목표 및 4개 판단기준을 모두 충족시키는 경우에만 환경적으로 지속가능한 경제활동으로 인정하고 있다.

가이드라인 (발행일)	발행처	주요 내용
PCAF Standard (2020.11.18)	PCAF	- PCAF(Partnership for Carbon Accounting Financials; 탄소회계금융연합체)는 금융기관의 자산 운용으로 인한 금융 배출량 산정과 공개에 중점을 두고 2015년 설립된 금융회사 주도의 글로벌 이니셔티브이다. - PCAF Standard의 정식 명칭은 The Global GHG Accounting and Reporting Standard for the Financial Industry(세계 온실가스 회계처리 및 보고 기준)이며, 금융회사의 대출 및 투자를 6가지 자산(채권, 대출, 프로젝트 금융, 부동산, 모기지, 자동차 대출)으로 분류하여 분류자산별 온실가스 배출량 산정식과 공시 지침을 제시하고 있다
녹색채권 가이드라인 (2020.12.30)	금융위원회, 환경부	녹색채권 가이드라인은 녹색채권 발행 시 준수해야 할 절차, 자금 사용처, 사업 평가, 자금관리, 사후보고 등을 규정한 안내서로서, 채권시장에서의 녹색채권의 정립 및 그린워싱(Greenwashing)을 방지하는데 그 목적이 있다.
GLP (녹색대출원칙) (2021.2.1)	LSTA	GLP(Green Loan Principles; 녹색대출원칙)는 신디케이티드론 시장 참가자 협회인 LSTA(Loan Syndications and Trading Association)가 국제 신디케이티드론 시장에서 녹색 대출 상품의 발전을 촉진하기 위해 제시한 원칙으로, ICMA(International Capital Market Association; 국제자본시장협회)에서 발표한 GBP(Green Bond Principles; 녹색채권원칙)를 기반으로 제정되었으며, 4가지 영역(대출금의 용도, 프로젝트 평가 및 선택 절차, 대출금의 관리, 보고)에 대한 지침을 제공하고 있다.
기후리스크 관리 지침서 (2021.12.8)	금융감독원	이 지침서는 금융회사가 건전한 기후리스크 관리 체계를 마련하여 금융 부문의 기후리스크에 대한 회복능력과 관리를 강화하는 것을 목표로 하며, 총칙, 기후리스크, 사업 환경 및 전략, 지배구조, 리스크 관리, 그리고 공시의 6개 장으로 구성되어 있다.
NGFS Guide (2021.12.14)	NGFS	NGFS Guide는 기후 및 환경 관련 금융리스크 관리를 위한 모범관행 공유, 지속가능한 경제로의 이행 지원 등을 목적으로 2017.12월 설립된 각국 중앙은행 및 감독기구의 자발적 논의체인 NGFS(Network for Greening the Financial System)가 각 국가의 중앙은행이 제공할 기후 관련 공시의 작성 방향에 대한 안내서로서, 정식 명칭은 Guide on Climate-Related Disclosure for Central Banks이다.
한국형 녹색분류체계 (2021.12.30)	환경부	한국형 녹색분류체계는 온실가스 감축, 기후변화 적응, 환경개선에 기여하는 녹색경제활동에 대해 정의 및 분류한 것으로, 녹색경제활동의 3개 원칙과 6대 환경목표를 제시하고 있다.
EU 사회적 분류체계(EU Social Taxonomy) (2022.2.28)	European Commission	EU 사회적 분류체계(EU Social Taxonomy)는 기존의 환경적 녹색 분류 시스템에서 나아가 인권, 복지 등의 사회적 요소를 포함하고 이해관계자를 고려한 사회적 목표로 대상을 확장하여 사회적 관점에서 지속 가능한 경제 활동이 무엇인지를 분류하여 표준화된 정의를 제공하는 역할을 수행하며, 사회 목표 달성에 실질적으로 기여하는 경제 활동에 대한 투자 증진에 목적을 두고 있으며, 인권침해, 차별금지, 노동환경 개선 등과 관련한 사회적 목표 달성과 더불어 소셜 워싱(Socialwashing or Bluewashing) 방지 등을 통해 지속가능한 사회를 구현할 수 있도록 3가지 사회목표를 제공하고 있다
금융회사 탄소배출량 산정 및 탄소중립 목표수립 매뉴얼 (2022.8.25)	은행연합회	금융회사로 인해 발생하는 온실가스 배출량을 정확히 산정하고, 이를 토대로 금융회사의 온실가스 배출량 감축을 위한 탄소중립 목표를 설정함으로써 외부 이해관계자들의 요구에 대응하며, 나아가 금융회사의 ESG 경영 내실화 및 탄소중립사회 실현에 기여할 수 있도록 하기 위해 은행연합회가 개발한 설명서로서, PCAF(탄소회계금융연합체)의 '온실가스 배출량 산정 방법론'과 SBTi(과학기반 감축 목표 이니셔티브)가 제시하는 '탄소중립 목표수립 방법론'을 연계하여 단일 매뉴얼로 구성하였다는 점에 큰 의의가 있다.

(2) ESG 공시 관련 가이드라인

가이드라인 (발행일)	발행처	주요 내용
TCFD 권고안 (2017.6.15)	TCFD	- TCFD(Task Force on Climate-related Financial Disclosures; 기후관련 재무정보공개 협의체)는 금융안정위원회(FSB)가 기업들의 기후 관련 전략의 정보 공개를 목적으로 2015년 발족한 협의체이다. - 본 권고안은 기후관련 리스크 및 기회와 재무적 영향, 권고안 및 지침, 시나리오 분석의 3가지 부분으로 구성되어 있으며, 권고안 및 지침 부분은 지배구조, 전략, 리스크 관리, 측정 지표 및 목표의 4가지 분야로 나누어 각 항목별 세부 지침을 제공하고 있다.
SASB 기준 (2018.11.1)	SASB	SASB(Sustainability Accounting Standards Board; 지속가능성 회계기준위원회)가 발행한 본 가이드라인은 77개의 산업별 지속 가능성 공시 기준을 설정하고 있다.
SFDR (2019.11.27)	EU	EU의 SFDR(Sustainable Finance Disclosure Regulation; 지속가능금융공시규정)의 적용대상인 EU 역내 은행, 연기금, 자산운용 회사 등의 금융기관들은 ESG 리스크로 인한 재무적 손실, 환경 및 사회적 목표에 기여하는 투자 규모와 환경과 사회에 미치는 부정적 영향 등을 의무적으로 공시해야 하며, 이 규정은 2023년 1월부터 시행될 예정이다.
ESG 정보공개 가이던스 (2021.1.18)	한국 거래소	본 가이드라인은 상장기업이 ESG 관련 중요 정보를 추출하고 대외 공개하는 체계를 마련하는 데 참고할 수 있는 지침으로서, ESG의 개념, 이사회와 경영진의 역할, 정보공개원칙, 중요성 평가, 보고서 작성 및 공개 절차, 권고공개지표 등의 내용으로 구성되어 있다.
GRI Standards (2021.10.5)	GRI	1997년 설립된 비영리 국제기구인 GRI(Global Reporting Initiative; 글로벌 보고 이니셔티브)가 제공하는 이 가이드라인은 전 세계에서 가장 널리 채택된 글로벌 지속가능성 보고 표준으로서, 2021년 기준 전 세계에서 15,000개 이상의 회사가 이 가이드라인에 따라 지속가능경영보고서를 발간하고 있다
K-ESG 가이드라인 (2021.12.1)	산업통상 자원부	산업통상자원부가 기업이 우선적으로 고려해야 할 ESG 경영 요소와 평가기관에서 가장 많이 다루는 평가항목 제시를 위해 발행한 가이드라인으로서, 환경 · 사회 · 지배구조(ESG) 부문에 정보공시(P) 부문을 추가한 4개 영역에서 61개의 기본 진단항목을 제시하고 있다.
ISSB 지속가능성 공시기준 (2022.3.31)	IFRS Foundation	- IFRS(International Financial Reporting Standards; 국제회계기준) 재단의 ISSB(International Sustainability Standards Board; 국제지속가능성 기준위원회)가 제정한 가이드라인 초안으로, S1 일반 공시원칙 및 S2 기후 관련 공시의 두 가지로 제시되었다. - S1 일반 공시원칙은 TCFD(Task Force on Climate-related Financial Disclosures) 권고안의 네 가지 공시 영역인 지배구조, 전략, 리스크 관리, 지표 및 목표에 대해 기업의 지속가능성과 관련된 유의미한 리스크 및 기회와 관련된 정보를 제공할 것을 명시하고 있고, S2 기후 관련 공시 역시 해당 네 가지 영역에 대해 기후 관련 리스크 및 기회에 대한 정보를 제공하게끔 하며, 기업이 S2 기준을 충족하여 공시하는 경우에는 TCFD 권고안을 자동으로 만족하게 된다.

5. 자금세탁방지

사회책임금융의 한 부문인 반부패(anti-corruption)와 관련하여서는, 국제금융거래가 자금세탁을 위한 용도로 남용될 수 있는 여지가 있으며, 나아가 국제금융거래에서 많이 이용되고 있는 조세피난처(tax havens)가 자금세탁의 온상이 되고 있는 측면도 있으므로, 금융회사에서 국제금융업무를 담당하는 임직원들은 자금세탁방지를 위한 우리 정부와 국제사회의 노력에 적극적으로 동참할 필요가 있다. 특히 우리나라의 자금세탁방지제도에 관한 법령 및 금융회사 내규를 숙지하여 이를 철저히 준수하여야 한다.

자금세탁(money laundering)은 불법자금의 출처를 숨겨 적법한 것처럼 위장하는 과정을 의미한다. 우리나라는 대내적으로는 외환자유화 조치에 따라 파생될 수 있는 불법자금의 유출입을 방지하고, 대외적으로는 국제사회의 자금세탁방지제도 강화추세에 동참하여 우리나라 및 국내 금융회사의 대외신인도를 제고할 목적으로, 2001년 금융정보분석원을 설립하고 자금세탁방지제도를 도입하였다. 그리고 2009년에는 자금세탁방지기구(Financial Action Task Force; FATF)에도 정회원으로 가입하였다. FATF는 1989년 G7 정상회의에서 금융기관을 이용한 자금세탁에 대처하기 위하여 Task Force를 설립키로 합의함에 따라 출범했으며, 현재 우리나라, 미국, 영국, 중국, 일본 등 37개 국가와 European Commission, Gulf Co-operation Council 등 2개 국제기구가 회원으로 참여하고 있다. FATF는 자금세탁방지 국제기준의 제정과 국제협력 강화 등을 목표로 활동하고 있다.

FATF가 제정한 자금세탁 · 테러자금조달 방지에 관한 권고사항은 현재 전세계 약 180여개국에서 자금세탁 및 테러자금조달방지 분야의 국제기준으로 채택하고 있으며, FATF 및 관련 지역기구의 회원국에 대한 상호평가 등을 통하여 사실상의 구속력을 확보하고 있다. 특히 FATF 준회원인 APG 등의 지역기구들은 동일한 기준에 의거하여 회원국들에 대한 정기적인 상호평가를 실시함으로써 각국의 제도 이행 및 전세계에 걸친 정책적 공조체제를 유도하고 있다.

우리나라의 자금세탁방지제도 관련법으로는 「특정 금융거래정보의 보고 및 이용 등에 관한 법률」, 「마약류 불법거래방지에 관한 특례법」, 「범죄수익은닉의 규제 및 처벌 등에 관한 법률」, 「공중 등 협박목적 및 대량살상무기확산을 위한 자금조달행위의 금지에 관한 법률」 등이 있으며, 금융회사는 위 법률들이 정하는 바에 따라 의심거래보고, 고액현금거래보고, 고객확인의무 등의 의무를 지며, 이러한 의무를 원활하게 수행하기 위한 내부 규정과 절차, 조직 및 시스템을 종합적으로 고려하여 자금세탁방지체계를 갖추어야 한다(자금세탁방지제도에 관한 상세한 내용은 금융위원회 금융정보분석원의 홈페이지 (http://www.kofiu.go.kr) 참조).

제 2 절

우리나라의 국제금융 규제법규

I. 은행의 외환건전성 규제

1. 서설

우리나라의 현행 「외국환거래법」은 외환거래의 효율화를 위해 일정요건을 갖춘 금융회사에 대해 등록 후 외국환업무를 취급할 수 있도록 허용함으로써 대부분의 외환거래가 외국환업무취급기관, 그 중에서도 특히 외국환은행을 중심으로 이루어지도록 하고 있다(외국환거래법 제8조; 외국환거래법 시행령 제14조 참조).

한편 외화시장의 안정 및 외국환업무취급기관의 외환건전성 유지를 위하여 「외국환거래법」은 외국환업무취급기관의 외국통화 자산 · 부채비율을 정하는 등 외국통화의 조달 · 운용에 필요한 제한을 할 수 있는 권한을 기획재정부장관에게 부여하고 있으며(외국환거래법 제11조 제2항), 그 제한 사항 및 기준을 다음과 같이 설정해 두고 있다(외국환거래법 시행령 제21조).

(i) 특정 외화부채에 대한 지급준비금의 최저한도 설정

특정 외화부채에 대한 지급준비금의 최저한도를 설정하는 경우에는 외화부채의 범위, 지급준비금의 대상통화 · 적립시기 및 최저한도를 정할 것

(ii) 외국환포지션 한도 설정

외국환 매입초과액과 매각초과액의 한도를 설정하는 경우에는 외국환의 매입초과액과 매각초과액의 구분 및 한도, 그 산정기준이 되는 자산 및 부채의 범위, 산정방법, 시기 및 기간을 정할 것

(iii) 외화자금의 조달 및 운영 방법 지정

외화자금의 조달 및 운용 방법을 지정하는 경우에는 조달 · 운용항목과 항목별 조달 · 운용방법을 정할 것

(iv) 외화자산 및 외화부채의 비율 설정

외화자산 및 외화부채의 비율을 설정하는 경우에는 만기별 자금의 조달 및 운용 방법과 자산 및 부채의 범위 및 기준을 정할 것

(v) 역외계정 설정

비거주자로부터 자금을 조달하여 비거주자를 대상으로 운용하는 계정을 설정하게 하는 경우에는 설치대상 외국환업무취급기관의 범위, 자금의 조달 · 운용방법과 계리방법의 기준을 정할 것

(vi) 외국환계정 계리기준 설정

외국환업무취급기관의 외국환계정의 계리기준을 정하는 경우에는 계정과목과 계리방법을 정할 것

(vii) 위험관리기준 설정

외국환업무에 따른 위험관리기준을 설정하는 경우에는 대상 업무기준을 정할 것

기획재정부장관은 이와 같은 외국환업무취급기관에 대한 외환건전성규제 권한을 금융위원회와 한국은행총재에게 구분하여 위탁하고 있다([표 3-3] 참조). 위 규제 사항 중 (i) 특정 외화부채에 대한 지급준비금의 최저한도 설정, (ii) 외국

환포지션(외국환은행의 외국환포지션) 한도 설정, 그리고 (iii) 외화자금의 조달 및 운영 방법 지정에 관한 규제 권한은 한국은행총재에게 위탁하고 있다(외국환거래법 시행령 제37조 제3항 제3호). 금융위원회에는 (ii) 외국환포지션(외국환은행 이외의 외국환포지션) 한도 설정, (iv) 외화자산 및 외화부채의 비율 설정, (v) 역외계정 설정, (vi) 외국환계정 계리기준 설정, 그리고 (vii) 위험관리기준 설정에 관한 규제 권한을 위탁하고 있다(외국환거래법 시행령 제37조 제2항 제2호). 금융위원회는 이 위탁받은 권한의 일부를 기획재정부장관의 승인을 받아 금융감독원장에게 재위탁할 수 있다(외국환거래법 시행령 제37조 제2항 본문).

[표 3-3] 기획재정부장관의 외국환업무취급기관 외환건전성 규제권한 위탁 현황

수탁기관	외환건전성 규제사항
한국은행총재	① 특정 외화부채에 대한 지급준비금의 최저한도 설정
	② 외국환포지션(외국환은행의 외국환포지션) 설정
	③ 외화자금의 조달 및 운용 방법 지정
	④ 외환건전성부담금의 부과 · 징수
금융위원회	① 외국환포지션(외국환은행 이외의 외국환포지션) 설정
	② 외화자산 및 외화부채의 비율 설정
	③ 역외계정 설정
	④ 외국환계정 계리기준 설정
	⑤ 위험관리기준 설정

나아가 외화자금의 급격한 유출입에 따른 금융시장의 불안을 최소화하기 위하여, 기획재정부장관은 2011년 8월 1일부터 일정한 금융회사의 비예금성외화부채 등에 대하여 외환건전성부담금을 부과 · 징수할 수 있으며(외환거래법 제11조의 2), 이 권한을 한국은행총재에게 위탁하고 있다(외국환거래법 시행령 제37조제3항 제13호).

2. 외화자산 및 외화부채 비율 설정

(1) 외화유동성비율 및 만기불일치비율

외국환은행은 외화자산과 외화부채에 대하여 향후 30일간 순현금유출액에 대한 고유동성자산의 비율(외화 유동성커버리지비율)을 100분의 80이상으로 유지하여야 한다. 다만, 직전 반기 종료일 현재 외화부채 규모가 5억달러 미만이고 총부채 대비 외화부채 비중이 100분의 5미만인 경우에는 그러하지 아니하다(은행업감독규정 제63조의2 제1항).

외화부채규모가 작아 외화 유동성커버리지비율이 적용되지 않는 외국환은행은 외화자산 및 외화부채를 각각 잔존만기별로 구분하여 관리하고 다음의 비율을 유지하여야 한다 (은행업감독규정 제64조 제1항).

첫째, 3개월 외화유동성비율로서, 잔존만기 3개월 이내 외화부채에 대한 잔존만기 3개월 이내 외화자산의 비율을 100분의 85 이상으로 유지하여야 한다.

둘째, 외화자산 및 부채의 만기 불일치비율로서, 잔존만기 1개월 이내의 경우에는 외화부채가 외화자산을 초과하는 비율을 100분의 10이내로 유지하여야 한다.

구체적인 외화 유동성커버리지비율의 산정기준과 잔존만기 구분방법, 외화자산 · 외화부채의 범위 및 비율의 산정방법은 금융감독원장이 정하도록 되어 있으며 (은행업감독규정 제63조의2 제2항, 제64조 제2항), 이에 따라 「은행업감독업무시행세칙」 〈별표 3-6: 유동성커버리지비율 산출 기준〉 및 〈별표 14: 외화유동성비율 등 산정방법〉 에 그 내용이 각각 규정되어 있다(은행업감독업무시행세칙 §39).

위의 외화유동성비율 및 만기불일치비율을 산정함에 있어, 외화자산의 경우 그 액면금액을 기준으로 하는 것은 자산의 유동화 가능성 정도와 관계없이 모든 자산이 언제든지 전액 회수 가능하다는 것을 전제로 하는 것이다. 그런데 이러한 전제는 유동성 경색 상황에서는 유지되지 못할 가능성이 높기 때문에, 외화자산의 유형별로 회수가능성을 반영하여 정한 유동화가중치(은행업감독규정 <별표 7: 유동화가중치>)를 기준으로 자산금액을 산출하도록 하고 있다(은행업감독규정 제64조 제3항).

(2) 중장기 외화자금조달비율

외국환은행은 외화 차입구조의 장기화를 위하여, 외화대출잔액이 미화 50백만불 미만인 경우를 제외하고는, 상환기간이 1년 이상인 외화대출(외화상각후원가측정유가증권 포함)의 100% 이상을 상환기간이 1년 초과인 외화자금으로 조달하여야 한다(은행업감독규정 제65조 제1항).

중장기 외화자금조달비율 산정을 위한 외화대출 및 외화자금조달의 범위는 금융감독원장이 정하도록 되어 있으며(은행업감독규정 제65조 제2항), 이에 따라 「은행업감독업무시행세칙」< 별표14: 외화유동성 비율 등 산정방법>에 그 내용이 규정되어 있다(은행업감독업무시행세칙 제39조).

3. 외국환포지션 한도 설정

(1) 서설

외국환거래법은 외국환은행의 외국환 매입초과액과 매각초과액, 즉 외국환포지션을 (i) 현물환포지션(현물외화자산잔액과 현물외화부채잔액과의 차액에 상당하는 금액), (ii) 선물환포지션(선물외화자산잔액과 선물외화부채잔액과의 차액에 상당하는 금액), 그리고 (iii) 종합포지션(현물외화자산잔액 및 선물외화자산잔액의 합계액과 현물외화부채잔액 및 선물외화부채잔액의 합계액과의 차액에 상당하는 금액)으로 구분하고(외국환거래규정 제2-9조), 외국환은행의 환율변동위험 노출을 방지하여 외환건전성을 유도하고 외국환은행의 과도한 외국환포지션 변경으로 인한 외환시장 교란을 사전에 방지하기 위하여 외국환포지션을 규제하고 있는바, 현재 외국환은행의 종합포지션과 선물환포지션의 한도를 설정하고 있다(앞에서 설명한 바와 같이 외국환은행의 외국환포지션 한도 설정 권한은 한국은행총재에게 위탁되어 있으나 현재는 기획재정부장관이 기획재정부고시인 외국환거래규정에 직접 설정하고 있다).

(2) 종합포지션 한도

(i) 종합매입초과포지션은 각 외국통화별 매입초과액의 합계액 기준으로 전월말 자기자본의 50%(다만, 한국수출입은행의 경우 외화자금 대출잔액의 150%)에 해당하는 금액을 그 한도로 하며, (ii) 종합매각초과포지션은 각 외국통화별 매각초과액의 합계액 기준으로 전월말 자기자본의 50%에 상당하는 금액으로 한다(외국환거래규정 제2-9조의 2 제1항).

(3) 선물환포지션 한도

외국환은행의 현물환과 선물환이 모두 포함된 종합포지션만 규제하여서는 선물환을 매입하더라도 이에 상응하는 현물환을 매도하면 종합포지션과 무관하게 선물환을 제한 없이 매수할 수 있어 외국환포지션 규제의 실효성이 반감되는 문제점이 있으므로, 이를 시정하기 위하여 선물환포지션을 별도로 규제하고 있다.

선물환포지션은 (i) 국내은행의 경우에는 종합포지션 한도와 동일하게 매입초과포지션 또는 매각초과포지션을 기준으로 전월말 자기자본의 50%에 상당하는 금액을 그 한도로 하며, (ii) 외국금융기관 국내지점의 경우는 전월말 자기자본의 250%에 상당하는 금액으로 한다(외국환거래규정 제2-9조의 2 제2항 제1호).

다만, 자본유출입의 변동성이 확대되는 등 외환시장 안정 등을 위하여 긴급히 필요한 경우에는 기획재정부장관이 위 한도를 50% 범위 내에서 가감하여 정할 수 있도록 하고 있다(외국환거래규정 제2-9조의 2 제2항 제2호).

4. 외화자금의 조달 및 운용 방법

외화대출은 외국환은행이 국내 거주자에게 물품수입 또는 용역대금 지급, 해외직접투자자금, 외화차입금 상환 등 주로 해외사용 목적의 실수요 자금을 달러화, 엔화 등 외화표시로 대출해주는 것을 말한다. 통상 외화대출은 외국환은행이 외화자금을 조달하여 기업 등에게 대출하는 것을 의미하지만, 국제금융기구 등으로부터 차입하여 특정한 용도로 대출되는 전대차관자금대출, 수출입과 관련하여 신용을 공여하는 매입외환 및 내국수입유산스 등도 넓은 의미의 외화대출에 포함된다.

외국환거래법은 외국환은행이 (i) 원화로 환전하여 사용할 목적으로 제공하는 자금, 또는 (ii) 기타 해외에서 사용함을 목적으로 하지 않는 자금의 지원을 위한 외화대출을 할 수 없도록 하여(외국환거래업무 취급세칙 제2-9조 제1항), 외화대출의 용도를 해외사용 용도로 제한하고 있다.

외국환은행의 외화자금 조달 및 운용 방법에 대한 규제는 자본자유화의 진전에 따라 2001년 10월 한국은행 금융통화운영위원회의 「외화여수신 규정」의 폐지와 함께 없어졌다. 그러나 2006년 이후 외채가 증가함에 따라 한국은행은 2007년 8월부터 외국환은행의 외화대출 용도를 원칙적으로 해외사용 목적(원자재 수입 등 대외결제, 해외직접투자, 외화차입금 상환 등)으로 제한하되 예외적으로 국내시설자금 용도는 허용하여 왔다. 그러나 국내시설자금 외화대출의 과도한 증가는 우리나라의 외채증가는 물론 국내기업의 환위험 노출 증가 요인으로 작용할 수 있으므로, 2010년 7월 1일부터 외화대출의 용도를 해외사용 용도로만 제한하였다.

5. 위험관리기준 설정

외국환은행은 국가별 위험, 거액신용위험, 외화유동성 위험, 시장위험 등 외국환거래에 따르는 위험을 관리하기 위하여 위험의 종류별로 위험관리기준을 자체적으로 설정 · 운영하여야 한다(은행업감독규정 제67조 제1항).

외국환은행은 또한 외화파생상품거래에 따르는 위험을 관리하기 위하여 외환파생상품거래 위험관리기준을 자체적으로 설정 · 운영하여야 한다(은행업감독규정 제67조의 2 제1항).

금융감독원장은 외국환은행이 이와 같은 위험관리기준을 자체적으로 설정함에 있어 따라야 할 다음과 같은 각종 위험관리기준을 「은행업감독업무시행세칙」에 마련하여 두고 있다(은행업감독업무시행세칙 제41조).

(i) <별표 15> 국가별 · 거액신용 · 시장리스크 관리기준

(ii) <별표 15-1> 외화유동성 리스크 관리기준

(iii) <별표 15-2> 외환파생상품거래 리스크 관리기준

(iv) <별표 15-3> 외국은행지점의 외화유동성 리스크 관리기준

6. 특정 외화부채에 대한 지급준비금의 최저한도 설정

외국환은행은 외화예금에 대하여 다음과 같은 최저율 이상의 지급준비금을 한국은행에 예치하여야 한다(한국은행 외화예금지급준비규정 제2조).

(i) 만기 1개월 이상 외화정기예금, 만기 30일 이상 외화양도성예금증서 및 만기 6개월 이상 외화정기적금: 2%

(ii) 기타 예금: 7%

(iii) 대외계정, 해외이주자계정 및 외국환은행이 개설한 거주자계정 예금과 동 계정 개설대상 해당자의 외화양도성예금증서: 1%

지급준비금의 예치는 미달러화로 예치하여야 한다. 다만, 예외적으로 엔화예금의 경우에는 엔화로도 예치할 수 있다(한국은행 외화예금지급준비세칙 제3조).

7. 역외계정 설정

외국환은행이 역외금융(offshore banking), 즉 비거주자로부터 자금을 조달하여 비거주자를 대상으로 이를 운용하는 경우에는 역외금융계정을 설치하여 일반계정과 구분하여 계리하여야 한다(외국환거래규정 제2-10조 제1항; 은행업감독규정 제66조 제1항).

역외계정과 일반계정 간의 자금이체는 직전 회계연도중 역외외화자산평잔의 10% 범위 내에서의 자금이체를 제외하고는 기획재정부장관의 허가를 받아야 한다(외국환거래규정 제2-10조 제2항). 그리고 외국환은행이 역외계정에의 예치목적으로 미화 5천만 불을 초과하는 외화증권을 상환기간 1년 초과의 조건으로 발행하고자 하는 경우에는 기획재정부장관에게 신고하여야 한다(외국환거래규정 제2-10조 제3항).

역외금융계정의 자금조달방법은 (i) 비거주자 또는 다른 역외금융계정으로부터의 차입, (ii) 비거주자 또는 다른 역외금융계정으로부터의 예수, (iii) 외국에서의 외화증권발행, 그리고 (iv) 비거주자에 대한 외화채권의 매각으로 한정되어 있다. 또한 역외금융계정의 자금운용방법도 (i) 비거주자 또는 다른 역외금융계정에 대한 대출 및 예치와 (ii) 비거주자가 발행한 외화증권의 인수 및 매입으로 한정되어 있다(은행업감독규정 제66조 제2항).

8. 외국환계정 계리기준 설정

외국환은행 외국환계정의 계리기준은 금융감독원장이 정하는 바에 따르도록 되어 있으며(은행업감독규정 제32조 제2항), 이에 따라 금융감독원장은 '외국환계정 회계처리 기준'을 마련하고 있다(은행업감독업무시행세칙 제22조 및 <별표 4-1>).

9. 외환건전성부담금 부과

외화자금의 급격한 유출입에 따른 금융시장의 불안을 최소화하고, 과도한 외화차입을 줄이고 단기 외채의 장기화를 유도하여 외화부채의 양과 질을 개선하며, 위기시 외화유동성 공급수단으로 활용함으로써 위기대응능력을 강화하기 위한 수단으로 2011년 8월 1일부터 외환건전성부담금제도가 시행되었다.

외환건전성부담금의 부과 대상기관은 기본적으로 모든 금융회사이지만, 구체적인 대상은 대통령령에서 정하고 있다(외국환거래법 시행령 제21조의 2).

외환건전성부담금의 부과대상은 금융회사의 비예금성 외화부채 잔액(전체외화부채-외화예수금)이며(외국환거래법 제11조의 2 제2항), 이 점에서 외화증권거래시마다 과세되는 거래세인 토빈세(Tobin tax)와는 차이가 있다.

외환건전성부담금의 부과요율은 비예금성 외화부채 잔액의 0.5% 이내의 범위에서 대통령령으로 정하되, 유출입 변동성이 큰 단기외채의 축소 또는 장기화를 유도하기 위하여 만기별로 차등화된다(외국환거래법 제11조의 2 제2항).

징수된 외환건전성부담금은 외국환평형기금에 귀속되며(외국환거래법 제11조의 2 제4항), 평시에는 외환보유액에 준하는 방식으로 해외 안전자산 등에 운용하되, 위기시에는 금융기관에 대한 외화유동성 공급재원으로 활용된다.

Ⅱ. 외국환거래법상의 국제금융거래 규제

1. 서설

우리나라는 1980년대부터 자본거래의 자유화를 추진하기 시작하였는데 1996년 OECD 가입과 1997년 외환위기를 계기로 자유화의 속도가 빨라졌다. 특히 1999년 4월 1일 「외국환거래법」의 시행과 동시에 실시된 제1단계 외환 및 자본자유화 조치에 따라 외국환거래에 대한 규제방식이 자본거래를 포함한 모든 외국환거래를 자유롭게 인정하되 필요하다고 인정되는 부분은 예외적으로 규제하는 방식(negative system)으로 전환되었으며, 그 후 이를 구체화하는 내용의 외환거래 자유화 정책이 꾸준히 추진되었다.

이에 따라 우리나라의 현행 외국환거래법상 국제금융거래는 원칙적으로 자유이며, 예외적으로 일부 국제금융거래에 대하여만 신고 등의 의무가 부과되어 있다.

2. 해외직접투자

(1) 해외직접투자의 정의

「외국환거래법」은 해외직접투자(Outward FDI)를 다음과 같이 크게 두 가지로 정의하고 있다.

첫째, 외국 법령에 따라 설립된 법인(설립 중인 법인 포함; 이하 "외국법인")이 발행한 증권을 취득하거나 그 법인에 대한 금전의 대출 등을 통하여 그 법인과 지속적인 경제관계를 맺기 위하여 하는 거래 또는 행위로서, (i) 외국법인의 경영에 참가하기 위하여 취득한 주식 또는 출자지분이 해당 외국법인의 발행주식총수 또는 출자총액에서 차지하는 비율(주식 또는 출자지분을 공동으로 취득하는 경우에는 그 주식 또는 출자지분 전체의 비율을 말함; 이하 "투자비율")이 100분의 10 이상인 투자, (ii) 투자비율이 100분의 10 미만인 경우로서 해당 외국법인과 ① 임원의 파견, ② 계약기간이 1년 이상인 원자재 또는 제품의 매매계약체결, ③ 기술의 제공 · 도입 또는 공동연구개발계약의 체결, 또는 ④ 해외건설 및 산업설비공사를 수주하는 계약의 체결, (iii) (i) 또는 (ii)에 따라 이미 투자한 외국법인의 주식 또는 출자지분을 추가로 취득하는 것, 또는 (iv) (i) 내지 (iii)에 따라 외국법인에 투자한 거주자가 해당 외국법인에 대하여 상환기간을 1년 이상으로 하여 금전을 대여하는 것을 말한다(외국환거래법 제3조 제1항 제18호 가목; 외국환거래법 시행령 제8조 제1항).

둘째, 외국에서 영업소를 설치 · 확장 · 운영하거나 해외사업 활동을 하기 위하여 (i) 지점 또는 사무소의 설치비 및 영업기금, (ii) 거주자가 외국에서 법인 형태가 아닌 기업을 설치 · 운영하기 위한 자금, (iii) 「해외자원개발 사업법」 제2조에 따른 해외자원개발사업 또는 사회간접자본개발사업을 위한 자금(해외자원개발을 위한 조사자금 및 해외자원의 구매자금은 제외)을 지급하는 행위를 말한다(외국환거래법 제3조 제1항 제18호 나목; 외국환거래법 시행령 제8조 제2항).

(2) 해외직접투자의 규제

금융기관의 해외직접투자에 대해서는 「금융회사등의 해외진출에 관한 규정」(금융위원회 고시)에서, 그리고 금융기관을 제외한 거주자의 해외직접투자에 대해서는 「외국환거래규정」(기획재정부 고시)에서 각각 별도로 규정하고 있다.

금융기관이 금융 · 보험업에 대한 해외직접투자를 하고자 하는 경우에는 금융위원회에 신고하여 수리를 받아야 하고, 금융 · 보험업 이외의 업종에 대한 해외직접투자를 하고자 하는 경우에는 금융감독원장에게 신고하여야 한다(금융회사등의 해외진출에 관한 규정 제3조 제1항).

그리고 금융기관이 역외금융회사 등에 대한 해외직접투자를 하고자 하는 경우에도 감독원장에게 신고하여야 한다(금융회사등의 해외진출에 관한 규정 제7조

제1항). 역외금융회사라 함은 직접 또는 자회사 등을 통하여 증권, 채권 및 파생상품에 투자하여 수익을 얻는 것을 주된 목적으로 외국법에 따라 설립된 회사(설립중인 회사 및 계약형태를 포함한다)로서 설립준거법령지역에 실질적인 경영활동을 위한 영업소를 설치하지 않은 회사를 말한다(외국환거래규정 제1-2조 제15호).

금융기관을 제외한 거주자가 해외직접투자(증액투자 포함)를 하고자 할 때, 당해 거주자가 주채무계열 소속 기업체인 경우에는 당해 기업의 주채권은행, 당해 거주자가 주채무계열 소속 기업체가 아닌 경우에는 여신최다은행, 그리고 그 밖의 거주자는 거주자가 지정하는 외국환은행의 장에게 신고하여야 한다(외국환거래규정 제9-5조 제1항).

그리고 금융기관을 제외한 거주자가 역외금융회사에 대한 해외직접투자를 하고자 하는 경우에는 한국은행총재에게 신고하여야 한다(외국환거래규정 제9-15조의 2 제1항).

3. 증권투자

(1) 비거주자의 국내증권투자

비거주자(국민은 해외영주권자만 포함) 또는 증권투자자금의 대외송금을 보장받고자 하는 외국인거주자(이하 “외국인투자자”)는 별도의 신고 없이 비상장주식이나 비상장채권을 포함한 모든 증권, 기업어음, 상업어음, 무역어음, 양도성예금증서, 표지어음, 종합금융회사 발행어음을 취득 또는 매각하거나 인정된 증권대차거래를 할 수 있다(외국환거래규정 제7-32조 제1항, 제7-36조 제1항).

이를 위해서는 외국환은행에 본인 명의의 투자전용대외계정 및 투자전용비거주자원화계정을 개설한 후 동 계정을 통해 관련 자금을 예치 · 처분하여야 한다. 국제예탁결제기구가 외국인투자자의 위탁을 받아 국채 또는 한국은행 통화안정증권을 매매하고자 하는 경우에는 당해 국제예탁결제기구 명의의 투자전용계정을 개설하여 관련 자금을 예치 · 처분할 수 있다(외국환거래규정 제7-37조 제1항). 또한 투자중개업자 등은 외국인투자자의 국내원화증권 취득 및 매각 또는 인정된 증권대차거래를 위하여 외국환은행에 자기 명의로 투자전용외화계정을 개설할 수 있다(외국환거래규정 제7-38조 제1항).

증권시장에 상장된 증권 또는 증권시장에 상장하기 위하여 모집 · 매출하는 증권 등 상장이 예정된 증권을 취득 또는 처분하기 위하여 투자매매업자 또는 투자중개업자에게 매매거래 계좌를 개설하는 경우에는 본인의 인적 사항 등의 확인을 거쳐 개설할 수 있다(자본시장과 금융투자업에 관한 법률 시행령 제188조 제1호).

외국인투자자가 투자전용대외계정을 이용하는 경우 등과 같이 신고 없이 국내증권투자가 가능한 경우를 제외하고 국내법인의 비상장 · 비등록 내국통화표시 주식 또는 지분을 취득하는 경우에는 외국환은행의 장에게 신고하여야 한다(외국환거래규정 제7-32조 제2항).

또한 신고 없이 취득이 가능한 경우 및 외국환은행의 장 앞 신고대상 거래를 제외하고 비거주자가 국내증권을 취득하고자 하는 경우에는 한국은행총재에게 신고하여야 한다(외국환거래규정 제7-32조 제3항).

(2) 거주자의 해외증권투자

기관투자가(자본시장과 금융투자업에 관한 법률상의 금융기관, 집합투자기구 등; 외국환거래규정 제1-2조 제4호 참조)가 해외증권투자를 하는 경우에는 투자 대상 및 절차에 제한이 없고 사후보고 의무만 있다. 다만, 기관투자가의 신용파생결합증권 매매가 외국환업무취급기관으로서의 외국환업무가 아닌 경우에는 한국은행총재에게 신고하여야 한다(외국환거래규정 제7-33조 제1항 내지 제3항).

일반투자가가 해외증권투자를 하는 경우에 있어서는 투자대상에는 제한이 없으나 투자중개업자를 통하여 외화증권의 매매를 위탁해야 한다. 다만「자본시장과 금융투자업에 관한 법률」이 정하는 바에 의하여 외국집합투자증권을 매매하고자 하는 경우에는 투자매매업자 또는 투자중개업자를 상대방으로 하여 외국집합투자증권을 매매할 수 있다(외국환거래규정 제7-33조 제1항 및 제4항).

4. 외화예금

외화예금은 계좌를 개설하는 주체에 따라 거주자의 해외예금과 거주자 및 비거주자의 국내예금으로 구분된다.

일정한 경우를 제외하고는 거주자가 해외예금 거래를 하려면 지정거래외국환은행의 장에게 신고하고 동은행을 통해 송금하여야 한다(외국환거래규정 제7-11조 제1항 및 제2항). 다만, 일반거주자가 해외예금을 하기 위하여 건당 5만 달러를 초과하여 송금하고자 하는 경우에는 한국은행총재에게 신고하여야 한다(외국환거래규정 제7-11조 제3항 제1호).

5. 외화대차

영리법인, 공공기관 등의 거주자가 비거주자로부터 외화자금을 차입하는 경우에는 지정거래외국환은행에 신고하여야 한다. 다만, 미화 5천만 달러(차입신고시점으로부터 과거 1년간의 누적차입금액을 포함)를 초과하는 차입은 지정거래외국환은행을 경유하여 기획재정부장관에게 신고하여야 한다(외국환거래규정 제7-14조 제1항).

개인 및 비영리법인의 비거주자로부터의 외화차입은 지정거래외국환은행을 경유하여 한국은행총재에게 신고하여야 한다(외국환거래규정 제7-14조 제5항).

외국환은행의 비거주자로부터 외화차입은 신고를 요하지 아니한다. 다만, 미화 5천만 달러 초과의 외화자금을 상환기간(거치기간 포함) 1년 초과의 조건으로 차입하는 경우에는 기획재정부장관에게 신고하여야 한다(외국환거래규정 제2-5조).

[표 3-4] 외화대차거래 관련 제도 현황

		외화차입[1]	외화대출
거주자 간		• 자유화 (다만, 외국환은행을 통하여 지급 · 수령하여야 함)	• 자유화 (다만, 외국환은행을 통하여 지급 · 수령하여야 함)
거주자와 비거주자 간	외국환은행	• 1년 이하[2]: 자유화 • 1년 초과[2]: 건당 5천만 달러 초과시 기획재정부장관에게 신고	• 자유화 (다른 거주자가 보증 또는 담보를 제공하는 경우에는 비거주자가 한국은행총재에게 신고)
	지자체, 공공기관	• 지정거래외국환은행의 장에게 보고(다만, 5천만 달러[3]초과 시는 기획재정부장관 신고)	• 한국은행총재에게 신고 (다른 거주자가 보증 또는 담보를 제공하는 경우에는 비거주자가 신고)
	정부 출자 · 출연 법인 또는 정부업무 수탁법인		
	영리법인		
	개인 · 비영리법인	• 한국은행총재에게 신고	

주: 1) 외화증권발행 포함
2) 거치기간 포함
3) 차입신고시점으로부터 과거 1년간의 누적차입금액 포함
출처: 한국은행, 한국의 외환시장과 외환제도, 2023. 12. 15, 281면

거주자의 비거주자에 대한 외화대출은 거주자가 한국은행총재에게 신고하여야 한다. 다만, 다른 거주자의 보증 또는 담보를 제공받아 대출하는 경우에는 대출을 받고자 하는 비거주자가 신고하여야 한다(외국환거래규정 제7-16조 제2항).

외국환은행이 비거주자에게 외화대출을 하는 경우에는 신고를 요하지 아니한다. 다만, 거주자로부터 보증 또는 담보를 제공받아 대출하는 경우에는 대출을 받고자 하는 비거주자가 한국은행총재에게 신고하여야 한다(외국환거래규정 제2-6조 제1항).

거주자 간의 외화대차는 신고를 요하지 아니하나 외국환은행을 통하여 지급 · 수령하여야 한다(외국환거래규정 제7-13조 제1호, 제7-3조 제1항).

외국환거래법령상 외화차입 및 외화대출 거래의 신고 여부 및 신고 기관을 요약하면 [표 3-4]와 같다.

6. 증권발행

(1) 거주자의 증권발행

거주자가 국내에서 외화증권을 발행하는 경우에는 허가 및 신고를 요하지 아니한다(외국환거래규정 제7-22조 제1항).

거주자가 외국에서 외화증권을 발행하는 경우에는 지정거래외국환은행에 신고하여야 하며, 거주자의 외화자금차입에 관한 「외국환거래규정」 제7-14조의 규정을 준용한다(외국환거래규정 제7-22조 제2항).

외국환은행이 외국에서 외화증권을 발행하는 경우에는, 외화차입의 경우와 마찬가지로, 원칙적으로 신고를 요하지 아니하나, 미화 5천만 달러 초과의 증권을 만기 1년 초과의 조건으로 발행하는 경우에는 기획재정부장관에게 신고하여야 한다(외국환거래규정 제2-5조).

그리고 거주자(외국환은행 포함)가 외국에서 원화증권을 발행하는 경우에는 기획재정부장관에게 신고하여야 한다(외국환거래규정 제7-22조 제3항).

(2) 비거주자의 증권발행

비거주자가 국내에서 외화증권, 원화연계외화증권 또는 원화증권을 발행하거나, 외국에서 원화증권 또는 원화연계외화증권을 발행하는 경우에는 발행자금의 용도를 기재한 발행계획서 등을 첨부하여 기획재정부장관에게 신고하여야 한다(외국환거래규정 제7-23조, 제7-24조 제1항).

비거주자가 외국에서 외화증권을 발행하는 것은 「외국환거래법」의 적용대상이 아니다.

외국환거래법령상 거주자 및 비거주자의 증권발행 유형별 신고 여부 및 신고 등의 기관을 요약하면 [표 3-5]와 같다.

[표 3-5] 외국환거래법령상 증권발행 유형별 신고여부

발행주체	장소	통화	신고여부
거주자	국내	원화	「외국환거래법」 적용 대상이 아님
		외화	신고 없이 가능
	외국	원화	기획재정부장관 앞 신고
		외화	거주자의 외화차입 관련 규정 준용(지정거래 외국환은행의 장 또는 기획재정부장관 앞 신고)
비거주자	국내	원화 · 외화 원화연계외화	기획재정부장관 앞 신고
	외국	원화 · 원화연계외화	기획재정부장관 앞 신고
		외화	「외국환거래법」 적용 대상이 아님

출처: 한국은행, 한국의 외환시장과 외환제도, 2023. 12. 15, 284면

7. 보증 및 담보

외국환은행의 외화표시 지급보증은 대부분 자유화되었다. 그러나, (i) 교포 등에 대한 여신(국내에 본점을 둔 외국환은행의 해외지점 및 현지법인금융기관 등의 외국에 있는 거주자(일반해외여행자는 제외), 국민인 비거주자 또는 국민인 비거주자가 전액 출자하여 현지에 설립한 법인에 대한 여신을 말함; 외국환거래규정 제1-2조 제3호)과 관련하여 당해 여신을 받는 동일인당 미화 50만불을 초과하여 보증(담보관리 승낙 포함)을 하거나, (ii) 비거주자간 거래에 대하여 비거주자의 국내재산을 담보로 제공받아 이를 근거로 지급보증을 하거나, 또는 (iii) 비거주자간 거래에 대하여 국내 거주자로부터 보증이나 담보를 제공받아 이를 근거로 지급보증을 하는 등의 일부 지급보증의 경우에는 외국환은행에 지급보증을 의뢰하는 당사자가 한국은행총재에게 신고하도록 함으로써 보증을 이용한 불법적인 재산반출을 방지하고 있다(외국환거래규정 제2-8조).

개인 및 기업의 외화표시 보증도 원칙적으로는 가능하지만, 외국환은행의 지급보증에 비해서는 엄격한 제한을 받고 있다. 즉, 개인이나 기업은 거주자간 거래에 대한 보증이나 거주자와 비거주자의 경상거래에 대한 보증 등은 신고없이도 할 수 있으나(외국환거래규정 제7-17조), 주채무계열 소속 상위 30대 계열기업체의 상환기간이 1년을 초과하는 장기외화자금차입계약과 관련하여 동 계열 소속 다른 기업체가 보증하거나, 교포 등에 대한 여신과 관련하여 거주자 또는 당해 여신을 받는 비거주자가 국내에 있는 금융기관에 미화 50만불 이내에서 원리금의 상환을 보증하는 등의 경우에는 지정거래외국환은행의 장에게 신고하여야 하며(외국환거래규정 제7-18조), 그 밖의 경우에 보증을 하는 때에는 한국은행총재에게 신고하여야 한다(외국환거래규정 제7-19조).

한편 담보를 제공하는 거래는 보증거래에 관한 규정을 준용하고 있으므로 보증이 허용되는 경우에는 담보제공도 허용된다.

8. 파생상품거래

파생상품거래 중 외환과 관련된 파생상품거래, 즉 거주자와 비거주자 간의 원화 또는 외화표시 파생상품거래와 거주자와 거주자 간의 외화표시 파생상품거래에 대해서는 외국환거래법령의 적용을 받는다.

외국환은행은 외환 관련 파생상품거래를 자유로이 행할 수 있으며, 외국환업무취급기관인 투자매매업자, 집합투자업자 등은 일부 신고대상 거래(외국환거래규정 제2장 제2절 참조)를 제외한 대부분의 파생상품거래를 자유로이 행할 수 있다. 즉, 외국환업무취급기관이 외국환업무로서 행하는 파생상품거래는 원칙적으로 신고를 요하지 아니한다(외국환거래규정 제7-40조 제1항). 다만, 외국환업무취급기관은 매월 파생상품거래실적(파생상품매매의 중개 포함)을 한국은행총재에게 보고하여야 하며, 특히 신용파생상품거래(신용파생결합증권 포함)는 거래일로부터 5영업일 이내에 한국은행총재에게 그 거래내역을 보고하여야 한다

(외국환거래규정 제2-10조의 2 제2항, 제2-24조).

한편, 외환 관련 파생상품거래 중 외국환업무취급기관이 외국환업무로서 행하는 거래에 해당하지 않는 거래, 그리고 외국환업무취급기관이 외국환업무로서 행하는 거래 중 (i) 액면금액의 20% 이상을 옵션프레미엄 등 선급수수료로 지급하는 거래, (ii) 기체결된 파생상품거래를 변경 · 취소 및 종료할 경우에 기체결된 파생상품거래에서 발생한 손실을 새로운 파생상품거래의 가격에 반영하는 거래, (iii) 자금유출입, 거주자의 비거주자에 대한 원화대출, 거주자의 비거주자로부터의 자금조달 등의 거래에 있어 외환거래법령에서 정한 신고 등의 절차를 회피하기 위하여 행하는 파생상품거래, 또는 (iv)한국은행총재에게 신고해야 한다고 규정된 파생상품거래는 거주자가 한국은행총재에게 신고하여야 한다(외국환거래규정 제7-40조 제2항). 한국은행총재 신고 사항은 [표 3-6] 과 같다.

[표 3-6] 유형별 파생상품거래의 한국은행총재 신고사항(2023년 9월말 현재)

거래종류별	통화 및 이자율 관련 파생상품거래		증권 관련 파생상품거래		신용 관련 파생상품거래		일반상품 관련 파생상품거래		자연적 · 환경적 · 경제적 현상 관련 파생상품거래	
거래 상대방별	거주자[1]	비거주자	거주자[1]	비거주자	거주자[1]	비거주자	거주자[1]	비거주자	거주자[1]	비거주자
은행(종금사 포함)	×	×	×	×	×	×	×	×	×	×
투자매매 · 중개업자	×	×	×	×	△	△	×	×	○	○
집합투자업자	×	×	×	×	△	△	×	×	○	○
투자일임업자	×	×	×	×	△	△	×	×	○	○
신탁업자	×	×	×	×	△	△	×	×	○	○

주 1) 거주자간 외화표시 파생상품거래에 한함
2) × 신고등 불요, △ 보장매도거래시 신고, ○ 신고
출처: 한국은행, 한국의 외환시장과 외환제도, 2023. 12. 15, 290면

제4장

국제대출거래의 법률관계

제1절 서설

제2절 대출의 거래조건

제3절 대출계약상의 구속조항

제4절 채무불이행 사유와 구제수단

제5절 기타 사항

제 1 절

서설

본장에서는 국제 중장기 대출계약서(international term loan agreement), 특히 유로커런시(Eurocurrency) 중장기대출에 대한 일반적인 내용을 설명하도록 한다. 유로커런시 대출계약서는 국내 대출계약서와 비교해 볼 때 그 구조와 범위 측면에서 많은 차이가 있으므로, 이 계약서의 성질을 완전히 이해하기 위해서는 대출계약서에서 공통적으로 발견되는 조항들을 세부적으로 살펴볼 필요성이 있다.

국제금융과 관련한 관습과 법률은 계속 변화하고 있다. 런던의 LMA(Loan Market Association)나 뉴욕의 LSTA(Loan Syndication and Trading Association)의 노력으로 대출거래에 대한 표준화된 절차와 다큐멘테이션이 확립되어 있기는 하지만, 표준조항이라거나 모범조항이 있을 수 없고 개별거래에 적용할 수 있는 표준계약서는 존재하지 않는다고 하는 것이 정확하겠다. 따라서 국제금융에 적용되는 대출계약서는 당사자의 특성과 거래 내용에 따라 다양할 수밖에 없다고 하겠다.

제 2 절

대출의 거래조건

중장기대출계약서는 대출기간이 1년 이상 15년 이하인 대출을 대상으로 하는 계약서이다. 은행들은 특수한 경우 대출기간이 15년 이상인 대출을 취급하는 경우도 있기는 하지만, 10년을 초과하는 대출도 흔치 않으며 대부분은 3년 이상 7년 이내인 대출을 취급한다.

제7장 국제채권거래의 법률관계에서 따로 설명이 되지만 대출이 선호되는 중요한 이유 중의 하나는 대출 특유의 유연성(flexibility)에 있다. 대출계약은 자금인출(drawdown) 절차로서 즉시인출방식(bullet drawdown), 대출계약 체결 후 단기간 이내 인출방식(within a short period of the loan being executed) 또는 확정된 분할인출 스케줄에 따른 인출방식(fixed amortisation schedule) 등 다양한 형태와 크기의 자금인출이 가능하다. 또한 차주의 선택에 따라서 장기간에 걸친 인출도 가능하므로 자금인출의 시기와 횟수에서 상당한 유연성을 가질 수 있다. 가장 유연한 형태는 회전대출(revolving facility)이다. 이는 차주에게 대출금의 전부 또는 일부에 대한 인출을 반복적으로 허용할 뿐만 아니라, 대출금의 상환 역시 차주의 선택이나 상환스케줄에 따라 자유로이 할 수 있다.

유로커런시시장은 규제가 없기 때문에 외부사유 발생 시 쉽게 영향을 받는다. 따라서 장래에 발생 가능한 자금조달의 위험으로부터 은행을 보호하기 위하여 대출계약서에 일정 조항을 삽입하는 것이 일반적이다. 이 조항은 흔히 유로달러 또는 유로커런시시장 교란조항(disaster clause)과 관련되며, 유로시장이 자금의 조달가능성에 영향을 미칠 정도로 붕괴된 경우 계약당사자들로 하여금 새로 적용될 대출 조건을 성실하게 협의하도록 한다.

계약서에 포함된 통화옵션(multicurrency options)조항도 대출계약의 유연성을 나타내는 좋은 사례이다. 유로커런시 대출시장의 대주는 차주에게 특정 조건하에서 어떤 통화로든 자금인출을 할 수 있고 이후 다른 통화로 바꿀 수 있는 통화옵션을 제공할 수 있다.

I. 서설

유로커런시 대출의 구조는 기본적으로 아주 단순한 계약이다. 즉, 대주는 차주에게 특정 금액을 특정 기간 동안 대출할 것을 약속하고, 차주는 대출금을 이자와 함께 상환할 것을 약속하는 것이다. 그러나 이러한 단순한 구조의 계약이 잘못될 경우 발생 가능한 법적 문제점이 너무 많고 복잡하므로, 당사자들의 이익을 보호하기 위하여 수많은 조항들이 대출계약서에 포함되어 있다.

국제대출에 있어서는 당사자의 국적이 다르고 또 각 국가가 서로 다른 법체계를 갖고 있으므로 대출거래에서 발생하는 법률문제에 대하여 어느 법률을 적용할 것인가 하는 국제사법상의 문제가 발생한다. 또한 대주와 차주 간의 계약서 문안에 대한 협상은 상당한 시간이 소요될 수도 있는데, 합의된 사항이 대출계약서에 언어적으로 정확히 반영되어야 함은 기본이다. 또한 국제대출계약서는 향후 대출기간 동안 일어날 수 있는 발생 가능한 다양한 법적 문제를 최대한 예상하고 평가하여 각각에 알맞은 해결책을 제공할 수 있어야 한다.

Ⅱ. 자금인출 기간(drawdown period)

1. 자금인출 기간 내에 대주가 대출하지 못하거나, 차주가 인출하지 못한 경우의 법률관계

대출계약서 서명 후 대주은행이 대출 실행을 하지 않는 경우에는 여러 이유가 있을 수 있다. 대주은행이 청산될 수도 있고, 차주가 인출 선행조건을 충족하지 못했다고 판단했을 수도 있다. 이유가 무엇이든 간에, 이러한 경우 법원이 대주의 대출 실행을 강제하는 특정이행청구(specific performance)를 인정한 사례는 없다. 때문에 비록 계약서에 대출 실행 의무가 규정되어 있더라도 법원이 은행에게 대출을 실행하도록 강제하기는 어렵다.

따라서 이 경우 차주는 구제방법으로 손해배상청구소송을 제기할 수 있을 것이다. 계약 위반으로 인한 손해배상은 대출계약에 따라 대주은행이 대출을 실행했다면 차주가 취득하였을 이익을 청구할 수 있을 것이다. 그러나 은행의 의무위반과 차주의 손해 사이에는 충분한 인과관계가 있어야 하므로, 차주의 손해가 모두 배상되지는 않을 것이다. 대출 불이행으로 인한 손해배상은 계약 위반으로부터 통상적으로 발생하거나 계약 체결 시점에 당사자가 합리적으로 예상 가능한 손해를 한도로 한다.

발생 가능한 손해는 다음과 같이 생각해볼 수 있다.

(ⅰ) 일반적 손해: 특히 차주가 더 불리한 조건으로 다른 자금을 유치하는 데 발생하는 손해 포함

(ⅱ) 기타 손해: 차주의 신규 대출 추진비용 및 신규 대출에 적용될 이자율 증가 비용을 포함한 결과적 또는 부수적 손해

2. 차주의 자금인출 실패

유로커런시 대출계약은 일반적으로 대출계약서상 차주가 바로 자금을 차입하는 것으로 규정하지 않고, 차주에게 차입 권한(an option to borrow)을 부여한다. 차주는 자금 인출 의사를 통지하여야 하며, 통지 후에는 이 통지에 구속된다. 만약 차주가 인출 통지 후 자금인출에 실패하면, 대주의 구제수단으로 자금인출을 강제하는 특정이행청구를 하기는 어려울 것이다. 물론, 대주 입장에서의 관리비용 및 법률비용을 포함한 계약 체결 전에 발생한 비용에 대해 계약 체결 즉시 지급되어야 한다는 조항이 계약서에 포함되어 있으면 대주는 이러한 비용을 청구할 수 있으며, 일정한 경우 손해배상청구도 가능할 것이다. 대주는 손해배상청구를 통하여 일반적 손해를 회복할 수 있을 것이나, 이러한 경우에도 대주에게는 손해감경의무가 있다. 즉, 미인출자금을 운용함으로써 손해를 최소화할 모든 합리적인 조치를 강구하여야 한다.

Ⅲ. 대출자금의 용도 또는 대출목적의 제한

채무재조정과 프로젝트파이낸스계약의 경우에는 자금의 용도제한이 일반적이지만 유로커런시 대출계약에서는 자금의 용도제한을 규정하지 않는 것이 보통이다. 국가 차주(sovereign borrowers)는 그러한 제한을 국내 문제에 대한 간섭으로 여길 것이며, 실질적인 측면에서도 대주가 차주의 자금용도 제한규정 위반 여부를 효과적으로 관리하기는 어렵다. 이러한 어려움은 다음과 같은 자금용도 제한 규정에서도 반영된다.

"…without prejudice to the foregoing [restriction] none of the Agents, the Managers and the Banks shall be bound to enquire as to the applications by the Borrower of the proceeds of the loan, nor shall any of them be responsible for, or for the consequences of, such application."

자금용도 제한에 따르는 실질적인 어려움에도 불구하고 대주에게는 고려해야 할 법률검토 사항이 많다. 예를 들면 차주가 대출자금을 불법적인 용도로 사용할 경우, 만약 대주와 차주가 이러한 모든 상황을 인식하였다면 국가에 따라서는 대출계약 자체가 무효가 될 수 있다.

비록 대주가 대출계약 체결 시점에서는 불법적인 목적을 몰랐다 하더라도 인출 시점에는 알게 되었다면, 대출을 실행하지 않는 것이 안전하다.

대출이 기업 차주에게 실행된 경우 차주가 자신의 권한 범위 외(ultra vires, 권한유월)의 목적으로 대출금을 사용할 의도가 있는지도 파악하여야 한다.

한편 자금의 용도와 관련하여 다른 제약들이 차주의 국내법에 의하여서도 부과될 수 있다. 그러므로 이와 같은 법률문제들에 대하여 현지 변호사의 자문을 구하는 것이 필요하다.

Ⅳ. 수수료 등

유로커런시 신디케이티드 대출인 경우에는 여러 가지 종류의 수수료가 차주에게 부과된다. 그 종류는 다음과 같다.

1. 약정수수료(commitment fees)

대부분의 유로커런시 대출계약에서 대주는 차주의 자금인출 요구에 대비하여 계약 체결과 동시에 자금 집행이 가능하도록 하여야 한다. 이 경우 대주는 자금 준비에 따른 위험을 부담하게 되며, 이 부담에 대한 보상으로 차주에게 미인출부분에 대한 수수료를 요구한다. 약정수수료는 일반적으로 매일 매일 기준으로(on a day to day basis) 미인출부분에 대한 비율로 표시된다.

2. 선불수수료(front-end fees)

대출 형태에 따라 다양한 종류의 선불수수료가 지급될 수 있다. 이 수수료는 자금인출 완료, 대출 취소 또는 조기상환 여부와 관계없이, 대출금 전액을 기준으로 수수료 전액이 대출계약 체결 후 곧 일정 기일 이내 지급되도록 규정된다. 선불수수료는 특히 인출 취소의 위험이나 조기상환 가능성이 있는 경우 대주에게 특히 유용하며, 각 참여은행에게 자신의 참여금액에 따라 수수료가 지급되는 신디케이티드 대출계약에서 많이 규정된다.

좀 더 세분화하면 다음과 같이 분류될 수 있다.

(1) 주간사 관리수수료(praecipium or lead management fee)

주간사 관리수수료는 간사은행단이 있는 대규모 대출에 적용된다. 이 수수료는 기채의뢰서 획득, 간사은행단 구성 및 협상절차주도 등의 업무를 수행한 주간사은행에 대해 지급된다. 통상 계약서에는 이 수수료가 자금인출 여부와 관계없이 차주에 의해 지급되어야 한다고 규정된다.

(2) 관리수수료(management fee)

몇몇 대규모 대출은 주간사 관리수수료 이외에 추가로 관리수수료를 지급한다.

이 수수료는 보통 간사은행들 사이에 균등하게 분할되며, 역시 자금인출 여부와 상관없이 지급된다.

(3) 인수수수료(underwriting fee)

대출이 간사은행들에 의해 인수되는 경우, 인수수수료는 인수금액 비율로 지급된다.

(4) 참가수수료(participation fee)

이 수수료는 대출계약에 대한 각 참여은행의 참여비율로 표시된다. 관리수수료 중에서 간사은행들에 의해 지급되나, 차주의 신용등급이 낮은 경우 등에는 관리수수료에 추가로 부과되기도 한다.

선불수수료는 두 가지 측면에서 대주은행을 보상한다.

(i) 실제적인 수수료의 수익률은 대출이 취소되거나 차주가 조기상환한 경우에 더 높아지므로 일정 범위에서 대출의 취소에 따른 손해를 상쇄하는 효과가 있다.

(ii) 자금인출 여부와 상관없이 선불수수료는 부과되므로 차주의 조기상환을 억제하고, 대주의 협상지위를 강화하는 효과가 있다.

선불수수료는 유로커런시 대출의 마진이 축소되는 추세에서 대주은행들에게 이익의 중요한 원천이 될 수 있다는 점에서 그 중요성을 더해가고 있다.

3. 대리수수료(agency fees)

대리수수료는 하나 이상의 대리은행이 선정되는 대출일 경우 부과된다. 이 수수료는 대리은행이 대출에 대한 행정적인 업무를 수행한 데 대하여 연간 단위로 지급된다. 전체 대출금의 일정비율 또는 일정한 금액으로 표시되며, 실제 정해지는 금액은 대출의 가치와 복잡성을 반영한다.

4. 법률비용(legal fees)

유로커런시 중기대출계약의 계약서는 매우 복잡하며 이러한 면은 법률비용의 과다와 관련된다. 대주는 차주가 법률비용과 수수료를 부담한다는 점을 대출계약서에 명시적으로 규정하여야 한다. 그러나 어떤 대출계약서는 법률비용에 대하여 따로 규정하기보다는 대출과 관련하여 발생한 모든 비용을 차주가 대주에게 상환하는 포괄비용조항을 규정하기도 한다.

5. 인지세(stamp taxes)

어떠한 국가의 인지세법이 대출계약서에 적용되는지는 대부분 차주의 국적과 대출서명지의 법에 의하여 결정된다. 인지세 납부금액은 국가에 따라 다양하므로, 인지세가 부과되지 않는 국가에서 대출계약을 체결함으로써 세금부담을 회피할 수 있다.

국가에 따라 인지세 납부요건이 다르기 때문에 대주는 대출계약서에 차주로 하여금 모든 세금을 부담하도록 하는 조항을 삽입한다.

> *"all stamp, registration and similar taxes or charges imposed by law or by any governmental authority which may be payable or determined to be payable in connection with the execution, delivery, performance or enforcement of this Agreement."*

제3절

대출계약상의 구속조항

유로커런시 대출에 참가하는 대주는 차주에 대한 신용분석과 그에 따른 대출 결정을 함에 있어서 차주에 대한 수많은 가정과 전제하에 실행한다. 이러한 대출은행의 차주에 대한 입장을 요약하면 다음과 같이 표현할 수 있다. “우리는 당신이 우리에게 대출금을 상환할 수 있다고 가정한다. 만약 당신이 상환하지 않는다면, 우리는 당신에게 상환하도록 강제할 수 있다. 만약 우리의 판단이 틀렸다면, 우리는 계약에서 빠져나올 것이다(We assume that you are able to repay us and that, if you don’ t we can force you to repay us. If we are wrong, we want to get out of the transaction).”

이러한 대주은행의 요약된 입장은 대출계약서상 차주에 대한 일정한 구속조항을 삽입함으로써 계약상의 유효한 권리를 대주에게 부여한다. 이러한 조항들 중 대표적인 것은 인출 선행조건(conditions precedent), 차주의 진술 및 보장(representations and warranties), 서약조항(covenants), 채무불이행조항(events of default)이다. 이러한 구속적인 조항들은 총체적으로 다음과 같은 세 가지의 특별한 기능을 수행한다.

(i) 차주와 관련한 상세한 정보를 대주에게 제공하는 기능, (ii) 대출계약서에

따른 구제수단의 제공, (iii) 일반적인 법률에 따른 구제수단을 대주에게 제공하는 기능

I. 인출 선행조건과 후행조건

대부분의 유로커런시 대출계약은 일정 조건들이 충족되기 전까지는 대출이 실행되지 않는다는 점을 명문으로 규정한다. 경우에 따라서는 대출이 실행된 이후에도 차주는 후속 인출을 위하여 일정한 조건을 충족하여야 한다. 이 조건들을 각각 선행조건(conditions precedent)과 후행조건(conditions subsequent)이라고 한다.

1. 선행조건

(1) 선행조건의 중요성

선행조건의 목적은 대출계약에 대한 담보가 있을 경우 담보가 법률적으로 등기 등으로 완성되도록 하고, 차주나 보증인에 대하여 관련되는 법률적인 서류들이 완비되었다는 증빙이 제출될 때까지 대주의 자금인출에 대한 약정을 중지시키는 것이다. 차주가 선행조건을 충족하지 못했을 경우 대주가 계약서에서 탈퇴할 수 있는가 아니면 단지 인출약정만이 중단되는가 하는 점이 문제될 수 있다. 이는 선행조건을 규정하는 조항의 해석에 따라야 할 것이므로 조항의 문구작성이 중요하다.

(2) 선행조건의 내용

대출계약서에 규정되는 선행조건은 계약당사자의 특정한 상황에 따라 다양하

므로 표준적인 선행조건은 없다. 차주가 법인인 경우에는 대주가 차주의 설립과 관련된 제반 서류를 요구하는 것이 일반적이다. 이 서류에는 정관이 포함되며, 이사회 결의 및 주주총회 승인서와 같은 권한위임 서류도 요구된다. 또한 대주는 보증서 또는 다른 담보 관련 서류, 정부 승인 또는 외국환관리법령상 신고 · 허가 관련 서류도 요구한다. 차주가 국가이거나 국가기관인 경우 정부나 중앙은행의 권한위임 관련 서류도 요구된다.

또 한 가지 매우 중요한 선행조건은 차주 및 보증인 소재지 국가의 변호사에 의해 작성되어 대주 앞 제출되는 법률의견서이다. 법률의견서는 차주 및 보증인에 의해 행해진 진술 및 보장사항을 검토해서 대출계약에의 법적 영향을 설명하여야 한다. 그러나 이러한 법률의견서는 당해 거래가 유효하며 구속력이 있는 계약이라는 점을 보증하는 것은 아니라는 점을 주의하여야 한다. 왜냐하면 법률의견서는 의견서를 발급하는 변호사 해당 국법에만 관련되고 대출계약에 영향을 주는 다른 법률 시스템까지 포괄하는 것은 아니기 때문이다. 변호사의 의무는 상당한 주의의무를 다하여 의견서를 작성한다는 점에 그칠 뿐이므로 당해 거래 자체가 유효하며 구속력이 있다는 점을 보증하는 것은 아니다.

2. 후행조건

유로커런시 대출의 계약서를 작성함에 있어서 각각의 인출 시마다 충족하여야 할 일정한 표준조건을 규정하는 것이 일반적인 관행이다. 이러한 조건은 대출 계약 서명 시점의 차주의 진술 및 보장이 계속해서 진실하며, 채무불이행 사유가 후속 인출 시점에서 발생하지 않았다는 점을 포함한다.

후행조건을 규정하는 목적은 차주의 지위가 재무적 및 다른 측면에서 최초 대출 실행 시 계약서에서 진술한 것과 일치하지 않는 경우에 후속적인 자금인출을 정지한다는 것이다. 이러한 의미에서 후행조건은 지속 선행조건(continuing conditions precedent) 또는 개별 인출에 대한 선행조건(conditions to each loan)이라고 불리기도 한다.

대출계약서에 규정되는 이러한 선행조건과 후행조건은 대주은행의 이익을 위한 조건들이므로, 대주의 판단에 의하여 유예될 수 있다.

Ⅱ. 차주의 진술 및 보장사항(representations and warranties)

국내외 은행 대출에 있어서 황금률은 '너의 고객을 알라(know your borrower)' 이다. 물론 이 원칙은 유로커런시 대출의 경우에는 국내 대출에서와 같은 은행과 차주 간의 밀접한 고객관계를 찾아볼 수 없기 때문에 충족하기가 어렵다. 그럼에도 불구하고 대주은행은 대출승인 전에 확인하여야 할 기본적인 사항들이 있는데, 그것이 바로 대출계약서에 포함되는 차주의 진술 및 보장사항들이다. 법률적으로 진술(representations)은 주로 차주에 의한 사실에 관한 진술 내지 표명이며, 보장(warranties)은 차주에 의하여 주어지는 일종의 서약이다. 이러한 차주의 진술과 보장은 대출의 기초근거가 되는 사항들이다.

진술 및 보장조항은 보통 (i) 차주가 부담하는 의무의 법적 유효성과 관련된 조항들, (ii) 차주의 재무상태와 관련된 조항들 등 두 가지로 분류된다.

1. 진술 및 보장조항의 내용

진술 및 보장조항은 대개 차주가 정상적으로 존재하고 있다는 점 및 차주의 권한과 관련된 진술로 시작되며, 차주는 관련법에 따라 유효하게 존재하고 이 계약에 의한 차입이나 의무를 체결할 권한이 있다는 진술 등이 있다. 차주의 능력에 관련된 사항, 즉 차주가 외환관리나 자본통제와 관련된 법규를 위반하지 않는다는 진술을 규정하는 것도 일반적이다. 또한 필요한 정부당국의 승인을 취득한 사실, 대출이 유효하며 차주에게 구속력 있고 집행가능하다는 사실, 대출계약에 따른 차주의 의무 이행에 불리한 영향을 미칠 수 있는 차주에 대한 소송 · 중재나 재판절차가 없다는 사실, 대출계약에 따른 차주의 의무 이행에 중요한 영향을 미칠 만한 다른 의무 위반이 없다는 사실, 채무불이행 사유가 없다는 사실 및 차주의 최근 재무제표가 차주의 재무상태를 진실하고 공정하게 반영하며, 차주에게 재무제표상 공표되지 않은 중요한 채무가 없다는 사실 등이 진술된다.

또한 다음과 같은 포괄적 조항(material adverse change clause)을 진술 및 보장조항에 포함시키는 것이 일반적이다.

> *"There has been no material adverse change since ……… in the financial condition of the Borrower or in the Borrower's ability to perform its obligations under this Agreement."*

이 조항과 관련하여서는 중대성(material)에 대한 판단기준의 어려움이 있다. 중대성 부분에 대한 해석의 불명확함을 조금이라도 줄이기 위하여 "material in the opinion of the lender"를 추가하는 것도 대주 입장에서는 한 가지 방법이다.

또한 차주가 주권국가이거나 국가기관인 경우에 대출계약에 따른 의무 이행과 관련해서는 차주가 「민법」과 「상법」의 적용을 받는다는 진술, 동 기관의 차입행위가 정부행위(government act)라기보다는 상업행위(commercial act)라는 진술, 차주가 대출계약상의 의무와 관련하여 상계 · 소송 또는 집행 등에 대해 면책특권이 없다는 진술 등이 규정된다.

2. 계속적인 진술 및 보장(evergreen representations and warranties)

일반적으로 차주의 진술 및 보장 내용은 대출계약 체결 시점의 상황을 반영한다. 이것은 대출계약의 전체 존속 기간을 통해서 차주의 진술사항들이 유지되기를 기대하는 대주은행의 입장과 상충될 수 있다. 이 문제는 여러 가지 방법으로 해결할 수 있다. 첫째는, 차주는 비록 진술 및 보장사항들이 차주의 통제범위를 넘는 사항들이 많기 때문에 실질적으로 계속 유지하는 것이 불가능하더라도 진술 및 보장사항에 따른 현재 상태를 유지하겠다고 서약하는 방법이다. 다음은 진술 및 보장사항과 연결되는 적절한 채무불이행조항을 규정하는 것으로, 대출계약서에 일반적으로 규정된다. 또 다른 방법은 대출계약서에 진술 및 보장조항은 계약 체결 후에도 존속하여 대출 전 기간을 통하여 진실하게 유지된다는 조항을 포함시키는 것이다. 많은 대출계약서에서는 진술 및 보장이 대출 전 기간 동안 매 후속자금 인출 시마다 반복하는 것으로 간주된다고 규정한다.

3. 진술 및 보장조항 위반의 효과

진술 및 보장 조항의 목적은 잘못된 진술(misrepresentation)에 따른 구제수단 제공, 차주에 대한 금반언 원칙(estoppel)의 적용, 진술 및 보장이 채무불이행사유인 경우 대주의 대출약정 취소 및 기한이익상실 인정 등이다.

법률적으로 진술 및 보장 사이에는 차이점이 있다. 진술은 대출계약이 체결되기 전에 행해지고 그 진술에 근거하여 대주가 대출계약을 체결하는 사실에 대한 진술이며 그 자체가 계약의 일부는 아니다. 반면에 보장은 그 자체가 계약의 일부가 된다. 이 구별은 해당 사항이 계약내용인지 여부에 따라서 법률적인 구제수단이 달라지기 때문에 중요하다. 하지만 계약서 작성의 실제상으로는 차주의 모든 진술사항을 보장사항이라고 규정함으로써 진술과 보장 사이에서 발생하는 차이점을 회피하도록 하고 있다.

그런데 이론적으로 구제수단의 관점에서 보장과 조건(conditions) 사이에는 차이점이 있기 때문에 차주의 모든 진술을 보장이라고 하더라도 문제가 해결되는 것은 아니다. 보장은 비교적 중요하지 않은 계약 내용이므로, 그 위반으로 인하여 상대방 당사자는 위반 당사자에게 손해배상청구소송을 제기할 수 있을 뿐이다. 그러나 조건은 계약에 중요한 영향을 미치는 계약내용이므로, 그 위반으로 인하여 상대방 당사자는 위반 당사자에게 손해배상청구가 가능할 뿐만 아니라 계약을 종료시킬 수 있다.

조건과 보장의 구별은 계약서에 표현된 당사자의 의사에 근거하여 판단되며, '조건' 과 '보장' 이라는 용어의 사용 자체가 중요한 것은 아니다. 당사자의 의사가 명확하지 않은 경우 해당 계약내용 불이행의 중대성 정도에 따라 판단된다. 일방 당사자의 계약내용 불이행이 중대하여 상대방 당사자에게 계약상 의무의 이행을 기대하는 것이 불합리하다고 판단될 경우 그 계약내용은 조건으로 해석될 수 있을 것이다.

이러한 조건과 보장의 구별은 실제상 어려우므로 대주는 대출계약서 내에서 진술 및 보장이 사실이 아닌 경우의 구제수단을 명확히 규정하여야 한다. 다음과 같이 진술 및 보장을 채무불이행 사유의 하나로 규정함으로써 가능하다.

> *"It shall be an event of default in the event that any representation and warranty or warranty of the Borrower or the Guarantor in this Agreement or any other document delivered in connection with this Agreement proves to have been incorrect, incomplete or misleading⋯."*

이 조항은 대주에게 대출 취소 및 기한이익상실 권한을 부여함으로써 당사자들이 진술 및 보장을 계약의 본질적인 부분으로 인식하도록 표현하고 있다.

Ⅲ. 서약조항

유로커런시 대출계약은 차주가 대출의 전 기간 동안 준수하여야 하는 일정한 약속들을 규정한다. 이 약속들을 일반적으로 서약조항(covenants)이라고 한다.

대출계약서에 규정되는 서약조항의 목적과 범위는 다양하다. 그들의 주요 목적은 인출된 자금의 계속적인 건전성을 확보하고 대주에게 차주의 사업에 대한 내부정보를 제공하고 제한적인 통제수단을 부여하는 것이다.

물론 가장 중요한 서약조항은 만기일자에 대출을 상환한다는 차주의 약속이다. 이 상환 약속을 확실히 담보하기 위하여 대주와 차주 간의 세부적인 협상에 의해 다른 서약조항들이 추가된다. 서약조항에 대한 협상은 대주와 차주의 이해관계 대립 때문에 난관에 처하는 경우가 많다. 차주는 분명 자신의 영업과 관련하여 가능한 한 많은 자유를 확보하려 할 것이고, 반면에 대주는 대출의 안전성을 확보하기 위하여 차주의 영업에 적절한 제한을 가하려고 할 것이다. 결국 당사자의 협상 능력에 따라 서약조항의 범위가 결정될 것이다.

1. 재무서약조항(financial covenants)

재무서약조항은 차주의 신용도가 하락하기 시작하는 경우에 대주의 지위를 보호하기 위한 것이다. 이 조항은 대주가 그 준수 여부를 점검하도록 함으로써 차주의 재무상태를 통제하는 것이 가능하도록 차주로부터 대주에게 재무정보가 제공될 것을 요구한다. 차주의 재무상태와 관련하여 일정한 비율을 정하는 재무비율약정(ratio covenants)은 차주의 재무상태를 통제하기 위하여 일반적으로 사용된다. 재무비율약정의 대표적인 것의 하나로는 차주가 소정 비율 이상을 유지하여야 할 순자산 대비 부채 비율로서, 순부채 공제 후 순자산의 가치와 관련한 차주의 재무조건이다. 다시 말해 차주가 순자산비율, 즉 부채 공제 후 일정한 순자산 비율을 유지하여야 한다는 점을 약정하는 것이다. 또한 차주는 일정 비율의 유동자산 대비 유동부채 비율이나 미리 정해진 일정한 운전자본을 유지하도록 요구받는다.

서약조항의 내용이 무엇이든지 간에 그 조항에 사용되는 용어는 대출계약서에 항상 명확히 정의되어 있어야 한다. 용어의 정의에 따라서 운전자본(working capital), 유동자산(liquid assets) 또는 최소 순자산(minimum net worth) 등의 범위가 달라질 수 있기 때문이다.

재무서약조항이 적정하게 규정되어 있다면 그 조항의 위반이 차주의 재정상태에 대한 조기경보장치로서의 역할을 할 수 있다. 또한 그 조항의 준수는 차주의 영업이 건전하게 영위되고 있다는 것을 나타낼 수 있다. 그러나 이러한 재무관계약정준수 여부의 판단은 차주에 의해 제공되는 재무정보에 의존하므로 제공되는 정보의 정확성이 중요하다. 또한 회계기준은 국가마다 다르며 대주국에 적용되는 회계기준이 차주국에 적용되는 회계기준과 다를 수 있다는 점도 유의해야 한다.

차주가 재무관계 조항을 위반할 경우에는 채무불이행 사유가 되어 차주는 기한의 이익을 상실하게 되며, 대주는 차주의 상환여력이 있을 때 조기에 상환할 것을 요구할 수 있다.

차주의 재무상태 및 상환능력을 양호하게 유지하기 위하여 적절하게 정해진 의미 있는 재무비율을 차주에게 유지하도록 하는 것은 대주에게 중요한 보호장치가 된다. 그러나 차주가 회계를 분식하는 경우 정확한 재무상태의 파악이 곤란하며, 차주의 재무상태 악화가 실제 발생한 때보다 후에 재무제표에 반영된다는 점을 주의해야 한다.

2. 포괄적인 조항(material adverse change clause)

통상 유로커런시 대출계약서에서는 재무서약조항과 함께 다음과 같은 포괄적인 조항을 두어서 이러한 사유가 발생하게 되면 대출계약의 디폴트사유로 규정하여 재무서약조항의 불완전한 면을 보완한다.

> *"if there is any material adverse change in the financial condition of the borrower which in the reasonable opinion of the bank may impair the ability of the borrower to perform its obligation under this Agreement."*

이 조항의 단점은 실제로 이 조항을 적용하기 위한 요건의 판단기준이 추상적이어서 입증의 문제 등이 남게 된다는 것이다. 따라서 차주의 재무상태에 관하여는 잘 정비된 재무서약조항이 이와 같은 포괄적인 조항보다 실제적이며 차주 측에서도 지켜야 하는 분명한 기준을 제시한다는 점에서 유익하다.

3. 담보제공금지(negative pledge)

유로커런시 대출은 무담보부인 경우가 많으므로 대주는 차주로 하여금 다른 채권자에 대하여 담보를 제공하는 것을 금지하는 것이 필수적이다. 대주가 차주의 담보제공을 통제하지 못하면, 차주의 일반자산으로 대주의 무담보부 채권을 충족시키지 못하는 경우가 발생할 수 있다.

이와 같이 대주가 차주의 추가적인 담보제공을 금지하기 위한 것이 담보제공금지조항이다. 통상 차주가 다음과 같은 담보를 설정하지도 존속시키지도 않는다는 서약을 한다.

> *"…any mortgage, charge, pledge, lien or other encumbrance; over its assets or revenues unless the loan covered by the negative pledge is 'equally and rateably' secured."*

(1) 담보제공금지의 적용범위

앞의 예문처럼 이 조항은 범위가 넓기 때문에 이 서약을 엄격하게 적용하면 차주에게는 일체의 담보제공행위가 금지된다. 이 경우 차주의 원활한 영업활동을 지나치게 억제하게 되므로 차주가 일정한 사정하에서는 담보제공을 할 수 있도록 서약의 예외를 규정하는 것이 일반적이다.

가장 흔한 예외사항은 제3채권자에게 제공한 담보와 동일하거나 대등한 담보를 대주에게 제공하는 경우이다. 전형적인 문구는 다음과 같다.

> *"The Borrower will not create or permit to subsist any mortgage, charge, lien, pledge or other security interest on or over any of its present or future assets unless all the Borrower's obligations under this Agreement either:*
> *(a) share(to the satisfaction of the lender) the security afforded by such mortgage, charge, lien, pledge, or other security interest, equally and rateably with the loan, debt, guarantee or other obligation secured thereby, or*
> *(b) receive (to the satisfaction of the lender) the benefit of either a mortgage, charge, lien, pledge or other security interest, on other assets or revenues of the Borrower which the lender judges to be equivalent to that granted to such loan, debt, guarantee or other obligation.*
>
> *Notwithstanding the above, there shall be disregarded for the purpose of this clause:*
> *(i) Liens which arose or may arise by operation of law ...:*
> *(ii) any mortgage, charge, lien, pledge or other security interest*

not exceeding USD ... or .. per cent. of [the] Borrow's tangible net worth;

(iii) any mortgage, charge, lien, pledge or other security granted with the written consent of the lender.

(iv) any mortgage, charge, lien, pledge or other security to secure indebtedness not being external indebtedness."

앞의 예문에서 언급된 담보제공금지의 예외사항은 예시에 불과하며 예외사항의 범위는 대주와 차주 간의 협상에 의해 결정될 것이다. 다만, 담보제공금지 서약은 지나치게 제한적으로 규정되어 차주의 정상적인 영업활동을 방해해서는 안 된다. 지나친 제한은 차주로 하여금 서약사항 준수를 위해 담보로 제공할 수 있는 가치 있는 자산을 매각하여 자금을 조달하도록 하는 등 바람직하지 않은 재무조치를 강제하는 결과가 될 수도 있다. 차주의 재무상태를 건전하게 유지하는 것이 대주의 이익이므로, 서약사항 협상 시 이러한 상황을 종합적으로 고려해야 할 것이다.

(2) 담보제공금지의 적용당사자

이 서약이 차주에 의하여 설정된 담보만을 대상으로 할 것인지 아니면 차주의 관계회사들이 제공한 담보까지 대상으로 할 것인지가 문제된다. 대주는 차주의 자회사들 자산에 대해 직접적인 상환청구권을 행사할 수 없고, 그들 자산 내에 있는 차주의 지분이익에 대해서만 직접적인 상환청구권을 행사할 수 있다. 하지만 차주와의 협상에 따라 차주의 자회사까지 포함하도록 규정할 수도 있다.

(3) 담보제공금지의 법적 성질

이 담보제공금지 서약의 목적은 원대주보다 제3채권자가 차주의 자산에 대하여 선순위가 되는 것을 방지하기 위함이다. 이러한 서약을 규정하는 대출계약서의 의도는 차주가 제3채권자들에게 담보를 설정하고자 하는 경우에는 대주와 사전 협의하는 절차를 도입하는 데에 있다. 차주가 협의하지 않고 대출계약서의 담보제공금지 서약에 위반하여 제3자앞 담보를 설정하면 이는 원대출에 대한 채무불이행 사유가 되고, 대주는 차주의 기한이익을 상실시킬 수 있다. 그렇지만 차주가 이 사항을 위반했다고 해서 대주가 제3채권자에 대한 담보제공을 무효화시키는 것과 같은 직접적인 권리가 인정되지는 않는다.

계약의 준거법에 따라서는 대출계약서에서 자동담보제공(automatic security device) 조항을 규정함으로써 이 담보제공금지 서약의 효력을 강화시키기도 한다. 자동담보제공조항은 차주가 이 서약사항을 위반하여 제3자에게 담보를 제공할 경우에는 원대주의 대출금은 제3자에게 담보제공된 그 자산에 의해 동일하게 비율적으로 담보되는 것을 규정한다. 하지만 이와 같은 정함의 효력 여부에 대하여는 현지 변호사와 다시 한 번 검토해야 할 것이다.

4. 동등대우 서약(pari passu covenant)

이 서약은 담보제공금지 서약과 함께 규정되는 것이 일반적이며 때로는 담보제공금지 서약의 일부로 여겨지기도 한다. 하지만 담보제공금지 서약이 담보부 채무와 관련 있는 반면, 이 서약은 무담보부 채무만을 대상으로 하기 때문에 상이한 개념이다. 이 서약은 차주의 대주에 대한 무담보부 채무에 대하여 차주가 자기의 다른 무담보부 채무와의 관계에서 다른 채무를 우선적으로 상환하지 않고 동등하게 취급함을 보장하는 방식으로 규정하는 것이 보통이다. 다시 말하면, 대주의 권리는 언제나 차주의 다른 무담보부 채권자들과 최소한 동등하게(at least pari passu) 취급되어야 한다고 규정된다.

이 서약은 보통 계속적인 서약으로 표현된다. 나아가 대주에 대한 채무는 차주의 다른 무담보부 채무가 대주의 채권보다 후순위에 있도록 하는 것이 가능하도록 "to rank at least pari passu" 와 같이 표현된다. 대주는 차주의 후순위 채무가 같은 무담보부 채무라는 이유로 자신과 같은 위치로 상승하기를 원하지 않기 때문이다.

이 서약을 규정하더라도 국가에 따라서는 법률상 조세채권, 임금채권 또는 소액채권의 변제에 우선권을 인정하는 경우가 있으며 이러한 경우에는 동등한 대우를 받을 수 없다.

이 서약을 위반할 경우 채무불이행 사유가 되며 대주는 차주의 기한이익을 상실시켜 즉시 지급을 요구할 수 있다.

5. 합병금지 서약(anti-merger covenants)

합병금지 서약은 차주가 영업법인일 경우 차주의 동일성을 유지하기 위한 경우에 일반적으로 사용된다. 또한 드문 경우이지만, 이 서약의 범위가 차주의 동일성 유지뿐만 아니라 현재의 경영진 유지 또는 대주단의 승인에 의한 경영진 교체 등을 포함하는 경우도 있다.

6. 처분금지 서약(anti-disposal covenants)

차주의 동일성을 유지하는 것이 중요한 것과 마찬가지로 대주는 장래의 원금상환이 가능하도록 차주의 자산이 유지되기를 원한다. 이 서약은 차주가 자산을 조금씩 처분하는 것을 막기 위하여 광범위하게 규정할 수도 있고, 차주의 신용도 유지에 필수불가결한 자산만 처분을 금지하는 것으로 규정할 수도 있다. 차주의 주요 자산이 멸실훼손됨에 따라 대주의 채권회수에 지장을 줄 수 있는 리스크에 대처하기 위하여 차주에게 특정 자산에 대하여 보험에 가입할 것을 요구하기도 한다.

이 서약을 너무 엄격하게 적용하면 차주의 일체의 처분행위가 금지되어 차주의 원활한 영업활동을 억제하게 되므로 차주의 일상 영업활동 수행이 가능하도록 서약 적용의 예외사항들을 두는 것이 보통이다.

Ⅳ. 서약조항 위반시 구제수단

대출계약은 일반적으로 서약조항의 위반을 채무불이행 사유로 규정함으로써 서약조항 위반에 대한 구체적인 구제수단을 제공한다. 그러한 채무불이행 사유 문구는 보통 "The Borrower defaults in the due performance or observance of any of its covenants, undertakings or obligations under this Agreement." 와 같이 규정한다.

그러므로 차주가 이 약정을 위반하면 대주는 대출을 정지 또는 취소하고, 차주의 기한이익을 상실시키게 된다. 그러나 이러한 규정은 차주의 재무상태가 악화되어 상환능력이 없는 경우에는 실질적인 효력이 없는 결과가 된다. 대주의 희망은 차주의 상환능력이 완전히 없어지기 전에 채권회수가 가능하도록 이 약정이 조기경보시스템으로 작동하는 것이다.

채무불이행 사유와 구제수단

I. 의의

채무불이행 조항은 유로커런시 대출계약에 있어서 가장 핵심적인 조항이라고 인식되고 있다. 왜냐하면 대출계약서에 규정된 채무불이행 사유가 발생하면 대주는 대출채무의 변제를 청구할 수 있기 때문이다. 따라서, 신중한 대주들은 차주에게 중장기대출을 해주기로 결정하기 이전에 향후 채권의 회수에 지장을 줄 수 있는 사유들을 고려하여 이 사유들을 대출계약상 채무불이행로 규정한다. 이러한 사정으로 채무불이행 조항은 차주와의 대출계약 협상 시 의견 조정이 어려운 부분 중의 하나이다.

채무불이행 조항이 광범위할수록 대주에게 바람직하다고 생각될 수 있지만, 이로 인하여 차주가 지나치게 구속을 받아 자금을 원래 의도한 바대로 사용할 수 없게 되면 오히려 이러한 구속이 대주의 이익에 반할 수도 있다. 따라서 차주와 대주 간 이익의 균형을 이룰 수 있는 중간점을 찾는 것이 중요하다. 유로커런시 대출계약의 다른 조항과 마찬가지로 구체적인 채무불이행 조항은 채무자의 상황과 거래의 유형 및 목적에 따라 그때마다 달라지므로 표준적인 채무불이행 조항이란 없다고 할 수 있으며, 항상 구체적인 상황에 알맞은 내용이 중요하다고 하겠다.

채무불이행 조항의 주요 목적은 대주가 대출계약을 종료시키고 대출채무의 즉시변제를 청구할 수 있는 사유들을 규정하는 것이다. 그러나 실무적으로는 대주들, 특히 대주가 은행인 경우 아주 극단적인 경우에만 즉시변제를 청구하게 된다. 이는 은행은 대부업이 기본적인 업무이고 차주가 상환을 할 수 있다면 대부분의 은행은 기술적인 채무불이행 사유(technical default)가 발생하더라도, 대출계약을 종료시키고 상환을 요구하지 않는다. 은행의 상환요구는 은행과 차주의 관계를 심각하게 훼손시키고 상황에 따라서는 그 이상의 결과를 초래하기 때문이다. 채무불이행의 종류는 다양하며 모든 채무불이행이 필요적으로 대출계약을 종료시켜야 하는 것은 아니다. 이자의 지급 연체와 같은 상황은 차주가 재정적 곤란을 겪고 있다는 징후로 해석할 수 있으며, 이러한 경우에는 대주가 즉시 계약을 종료시키고 변제를 청구하기보다 차주의 활동을 좀 더 자세히 감시하게 하는 조기경보장치와 같은 역할을 하게 된다. 채무불이행의 정도가 심각한 경우에는 향후 차주의 의무이행이 불가능할 수도 있다. 이 경우 대주는 가능한 한 신속히 행동하여 차주나 보증인으로부터 최대의 변제를 받아야 한다.

따라서 채무불이행 사유가 발생하더라도 반드시 대출계약이 종료되는 것은 아니라고 할 수 있겠다. 실제로 채무불이행 사유로 인하여 대출계약이 종료되고 기한전 상환청구가 일어나는 일은 예외적이라고 할 수 있다. 이러한 현상은 기한전 상환청구를 하더라도 대주가 차주로부터 채무를 모두 변제받을 수가 없기 때문이다. 통상 기존대출에 대한 재협상을 하게 되나 이 경우 많은 시간과 비용이 소요되며 이자 또는 원금이 감면될 수도 있다. 채무불이행과 이에 따른 대주의 기한전 상환청구로 은행과 차주의 관계는 회복할 수 없는 손실이 초래될 수 있으며 최악의 경우 차주의 청산이 촉진되어 대주는 대출금의 일부만을 받을 수 있게 된다.

이와 같이 채무불이행 사유에 기하여 대출계약의 기한이익이 상실되는 일이 거의 없다 하더라도 대주와 차주 간 이익의 균형을 갖추는 적절한 채무불이행 사유를 정하는 일은 중요하다. 계약서상의 적절한 채무불이행 사유를 통하여 대주는 차주와의 협상 시 우위의 입장에서 상황을 통제할 수 있기 때문이다. 또한, 대주는 차주와의 채무재조정 협상 시 기한이익을 상실시켜 기한전 상환을 요청할 수 있는 권한을 협상수단으로 이용할 수 있으며, 차주에 대한 타 채권자의 권리와 비교하여 자신의 권리가 최소한 동등한 위치에 있어 차주가 타 채권자에게 우선변제하는 것을 막을 수 있다.

Ⅱ. 일반적인 채무불이행 사유

대출계약상의 채무불이행 사유는 두 가지로 구별할 수 있는데, 원금이나 이자를 지급하지 않는 실제 채무불이행(actual default)과 예상 채무불이행(anticipatory default)이다. 이 두 가지 구분의 근본적인 차이점은 전자의 경우 계약위반이 확실한 반면, 후자의 경우에는 주로 대주에게 실제의 채무불이행이 임박했음을 알리는 조기경보장치 역할을 하는 것이다. 예상 채무불이행 사유가 발생하면 대주는 대출을 종료시키고 차주의 재무상태가 더 악화되기 전에 조기 변제를 받거나 대주의 지위를 안전하게 하기 위하여 적절한 담보를 징구할 수도 있다.

국제 중장기대출계약서에 규정되는 일반적인 조항들은 다음과 같다.

1. 지급불이행(non-payment)

가장 기본적인 채무불이행은 차주가 만기가 된 대출 원금 또는 이자를 지급하지 못하는 것이다. 이러한 상황에서 대주가 대출약정을 지속한다는 것은 맞지 않기 때문에 지급불이행에 대한 조항이 항상 대출계약서에 규정된다. 하지만 차주의 지급불이행 원인은 다양하므로 그 다양성이 고려되어야 한다. 차주가 자금이 없어서 지급을 못 하는 경우에는 차주가 심각한 재정적 곤란을 겪고 있고 지급불이행이 재발할 가능성이 높다. 이 경우 대주는 계약을 종료시키고 차주가 완전히 파산하기 전에 채권회수를 해야 할 것이다. 그러나 차주의 지급불이행이 일시적인 현금흐름 곤란이나 사무착오 때문일 수도 있고 대주 측이나 국제금융시스템의 오류 때문일 수도 있다. 이 경우 대출계약을 즉시 종료시키는 것은 맞지 않으며, 재정적으로 건전한 차주가 계약 종료 조치 때문에 교차 채무불이행(cross default)의 충격에 의하여 파국으로 치닫게 될 수도 있다.

이와 같은 가혹한 결과로부터 차주를 보호하기 위하여 통상 대출계약서상 차주의 지급불이행에 대하여 일정한 유예기간을 두는 경우가 많다. 유예기간을 두면 지급불이행이 일어나더라도 유예기간이 경과하기 전까지는 채무불이행이 발생하지 않은 것으로 간주된다. 유예기간은 차주가 채무불이행을 시정하기에 충분할 정도여야 하나 대주의 지위가 악화될 정도여서는 안 된다. 즉 원금, 이자, 비용 및 세금 등 각 지급채무의 형태에 따라 유예기간을 달리할 수 있으며 통상 3일에서 5일 정도이다. 다만, 원금 지급불이행의 경우에는 유예기간을 주지 않는 경우가 많다.

2. 진술 및 보장 위반(breach of representations and warranties)

차주의 진술은 대주가 대출을 결정 · 실행하도록 하는 기본적인 법적, 사실적 가정을 반영하기 때문에 이에 대한 위반은 당연히 채무불이행 사유로 간주된다. 계약서상 진술 및 보장의 일차적인 목적은 그 위반 시 채무불이행을 발생시키는 데 있는 것이며 진술 및 보장이 거짓으로 드러난 경우 대주에게 손해배상수단을 제공하는 데 있는 것은 아니다.

진술 또는 보장이 대출기간 동안 계속되는 것일 경우 대주는 대출기간 동안 계속적인 보호를 받게 된다. 반면에 차주는 이러한 조항들의 엄격한 준수를 완화하기 위하여 다음과 같은 일반적인 "중요도 테스트(materiality test)" 조항을 둘 수 있다.

> *"Any representation or warranty made or deemed to be made by the Borrower under this Agreement or in any certificate, document or financial or other statement furnished at any time under or in connection with this Agreement shall prove to have been incorrect or misleading in any material respect when made or deemed to be made ... then such an event shall be deemed to be an event of default."*

그러나 이 조항은 실제로 "무엇이 중요한가"를 판단하기가 모호하여 당사자간 분쟁을 야기할 수 있고, 진술과 보장의 준수정도를 객관적인 숫자로 측정하기도 어렵다. 그래서 수정이나 보완이 가능한 진술 · 보장 위반사항에 대하여는 중요도 테스트 조항 대신에 유예기간을 부여하는 경우도 많다.

3. 서약사항 위반(breach of covenants)

국제대출계약상 차주의 서약사항 위반은 진술 및 보장사항의 위반과 같이 채무불이행 사유를 구성한다.

전형적인 조항은 다음과 같다.

> *"The Borrower shall default in the performance or observance of any covenant contained in this Agreement and such default shall continue for a period of 10 days."*

앞의 예에서는 10일간의 유예기간을 두었지만 이는 단지 예시이며 유예기간의 부여 여부 및 기간은 서약사항의 내용에 따라 다를 것이다.

유로커런시 대출계약에 있어서의 서약사항은 다양한 차주의 활동을 대상으로 하고 있는데 그중 대주가 특별히 중요하고도 근본적인 서약사항이라고 생각하는 것들이 있다. 예를 들면, 중요재산의 처분금지, 대주의 동의 없는 영업항목의 변경 또는 합병, 재무비율유지 약정, 담보제공, 동등대우 등이다. 이들 조항을 차주가 위반하면 통상 자동적으로 채무불이행이 발생하는 것으로 계약서상 규정되어 있다.

서약조항 위반에 대한 유예기간의 부여는 신중하여야 한다. 한 가지 서약사항 위반이 차주가 파산 직전에 있다는 징조일 수도 있으며, 이 경우 대주 입장에서는 가능한 한 빨리 채권회수 조치를 취하여야 하기 때문이다.

4. 교차 채무불이행(cross default)

교차 채무불이행 조항은 차주의 본건 대출의 채무불이행을 예상할 수 있는 중요한 사유의 하나이므로 대주에게는 효과적인 조기경보장치로서의 역할을 한다.

전형적인 조항의 예시는 다음과 같다.

> *"The Borrower shall default in any payment of principal or of interest of any other indebtedness, or any other indebtedness which becomes due or capable or being declared due prior to its scheduled maturity as a result of a default thereunder."*

이 조항은 차주가 본건 대출 채무 이외에 차주의 다른 채무에 대하여 채무불이행을 한 경우, 본건 대출은행이 다른 대출의 채권자에 비하여 불리하게 되는 것을 막기 위한 것이다. 대주는 교차 채무불이행 조항에 의하여 자신의 대출금에 대한 기한이익을 상실시킬 수 있고 다른 채권자들과 동등하게 채권자회의에 참석하여 채무자의 운명을 결정할 수 있다. 동 조항에 의하여 동등지위의 채권 자는 동등하게 대우받아야 한다는 동등대우원칙(pari passu pricncipe)이 강화된다.

(1) 교차 채무불이행 조항의 의의

교차 채무불이행 조항은 대출계약서에 규정되는 채무불이행 사유 중 채무자의 임박한 채무불이행을 예보하는 가장 중요한 사유이다. 하지만 이 조항이 실제로 작동하면 조항의 도미노 효과로 인하여 대주와 차주 모두에게 치명적인 결과를 가져온다. 따라서, 이 조항의 구체적인 내용을 협의할 때에는 이러한 내용을 숙지하여야 하고 정확한 문구를 사용하는 것이 중요하다.

통상 어느 정도 신용도를 지닌 차주는 자금사정이 어려운 긴급한 상황에서도 현존하는 총채무의 일정부분을 지급할 수 있는 여력이 있는 것이 보통이다. 하지만 교차 채무불이행의 효과로 도미노 작용이 발생하면 총채무가 일시에 만기 도래되어 채무자로서는 당연히 지급불능에 빠질 수밖에 없는 것이다. 이러한 결과는 차주뿐만 아니라 대주의 이익에도 반할 수 있다. 이러한 부정적인 동 조항의 효과를 완화시키는 방법들로는 앞서 언급한 중요도 심사와 유예기간이 있다.

유예기간의 부여 시는 그 시작이 채무불이행이 발생한 시점 또는 채무자가 채무불이행을 안 시점이어야 하고 채권자가 차주에게 채무불이행을 통보한 시점이 되어서는 안 된다. 교차 채무불이행이 작동되는 시점의 지체는 채권자에게 심각한 결과를 가져오기 때문이다. 또한 유예기간은 가능한 한 짧게 부여해야 하고, 기술적인 채무불이행이 차주의 행정적인 착오인 경우에만 허용되어야 한다.

교차 채무불이행 조항을 완화시키는 또 다른 방법은 타 채권자에 대한 차주의 채무불이행이 일정 금액 이상이거나 일정한 대출 유형의 채무불이행에 관련될 때만 적용되도록 하는 것이다.

이러한 방법은 타 채권자가 비슷한 적용 제한을 받지 않는 경우에는 일방적으로 불리하게 되므로 주의해야 한다.

(2) 교차 채무불이행 조항의 실제 규정

1) 적용범위

동 조항의 중요성 때문에 대주들은 가능한 한 광범위한 용어를 사용하여 동 조항을 규정하려고 한다. 이러한 예는 앞에서 든 교차 채무불이행 조항의 예시와 같이 "any other indebtedness"라는 용어를 사용하는 데서 찾아볼 수 있다. 이 경우의 any other indebtedness는 차주의 일상적인 소액채무에서부터 신디케이티드 대출계약에 이르기까지 차주가 부담하는 모든 채무가 포함된다. 결과적으로 이러한 표현을 포함한 조항은 채무불이행 대상의 범위가 너무 광범위하여 실제로는 기한부 대출(term loan)을 일정한 기한이 없는 대출(demand loan)로 변경하는 결과가 되므로 대주와 차주 모두에게 바람직하지 않다. 따라서 차주는 당연히 동 조항의 적용대상 채무를 차입금(borrowed money), 무담보여신(unsecured credits) 또는 은행여신(commercial bank credits)과 같이 그 범위를 한정시키려 한다. 또한 일정한 금액 이상이 채무불이행일 경우만 동 조항이 작동되도록 제한하려고 하며, 차주가 국가기관인 경우에는 대외 채무에 한하여 동 조항을 적용하려 한다. 대외 채무는 비거주자에 대한 채무나 차주국 통화 이외의 통화로 된 채무를 말한다.

동 조항의 적용범위에 차주의 자회사가 포함되는지도 계약 조항 협상 시 문제된다. 대주가 차주의 신용분석 시 자회사를 고려한 경우에는 자회사도 포함되어야 할 것이다. 그렇지 않고 차주만을 독립적으로 고려한 경우에 동 조항의 범위를 자회사까지 확대하는 것은 적절하지 못하다 하겠다.

2) 적용 시기

이 조항을 가능한 한 광범위하게 규정하면 대주에게 유리하기 때문에 대부분 다른 채무가 채무불이행 사유에 해당되면 기한의 이익이 실제로 상실되지 않았더라도 대주는 자신의 대출을 종료시키고 기한이익을 상실시킬 수 있도록 작성한다.

이러한 조항에 의하여 대주는 자신의 의사결정에 의하여 차주의 운명을 결정할 수 있기 때문에 유리한 지위에 있게 된다. 반면 차주는 다른 대출계약상 채무불이행에 적용되는 유예기간이 일방의 채권자에 의하여 배제되는 결과가 초래되기 때문에 불리한 지위에 놓이게 된다. 또한 다른 채무의 기한이익이 실제로 상실된 경우에만 교차 채무불이행 조항을 적용하기로 한 다른 채권자들은 불리하게 되어 채권자들 간의 동등대우원칙이 지켜지지 않는 결과가 된다.

이러한 측면에서, 본 조항의 협상 시 차주 측은 적용범위를 타 채권의 기한이익이 실제로 상실되었을 경우에만 교차 채무불이행 조항이 적용되도록 제한하려고 한다.

3) 교차 채무불이행 조항의 통제

교차 채무불이행 조항은 유로시장의 대주들, 특히 은행들이 유지하여야 하는 비밀유지의무 때문에 실무상 그 유용성이 축소될 수 있다. 국제금융계약서의 다른 조항들과 마찬가지로, 동 조항이 제대로 기능을 발휘하기 위하여는 동 조항의 준수 여부가 잘 통제되어야 한다. 즉, 대주는 차주가 어떤 다른 채무를 부담하고 있는지 및 차주가 부담하고 있는 다른 채무를 불이행하였는지 여부를 잘 알고 있어야 한다. 이러한 사실을 대주가 알지 못하면 교차 채무불이행 조항은 조기경보장치로서 작용하지 못하며 다른 채권자가 대주가 모르는 사이에 차주에게 강제집행을 한다면 교차 채무불이행의 기본적인 목표인 채권자 간 동등대우원칙이 유지될 수 없다.

결론적으로 교차 채무불이행 조항은 대주의 지위를 보호하는 데 중요하지만 한계점도 있다는 사실을 간과하여서는 안 된다. 또한 대주들 입장에서 너무 광범위하게 동 조항을 규정하면 대출계약이 체결된 시점부터 차주가 사실상 채무불이행 상태에 빠질 수 있으며 이러한 현상은 대주와 차주 모두에게 이익이 되지 않는다는 점을 유의해야 한다.

5. 청산(liquidation) 또는 모라토리움(moratorium)

대부분의 국가에서는 차주의 파산 또는 청산은 대출계약서의 정함과는 상관없이 당해 국가법상 채무불이행 사유에 해당한다. 그러나 관련된 당해 국가나 차주 소재지국의 법적 절차가 대주에게 불리할 수도 있기 때문에 국제금융계약서상 이를 채무불이행 사유에 구체적으로 규정하여야 한다.

전형적인 조항은 다음과 같다.

> *"The Borrower or any subsidiary or any guarantor shall enter into voluntary or involuntary liquidation or dissolution, or shall be adjudicated to be bankrupt or insolvent, or if a receiver shall be appointed over any of the assets of the Borrower or any subsidiary or any guarantor, or if the Borrower or any subsidiary or any guarantor admits in writing its inability to pay its debts as they mature or makes any assignment or proposal for the benefit of creditors."*

예시한 문안은 광범위하나 교차 채무불이행 조항처럼 동 조항의 문구에 대한 당사자 간 이해대립이 심각하지는 않다. 차주가 파산하거나 예시문처럼 채무를 변제할 능력이 없다고 인정하는 경우 대출이 유지될 수 없는 것은 당연하기 때문이다. 대출에 차주의 자회사나 보증인이 관련된 때에는 이들도 동 조항의 적용을 받도록 규정하여야 한다.

6. 국가 차주의 파산(bankruptcy of sovereign borrowers)

국가가 파산하거나 도산하는 경우 이를 규율하는 국제적인 제도가 없기 때문에 국가는 일반적으로 파산이나 도산절차의 대상이 아니다. 그러나 준정부기관(quasi-government entities)과 정부소유기업(government-owned companies)은 도산이나 파산절차의 적용을 받는다.

국가의 경우 일반기업의 파산에 해당하는 것이 모라토리움 선언인바 이는 대주에게 치명적이다. 파산의 경우 통상 채무의 일부분은 변제받을 가능성이 있으나 모라토리움의 경우에게는 모든 지급이 동결되기 때문이다. 모라토리움의 위협은 심각하기 때문에 국가를 대상으로 대출하거나 국가가 대출을 보증하는 경우 다음과 같은 채무불이행 사유를 두게 된다.

> *"the Borrower declares any general moratorium on its indebtedness or upon any indebtedness assumed or guaranteed by it."*

사실상 모라토리움이 선언되면 대주는 거의 변제를 받을 수 없고 장기간 채무재조정 협상을 하게 되기 때문에 이 조항이 실제적으로 채무변제에는 별 도움이 되지 못한다. 그럼에도 대주가 채무재조정 과정에서 발언권을 얻기 위해서는 위와 같은 조항을 두어 기한이익을 상실시킬 권한을 가지는 것이 중요하다.

7. 차주의 경영권 변화(changes in the control of the borrower)

대주는 차주가 계속 모기업이나 큰 조직의 통제를 받을 것을 전제로 하여 차주에 대한 대출을 결정하였을 수 있다. 이러한 점은 특히 차주가 정부소유기업이나 대기업의 자회사인 경우가 그러하다. 대주는 차주의 경영통제와 관련된 이러한 환경에 변화가 있을 경우 대출에 대한 입장을 재정립하고자 한다.

"the Borrower ceases to be a subsidiary of … or ceases to be under the voting control of …"

모회사가 차주의 경영에 대하여 상당한 통제권을 행사하는 경우에는 대주가 모회사의 보증을 요구하는 것이 바람직하다. 대주가 차주사의 국유화 등을 염려하는 때에는 모회사나 국가가 차주와 함께 주채무자가 될 것을 요구할 수도 있다.

8. 자산의 처분(disposal of assets)

차주가 통상의 영업활동을 수행할 수 있도록 하기 위하여 일정한 한도를 정하는 것이 일반적이기는 하지만 차주가 자산의 일부 또는 전부를 처분하는 것은 통상 채무불이행 사유의 한 가지에 속한다. 왜냐하면 차주는 재무적으로 어려울 때 자산의 처분을 고려하기 때문이다. 특히 대주는 차주가 대출의 기초가 되는 자산을 처분하거나 지속적인 회사 경영에 필수적으로 필요한 자산을 처분하지 못하게 하려 한다. 동 조항에 따른 채무불이행 사유는 자산처분금지의 서약사항 위배와 연결된다.

9. 중대하고도 불리한 변화(material adverse change)

이 조항은 흔히 대출계약서에 삽입되는 채무불이행 사유로 대주와 차주 간에 다툼의 여지가 많은 조항이다. 이 조항의 목적은 차주의 재정상황이나 영업활동에 중대하고 불리한 변화가 발생하는 경우 대주가 기한의 이익을 상실시킬 수 있게 하는 데 있다. 전형적인 조항은 다음과 같다.

> *"there shall occur any other event which in the judgment of the Bank would materially and adversely effect the ability or willingness of the Borrower to perform its obligations under this Agreement."*

이 조항은 대주의 채권보장을 위한 다른 모든 수단들이 작동하지 않을 경우 대주를 위한 마지막 보호장치의 역할을 한다. 대출계약서에 채무불이행 사유들이 적절하게 규정되어 있는 경우에는 특별히 이와 같이 포괄적인 조항을 둘 필요는 없다 하겠다. 하지만 많은 대주들이 이 조항을 중요하게 생각하고 있으며 위의 예문과 같이 가능한 한 광범위하고 포괄적인 문안을 선호한다. 이는 대주의 입장에서 차주의 채무상환 의사나 능력에 영향을 미칠 수 있는 어떠한 상황에도 대처하기 위해서이다. 또한 불리한 변화의 발생 여부에 대한 결정을 대주의 독자적 재량에 맡기도록 하여 대주의 입장을 더욱 강화한다.

하지만 동 조항은 그 표현의 일반성으로 인하여 구체적으로 어떤 경우가 중대하고 불리한 것인지 하는 객관적인 입증의 어려움이 있어 당사자 간 다툼의 소지가 항상 있다.

Ⅲ. 구제수단(remedies)

차주가 대출계약서상 규정되어 있는 의무를 불이행하여 채무불이행 상태인 경우 대주에게는 구제수단이 필요해진다. 구제수단은 대출계약서에 규정되어 있는 구제수단과 대출계약서상의 규정과는 상관없이 일반 법원칙에 따라서 대주에게 인정되는 구제수단으로 나누어 볼 수 있다.

1. 계약서상의 구제수단

(1) 대출계약의 종료 및 기한이익 상실

차주의 채무불이행 시 대주가 취할 수 있는 가장 기본적인 구제수단은 현재 만기 미도래의 대출채무에 대한 기한의 이익을 상실시켜 즉시 변제기가 도래하도록 하며, 추가로 대출하기로 한 약정이 있다면 이를 취소하는 것이다. 이러한 상황에서는 대주의 이 같은 권한을 즉시 행사하는 것이 중요하기 때문에 관련 조항의 문안을 정확히 작성하여야 한다. 예시 문안은 다음과 같다.

> *"Then in any such event and at any time thereafter if such event is continuing, the Bank may, by notice in writing to the Borrower cancel any undrawn amount of th facility and declare the loan forthwith due and payable, together with all interest accrued thereon and all other amounts payable hereunder."*

이 조항에 의하여 대주은행은 차주의 채무불이행 시 신속하게 대처할 수 있다. 다만, 계약 종료 및 기한이익상실 조치를 취하기 위하여는 대주가 동 조치를 취하는 때에도 채무불이행 상태가 지속되고 있어야 한다. 대주가 조치를 취하기 전에 차주가 채무불이행 사유를 치유한 경우 은행은 더 이상 조치를 취할 수 없다. 그런데 일단 은행이 채무불이행에 기하여 조치를 취한 이상 차주는 채무불이행 사유를 치유할 권리를 잃는다.

(2) 권리행사의 유예(waiver)

차주의 채무불이행 시 실무상 대주들은 대출계약서에 규정된 대주의 권한행사를 위하여 기한의 이익을 상실시켜 대출을 종료시키고 조기상환을 강제하기 전에 다른 해결방안을 모색하는 것이 보통이다. 이러한 현상은 차주가 어느 정도의 신용도를 지니고 있는 경우에는 일반적이라고 하겠다.

이와 같이 대주가 권리의 행사를 유예할 경우에는 서면으로 작성하여 당사자 간에 다툼의 소지를 없애는 것이 좋다.

대주가 채무불이행 사유의 발생을 알고 있으면서도 대출금 인출을 허용하는 경우처럼 구두나 행동으로 채무불이행에 대한 권리행사를 유예한 경우에는 당사자 간 권리유예와 관련하여 문제가 발생할 수 있다. 권리유예가 어떤 상황에서 어느 범위, 어느 정도까지 되는지 판단하기가 어렵기 때문이다. 차주는 자신의 채무불이행이 대주의 행위로 인하여 묵시적으로 유예된 것이라고 주장하고 대주는 이를 부인할 수 있다. 따라서 대주로서는 이러한 상황을 피하기 위해서 차주에 의한 대출계약 위반사례가 발생할 때마다 권리를 유예하는 것이 아니라는 통지를 보내는 것이 안전하다.

(3) 기한이익상실 조치에 의한 회수가능성의 축소

채무자의 채무불이행에 대하여 대주의 계약 종료 및 기한이익상실 조치에 대한 실제적인 제한은 이 권리를 행사하면 국제금융계약서상에 상존하는 교차 채무불이행 조항의 발동으로 차주의 다른 모든 채무의 기한이익도 연쇄적으로 상실되어 실제적인 대주의 채권회수율이 미미하게 될 수 있다는 점이다.

(4) 연체이자

국제대출계약에서는 항상 연체이자가 구체적으로 규정된다. 연체이자는 보통 채무불이행으로 인하여 대출종료 및 기한이익이 상실되었는지에 상관없이 원리금의 지급이 지체되면 지급하도록 되어 있다.

연체이자율이 대출에 대한 약정이자율보다 현저히 높은 경우에는 징벌적인 수단으로서 역할을 한다. 이 경우 어떤 국가에서는 이러한 징벌적인 요율을 인정하지 않고 채무불이행으로 인하여 대주에게 발생하는 추가적인 비용요소만을 인정한다.

(5) 채무불이행과 면책조항

구체적으로 연체이자를 규정하는 조항 이외에 대부분의 대출계약서들은 차주의 채무불이행으로 인하여 대주가 입는 모든 손해를 차주가 면책시키도록 규정한다. 이 조항은 다음과 같다.

> *"The Borrower shall indemnify the Bank against any loss or reasonable expenses which the Bank may sustain or incur as a consequence of any default in the payment of principal or interest on the loan, or any other amount due under the loan, or as a consequence of any event of default under the loan."*

예문 조항의 문구가 나타내듯이 대주는 보통 채무불이행과 관련한 어떠한 손실에서도 면책받기 위하여 이 조항을 가능한 한 광범위하게 작성하고자 한다.

(6) 상계(set-off)

차주의 채무불이행에 대하여 대주가 취할 수 있는 가장 유용한 수단 중의 한 가지가 차주의 예금에 대한 상계권 행사이다. 예시조항은 다음과 같다.

> *"The Lender may set-off against any obligation of the Borrower due and payable by it hereunder any monies held by the lender for*

the account ot the Borrower at any office of the lender anywhere and in any currency exchanges as are appropriate to implement such set-off."

이 조항은 대주의 상계권 행사범위를 폭넓게 규정하고 있는데 다른 국가에 있는 예금에 대한 상계, 계약서상 규정된 통화 이외의 통화에 대한 상계가 가능한지는 다툼의 여지가 있다.

2. 외부적 구제수단

(1) 특정이행청구(specific performance)

채무자의 채무불이행에 대한 구제수단이 손해배상으로 가능할 경우 또는 대출계약서상 대출종료 및 기한의 이익 상실 등 구제수단이 정해져 있는 경우 특정이행청구는 영미법상 채무불이행에 대한 구제수단으로 거의 인정되지 않는다.

(2) 처분금지가처분(prohibitory injunction)

영미법상 차주의 적극적인 행위가 필요한 특정이행청구는 법원이 대체로 허용하지 않지만, 차주가 대출계약서상의 의무를 위반하는 것을 금지하는 가처분은 허용된다. 따라서 대주가 신속히 행동하여 차주가 의무를 위반하기 전에 가처분을 신청하여 차주의 행동을 억제할 수 있다. 이 점에서 대주는 대출계약서상 차주의 서약사항을 잘 규정해두고 이를 통제할 필요가 있다.

특정이행청구나 금지가처분은 차주 소재국의 법원에 제기하는 경우가 일반적일 것이므로 해당국에서의 허용 가능성을 미리 확인할 필요가 있을 것이다.

(3) 기타 외부적 구제수단

차주의 채무불이행에 대하여 생각해볼 수 있는 다른 외부적인 구제수단으로는 차주에 대한 손해배상청구소송 제기, 현존하는 원리금에 대한 이행청구소송, 대출계약을 취소하고 손해배상을 청구하는 방법 등이 있다.

제5절

기타 사항

Ⅰ. 원천징수세(Withholding Taxes)

원천징수세는 차주가 채권자에게 지급하는 돈에서 공제하여 징수하는 세금이다. 차주는 세금을 공제한 잔액을 채권자에게 지급하고 공제한 세금은 세무당국에 납부한다. 세무당국의 입장에서는 절차가 간단하고 조세회피를 방지할 수 있는 이점이 있고 특히 외국기업에 대한 조세징수의 어려움을 덜 수 있다. 국제금융계약서에서는 통상적으로 원천징수에 관한 조항을 두고 있는데, 경우에 따라서는 원천징수를 회피하기 위한 방법이 사용되기도 한다.

1. 원천징수문제에 대한 적용법률

차주가 원천징수세를 공제하고 이에 관하여 대주가 차주국에서 소송을 제기하면 계약서의 준거법과 상관없이 차주국의 세법이 적용된다. 차주국의 세법은 강행법규로 간주되기 때문이다. 하지만 대주가 차주국 이외의 법원에서 소송을 제기하면 이 문제는 계약의 준거법과 재판법원에 관한 외국의 세법에 대한 태도에 따라 달라진다.

또한 차주가 원천징수를 하여 세금이 공제된 부족한 자금을 대주에게 제공했을 때 문제는 차주국의 세법을 적용하여야 하는가도 있지만 부족한 금액의 대주 앞 제공으로 차주가 계약서상의 지급의무에서 해방될 수 있는가 하는 점이다. 이 부분은 계약서의 준거법이 차주국의 법률이면 차주는 지급의무에서 해방될 것이며, 준거법이 타국이면 그 법률에 따라서 판단되어야 할 것이다. 일반적으로 계약서에 이에 관한 명시적 조항을 두어 해결한다.

2. 원천징수를 피하기 위한 방법

통상 사용되는 방법은 차주가 조세피난처(tax haven)에 설립된 금융자회사를 이용하는 것이다. 조세피난처에서는 이자가 세금공제 없이 지급된다. 예를 들면 조세피난처에서 모회사의 보증으로 자회사가 채권을 발행한다고 가정하자. 이때 자회사가 채권발행으로 조달한 자금은 모회사나 그룹의 다른 회사에게 대출이 된다. 하지만 이 구조는 조세피난처에서의 원천징수가 없을 뿐만 아니라 모회사가 다시 자회사 앞으로 이자를 지급할 때 세금공제가 없어야 한다. 따라서 이 구조의 이용을 위하여는 조세피난처의 발견뿐만 아니라 모회사 소재지 국가와 조세피난처가 이중과세방지협정이 되어 있어 모회사 소재지 국가에서 과세가 되지 않아야 한다. 또한 조세피난처의 인지세, 외환규제 또는 다른 법률적인 규제 여부 등이 함께 검토되어야 한다. 또한 이러한 구조의 이용을 저지하기 위한 각국의 회계처리기준 또는 입법 여부도 조사하여야 한다.

또 다른 한 가지 방법은 대출의 경우 중간역할을 하는 중개은행에 대출을 해주고 그 중개은행이 다시 차주에게 대출하는 방법이다. 이러한 것도 차주 소재지에서 중개은행으로, 중개은행에서 대주에게 이자의 지급 시 세금공제가 없다는 것이 전제되어야 한다. 이 경우 중개은행의 보호를 위하여 통상적으로 중개은행은 차주로부터 상환을 받을 경우에만 원대주에게 상환한다(즉, on a without recourse basis)는 조항이 삽입된다. 또한 원대주와 차주 간 직접적인 계약관계가 없어 차주의 채무불이행 시에 원대주의 권리행사가 문제될 수 있고 원대주가 중개은행의 신용위험까지 부담하게 된다는 문제가 있다.

3. 이중과세방지협정

이중과세방지협정(Double Tax Treaties)은 대주에게 동일한 소득에 대하여 이중으로 과세되지 않도록 국가 간에 체결되는 협정이다. 차주의 소재지 국가가 지급이자에 대하여 원천징수를 한다면 대주는 대주 국가에서 또 다시 수취이자에 대하여 소득으로 과세될 수도 있다. 따라서 이를 방지하기 위하여 국가 간에 협약을 체결하는 것이다. 협약의 결과로 대주의 국가는 대주에 대한 세금 계산 시 외국에서의 과세를 고려하게 된다. 협약상 일방의 국가는 다른 국가, 즉 소득 발생지에서 과세가 되었다면 타방에서는 과세하지 않기로 하거나, 통상적으로 이자수취지에서도 과세를 하되 이자발생지에서는 일정 금액(예를 들면 10%) 이상의 과세를 못하도록 규정하기도 한다.

4. 중장기대출계약상의 조세 조항

중장기대출계약서에는 원천징수세와 기타의 조세에 대비하여 대주단을 보호하는 조항이 삽입된다.

대출계약서상의 이러한 조세 관련 대주단보호 조항의 내용은 첫째, 차주의 지급은 세금의 공제 없이 이뤄져야 하고, 둘째, 만약 세금의 공제가 현지 법규에 의하여 강제된다면 차주는 즉시 대주를 어떠한 공제에 대하여도 면책시키든지 아니면 공제 이전의 금액을 대주가 수령할 수 있도록 추가적인 금액을 제공하도록 되어 있다. 더불어 차주는 대주가 부담하는 대출 관련 세금을 부담하도록 되어 있다.

자금의 조달비용이 중시되는 중장기대출에서는 차주, 대주의 관할을 떠나 조세의 부담주체가 중요하기 때문이다.

대출계약서에서는 이와 관련하여 통상 두 가지 조항이 규정된다. 첫째는 세금보전조항(tax indemnity clause)으로 대출 관련 모든 세금을 차주가 부담한다는 내용이다. 하지만, 이러한 내용의 조항은 차주국의 조세법규상 허용이 안 될 수도 있다. 따라서 이러한 세금보전조항이 작동되지 않을 경우를 대비하여, 두 번째로 추가지급조항(grossing-up clause)을 두고 있다. 동 조항에 따라서 차주는 세금을 공제하여 지급할 경우에는 부족분의 추가적인 대주앞 지급을 통하여 대주로 하여금 원천징수가 없었던 것과 동일한 효과를 누리도록 하고 있다.

대출계약서상의 예시조항은 다음과 같다.

> *"Payments to be Free and Clear. All sums payable by Borrower under this Agreement shall be paid in full without set-off or counterclaim or any restriction or condition and free and clear of any tax or other deductions or withholdings of any nature.*
>
> *Grossing-up of Payments. (a) If Borrower or any other person is required by any law or regulation to make any deduction or withholding (on account of tax or otherwise) from any payment for the account of Agent or any Lender, Borrower shall, together with such payment, pay such additional amount as will ensure that Agent or such Lender receives (free and clear of any tax or other deductions or withholdings) the full amount which it would have received if no such deduction or withholding had been required. Borrower shall promptly forward to Agent copies of*

official receipts or other evidence showing that the full amount of any such deduction or withholding has been paid over to the relevant taxation or other authority.

(b) Without prejudice to the provisions of paragraph (a) above, if any person or Agent on its behalf is required to make any payment on account of tax or otherwise (not being a tax on the overall net income of any Lender in the jurisdiction of its principal office or Lending Office) on or in relation to any sum received or receivable hereunder by such person or Agent on its behalf (including, without limitation, any sum received or receivable under this Section 10) or any liability in respect of any such payment is asserted, imposed, levied or assessed against such person or Agent on its behalf, Borrower shall, upon demand of Agent, promptly indemnify such person against such payment or liability, together with any interest, penalties and expenses payable or incurred in connection therewith."

Ⅱ. 증가비용의 보전

중앙은행의 지급준비금비율, 특별세, 적정자본비율, 유동성비율 등은 은행이 대출자산을 보유할 경우 그에 따른 비용을 증가시킨다. 이러한 증가비용(Increased Costs)의 변화는 대출계약이 서명될 당시에는 반영되지 않는 비용이다. 은행의 대출금리는 조달비용에다가 마진을 부가한 것(cost plus margin)이므로 은행의 마진을 보호하기 위하여 조달비용을 증가시키는 변화가 있으면 이것은 차주에게 전가된다. 그러므로 이러한 변화는 차주가 부담하는 위험요소라고 하겠다.

이러한 증가비용을 차주에게 전가시키는 대출계약서 조항의 약점은 증가된 비용을 구체적인 대출자산에 배분하는 어려움이다. 즉, 차주로서는 대출은행의 일방적인 계산과 통지에 의해 증가비용을 부담해야 한다는 측면이 있다. 차주의 보호방법으로는 차주가 즉시 조기상환권을 가지는 방법, 대출은행으로 하여금 booking 점포를 변경하는 등의 방법으로 증가비용을 완화시키는 조치를 취할 의무를 부담시키는 것, booking 점포 변경 시 변경으로 인하여 차주에게 추가적인 부담이 발생하지 않도록 할 것 등이 있다. 그리고 이러한 증가비용 조항은 대출계약서가 서명된 이후에 법규의 변화로 발생하는 것에 한하며 기존에 존재하는 부담은 제외된다고 할 것이다.

증가비용 조항의 간단한 예시는 다음과 같다.

> *"If any law or official directive increases the bank`s underlying costs, the borrower must compensate as certified by the bank."*

Ⅲ. 통화면책조항

통상 대출계약서에서는 통화면책조항(Currency indemnity)을 두어 채권은행을 보호한다. 즉, 차주에 대하여 채권은행이 소송을 한다든지, 차주의 재산에 대하여 강제집행을 할 경우 차주 소재지 또는 재산 소재지의 통화로 청구를 하여야 할 경우가 있다. 이러한 경우 법원의 최종 판결금액을 다시 계약서 표시 통화금액으로 전환할 때 채권은행에 이익 또는 손실이 될 수 있다. 이러한 경우 차주는 채권은행의 손실을 보전하여야 한다. 이러한 통화면책조항은 국가에 따라 인정되지 않는 경우도 있으므로 현지 변호사를 통한 확인이 필요한 분야이다.

통화면책조항의 예시는 다음과 같다.

> *"If the borrower's payments are converted into a non-contractual currency, the borrower will pay extra to ensure the bank receives the full amount in the contractual currency, plus costs of exchange."*

Ⅳ. 준거법과 재판관할

1. 준거법

국제대출에 있어서 대주들은 대출계약서가 영국법이나 뉴욕주법에 따라 규율되기를 바란다. 이것은 대출의 신디케이션 모집시 중요한 사항인데 거액의 신디케이션이 이루어지는 대출시장에서는 준거법이 영국법이나 뉴욕주법으로 되는 것이 관행적이기 때문이다. 또 다른 요인으로는 이러한 법률들의 예측가능성이다. 즉, 영국법이나 뉴욕주법은 가능한한 당사자들의 계약의 자유를 존중하여 합의된 계약의 내용에 대하여 간섭하기를 자제하여 계약의 효력에 대하여 확실성을 제공한다.

계약서에 적용되는 준거법의 선택에 있어서 당사자의 자치가 제한되는 경우도 있다. 이러한 가능성의 확인은 현지법에 대한 실제 조사의 문제인데 많은 국가에서 그 국가의 강행법규를 회피할 목적으로 준거법의 선택이 이루어지는 것을 허용하지 않기 때문이다. 또한 준거법의 선택에 있어서 준거법과 거래사이에 연관성이 요구되기도 한다.

간단한 준거법조항의 예시는 다음과 같다.

This Agreement is governed by English law.

2. 재판관할과 송달대리인

대주들은 보통 차주가 대출계약에 관하여 분쟁이 있을 경우 준거법 국가의 법원에 제소할 것을 요구한다. 예를들어 영국법을 준거법으로 선택한 경우 계약서에 대한 분쟁에 대하여 영국법원을 재판법원으로 하여 법원이 익숙한 준거법을 적용하여 재판하는 것은 당연한 일이다. 또한, 영국이나 뉴욕의 법원들은 국제대출거래에 전문성이 있어 재판결과의 예측가능성으로 거래당사자들에게 선호된다.

관할법원에의 소제기는 대주들의 이익을 위한 것이다. 즉, 대주들은 재판관할국이외의 국가에서도 소제기가 가능하며 반면에 차주는 금지된다. 이 경우 대주가 재판관할국이외의 국가에서 소제기를 하면 소제기국가의 법원에서 재판관할권 여부에 대하여 판단한다.

대주들의 입장에서는 재판관할국이외의 국가, 즉 차주소재지나 보증인소재지 국가에서 소송을 하는 것이 재판관할국에서 판결을 받아 차주소재지국가 등에서 판결을 승인받는 것보다 더 간편할 경우도 있기 때문이다.

Jurisdiction of English courts

(a) The courts of England have exclusive jurisdiction to settle any dispute arising out of or in connection with this Agreement (including a dispute regarding the existence, validity or termination of this Agreement)(a 'Dispute')

(b) The Parties agree that the courts of England are the most appropriate and convenient courts to settle Disputes and accordingly no Party will argue to the contrary.

(c) This Clause is for the benefit of the Finance Parties only. As a result, no Finance Party shall be prevented from taking proceedings relating to a Dispute in any other courts with jurisdiction. To the extent allowed by law, the Finance Parties may take concurrent proceedings in any number of jurisdiction.

영국법원이 재판법원일 경우 영국내에서 피고에게 송달이 가능하여야 하고 그렇지 못한 경우에는 법원의 허가가 필요하다. 따라서, 대주들은 차주가 영국내 거주자가 아닌 경우 영국내의 송달대리인을 임명하도록 요구한다. 차주의 송달대리인 임명은 인출의 선행조건이다.

Service of process

Without prejudice to any other mode of service allowed under any relevant law, each Obligor(other than an Obligor incorporated in England and Wales);

(a) irrevocably appoints (the Company) as its agent for service of process in relation to any proceedings before the English courts in connection with any Finance Document; and

(b) agrees that failure by a process agent to notify the relevant Obligor of the process will not invalidate the proceedings concerned.

제5장

신디케이티드 대출, 대출채권 양도 및 담보금융

제1절

신디케이티드 대출

I. 의의

신디케이션이라 함은 다수 은행들이 차관단을 구성하고 단일 대출계약서에 의하여 차주에게 직접 대출하는 과정을 말한다. 신디케이티드 대출은 주로 대출금액이 대규모여서 단일 금융기관이 독자적으로 전체 금액을 대출하기 어려운 경우에 활용된다. 신디케이티드 대출이 널리 이용되는 주요 이유로, 차주는 비교적 단기간에 대규모 차입금을 조달하는 것이 가능하다는 점과 대주는 신용 리스크의 분산이 가능하다는 점을 들 수 있다.

신디케이션은 대출 참가와 비교해볼 수 있는데, 대출 참가는 하나의 은행이 차주에게 직접 대출하고 그 대출에 따른 권리의 전부 또는 일부를 다른 대주들에게 양도하는 것이다.

신디케이티드 대출계약의 기본적인 구조는 제4장에서 설명한 국제대출의 법률관계의 기본구조와 동일하다. 양자 간의 주요한 차이점은 신디케이티드 대출계약서에는 신디케이션에 참가하는 은행들 간의 법률적인 관계를 규율하는 조항들이 있다는 것이다.

Ⅱ. 신디케이티드 대출 절차

일반적인 신디케이티드 대출 주선 절차는 차주가 주간사은행 또는 간사은행으로 호칭되는 하나의 은행에게 차주를 위하여 대출을 주선하는 권한을 부여함으로써 시작된다. 주간사은행은 차주와 함께 예상 참여은행들에게 제시될 기본적인 대출의 조건을 결정한다.

일반적으로 시장에서 다른 은행들과 교섭하거나 권유함으로써 실제로 대출을 모집하는 역할은 주간사은행이 담당하며, 대출 모집 과정에서 주간사은행은 대출계약서 및 차주와 관련된 자세한 정보를 제공한다. 주간사은행의 최종적인 의무는 세부적인 대출계약서의 조건을 차주와 협상하여 참여대주단의 동의를 얻는 것이다.

1. 기채의뢰서(Mandate) 획득

신디케이션은 어느 은행이 예상 차주로부터 기채의뢰서를 획득함으로써 실질적으로 개시된다. 주간사은행이 전액 인수 조건(fully underwritten basis)으로 기채의뢰서를 획득하는 경우도 있지만, 통상적인 기채의뢰서는 주간사은행이 신디케이트를 구성하는 데 최선의 노력을 다할 것을 요구한다. 이러한 기채의뢰서의 교부는 대주와 차주 간에 정식 대출계약서가 작성될 때까지 자금주선활동이 가능하도록 하는 상업적인 목적에서 이루어진다. 그러므로 기채의뢰서상에 “subject to contract” 라는 문구를 기재하여 기채의뢰서상 대주의 의무가 법률적인 구속력이 없다고 표시하는 것이 일반적이다.

2. 대출조건(Term Sheet)의 작성

대출조건은 대출거래의 주요조건을 서면으로 기재한 문서이며 대출거래의 당사자가 서명하지만 당사자의 의도가 통상 구속성이 있는 계약으로 하려는 것은 아니다. term sheet은 통상 은행의 대출확약서에 첨부된다. 차주와의 대출 상담 후에 은행은 대출의 조건을 담은 대출조건을 준비하여 차주에게 발송하고 차주는 제시된 기한 이내에 대출조건에 교차서명을 하여 제시된 조건을 수락하여야 한다. 이것이 차주가 은행에게 기채의뢰서를 수여하는 것이다.

대출조건의 작성은 가끔씩 외부 로펌의 도움을 받아 작성하지만 대개의 경우 은행 내에서 이루어진다. 대출조건은 대출의 주요 조건을 기재하는 것이고 대출계약서에 포함되는 세부사항을 포함하는 것은 아니다.

즉, 이러한 term sheet의 기능은 은행과 차주 간에 대출의 금리, 구조 등 중요한 점에 대하여 합의를 함으로써 은행으로 하여금 대출의 본격적인 준비를 할 수 있게 한다. 대출을 주선하는 은행 입장으로서는 신디케이션 모집을 할 때 사업설명서가 준비되기 전에 간사단의 구성을 위하여 대출의 주요 조건에 대한 정확한 내용을 반영하는 term sheet이 있으면 신디케이션 구성에 도움이 된다.

또한 대출조건이 있으면 대출계약서를 작성하는 데 필요한 법률비용의 대강을 짐작할 수 있다. 은행을 대리할 변호사로서는 대출계약서 작성에 소요되는 법률비용을 은행에 알려줄 수 있고 대출계약서의 초안 작성에 필요한 정보를 취득함으로써 계약서 작성의 준비를 할 수 있다.

3. 모집 단계

일단 대출의 기본조건이 대출조건을 통하여 차주와 합의된 경우, 주간사은행은 잠재적 참여은행들로부터 참여의사 표시를 받기 위한 권유를 시작한다. 주간사은행은 예상 참여은행들에게 대출조건을 교부하게 되는데, 이 대출조건에는 기본적인 차주에 대한 정보와 대출의 주요 조건, 즉 금액, 기간, 상환일정, 이자 등과 수수료 등이 기재된다.

이 대출조건에 관심을 표시하는 예상 참여은행들에게는 차주의 재무 · 경제상태에 관한 적절한 정보를 포함하는 사업설명서가 발송된다. 이 사업설명서는 여러 가지 측면에서 주간사은행에게 법률문제를 초래할 수 있다.

(1) 사업설명서와 주간사은행의 책임

사업설명서의 법적 성격 및 사업설명서에 따른 주간사은행의 의무는 사업설명서에 포함된 정보의 성격과 사업설명서를 배포할 당시의 상황에 달려 있다. 대부분의 경우 사업설명서에 포함되는 정보는 차주에 의해 제공되고, 주간사은행이 그 정보를 쉽게 검증하기는 어렵다. 이러한 상황을 고려하여 통상적으로 사업설명서에는 그 속에 포함된 부정확한 정보로 인한 책임으로부터 주간사은행을 보호하기 위하여 광범위한 면책조항을 두는 경우가 많다.

사업설명서에 따른 주간사은행의 책임으로 유의해야 할 것은 다음과 같다.

1) 고의적인 부실기재

사업설명서의 작성에 주간사은행이 관여할 경우 거짓임을 알면서 또는 진실하지 않은 내용을 고의적으로 확인하지 않을 경우 그에 따른 민 · 형사상 책임을 부담할 수 있다.

2) 과실에 의한 부실기재

주간사은행과 참여은행 사이에 특별한 신임관계나 신뢰관계가 존재하는 경우에는 주간사은행이 참여은행에게 사업설명서에 포함되어 있는 고의가 아닌 부주의에 의한 허위 진술이나 정보에 대하여 책임이 있다. 그 결과 참여은행이 손실을 입었다면 주간사흥행은 손해배상 책임을 부담할 수 있다.

이러한 경우 주간사은행의 책임 여부는 참여은행과의 특별한 신뢰관계의 존부에 의하고 이는 모든 상황을 종합하여 판단된다. 특히 중요한 요소는 사업설명서의 작성 및 배부 시 주간사은행의 관련 정도, 그리고 예상 참여은행들에게 참여권유 시 판매서류로서 사업설명서를 사용한 방법 등이다. 또한 당해 대출거래 구조의 복잡성도 신디케이션의 구성원이 사업설명서에 의존하는 정도가 많다는 점에서 중요한 고려요소가 될 수 있다.

(2) 주간사은행에 의한 사전 예방 조치

주간사은행은 이와 같이 사업설명서상의 부실기재로 인한 책임을 부담할 수 있으므로, 자신을 보호하기 위하여 적절한 사전 조치를 취하여야 한다. 사업설명서 작성 시 차주와의 협의하에 면밀한 검토를 하고, 외부의 독립적인 전문가나 대주 측 변호사 또는 회계사를 통하여 그 내용을 점검한다든가 정보 · 자료의 출처 및 진정성을 확인하는 등의 주의를 기울이는 것이 안전하다.

(3) 면책조항

실무상 주간사은행은 사업설명서에 따른 잠재적인 법적 책임을 면하기 위하여 사업설명서상 광범위한 면책조항을 규정하는 경우가 많다. 이러한 면책조항이 유효하게 작동하는지 여부는 개별적인 거래상황에 따라 달라진다. 하지만, 그럼에도 이러한 면책조항을 사업설명서상에 규정하는 기본적인 논리는 다음과 같다.

통상 주간사은행은 차주에 의해 제공된 정보로 사업설명서를 작성하고, 이 제공된 정보를 주간사은행이 검증하는 사례는 드문 것이 일반적이다. 즉 사업설명서의 작성 · 교부에 있어서 주간사은행의 역할은 차주로부터 제공받은 정보를 예상 참여은행들에게 전달하는 단순한 도관(conduit)에 불과하다는 것이다. 주간사은행은 이러한 입장을 사업설명서의 첫 페이지에 다음과 같이 기재함으로써 강조하고 있다.

"The information supplied in the memorandum is merely intended to provide the basis for each bank to make its own independent economic and financial evaluation of the borrower, or encourages prospective Lenders to seek additional supporting information from sources it deems appropriate."

주간사은행은 대출계약서에도 사업설명서에 의해 제공된 정보의 목적과 관련하여 다음과 같은 규정을 삽입함으로써 이러한 기본적인 입장을 반영한다.

"Each Bank has made its own independent investigation and evaluation of the creditworthiness of the Borrower and the Guarantor (if appropriate) as it has judged to be appropriate and prudent in connection with the making of its loan."

이러한 면책조항이 유효한지 여부는 관련 준거법에 따라 달라질 수 있다. 또한 문제되는 사업설명서상 정보의 내용이 고의적인 부실기재이냐 단순한 과실에 의한 것이냐에 따라서도 달라질 수 있다.

(4) 실사(due diligence)

사업설명서상에 규정된 적절한 면책조항이 주간사은행을 잠재적인 법률위험으로부터 어느 정도 보호할 수 있겠지만, 그 조항에 전적으로 의존할 수는 없으므로 사업설명서의 작성 시에는 고도의 주의를 기울일 필요가 있다. 기본적으로, 주간사은행은 기채의뢰서 획득 시점부터 신디케이티드 대출계약서의 체결 시점까지 차주에게서 제공된 정보를 중심으로 적절한 실사를 수행하여야 한다. 어느 정도의 실사가 필요한지는 참여은행들의 거래에 대한 익숙도, 독립적 정보 접근가능성 및 참여은행들의 사업설명서에의 의존 정도 등에 달려 있다.

사용설명서상에는 의견(opinions)이나 사업전망(future projections)은 실제로 실현되지 않거나 합리적인 근거가 없으면 부실기재가 될 수 있으므로 가급적 피하여야 하고, 만약 포함할 필요가 있다면 구체적인 근거 등을 제시하여야 한다. 프로젝트 여신의 경우 일반적으로 사업전망이 요구되지만, 그런 경우에도 사업전망은 전문가에 의해 작성되고 신디케이션 참여자들에게는 전문가가 작성한대로 제공되어야 한다. 또한 주간사은행은 그 사업전망이 독립적인 전문가에 의해 작성되었고 그 정확성에 대해 은행은 책임이 없다는 점을 사업설명서상에 분명히 규정하여야 한다.

사업설명서가 제공될 때는 차주에 대한 정확한 정보가 반영되어 있더라도 대출계약이 체결되기 전에 사정의 변화로 그 내용이 부정확하게 될 수 있다. 이러한 경우 사업설명서의 내용은 수정되어야 하며, 이를 소홀히 하면 주간사은행은 고의적인 부실기재의 책임을 질 수도 있다.

차주에 관한 어떤 정보가 주간사은행의 일부 부서에 알려져 있지만 사업설명서를 담당하는 부서의 직원들에게는 알려져 있지 않은 경우도 있을 수 있다. 그렇다 하더라도 주간사은행으로서는 알고 있는 것으로 간주될 수 있다. 따라서 이러한 상황에서는 차주의 신용도 등에 민감한 참여은행들이 이러한 정보를 점검할 수 있는 기회를 가지도록 하는 것이 안전하다.

경우에 따라 주간사은행은 차주의 비밀정보를 취득하게 되는 수가 있다. 그 정보가 차주의 신용도 판단에 중요한 정보일 경우 주간사은행은 차주에게 공개를 권유해야 한다. 그러한 공개는 사업설명서 외에서 비공식적으로 이루어질 수 있다. 만약 차주가 정보공개를 원하지 않는 경우 주간사은행은 차주의 동의를 얻어 신디케이션 참여은행 등에게 차주의 어떤 중요한 비밀정보가 공개되지 않았다는 사실을 통지하여야 한다. 극단적인 경우 이러한 상황하에서는 주간사은행이 그 역할을 포기하는 것이 바람직할 수도 있다.

또한 주간사은행은 차주에 대한 기존 대주라든지 아니면 차주의 대리은행(agent bank)이라는 사실 등 이해충돌사항(conflicts of interest)이 있는 경우 이를 공개해야 한다. 주간사은행의 자회사와 차주와의 관계도 공개대상에 포함될 수 있다. 실제로는 이러한 사항의 자세한 내용은 공개가 되지 않는데, 이는 주간사은행이 다른 은행들이 어느 정도 알고 있다고 생각하기 때문이다. 주간사은행이 이해충돌사항을 공개하는 경우에는 은행의 비밀유지 의무(duty of confidentiality)에 주의해야 한다. 즉, 차주의 동의를 받아 일정한 사항을 공개하여야 한다.

4. 대출 다큐멘테이션 협상

주간사은행의 마지막 역할은 차주와 대출계약서를 협상하는 것이다. 보통 계약서의 조건이 협의되면 계약서를 신디케이션 구성원들에게 송부하여 구성원들의 의견을 구한다. 이 경우 주간사은행 입장에서 대출계약서의 협상에 있어서 참여은행들에게 어떤 의무를 부담하는가 하는 점이 문제될 수 있다. 대출계약서의 내용이 부적절하여 신디케이션 참여은행들이 충분히 보호받지 못하는 경우에 주간사은행이 법률적인 책임을 부담하는 점은 상황에 따라 다르다.

통상 주간사은행이 외부의 독립적인 변호사를 선정하여 신디케이션단에 어드바이스를 하도록 한 경우에는 주간사은행에 책임을 묻기는 어려울 것이다. 이러한 일반적인 원칙에 대한 예외로서는 주간사은행이 내부변호사(inhouse lawers)로 하여금 계약서를 작성한 경우가 있다. 이때는 내부변호사의 과실에 대하여 책임을 질 수 있다. 또한 주간사은행이 외부변호사의 어드바이스 내용을 신디케이션 구성원들에게 잘못 전달한 경우, 신디케이션 구성원들이 주간사은행을 대출계약서 작성에 있어 대리인으로 선정한 것이 분명한 경우에는 주간사은행에 책임이 있다. 또한 다음과 같은 사항에도 주의를 기울여야 한다.

(1) 이해상충 방지(no-conflict)

주간사은행에게는 주간사 업무를 공정하고 효율적으로 수행하기 위하여 자신의 이익과 참여은행들의 이해관계가 충돌할 수 있는 계약 체결이 금지된다. 특히 주간사은행이 주간사의 지위에 있는 대출계약서상 조항들과 자신이 참여하고 있는 다른 대출계약서상 조항들이 충돌하는 경우 이 원칙의 위반 여부가 문제된다.

(2) 이익추구 금지 원칙(no profit rule)

주간사은행은 개인적인 이익 획득을 목적으로 자신의 지위를 이용하는 것이 금지된다. 하지만 이 원칙을 관철하게 되면 은행들이 주간사로서 활동하고자 하는 주요한 이유 중의 하나인 주간사수수료 취득도 이 원칙에 위반하는 것인지 여부가 문제될 수 있다.

(3) 정보공개 의무(duty to disclose)

주간사은행은 계약서 작성 과정에서 예상 참여은행들의 신디케이트 참여 여부 결정과 관련되는 정보를 공개할 의무를 부담한다.

(4) 면책조항(exculpatory clauses)

주간사은행은 주간사업무에 따른 법적 책임을 면하기 위하여 대출계약서에 책임을 경감 또는 면제하는 조항을 두는 경우가 많은데, 그 전형적인 규정은 다음과 같다.

> *"Neither the Agent nor the Managers are responsible to any Bank for the execution, effectiveness, genuineness, validity, enforceability, collectability or sufficiency of the Loan Agreement."*

이러한 조항은 광범위하게 규정되기는 하지만, 모든 잠재적인 책임으로부터 주간사은행을 보호할 수는 없으며 상황에 따라서 적절한 조치가 필요하다.

예를 들면 주간사은행이 주간사수수료를 취득할 경우, 대출계약서 자체 또는 다른 서류에서 참여은행들에게 고지하거나 그들의 동의를 받는 것이 바람직하다.

그리고 대출계약서 작성에 있어서 참여은행들에게 대출계약서를 검토할 시간이 충분히 주어져야 하고, 독자적인 법률 자문을 받도록 권유하는 것이 좋다.

5. 계약의 체결

주간사은행의 마지막 단계 의무는 대출계약서의 체결을 주선하는 것이다. 일단 대출계약서가 체결되면 주간사은행은 의무 이행을 완료하고, 대출의 관리 책임은 대리은행으로 옮겨진다.

Ⅲ. 대리은행의 의무와 책임

1. 대리은행의 의무

금융실무에서는 같은 은행이 주간사은행과 대리은행(Agent Bank)의 두 가지 역할을 함께 맡는 경우가 많다. 때문에 주간사은행과 대리은행의 역할을 분명하게 구분하기가 쉽지 않는 경우도 있지만, 대출계약서에서는 분명한 역할구분을 둔다. 또한 실제로 대리은행의 책임은 주간사은행의 임무가 종료된 후, 즉 계약서 체결 시점부터 개시된다. 대부분의 대출계약서들은 대리은행이 일정한 기능을 수행하기 위하여 참여은행들에 의해 임명되는 참여은행들의 대리인이라는 점을 진술하는 조항을 가지고 있다.

기본적으로 대리은행의 역할은 신디케이트 참여은행을 대리하여 대출계약을 관리할 의무를 부담하고, 자신의 의무 이행 대가로 적절한 수수료를 수취한다.

대리은행은 참여은행들의 대리인으로서 다음과 같은 명시적 또는 묵시적 의무를 부담한다.

(1) 상당한 주의 의무(duty to exercise reasonable care and skill)

대리은행은 대리인으로서 참여은행에 대하여 상당한 주의 의무를 부담한다. 대출계약서에서 대리인에게 의무의 이행과 관련하여 재량권(discretion)을 부여한 경우, 그 재량권은 상당한 주의하에 행사되어야 한다.

(2) 직접대리 의무(duty to act personally)

대리은행이 명시적 또는 묵시적으로 제3자에게 의무의 일부 또는 전부를 위임할 권한을 부여받지 않은 이상, 대리은행은 참여은행들을 위하여 자신이 직접 대리를 이행할 의무를 부담한다. 이러한 하부위임(sub-delegation) 금지와 관련하여 대출계약서에는 대리은행에게 자신의 대리인(agents) 또는 직원(employees)을 통하여 의무 이행이 가능하다는 방식으로 규정된다.

(3) 이해상충 방지 의무(duty not to permit a conflict of interest)

대리은행은 자신의 이익과 참여은행들의 이익 충돌을 방지할 엄격한 의무를 부담한다. 대리은행 역시 본건 신디케이티드 대출에 참여하고 있거나 차주에 대한 별도의 대출 잔액을 보유하고 있는 경우가 많을 것이므로 이익 충돌이 발생할 여지가 있기 때문이다. 이 경우 대리은행으로서는 자신의 이익충돌 사실을 대주단에 고지하여 사전승인을 받는 것이 안전하다.

(4) 사익추구 금지 의무(duty not to make any secret profit)

대리은행은 대출 행정업무를 수행하는 서비스의 대가로 대리수수료(agent

fee)를 취득한다. 그러므로 참여은행들이 대리수수료를 알 수 있도록 대출계약서에 그 내용을 삽입하는 것이 일반적이다. 또한 대리은행이 차주에 대하여 본건 대출 이외에 통상적인 은행 영업을 하는 것이 가능하도록 규정되어야 한다. 대출계약서에 명백한 규정이 없다면 차주에 대한 영업은 사익추구 금지 의무 위반이 될 수도 있다.

2. 대리은행의 보호

대리은행은 계약서에 명시적인 규정이 없더라도 대리인으로서 충실의무(fiduciary duty), 선량한 관리자의 주의 의무(duty of care and diligence), 계산 및 보고의 의무를 지는 것으로 본다. 따라서 대리은행에게 부과될 수 있는 이러한 묵시적 의무들 때문에 대출계약서에 대리은행을 위하여 보호조항을 규정하는 것이 일반적인 실무관행이다.

3. 대리은행의 책임

일반적으로 대출계약서는 대리은행의 의무를 가능하면 정확하게 규정하려고 한다. 어떤 경우 대리은행은 대출계약서에 명시적으로 규정된 것을 제외하고는 의무를 부담하지 않는다고 규정한다. 통상적으로 계약서에 규정되는 대리은행의 의무로는 자금의 지급 및 수취 의무, 차주가 제출한 관련 서류의 조사 의무 및 채무불이행 발생 사실을 신디케이트 구성원들에게 고지할 의무 등이 있다. 또한 대출계약서에는 대리은행이 관련 은행들과의 협의하에 해당 이자지급일의 이자율을 결정할 의무를 부담하도록 규정하는 것이 일반적이다.

이러한 의무들 중 일부는 대리은행의 재량으로 이행할 수 있지만, 재량이 허용되는 경우라도 대리은행과 참여은행들 사이에 다툼이 발생하지 않도록 재량권의 범위와 목적을 명확히 규정해야 한다. 재량의 범위는 해당 대출의 내용 및 해당

조항에 따라 다양하다.

일부 대출계약서는 대리은행이 어떤 조치를 취하기 전에 참여은행들과 협의하도록 함으로써 재량권을 제한하기도 한다. 하지만 재량권을 제한할 경우의 문제점은 대리은행이 참여은행들의 이익을 보호하기 위하여 신속하게 행동할 필요성이 있는 경우 협의절차로 인하여 오히려 참여은행들의 이익에 반할 수 있다는 점이다. 이러한 문제점은 채무불이행의 발생으로 인하여 신디케이트가 차주의 채무 금액을 회수하려면 가능한 한 신속히 대출을 종료시키고 기한이익을 상실시켜야 하는 경우 특히 민감하게 작용할 수 있다. 특히 참여은행들이 여러 나라에 소재하고 있는 경우에는 대리은행이 상황에 따라 신속한 행동을 하기가 더욱 곤란할 것이다.

(1) 환수조항(clawback provisions)

대리은행이 국가 간의 시차 등으로 인하여 차주로부터 대출금을 상환받기 전에 대출금 해당액(이자 또는 원금)을 참여은행들에게 지급하였다가 차주로부터 상환받지 못한 경우, 대출계약서에 그 참여은행들에게 그 금액의 반환을 청구하여 환수할 수 있는 권한을 규정하는 것이 일반적이다. 또한 이 조항은 일반적으로 반대방향, 즉 대리은행이 참여은행의 송금 없이 인출일자에 해당 대출금을 채무자에게 지급한 경우 차주에게 그 금액의 반환을 요구할 수 있도록 하고 있다.

(2) 대리은행의 교체(replacement of agent)

대리은행은 사임할 수 있으며 통상 대출계약서에는 이에 관한 정함이 있다.

(3) 책임 면제(exclusion of liability)

위에서 언급한 다양한 조항들 외에도 대부분의 대출계약서는 다음과 같은 대리은행을 위한 면책조항을 포함하고 있다.

"Neither the Agent nor any of its directors, officers, employees or agents shall be under any liability or responsibility of whatsoever kind to any of the Banks.

(i) arising out of or in relation to any failure or delay in performance or breach by the Borrower of any of its obligations hereunder or by any party under any of the documents referred to hereunder, or

(ii) for any statement representations or warranties in this agreement or under any document referred to herein or for the validity effectiveness enforceability or sufficiency of this agreement or any of the other documents referred to herein or be obliged to enquire as to the performance by the borrower or any other party hereto or thereto of any of the terms or conditions hereof or thereof, but the Agent shall promptly notify each Bank by telex of any event of default of which the personnel of the Agent having the conduct of the matter the subject of this agreement have actual knowledge, or

(iii) for any inaccuracy or deficiency in or omission from any information furnished to any Bank by Agent or the managers or any of them and without prejudice to the generality of the foregoing any inaccuracy deficiency or omission which renders any information so furnished misleading, or

(iv) for any action taken or omitted to be taken hereunder or in connection herewith unless caused by its own gross negligence or wilful misconduct."

이러한 대리은행의 면책조항은 엄격하게 해석되어야 할 것이다. 그리고 이러한 조항이 효과적으로 대리은행을 보호할 것인지 여부는 주간사은행의 면책조항에서 이미 설명한 바와 같이 상황에 따라 적절한 조치들을 취했는지 여부에 따를 것이다.

(4) 대리은행을 위한 일반적인 면책

대부분의 대출계약서에는 위와 같은 포괄적인 면책조항에 추가하여 참여은행들이 대리은행에게 대출계약서에 따른 의무 이행 중에 생긴 손실에 대하여 각자의 참여금액에 비례하여 보상한다고 규정하고 있다. 물론 대리은행의 손실보상 청구권은 대리은행이 권한 범위 외의 행위를 하거나 의무 이행을 소홀히 한 경우에는 상실될 것이다.

Ⅳ. 신디케이트 구성원 간의 관계

신디케이티드 대출은 신디케이션에 참가하는 개별 은행들이 차주에게 동일한 계약조건과 내용에 따라 각자의 분담금을 대출하기로 하는 약정이며 이 약정은 대주단과 차주 사이에서 단일의 계약서로써 이루어진다. 따라서 신디케이션에 참여한 은행은 각자 차주에게 대출금을 제공할 의무를 부담하고, 그 대가로 원금과 이자를 받을 권리를 갖게 된다. 그리고 차주는 개개 은행에게 각각 특정 금액의 채무를 각각 변제할 의무를 부담한다.

신디케이트 구성원과 차주 사이에 계약관계가 있는 것과 마찬가지로 신디케이트 구성원들 사이에도 계약관계가 성립한다. 이 관계는 계약서에 미리 약정해두는데, 대출계약서상 분배조항이나 상계조항 등이 그에 해당한다. 이 조항들은 은행들에게 공동으로 구속력이 있는 의무조항이다. 이와 같은 조항들에도 불구하고 은행들의 차주에 대한 의무는 개별적이며 다음의 계약조항에서 그 내용을 확인할 수 있다.

> *"The rights and obligations of each Bank under this Agreement are several to the intent that*
> *(i) failure of a Bank to carry out its obligations under this Agreement shall not relieve any other party hereto of any if its obligations hereunder.*
> *(ii) no Bank shall be responsible for the obligations of any other Banks or Agent hereunder, and*
> *(iii) each bank may, subject as expressly stated herein, exercise its rights and pursue its remedies hereunder independently of the Agent and the other Banks."*

1. 분배 조항

신디케이션의 기본적인 원칙은 각 대주은행은 자신의 대출금에 비례하여 상환을 받고 차주는 상환에 있어서 대주들 간에 차별을 하여서는 안 된다는 것이다. 따라서 통상 신디케이티드 대출의 계약서에는 모든 지급이 대리은행에게 이루어지며 대리은행은 수령한 지급금을 각 참여은행의 참여금액에 비례하여 배분하도록 규정하고 있다. 차주는 특정 대주은행에게 우선적으로 지급을 할 권한이 없다. 만약 차주가 이러한 신디케이티드 대출의 원칙에 반하여 특정 대주에게 직접 지급을 하여 그 특정 대주가 자신의 안분비례금액보다 많이 지급받았다면, 그 대주는 수령한 금액에 대하여 신탁을 받은 것으로 의제된다. 따라서 그 금액을 대리은행에 제공하여 대주단과 공평히 배분하여야 한다.

하나의 참여은행이 차주의 예금을 가지고 있는 경우 그 은행은 상계를 할 수 있을까? 또한 참여은행이 가지고 있는 담보권 실행으로 대출권을 회수하는 경우에 신디케이티드 구성원들 간의 배분은 어떻게 하는가?

신디케이티드 구성원 간 공평의 원칙을 지키기 위하여 대출계약서에 이러한 경우에 대비한 규정을 두는 경우가 많다. 즉, 한 대주은행이 상계나 담보권 실행 등으로 자신의 안분비례금액보다 많이 지급을 받게 되는 경우에는 그 초과분을 대리은행에게 제공하여 대리은행이 나머지 신디케이티드 구성원에게 배분하도록 하고, 대주은행은 신디케이티드 은행의 채권을 대위행사한다는 것이다. 구체적인 이러한 배분조항의 형식과 내용은 개별 대출계약에 따라 많이 달라질 수 있다.

2. 기타 주요조항

대출계약서에는 신디케이트 구성원들이 다수결로 의결해야 하는 사항들을 분명하게 규정하고, 그 의결의 절차도 정해두어야 한다. 일부의 조항들은 신디케이트 구성원이 다수 은행의 동의 없이 독자적으로 절차를 진행할 수 있도록 허용하고 있다(예를 들면, 차주에 대한 소송행위 등). 이러한 경우에는 해당은행으로 하여금 다른 신디케이트 구성원들에게 그러한 절차의 진행사실을 통지하도록 하고 있다.

결국, 신디케이트 구성원들 간의 관계는 개별 은행의 독립적인 권한과 신디케이트의 집합적인 권한의 균형을 찾는 것이 문제이며 신디케이션 전체와 개별 구성원들의 필요를 다 만족시키는 기술이 필요하다 하겠다.

제2절

대출채권의 양도

I. 의의

대출자산의 양도는 은행 및 기타 금융기관이 해당 기관의 대차대조표상에 대출채권 및 다른 자산을 보유하고 있는 한, 항상 그 필요성이 인정되어왔다. 하지만 대출자산양도가 국제금융시장에서 활발하게 이루어지기는 비교적 최근의 일로서, 이는 은행 영업과 관련한 감독 정책 및 경제상황의 변화 때문이라고 할 수 있다.

대출자산양도란 양도은행이 대출채권을 양수은행에 매각하고 이를 양도은행의 대차대조표에서 제거하는 것을 말한다. 다시 말하면 대출자산양도의 핵심은 차주의 신용리스크(credit risk)를 양수은행에 이전하는 것이다.

대출자산양도의 대상에는 대출 약정(commitments to lend)과 함께 스왑 계약의 리스크, 신용장 · 은행인수어음(bankers' acceptances)의 미상환 리스크와 같은 우발채무(contingencies)도 포함된다.

은행이 대출자산을 양도하는 이유는 다양하다. 은행은 항상 새로운 여신을 특정 고객에게 제공하기 위하여 은행 내부 및 외부의 여신한도 규제를 회피할 필요성이 있다. 그리고 이를 위해서는 특정 고객에 대한 과다 위험노출(exposure)을 줄여야 한다. 적정 자기자본비율의 유지 또는 보유 대출자산의 다양화, 대출자산 매각에 따른 이익창출도 자산양도의 이유가 된다. 경우에 따라서는 대출의 회수 수단으로 대출자산양도가 이용되기도 한다. 예를 들면, 채무자에 대한 법률적인 연결고리를 만들기 위하여 자산양수를 할 수도 있고 또한 상계수단으로 대출자산양수가 일어날 수도 있다.

대출자산양도 시장은 이와 같은 다양한 이유에서 은행에 의해 점점 확대되는 추세이다.

Ⅱ. 대출채권 양도 방법

은행이 대출채권을 양도하는 방법은 다음과 같이 세 가지로 나눌 수 있다.

1. 채권양도(assignment)

대출채권 양도는 양도인인 채권자가 양수인에게 채권을 양도함으로써 성립하며, 대항요건을 갖추기 위해 채무자에게 통지하는 방법을 취한다.

채권양도에 있어서 채무자에 대한 양도 통지는 실무적으로 매우 중요하다. 그 이유는 (ⅰ) 통지를 받은 때까지 채무자는 양도인에게 지급함으로써 채무를 소멸시킬 수 있다는 점, (ⅱ) 양도가 경합될 경우 양도의 우선순위는 통지 시점의 선후에 따른다는 점, (ⅲ) 통지에 의하여 채무자는 채무자가 양도인에 대하여 행사할 수 있었던 상계권, 항변권 또는 다른 권리를 행사하지 못한다는 점 등 때문이다. 한편, 채권양도의 대항요건은 채무자 소재국의 법률에 따라 달라질 수 있으므로 확인을 요한다.

채권양도는 대출계약상의 권리와 이익만을 양도한다. 그러므로 양도은행은 자산양도 후에도 차주에 대하여 이행하여야 할 의무가 남아 있다면 이를 이행하여야 한다. 이러한 의무는 회전대출(revolving credit)의 경우 새로운 대출을 해야 할 때 양도인이 부담하게 된다. 또한 양수인은 대출계약상의 직접적인 권리를 취득하므로, 대출계약서 전체에서의 이익을 향유한다. 즉, 세금보전 조항이나 증가된 비용부담 조항의 혜택을 향유할 수 있다. 다만, 대출계약서상 명백하게 양수인을 제외하는 경우도 있으므로 양수인의 이러한 이익의 향유는 확인을 요한다.

2. 경개(novation)

경개는 대출계약에 있어서 양도은행과 채무자 간의 권리의무를 소멸시키는 동시에 양수은행과 채무자 간에 동일한 내용의 새로운 권리의무를 발생시키는 것을 말한다.

경개는 양수인과 양도인 모두에게 유용하다. 양도인은 채권양도나 대출 참가에 의해서는 소멸시킬 수 없는 차주에 대한 의무, 특히 은행이 대출약정을 양도하는 경우 추가 대출 의무를 소멸시킬 수 있다. 반면에 양수인은 원대주와 동일한 지위를 취득할 수 있다. 즉, 차주와 직접적인 계약 관계를 맺고 마치 원대출의 당사자처럼 모든 권리와 이익을 보유하게 된다.

그렇지만, 경개는 원대출 당사자 모두의 동의를 필요로 한다는 점에서 번거로운 자산 양도 방법이며, 복잡하게 구성된 신디케이티드 대출계약의 경우 실행하기가 곤란할 수 있다. 이런 단점에도 불구하고 경개는 특히 자산이 신용보강대출(backstop loan facility)이나 회전대출(revolving credit)과 같은 우발채무인 경우 자산을 매각하는 수단으로 활용된다. 이것은 미리 대출계약서에 경개 절차에 관한 양도 조항을 규정하고 있기 때문에 가능하다. 신디케이티드 대출에 삽입될 수 있는 경개 허용조항의 예문은 다음과 같다.

"(A) If any Bank wishes to transfer all or any of its rights, benefits and obligations hereunder, then such transfer shall be effected by the delivery to the Agent of a duly completed and duly executed Transfer Certificate in the form set out in the Schedule hereto whereupon, to the extent that in such Transfer Certificate the Bank party thereto seeks to transfer its rights and obligations hereunder:—

(i) the Borrower and such Bank shall each be released from further obligations to the other hereunder and their respective rights against each other shall be cancelled (such rights and obligations being referred to in this Clause as "discharged rights and obligations");

(ii) the Borrower and the Transferee party thereto shall each assume obligations towards each other which differ from the discharged rights and obligations only in so far as the obligations so assumed and the rights so acquired by the Borrower are owed to and constituted by claims against such Transferee and not such Bank; and

(iii) The Agent, such Transferee and the other Banks shall acquire the same rights and assumed the same obligations between themselves as they would have acquired and assumed had such Transferee been an original party hereto with the obligation assumed by it as a result of such transfer.

(B) The Agent shall promptly notify the other parties hereto of the receipt by it of any Transfer Certificate and shall deliver a copy of such Transfer Certificate to the Borrower."

이 문구는 장래에 이루어질 경개에 대하여 대출계약 당사자 전원의 동의를 미리 획득함으로써 경개의 절차를 단순화시키고 있다. 이렇게 함으로써 장래의 예상 양수인들에게 청약을 하는 것이 되고 이에 대해 양수인이 승낙하면 경개의 효력이 발생할 것이다.

경개계약서는 대출계약서 부속서류에 양도증서(transfer certificate) 형태로 첨부되는 것이 보통이다.

3. 참가(participation)

대출자산 양도 방법 중 널리 이용되는 방법 중의 하나는 참가이다. 참가란 원대주가 자신이 실행한 대출의 차주로부터 수취한 원리금 중 참가 금액 상당액을 참가자(participant)에게 지급할 것을 조건으로 참가자로부터 자금을 공여받는 수단을 말한다.

참가는 양도인인 원대주가 차주로부터 원리금을 수취하지 못하는 경우 참가자에게 참가금액을 지급할 의무가 없기 때문에 참가인의 원대주에 대한 상환청구권이 인정되지 않는다(non-recourse).

참가와 채권양도, 경개의 중요한 차이점이라면 참가는 원대출계약과는 별개의 계약이므로, 참가자와 차주는 아무런 계약적 관련성이 없다는 점이다. 이것은 법적으로 차주가 대출계약상 채무를 불이행할 경우에도 참가자가 차주를 상대로 채무이행청구소송을 제기할 수 없다는 것을 의미한다. 참가자는 원대주의 채권회수 조치에 의존할 수밖에 없다. 다만, 참가자는 원대주와 체결하는 참가계약서를 통하여 원대주의 차주에 대한 채권회수 절차에 영향력을 행사할 수는 있다.

참가, 채권양도 및 경개는 법적 성격이 서로 다르므로 이에 따른 경제적 효과도 달라진다. 대출참가 당사자는 이중의 신용위험(double credit risk: 차주와 원대주의 신용위험)을 인수하게 된다. 만약 원대주가 청산되는 경우, 참가자에게는 원대주가 차주로부터 회수한 금액이 참가계약에 따라 우선적으로 충당되는 것이 아니라 원대주의 일반채권단의 채무 변제에 충당된다는 점을 주의해야 한다.

이러한 이중적인 신용위험에도 불구하고, 대출 참가는 자산 양도를 위한 법률 구성이 까다롭지 않고 대출계약상 채권양도가 금지되어 있더라도 할 수 있다는 점에서 많이 이용된다.

4. 기타의 자산 양도 방법

(1) 리스크 참가(risk participation)

은행이 처분하려고 하는 신용위험이 자금의 공여가 수반되지 않는 자산일 경우 이러한 양도거래는 통상 리스크 참가거래라고 불린다. 이러한 유형의 거래는 은행이 우발채무(contingent liability)를 부담하는 경우(보증), 은행의 법적 책임이 고객의 자금으로 충당되는 경우(신용장 또는 은행인수어음) 등에 주로 사용된다. 리스크 참가거래에서 참가자는 은행 고객이 채무를 불이행하는 경우 은행의 손실을 보상하기로 하고 이에 따른 수수료를 수취한다.

(2) 중개(broking)

중개는 서로 다른 법적 성격을 갖고 있는 계약관계를 포괄적으로 나타내는 용어이다. 기본적인 형태는 은행이 자산의 양도인 또는 양수인 중 어느 일방을 위하여 대리인으로서 중개자(intermediary) 역할을 하는 것이다. 다른 한편으로, 은행이 제3자의 이익을 위하여 대리인(agent) 또는 수탁자(trustee)로서 자산을 취득하는 과정을 의미하기도 한다.

5. 대출자산 양도 방법의 비교

대출 참가는 대출계약상의 권리나 이익을 양도하는 것은 아니며 원대주와 참가인 사이에 원대출계약과는 별개의 법률관계를 형성시키므로 참가자와 차주 사이에는 당사자관계가 성립하지 않는다. 이러한 특성으로 대출계약서상 대출 참가를 제한하는 경우는 드물다.

이러한 대출 참가와는 달리 채권양도 및 경개는 양수인에게 채무자에 대한 권리를 부여한다. 채권양도에 의하여 양수인은 채무자에 대한 양도인의 채권을 양수하고, 경개에 의하여 양수인은 채무자에 대하여 새로운 채권을 취득한다. 특히, 채무자의 신용상태가 좋지 않을 때 채권양수인은 차주인 채무자에 대하여 직접적인 청구권을 확보할 수 있는 채권양도나 경개를 선호할 것이다.

차주와 고객관계를 맺고자 하는 대출채권의 양수인은 차주와 직접적인 계약관계를 맺을 수 없는 대출 참가를 선호하지 않을 것이다. 반대로 자산 양도 수단으로서 대출 참가를 사용하고자 하는 양도인은 양도 후에도 차주와 계약적 관계는 그대로 유지하고자 원하는 경우가 많을 것이다.

대출계약상 양도인의 차주에 대한 의무를 양수인에게 완전히 이전시킬 필요가 있는 경우(revolving or back-stop facility의 경우)에는 경개가 유일한 방법이다. 경개의 경우에는 양수인이 양도인의 의무를 인수하면서 양도인의 계약상 채무자에 대한 의무를 소멸시키기로 채무자가 동의하기 때문이다. 채권양도나 참가에 있어서도 양도인과 양수인 사이의 계약에 의하여 양도인의 채무자에 대한 추가 대출 의무를 양수인 또는 참가자에게 부담시키는 것이 일반적이기는 하지만, 양수인이 이 의무를 불이행하는 경우 차주는 그 이행을 양도인에게 청구할 수 있기 때문이다.

6. 법률적인 고려사항

대출자산 양도 방법과 관련하여 법률적으로 검토해야 할 사항들로는 (i) 신용리스크, (ii) 계약에 의한 양도제한, (iii) 비밀유지, (iv) 양수인에 대한 양도인의 잠재적 책임, (v) 양수인의 권리와 의무 등이 있다.

(1) 신용리스크

신용리스크는 차주의 신용리스크 및 양도은행의 신용리스크라는 두 가지 관점에서 검토된다.

양도은행의 주요한 목적은 차주의 신용리스크를 양수은행에 이전하는 것이다. 양도인은 양수인에게 채무를 채권양도 또는 경개하거나 상환청구권 없는 참가방식에 의해 리스크를 이전할 수 있다.

그렇지만 차주가 경제적 어려움에 처해서 또는 다른 대주로부터 더 유리한 조건의 금융을 얻기 위하여 원대출계약의 재조정 또는 재금융을 추진하는 경우에는 다른 점이 있다. 양도나 경개와는 달리 참가의 경우 양도인이 채무자에 대한 관계에서 여전히 대주이므로 차주가 대출을 재조정하거나 재금융을 추진할 때 협의할 대상은 원대주이다. 이러한 경우에는 참가자 보호를 위하여 참가계약에는 다음과 같은 보호조항을 포함한다.

> *"It is further agreed that the Original Lender is and shall remain entitled to:*
>
> *(i) exercise or refrain from exercising any or all of its rights and powers arising under or in connection with the Loan Agreement or any document relating thereto; and*
>
> *(ii) agree to any amendment or waiver of the terms of the Loan*

Agreement or any other such document.

Provided that, in exercising or refraining from exercising such rights and powers or agreeing to such amendment or waiver, the Original Lender shall have regard to all relevant circumstances including the interests of the Participant and the Original Lender shall not be entitled under this Clause to agree to any such amendment or waiver which would directly result in the reduction of the Loan otherwise than by repayment."

그러나 이와 같은 조항만으로는 참가계약에 있어서 차주가 재금융을 할 경우의 원대주와 참가인의 관계를 다 규율하지는 못한다. 재금융의 경우 기존 대주들은 새로운 조건으로 차주에게 새로운 대출을 실행하고 이 대출금은 기존 대출금의 상환에 충당된다. 이때 기존 대출금의 상환으로 회수되는 자금은 양도인인 원대주가 양수인인 참가자에게 참가계약에 따라 회수금액을 지급해야 하는 것이 원칙이다. 즉, 참가자는 차주의 신용이 악화되어 재금융을 추진하는 시점에 자신의 참가금액이 지급될 것이라고 기대할 수 있다. 원대주가 차주와 채무재조정계약, 재금융계약을 체결할 의무가 있는 것은 아니지만, 현실적으로는 차주의 채무재조정 계획에 동의해야 할 때가 많을 것이다.

이러한 경우에 양도은행의 보호를 위하여 차주의 신용리스크가 양도인인 원대주은행에 복귀하는 것을 막기 위하여 대출참가계약에는 다음과 같은 조항을 삽입하는 것이 통상적이다.

"If the persons to whom is owed at least fifty per cent. of the Borrower's indebtedness, or any class of the Borrower's indebtedness of which the Advances outstanding under the Participated Facility form part, agree to any readjustment or

rescheduling (howsoever described) of such, or such class of such, indebtedness, then the Original Lender may agree to, or participate in, such readjustment or rescheduling on such terms as the Original Lender thinks fit and, for these purposes, the Original Lender shall be entitled, inter alia, to:

(i) agree to any release, novation or payment of any of the Borrower' s indebtedness under the Participated Facility;

(ii) undertake on its own behalf any obligations in connection with such readjustment or rescheduling;

(iii) treat any principal amounts advanced to it by the Participant hereunder as if the same had been advanced to it by the Participant in respect of the Original Lender' s obligations in relation to such readjustment or rescheduling and, to the extent that the Original Lender so treats such amounts, retain for its own account any principal amounts which would otherwicse have been payable to the Participant pursuant to [relevant clause];

(iv) treat any amounts (other than amounts of principal) which would otherwise have been payable to the Participant pursuant to [relevant clause] as if the same had been principal amounts advanced to it by the Participant in respect of its obligations in relation to such readjustment or rescheduling; and

(v) convert, at such rates as may be determined by it, any amount treated by it as having been advanced to it by the Participant in respect of its obligations in relation to such readjustment or rescheduling into such readjustment or rescheduling into such currencies as such obligations may from time to time be

> *dominated.*
> *Provided that in agreeing to, or participating in, such readjustment or rescheduling the Bank shall have regard to all relevant circumstances including the interests of the Participant."*

양도은행의 신용리스크를 검토하는 데는 양도, 경개, 참가에 따라 구분된다.

대출채권의 양수인이나 경개 당사자는 양수인에게 양수되거나 경개에 의하여 새로 발생한 채무의 채권자가 된다. 따라서 이들의 차주에 대한 청구권은 양도은행의 파산관재인이나 청산인의 권리보다 당연히 우선한다. 차주로부터 양도인에 의해 회수된 금액이 있다면 이는 양수인을 위하여 수취된 금액이고 양도인의 채권단을 위한 금액이 될 수 없다.

반면에 참가의 경우는 양도인과 차주의 신용리스크에 이중으로 노출되고 참가인은 차주에 대하여 직접적인 청구권을 보유하지 못하며, 양도은행의 다른 무담보부 채권자들과 동순위에 있게 된다. 따라서 차주로부터 양도인이 회수한 금액은 양도인의 모든 채권자들을 위한 일반재산에 포함된다.

(2) 계약에 의한 양도제한(contractual restrictions)

채권양도는 해당 대출계약상 차주에 대한 권리의 양도를 수반하므로, 차주가 채권양도의 시기와 조건을 제한하기를 원할 수 있다. 특히 차주에 대한 대주의 의무가 양도되는 경우에는 더욱 그러하다. 실무에서는 채권양도가 대주의 같은 그룹 내(자회사 등)에서 이루어지는 것이 아니라면 차주의 동의를 얻도록 하는 경우도 많다. 이에 위반한 채권양도나 경개는 차주에 대하여 효력이 없다.

이와 같은 채권양도를 제한하는 경우는 쉽게 찾아볼 수 있지만, 대출참가를 제한하는 경우는 드물다. 이것은 참가가 대출계약상 권리나 의무의 양도를 수반하지 않고 참가자와 차주 간에는 계약관계가 성립하지 않기 때문이다.

(3) 비밀유지(confidentiality)

채권 양도, 경개 또는 참가는 대주의 비밀유지 의무에 의해서도 제한될 수 있다.

은행과 고객의 관계는 대주와 차주 사이에도 존재하므로 은행은 자신의 고객에 대하여 비밀유지 의무를 부담한다. 그 결과 대주는 대출 조건이나 대출계약의 존재 자체도 제3자에게 공개할 수 없는 경우가 있다. 또한 대출계약에 따라 차주로부터 대주에게 제공된 정보의 공개 역시 비밀유지 의무 위반이 될 수 있다. 따라서 대출자산 양도는 대출 조건의 공개가 불가피하기 때문에 양도인은 대출계약서상 양도가 허용되는 경우에도 양도의 추진에 어려움을 겪는다.

차주에 대한 정보의 공개는 차주의 명시적, 묵시적 동의(express or implied consent)에 따라 이루어질 수 있으므로, 대출계약서에는 일정한 정보공개 조항을 삽입하여 대주의 채권양도 추진 시에 이러한 문제점을 해소한다.

은행은 비밀유지 의무 위반 시 그 위반으로 발생한 손해에 대하여 배상책임을 부담하게 될 것이다.

(4) 양수인에 대한 양도인의 책임(potential liability of seller to buyer)

채권양도나 참가계약의 경우 양도인은 차주의 재무상태, 원대출계약의 적합성 및 적법성 등과 관련하여 양수인에 대하여 책임을 부담하지 않는다.

즉, 이와 관련된 양도인의 책임은 양도계약서상 면책조항에 의하여 면책되는 것이 일반적이다. 통상 계약서에 규정되는 양도인의 면책조항은 다음과 같다.

> *"The Original Lender makes no representation or warranty and assumed no responsibility with respect to (i) the due execution, legality, validity, adequacy or enforceability of the Loan Agreement or any document relating thereto, (ii) the financial condition of the Borrower or any other party to the Loan*

Agreement or any document relating thereto or (iii) the performance by the Borrower or any other such person of its obligations under the Loan Agreement or any other such other such document; in particular but without limitation, if the Borrower or any other person shall fail to perform any of its obligations under the Loan Agreement or any document relating thereto, the Participant shall have no recourse to the Original Lender in respect of such failure.”

하지만 양도인이 대출계약상 어떤 문제점이 있다든지 또는 양도 시점의 채무자의 재무상황에 문제점이 있다는 사실을 알고 있는 경우이거나, 양도인이 양도 시점에 구두 또는 서면으로 잘못된 진술이나 보장을 했을 경우에도 이와 같은 조항의 효력이 유지될지는 의문이다.

(5) 양수인의 권리의무(rights and obligations of the buyer)

대출채권의 양수인은 대출계약상 원대주의 모든 권리를 양도받는다고는 할 수 없다. 즉, 채권의 양도로 인하여 당해 채권의 채무자가 양도 이전보다 더 불리한 입장에 빠지는 경우, 대출계약의 차주는 양도로 인하여 자신의 부담이 커지는 경우에 양도에 동의할 필요가 없다. 이러한 경우에 양수인이 대출계약상의 세금보전조항, 면책조항 등의 혜택을 양수할 수 있는지가 문제된다.

예를 들면 다음과 같다.

A국의 차주가 A국을 포함한 국제 대주단과 신디케이티드 대출계약을 하고 모든 참여은행들이 A국 소재의 지점을 통하여 대출을 취급한 경우, 현재의 A국 세법하에서는 대출금에 대한 지급이자에 대하여 원천세의 문제는 없다. 그런데 한 은행이 그의 대출을 A국에 지점이 없는 은행앞으로 양도하고 양수은행이 A국

외의 장소에서 회계처리했다고 하자. 이 경우 이 부분에 대하여 원천세 문제가 발생하고 원천세의 요율은 A국과 당해국의 이중과세방지협정에 의하여 정해진다. 이러한 상황에서 원대출계약상의 세금보전조항이 작동하느냐의 문제가 대두된다. 이때 신중하고 사려 깊은 차주라면 원대출계약서의 작성 시에 양도로 인하여 자신이 불리하게 될 경우에는 세금보전의 의무가 없다는 내용을 분명히 해둠으로써 이러한 의무를 피할 수 있다.

이러한 점에서 채권의 양수인은 채권양수 시 과연 자신이 원대출계약서상 어떠한 권리와 혜택을 양수하는지를 확인하기 위하여 원대출계약서의 내용을 정밀하게 검토하여야 한다. 마찬가지 입장에서 채권의 양도인은 채권양도계약서의 작성 시 "대출계약상 양도인이 가지는 모든 권리, 혜택 등을 양도한다"는 식의 표현을 사용하는 데에는 조심하여야 한다. 잠재적인 양도계약 위반 또는 허위사실 표현의 책임이 문제될 수 있기 때문이다.

참가의 경우 참가인은 원대출계약서상 직접적인 권리를 향유할 수 없으므로 세금보전조항이나 면책조항 등은 양도은행과 별도로 협의하여 결정하여야 한다.

경개의 경우 양수인의 권리는 대부분 원대주의 권리와 동일하다.

제3절

담보금융

I. 국제금융거래와 물적 담보

국제금융에서는 담보를 취득하는 일이 국내금융에 비하여는 많지가 않다. 이것은 일반적으로 국제금융의 차주들이 차입 시 담보에 의존하기보다 차주 자신의 신용등급에 의존하기 때문이다. 또한, 국제대출에서는 담보제공금지서약이 통상적으로 대출계약서에 포함되어 있다. 따라서 차주가 다른 채권자와 이미 거래관계가 있는 경우에는 담보제공 요청 시 차주가 계약적으로 담보제공이 금지되어 있으므로 이에 응할 수도 없는 사정이다. 예외적으로 프로젝트파이낸싱이나 선박 · 항공기금융에서는 담보를 취득하며, 일부 국제대출이나 채권발행 시 담보를 취득하는 경우가 있다. 신디케이티드 대출이나 채권발행의 경우 담보는 수탁자에 의하여 관리된다.

담보취득의 일차적인 목적은 차주의 청산 시에 담보 채권자가 차주의 무담보 채권자에 대하여 우선권을 가지는 것이다. 그러나 경우에 따라서는 차주 재산에 대한 채권자의 지배나 차주가 재무적으로 어려움에 빠졌을 때 차주의 전체 영업에 대한 통제를 목적으로 하는 경우도 있다. 이러한 것은 영미법상의 부동담보

(floating charges)의 예에서도 알 수 있다. 또한, 차주는 국내 거래은행에 담보를 제공했을 수도 있어 해외채권자들에게 제공되는 담보는 해외채권자들로 하 여금 적어도 국내채권자들과 비교하여 동등한 또는 뒤처지지는 않는 기능을 부여한다. 또한 역으로 담보를 취득함으로써 타 채권자들이 동일한 자산에 대하여 담보를 취득하는 것을 저지하여 담보자산에 대한 우선권의 발생을 막는 기능을 한다.

Ⅱ. 담보취득 시의 적용법률 문제

담보취득 시 적용되는 법률은 담보대상이 동산인지 부동산인지에 따라 다르다. 토지 등 부동산의 경우 영국을 포함한 대부분의 국가에서는 부동산 소재지 국가의 법률에 따른다. 부동산 담보권 실행에 있어서 소재지 이외 국가의 법률을 적용하기는 어려우므로 자연스러운 결론이라고 하겠다. 담보대상이 동산인 경우는 대부분의 국가에서 양도 또는 소유권이전 시의 소재지 국가의 법률에 의한다.

Ⅲ. 물적 담보취득 시의 법적인 검토사항들

물적담보를 취득할 경우에는 다음과 같은 사항들을 검토하여야 한다.

(i) 차주가 담보대상에 대하여 적절한 소유권을 가지고 있는지 여부, 다른 채권의 담보로 기제공되었는지의 확인, 토지소유권 확인절차, 선박이나 항공기의 소유권, 유가증권의 등록 여부 등

(ii) 차주가 담보제공의 권한이 있는지 여부, 담보제공이 회사에 의하여 적절히 수권되었는지 여부

(iii) 담보제공이 차주가 다른 채권자와 체결한 약정의 위반이 되지 않는지 여부(negative pledge). 기체결한 약정에 의하여 다른 채권자에게 우선권이 부여되는지 아니면 차주의 채무불이행 사유가 되는지 여부

(iv) 부동담보(floating charges)의 인정 여부는 국가에 따라 상이하므로 부동담보가 인정되는지 아니면 고정담보(fixed charges)만 인정되는지 여부. 부동담보가 인정되는 국가에서는 미래에 취득되는 자산도 담보대상이 될 수 있다.

(v) 담보권의 등록이 필요한지 아니면 정부의 승인사항인지 여부. 담보권의 등록이 필요한데 누락한 경우 담보가 무효가 되거나 우선순위에 영향을 줄 수 있다.

(vi) 담보권이 수탁자에게 위탁이 되는지 여부. 채권발행이나 신디케이티드 대출에서는 필수적인 사항이다. 또한 수탁자제도가 인정되는지도 확인하여야 한다. 일부 국가에서는 수탁자제도를 인정하지 않고 수탁자가 수탁한 재산은(수탁자의 파산의 경우에) 수탁자소유로 인정하며 다른 국가에서는 수탁자와 신탁수익자 간의 관계를 대리인과 본인의 관계와 동일하게 취급한다.

(vii) 담보계약서에 인지세를 납부해야 하는지, 납부한다면 누가 부담해야 하는지

(viii) 담보권 실행 시 강제집행 법원은 어디인지

(ix) 차주의 디폴트 시 담보권의 실행방법. 즉 담보권자에게 매각권이 주어지는지, 매각 시 공매에 의해야 하는지, 담보권자가 소유권을 취득하여 수익할 수 있는지 등

(x) 통상 담보계약서상에는 담보가치유지 조항이 있어 담보물의 가치가 일정 수준 이하로 떨어지면 추가담보를 제공하도록 되어 있는바 이러한 조항의 유효성도 확인되어야 한다. 일부 국가에서는 법상 이러한 경우 구체적인 추가담보물의 종류가 특정될 것을 요구하기도 한다. 또한 추가담보는 차주가 지급불능 또는 지급불능에 가까운 시점에 이루어지는데 이러한 경우는 사해적 우선변제(preference)의 문제가 발생할 수 있다.

(xi) 대출금의 표시통화와 달리 담보계약서상의 통화표시는 담보물 소재지의 통화로 표시되어야 하는지도 확인사항이다. 이러한 경우에는 환율 변동의

문제로 담보물의 가치유지 조항이 필요하고 추가담보제공에 따르는 검토가 필요하다.

이와 같이 외국에서의 담보취득 문제는 검토해야 할 사항들이 많으므로 실무적으로는 담보물 소재지 변호사의 법률의견서를 징구하여 그 내용을 확인하는 것이 필요하다.

Ⅳ. 선박금융

1. 선박금융의 의의

선박의 교환가치 및 선박으로부터의 수익(revenue)을 담보로 이루어지는 금융을 선박금융(ship financing)이라 한다. 항공기금융(aircraft financing)과 더불어 대상 선박 자체를 기반으로 하는 자산담보부 금융(asset based financing)의 대표적인 사례이다.

즉, 선박금융상의 대주(lender)는 차주회사(borrower) 또는 용선주(charterer)의 일반재산으로부터 채권회수를 도모하는 것이 아니다. 차주 또는 용선주가 대주로부터 차입한 자금으로 취득한 선박을 운용하여 발생하는 수익으로부터 대출원리금을 회수할 것을 신용제공의 기초로 삼는다.

이러한 선박금융의 특징으로는 대출금의 규모가 크고, 원리금 상환기간이 길고, 상환방법이 원리금합계 균등상환방식이 많다는 점이 있다. 또한 선박별 독립된 특수목적법인(Special Purpose Company; SPC)을 설립하고, 운항위험에 대비하여 선박보험이 중요한 담보가 되며 계약구조가 일반 기업금융에 비하여 상대적으로 복잡한 편이다.

2. 리스금융

은행에서 사용하는 리스금융은 설비를 구입하여 임차인앞 직접 대여하는 것이 아니라 리스사가 리스설비를 구입하는 데 필요한 자금을 주선하는 금융행위를 말한다. 즉, 운용리스든 금융리스든 그리고 실질적인 리스사든 형식적인 SPC이든 리스의 종류, 리스사의 형태와 상관없이 은행이 리스설비 구입에 소요되는 자금의 일부 또는 전부에 대하여 대출, 투자, 보증 등의 방법으로 금융을 주선하는 행위를 말한다. 실무적으로 이러한 금융주선행위는 각국의 세법 및 정부규제를 감안하여 금융구조를 설계하므로 이러한 의미에서 리스금융은 구조화금융(Structured Finance)의 일종이다.

리스금융의 기본구조를 그림으로 표시하면 다음과 같다.

[그림 5-1] 기본구조

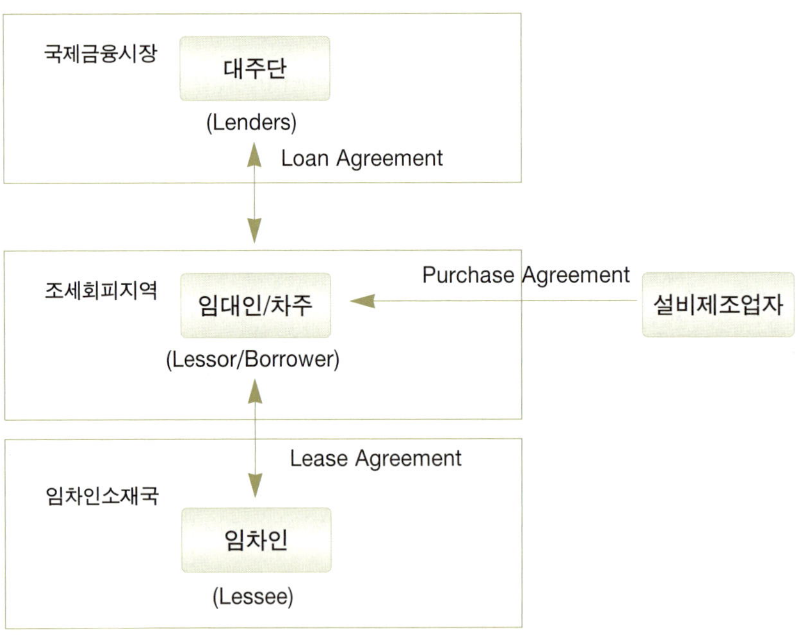

조세회피지역에 리스업을 목적으로 하는 SPC를 설립하고 제조업자와 설비구매계약(purchase agreement)을 체결한다. 실무적으로는 임차인이 제조업자와 설비구매계약을 체결하고 이를 SPC앞 양도 또는 경개하는 방식이 주로 사용된다. SPC는 리스설비 및 리스계약상의 권리 등을 담보로 국제금융시장에서 금융계약을 체결하고 설비구매에 필요한 자금을 조달한다. SPC는 임차인과 리스계약을 체결하고 설비의 구입과 동시에 설비를 대여하여 임차인으로부터 리스료를 수취하여 대출원리금을 상환한다. 임차인은 리스 기간 만료 후에 소유권을 취득하거나 설비를 반납하게 된다.

리스금융구조의 장점으로는 다음을 이야기할 수 있다.

(i) 임차인의 신용위험 분리(bankruptcy remoteness)

리스금융은 국가신용도가 양호한 조세회피지역에 SPC를 설립하고 설비를 구매하여 임차인에게 임대하는 구조로서 리스설비의 소유권은 SPC에 있다. 때문에 임차인의 파산위험이나 임차인 소재지 국가의 신용위험으로부터 분리되는 장점이 있다.

(ii) 폭넓은 투자가층의 확보

이러한 신용위험 분리의 장점으로 국제금융시장에서 투자가 확보가 용이하다. 특히 선박 등 리스금융이 거액이므로 신디케이션을 통하여 거액의 자금을 모집하기가 수월하다.

(iii) 금융비용의 축소

투자가층의 폭넓은 확보 가능성은 차주 측으로서는 조달비용 절감의 기회가 되고, 대주 측으로서는 높은 수익 거양의 기회가 된다.

(iv) 조세문제의 회피

차주사인 SPC가 조세회피지역에 설립되므로 이자소득에 대한 원천세 문제를 해결할 수 있다.

3. BBCHP 리스금융

BBCHP(Bare Boat Charter with Hire Purchase)계약은 용선료지급완료후 소유권취득(Hire Purchase)조건부 나용선(Bare Boat Charter)계약을 말한다.

즉, 국외 SPC가 선박건조자금을 융자받아 선박을 건조하여 선사에게 나용선(선박의 임대)하며 선사는 일정 기간 동안 융자금의 원리금에 준하는 용선료를 지급하고 소유권을 취득하는 계약을 말한다. 이때 은행들이 선박 등을 담보로 선박건조자금을 지원하는데 이를 BBCHP 방식의 리스금융이라고 한다.

BBCHP 방식의 리스금융이 진행되는 절차는 다음과 같다.

(i) 선사는 조선소와 선박건조계약을 체결하고 SPC를 설립하여 양도나 경개를 통하여 선박건조계약을 SPC앞 이전한다.

(ii) SPC는 선사와 BBCHP계약을 체결하고 선박건조자금 조달을 위하여 선박건조계약, 향후 인도될 선박, BBCHP계약상의 권리 등을 담보로 대주단과 금융계약을 체결한다.

금융계약은 인도전금융(Pre-delivery Finance)과 인도후금융(Post-delivery Finance)으로 나누어진다. 인도전금융에서는 BBCHP상의 권리, 선박건조계약 및 조선소의 RG(Refund Guarantee) 등을 담보로 취득한다. 인도후금융에서는 선박, BBCHP상의 권리, COA(Contract of Affreightment)상의 권리를 담보로 취득한다. COA는 장기운송계약으로 LNG나 전력공급 등 특정 산업을 영위하는 화주에게 장기적으로 필요한 화물을 독점적으로 운송하도록 하는 계약이다. 선사는 이를 통하여 안정적인 수입원을 확보할 수 있으며 대주단은 원리금 회수가능성을 높일 수 있다.

(iii) SPC는 건조기간 중 인도전금융을 이용하여 선박건조계약상의 선박건조 공정에 따른 선박기성대금을 조선소앞 지급한다.

기성대금은 선박건조단계에 따라 분할 지급되며 대금지급 시 SPC는 조선소로부터 금융기관 발급 RG를 수취하여 대주단에게 양도한다.

(iv) 선박건조가 완료되면 SPC는 약정된 인수후금융을 인출하여 인수전금융을 상환하고 선박기성대금의 잔금을 지불한 후 선박을 인수한다.

(v) 선사는 BBCHP계약에 의거 선박을 임차하며 화주와 체결된 COA에 의해 선박을 화물운송에 투입한다.

(vi) 선사는 COA에 의한 운임을 통하여 SPC앞 용선료를 지급하며 SPC는 수취한 용선료를 통하여 대주단앞 대출원리금을 상환한다.

(vii) BBCHP계약이 완료되면 이미 약정된 바에 따라 선사앞으로 선박소유권이 이전된다.

이러한 BBCHP 리스금융을 도표로 나타내면 [그림 5-2]와 같다.

[그림 5-2] BBCHP 리스금융

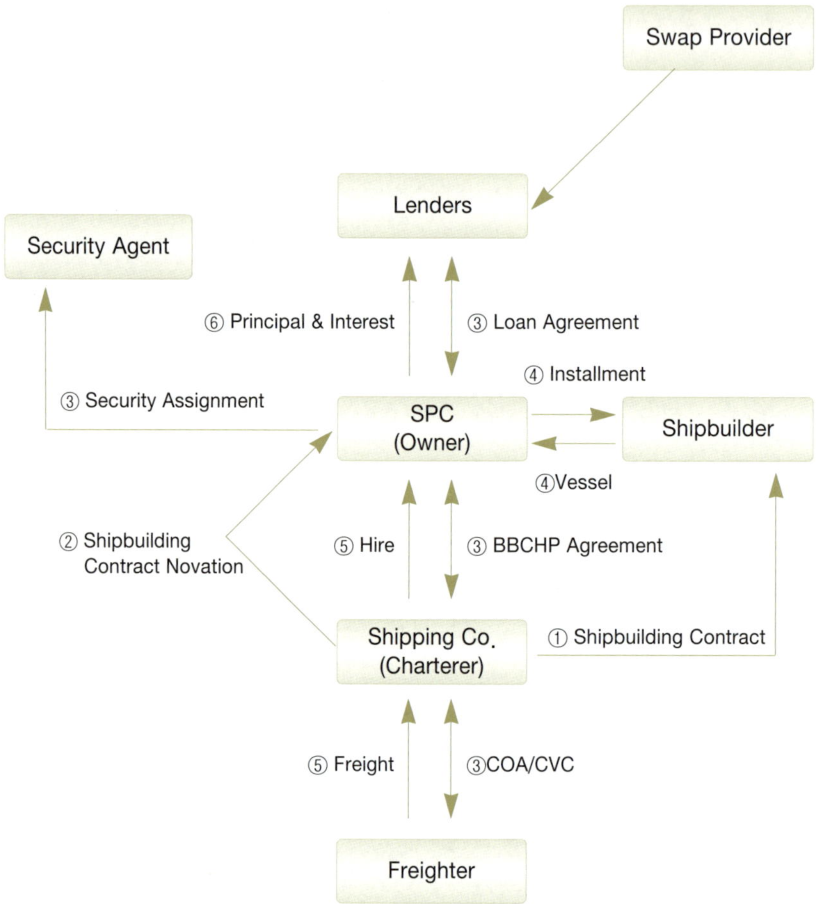

4. 선박금융의 채권보전

(1) 선박저당

선박은 주로 파나마에 편의치적되기 때문에 소유권의 등기, 국적등록 및 저당권의 설정 등이 모두 파나마법에 따라 이루어진다.

(2) 선박보험

자산담보부 금융인 선박금융에서는 대상 자산의 가치보전이 중요하므로 선박의 난파, 침몰, 폭발 등으로 인한 가치소멸에 대비한 보험이 필수적이며 보험의 이익은 용선주 및 SPC가 가지게 되는바 선박금융의 경우 동 보험이익은 모두 대출은행에 보험양도계약을 통하여 담보조로 양도된다.

(3) SPC주식의 질권

주식담보계약을 통하여 SPC주식에 대하여 질권을 설정하는데 채권자앞 채무의 상환, 담보권 설정, 주주의 권리행사에 대하여 규정한다.

(4) 기타 채권보전

(i) BBCHP계약상 SPC가 보유하는 모든 권리의 담보관리인(Security Agent)앞 양도 및 SPC 임대료 수취계좌에 대한 질권설정 등의 방법으로 차주(SPC)의 권리에 대해 담보권을 취득한다.

(ii) COA가 체결되어 있는 선박의 경우 COA상 용선사가 가지는 권리의 담보관리인앞 양도 및 COA계좌에 대한 질권설정 등의 방법으로 용선사의 권리에 대해 담보권을 취득한다.

(iii) 인도전금융과 관련하여서는 선박건조계약 및 RG(Refund Guarantee)상 SPC가 가지는 권리를 담보관리인앞 양도하는 방식으로 담보취득한다.

제6장

은행의 지급보증, 보증과 컴포트레터

제 1 절

은행의 지급보증

I. 은행 지급보증의 특징

최근 차관계약, 수출입계약 또는 국제건설공사계약 등의 국제거래와 관련하여 은행이 발급하는 대부분의 지급보증서(bank guarantee)는 그 담보의 확실성을 위하여 보증문언에 특약조항을 두어 일반보증법리가 적용될 여지를 대폭 배제한 형태로 이용되고 있다는 점이 특징이다.

즉, 이러한 지급보증서에서는 통상의 보증에서 인정되는 부종성을 대폭 완화하여 보증채권자가 보증서 발급은행에 대하여 일정한 사유가 발생하였다는 주장만으로써 지급보증채무의 이행을 청구하면 그 주장의 당부에 관계없이 보증은행은 즉시(forthwith on demand) 또는 무조건(unconditionally) 보증금액을 지급할 것을 약속하는 즉시지급조항을 두는 것이 보통이다. 이러한 보증서를 흔히 first demand guarantee라고 하는 바, 현재 국제금융거래에서 사용되는 은행발행의 지급보증서는 대부분이 이러한 first demand guarantee의 형태이다.

Ⅱ. 은행 지급보증의 종류

이행 보증(contract guarantees)과 스탠드바이 신용장(Stand-by Letter of Credit)은 건설공사계약에서 수주자(contractor)의 자력과 의무이행능력을 보장하려고 하는 경우이거나 국제물품매매계약에서 매도인의 물품공급불능, 매수인의 매매대금 지불불능 또는 매매계약상 기타 의무 불이행에 대비하려고 하는 경우에 흔히 사용되며 이러한 의무를 보증하는 계약서류들은 여러가지 이름으로 불리고 용어의 사용에 있어서 통일성이 없는 실정이다.

1. 입찰 보증(bid bond, tender bond: b-bond)

국제경쟁입찰에 있어서는 입찰참가자(bidder)로 하여금 입찰참가자로서의 의무를 이행하도록 하기 위해 보증금을 예치하게 하는데 은행이 발급하는 입찰 보증서가 많이 이용된다. 즉, 해외 건설공사에 있어서 시공자가 (i) 입찰기간 중 임의로 응찰을 철회하거나, (ii) 오류를 수정하지 아니할 때, (iii) 낙찰받은 경우에도 공사계약을 체결하지 않거나, (iv) 계약이행 보증서를 제출하지 아니할 때 발주자가 이를 몰취할 수 있게 함으로써 순조로운 공사의 진행을 도모하기 위한 것이다.

보증서의 제출방법, 제출마감일, 보증금액(통상 계약금액의 1~5%) 등에 관한 사항은 입찰안내서(invitation)에 자세히 기술되어 있다.

2. 계약이행 보증(performance bond: p-bond)

계약이행 보증은 시공자가 계약상의 의무를 이행하지 않을 경우 위약금(통상 계약금액의 10% 내외)의 지급을 담보하는 것이다. 발주자로 하여금 시공자의 신용상태에 대하여 확신을 갖게 하고, 시공자의 계약상 의무의 불이행이나 수행상의 난관에 봉착한 경우에 부가적인 자원을 공급하기 위해 발행된다.

수출입 거래에 있어서도 계약이행 보증서가 수출상의 선적불이행, 품질미달 등 계약상의 의무불이행에 대한 손해배상을 담보하기 위하여 신용장 대신 사용되기도 한다.

3. 하자보수 보증(maintenance bond, defects liability certificate)

하자보수 보증서는 목적물의 인도 후 일정 기간 이내에 준공 검사 때 발견할 수 없었던 숨겨진 결함에 대해 시공자의 무상보수 의무의 이행을 담보하기 위하여 계약금액의 1~5% 범위에서 발행된다.

하자보수 보증서는 계약이행 보증이 종료되는 시점에서 발급되며, 시공자가 일정한 보증기간(warranty period) 내에 드러난 하자를 보수하지 않으면 보증책임이 발생한다.

4. 환급 보증(refund bond)

(1) 선수금환급 보증(advance payment bonds)

대규모의 해외 건설공사에 있어서는 발주자가 시공사(contractor)로 하여금 계약을 원활히 수행하는 데 필요한 운영자금(장비구입비, 자재수송비 등)을 선수금(advance, down payment)조로 미리 지급하는 경우가 많다. 은행이 발행하는 선수금환급 보증서는 이와 같은 경우 시공사가 계약에 따른 의무를 이행하지 않는 발주자의 위험을 보전하기 위한 것이다.

선수금은 통상 계약금액의 5~20%에 달하는데, 선수금환급 보증금액은 건설공사가 진척됨에 따라 감소한다. 발주자는 기성에 따라 공사대금을 지급할 때 선수금을 공제한 차액만을 지급하게 된다.

(2) 유보금환급 보증(retention money bonds)

건설공사의 계약내용에 따라서는 발주자가 시공사에 지급할 공정에 따른 공사비의 일부를 손실보전 등의 용도로 지급을 보류하고 이 지급유보금을 대신하여 유보금환급 보증서를 요구하기도 한다. 예컨대 발주자가 공사비의 10%를 공사 결과물의 하자, 시공사의 책임, 근로자 등 공사관여자에 대한 채무 등에 대비하여 유보하게 하는 것이다.

이 경우 시공사가 은행발행의 유보금환급 보증서를 제출하면 시공사는 공정에 따른 공사비 전액을 수령하게 되어 회사의 현금흐름이 개선된다. 발주자는 은행 발행의 보증서에 의하여 시공사의 채무불이행을 보장받을 수 있다. 유보금환급 보증서는 통상 예상된 유보금의 전액 또는 계약서 금액의 일정 부분으로 발행된다. 어느 경우에나 발행은행의 지급책임은 발주자에 의하여 실제로 유보가 되지 않고 지급된 부분에 한정된다.

(3) 관세환급 보증(customs guarantee)

일부 국가에서는 건설공사에 사용되는 건설장비를 준공 후 다시 국외 반출하는 조건으로 관세납부를 유보하는 대신 관세환급 보증서를 징구하기도 한다. 이는 공사수행을 위해 무관세로 도입한 장비를 현지에서 판매하는 것을 방지하기 위한 것이다.

5. 청구보증 또는 조건부지급(first demand or conditional)

국제거래에서 통용되는 보증(bonds or guarantees)은 즉시지급(first demand, 청구보증) 또는 조건부지급(conditional) 형태로 발행될 수 있다.

보증이 청구보증 형태로 발행된 경우 발행은행의 지급의무는 어떠한 입증이나 조건 없이 보증서의 문안에 따라 지급청구가 있으면 무조건적으로 발생한다. 따라서 주채무 계약(underlying contract) 위반에 의하여 야기된 손실이나 계약의 위반을 입증하지 않고도 수익자(beneficiary)가 보증채무의 이행청구를 할 수 있다. 이러한 청구보증의 문안은 통상 분명하여, 예를 들면 "… payable on demand without proof or conditions"와 같이 표시된다.

조건부지급 보증의 경우 즉시지급 보증과 달리 보증서의 수익자가 보증서에 따른 지급을 청구하기 위하여는 보증의 대상인 계약상의 채무불이행이 있음을 증명하여야 한다.

즉시지급 보증은 은행에 의하여 주로 발급되어왔고, 반면에 조건부지급 보증서는 보험회사나 보증전문취급회사에 의하여 발급되어왔다.

6. 일정한 서류제시를 요구하는 보증(documentary bond)

당초 은행에 보증의 발행을 요청한 당사자(매도인/수주자)는 보증이 청구보증의 형태로 발행된 경우 수익자의 일방적이고 부당한 청구로부터 보호를 받기 어렵다. 이러한 청구보증의 문제점을 완화하기 위하여 보증서의 지급조건에 권한을 남용하는 수익자로부터 어느 정도 보호받을 수 있는 보호조항을 두는 일이 빈번해지고 있다.

청구보증은 보증 대상인 기본계약의 이행과 연계됨으로써 여러 가지 방법으로 완화될 수 있다. 보증서상 지급보증의 확약이 절대적이고 무조건적인 경우에도 최소한 보증서에는 보증 대상인 계약의 번호 등 기본계약에 대한 언급이 있다. 그러므로 보증서 발행은행은 수익자에게 지급을 하기 전에 수주자의 채무불이행을 입증하는 서류의 제출을 요구하는 조항을 보증서에 삽입함으로써 무조건적 지급 보증의 폐단을 완화시킬 수 있다. 이 경우의 제출가능한 서류로는 중재인의 중재판정문과 조사관의 보고서 등을 들 수 있다. 이러한 조항이 보증서에 삽입된 경우에는 보증서 관련 모든 당사자가 제출 서류에 구속되도록 하여야 한다.

이와 같이 보증지급에 일정한 입증서류를 필요로 하게 되면 수익자의 단순한 청구만으로 보증지급이 이루어지지 않으므로 수주자는 상당한 정도로 보호받을 수 있다. 이러한 형태의 보증은 '청구보증'이나 '조건부 지급'의 중간 단계에 속한다고 할 수 있겠다.

Ⅲ. 청구보증과 발행은행

고객을 위하여 해외의 수익자앞으로 청구보증을 발행한 은행은 절대적인 지급 확약을 한 것이므로 보증서의 발급을 의뢰한 고객이 수익자의 청구가 부당하다고 주장하고 다투는 경우에도 보증서의 문안에 따라 지급의무를 이행하여야 한다. 은행은 고객과 수익자의 관계를 고려하지 않으며 고객이 수익자와의 계약에 있어서 의무를 불이행하였는지 여부도 고려하지 않는다. 즉시 청구보증은 이차적인 책임을 부담하는 일반적인 보증이라기보다 손해담보계약(indemnity)에 유사하여 은행이 일차적인 지급의무를 부담하는 것으로 해석되기 때문이다.

반면에 조건부지급 보증은 보증 대상 계약의 채무불이행 사실의 증명을 요구하므로 이차적인 지급책임을 지는 것으로 해석된다. 이러한 구별은 중요하다. 왜냐하면, 이차적인 지급책임을 지는 경우 보증서 발행은행은 보증 대상 계약상 주채무의 지급책임이 발생되지 않았거나 이미 소멸한 때에는 책임을 부담하지 않는 반면, 일차적인 지급책임을 지는 경우 보증서 발행은행은 보증 대상 계약과는 상관없이 책임을 지게 되기 때문이다.

Ⅳ. 청구보증의 계약관계

해외에 거주하는 수익자를 위하여 청구보증이 발행되는 경우 발생하는 계약관계는 네 가지로 분류될 수 있다. 첫 번째 계약은 건설공사계약에 있어서 발주자와 수주자 간의 계약, 또는 물품매매계약에 있어서 매수인과 매도인 간의 계약이다. 이것이 보증의 대상이 되는 주채무계약이다. 두 번째 계약은 수주자와 수주자의 거래은행인 지시은행(the instructing bank) 간의 계약관계이다. 수주자는 보통 자신의 거래은행을 통하여 건설공사 현지의 은행이 수익자를 위하여 즉시 지급 보증서를 발행하게 하도록 지시한다. 수주자의 거래은행인 지시은행은 현지은행앞으로 이러한 지시를 하기 전에 향후 현지은행의 청구를 받아 지시은행이 지급할 모든 대금을 수주자의 계좌에서 차감할 수 있도록 하는 손해담보계약(counter-indemnity)을 수주자와 체결한다. 세 번째 계약은 지시은행과 수익자에게 보증을 발행하는 현지은행 간의 계약이다. 이 관계는 현지은행을 위하여 지시은행이 발행하는 '복보증(counter-guarantee)' 또는 면책계약(counter-indemnity)으로 설명된다. 네 번째 계약은 현지은행이 수익자를 위하여 발행하는 청구보증서 그 자체이다.

V. 청구보증과 국제사법

모든 국제금융계약에 있어서와 마찬가지로 「국제사법」의 원칙은 앞에서 설명한 청구보증으로 발생하는 네 가지의 계약에도 적용된다.

예를 들면, 한국의 기업이 서울에 있는 거래은행에 요청하여 A국에 소재하는 은행을 통하여 A국기업을 위하여 청구보증이 발행되도록 하는 경우를 보자. 이러한 경우 일어나는 네 가지 계약관계에서 각 계약을 규율하는 준거법이나 재판관할 조항을 정하지 않는 경우도 많다. 이것은 각 계약이 정형화된 몇 개의 문장으로 구성되어 간단히 이루어지는 경우가 많기 때문이다. 이 경우 준거법 및 재판관할은 「국제사법」의 일반원칙에 의하여 결정된다고 보아야 할 것이다. 즉, 법원은 당사자의 명시적 의사표시가 있으면 그에 의하고 명시적 의사표시가 없으면 당사자의 묵시적인 의사를 찾을 것이다. 이것도 어려우면 거래관계와 가장 밀접한 관련을 가지는 법체계를 준거법으로 선택할 것이다. 앞의 예에서 당사자의 명시적 · 묵시적 선택이 없다고 가정하고 「국제사법」의 일반원칙에 의하여 인정되는 적절한 법률(proper law) 개념을 동원한다면, 한국기업과 서울에 있는 은행의 법률관계는 한국법에 의하여 규율되고 서울의 지시은행(instructing bank)과 A국의 보증서발급은행(issuing bank)의 관계는 한국법이나 A국법에 의하여 규율된다. 그리고 A국은행과 A국기업의 관계는 A국법에 의하여 규율될 것이다.

하지만 보증의 대상인 법률관계, 즉, 한국기업과 A국기업 간 계약관계의 준거법은 한국법이나 A국법이라고 쉽게 단정하기는 어려우며 구체적인 계약내용을 살펴보아야 할 것이다.

이와 같이 네 가지 계약관계에서 서로 준거법이 달라질 경우 적용하는 법체계의 상이함으로 인하여 당사자가 원래 의도했던 것과 다른 계약해석 등이 일어날 수도 있다. 특히, 계약의 유효기일과 관련하여 청구보증의 수익자는 계속하여 유효기일의 연장을 요청하는 사례가 많고 연장이 허용되지 않으면 지급청구를 하겠다는 압력을 가할 수도 있다. 이러한 사유로 한 번 발행된 보증서가 수년간 지속되는 경우도 있을 수 있다. 국가에 따라서는 보증서 발행은행의 지급기일 제한을 인정하지 않으며 보증서의 수익자가 실제로 보증서를 반환해야 보증서 발행은행의 책임을 해제시키는 경우도 있다.

이러한 점을 고려할 때 위와 같은 보증거래에 있어서 적절한 준거법 및 재판관할의 선택이 중요하다고 하겠다.

VI. 청구보증의 사기적 청구

청구보증의 특징은 주채무계약에 관하여 주채무자와 수익자 사이에 다툼이 있더라도 수익자는 그 계약으로부터 독립하여 보증인으로부터 지급을 받을 수 있도록 보증인의 의무를 강화시킨 데 있다. 그러나 수익자의 청구가 사기(fraud) 또는 권리남용에 해당하는 경우에는, 발행은행에 지급을 거부하는 항변권이 인정된다.

우리나라 대법원도 "독립적 은행보증의 경우에도 신의성실의 원칙 내지 권리남용의 원칙의 적용까지 배제되는 것은 결코 아니라고 할 것이므로, 수익자가 실제에 있어서는 보증의뢰인에게 아무런 권리를 가지고 있지 못함에도 불구하고, 위와 같은 보증의 추상성 내지 무인성을 악용하여 보증인에게 청구를 하는 것이 객관적으로 명백할 때에는 이는 권리남용의 경우에 해당하여 허용될 수 없는 것이고, 이와 같은 경우에는 보증인으로서도 수익자의 청구에 따른 보증금의 지급을 거절할 수 있다고 보아야 한다." 고 하고 있다(대판 1994.12.9. 93다43873).

각국의 판례들도 다음의 경우에는 청구보증의 독립성을 부인하고 있다.

(i) 주채무자의 채무불이행이 불가항력적 사유로 인하여 불가능하게 되었는데도 수익자가 보증서의 이행을 청구한 경우

(ii) 주채무계약상 주채무자의 의무가 전부 이행되었는데도 수익자가 주채무계약에서 정해진 것보다 더 많은 의무의 이행을 요구하며 보증서상의 권리를 행사한 경우

(iii) 수익자가 주채무계약상 자신의 채무(공사대금지급의무) 등을 이행하지 아니하고 오히려 보증서의 독립성을 악용하여 보증서상의 금액을 청구하여 온 경우

Ⅶ. 발행은행의 보호

1. 구상손해담보(counter-indemnities)

청구보증의 경우 발행은행은 사기적 청구가 아닌 한 수익자의 청구가 있으면 지급하여야 한다. 따라서 발행은행은 자신의 채권보전을 위하여 지시은행이나 수주자로부터 구상권을 확보하기 위하여 구상손해담보(복보증)를 획득하여야 한다. 보증서가 현지은행에 의하여 발행된 경우 현지은행은 보증서 발행의 결과 발생하는 모든 비용을 담보하는 손해담보약정서를 지시은행으로부터 징구한다. 지시은행은 다시 자신의 고객인 수주자로부터 지시은행이 현지은행으로부터 청구를 받고 지급하는 모든 금액을 상환받을 수 있도록 하는 내용의 구상손해담보를 취득하게 된다. 이 관계를 도식으로 표시하면 [그림 6-1]과 같다.

[그림 6-1]

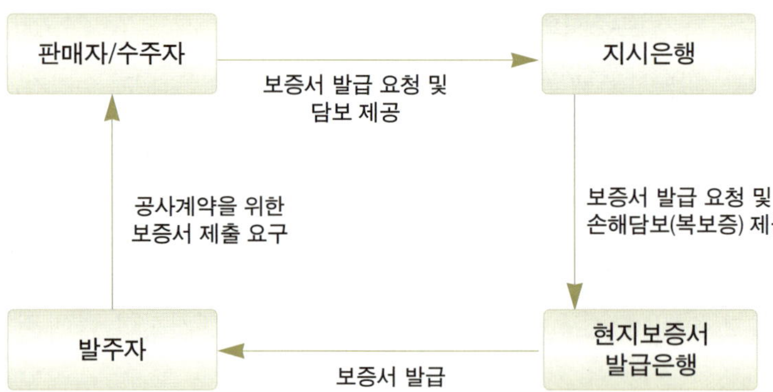

2. 보증의 신디케이션(syndication)

최근 건설 수주자들은 외국정부와 큰 규모의 해외 공사계약을 체결하게 되는데 이 경우는 그에 상응하는 대규모의 보증이 요구된다. 이와 같은 보증계약의 경우 개별 은행들은 혼자서 위험을 감수하려 하기보다 신디케이션을 통하여 위험을 분산시키려 한다.

신디케이티드 보증의 구조는 발주자/수익자를 위하여 청구보증 형태로 발행된다는 점을 제외하면 전형적인 신디케이티드 대출약정과 매우 유사하다. 도식으로 표현된 신디케이티드 보증발행은 [그림 6-2]과 같다.

[그림 6-2]

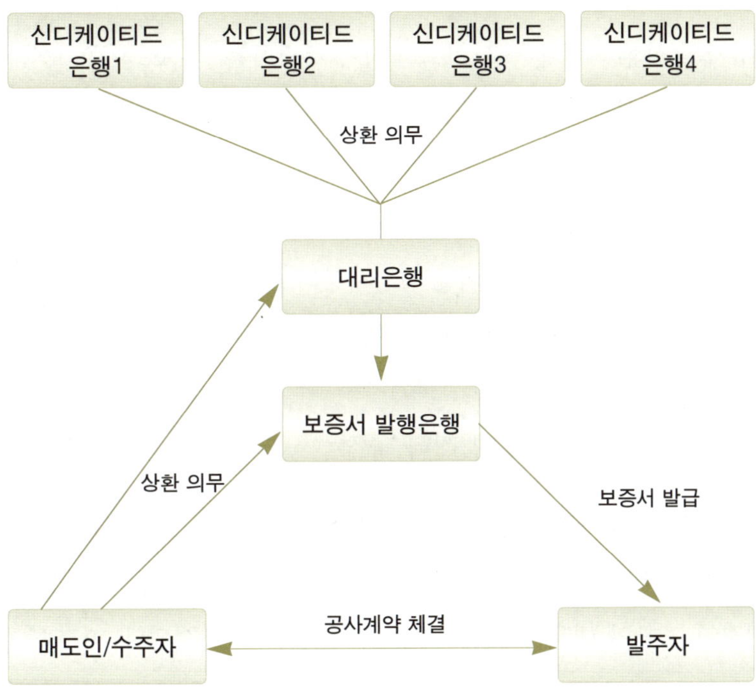

(1) 두개의 상환 의무(two recourse obligations)

[그림 6-2]에서 보는 바와 같이 신디케이티드 보증에는 두 개의 상환 의무가 존재한다. 하나는 보증서 발행은행과 신디케이티드 은행(참가자들) 간의 의무로, 이는 발행은행이 보증서에 의한 지급으로 인하여 입은 손해를 참가자들이 개별적으로 상환하는 것이다. 각 참가자들의 상환 의무는 신디케이티드 보증계약상 자신의 약정금액에 비례한다.

각 참가자들의 상환 의무는 신디케이티드 보증약정서 내의 상환 조항에 의하기보다 보증서 발행은행에 대하여 참가자들이 발행하는 스탠드바이 신용장의 형태를 취한다. 일부 은행들은 계약상의 상환 조항보다 스탠드바이 신용장을 수취하는 것이 더 안전하다고 생각한다.

(2) 매도인/수주자가 부담하는 상환 의무

다른 하나의 상환 의무는 매도인/수주자가 부담하는 의무로 이는 보증서 발행은행에게 직접 부담할 수도 있고 신디케이티드 보증약정의 참가자들에게 부담할 수도 있다.

신디케이티드 보증 약정에는 보통 대리은행을 둔다. 대리은행은 매도인/수주자로부터 구상대금을 회수하여 이를 약정서상의 조건에 따라 보증서 발행은행이나 참가자들에게 비례적으로 지급하는 역할을 한다.

(3) 신디케이티드 보증약정의 기타 규정

신디케이티드 보증약정서에는 매도인/수주자의 진술 및 보증, 확약 및 채무불이행 사유를 포함하여 신디케이티드 대출 약정상의 표준 조항들이 많이 포함된다. 구체적인 조항의 내용은 당연히 사안별로 다르게 작성된다. 따라서 현지 변호사의 법률의견서를 받아 이 조항들이 매도인/수주자에게 유효하고 구속력 있는 의무를 부과하는지 여부를 확실하게 해두는 것이 중요하다.

신디케이티드 방식으로 거액의 보증을 모집하는 일은 복잡하고 매도인/수주자의 비용이 증가되는 문제가 있으나 은행 입장에서는 리스크 분산이 가능한 효과적인 장치이며 매도인/수주자 입장에서는 자신의 이름을 국제금융시장에 알리는 계기가 될 수 있다.

Ⅷ. 스탠드바이 신용장(Stand-by Letter of Credit)

미국에서는 은행의 경우 연방 및 주 은행법상 제3자의 채무를 위하여 지급보증을 하는 것이 금지된다. 은행의 보증행위는 은행의 설립목적을 넘어선다는 이유이다(ultra vires). 결과적으로 보증행위는 은행이 아니라 보증전문기관(surety company)의 업무가 되었다.

은행보증 금지와 국제무역에 따르는 보증의 필요성 증대를 해결하기 위하여 미국의 은행들은 보증신용장(stand-by letter of credit)을 사용하게 되었다.

보증신용장은 화환신용장(commercial documentary credit)과 동일한 구조이며 서류의 제시만으로 지급책임이 발생한다. 다만, 보증신용장의 경우는 보증 대상 계약이 화환신용장의 경우처럼 제시서류들을 생성하지는 않으므로 수익자가 제시하여야 하는 서류는 매도인/수주자가 이행을 하지 않았다는 진술서면뿐이다. 이러한 수익자의 진술은 화환신용장의 선하증권(bill of lading)과 같은 제3자적인 증거력이 없지만 통상 보증신용장에서 많이 이용된다. 이러한 경우 보증신용장에서의 발행은행의 지급 의무는 즉시지급 보증의 발행은행 의무와 유사하다.

또한 보증신용장은 독립적인 지급보증이므로 보증 대상 계약과는 별개이다. 수익자의 진술만 있으면 수익자의 보증 대상 계약 위반 사실도 발행은행이 지급을 거절할 수 있는 항변이 되지 못한다. 지급은행의 입장에서는 수익자의 진술서가 보증신용장의 문언과 일치하는가를 검사하면 되고 계약의 실질관계를 검사할 의무는 없다.

청구보증의 경우와 마찬가지로 보증신용장에 있어서 발행은행이 보증지급을 거절할 수 있는 경우는 사기적 청구의 경우이다.

어떤 경우가 사기적 청구에 해당되느냐 하는 것은 구체적 사건에 있어서 미국판례의 동향을 검토하여야 한다. 그렇지만 청구보증이든 보증신용장이든 간에 지급은행이 사기적 청구의 분명한 증거를 인식하고 지급하는 경우에는 은행이 지급에 대하여 책임을 져야 한다는 것이다.

제 2 절

보증과 컴포트레터 (Guarantee and Comfort Letter)

I. 보증의 목적 및 형태

국제거래에 있어서 보증이 필요한 첫 번째 이유는 주채무자의 채무불이행이 있을 경우에 보증인으로부터 지급을 받고자 함이다. 예를 들면, 해외 현지법인이 채권발행에 있어서 국내에서의 기채취지서(prospectus)요건을 회피하기 위하여 채권발행자로 이용되는 경우 모회사의 보증이 요구될 것이다.

두 번째로는 보증인으로 하여금 주채무자에 대한 감독을 철저히 하도록 하기 위하여 보증이 요구되기도 한다. 예를 들면 모회사가 자회사의 부채를 보증함으로써 자회사를, 또는 이사가 회사의 부채를 보증함으로써 회사의 경영감독을 철저히 하도록 유도하는 것이다.

세 번째로 보증은 보증인으로부터의 간섭을 배제하기 위하여 이용되기도 한다. 예를 들면 외환규제권한을 지닌 중앙은행을 보증인으로 함으로써 보증인의 사후 외환규제를 막을 수 있는 것이다.

보증은 여러 가지 형태로 이루어질 수 있다. 첫째, 보증인이 주채무자의 채무불이행을 전제로 이차적인 책임을 지는 보증의 형태이고 두 번째는 보증인이 주채무자의 채무불이행과 상관없이 일차적인 책임을 부담하는 형태(indemnity liability), 또한 어떤 경우에는 법률적인 구속력이 없는 보장장(letter of comfort)의 형태로 이루어지기도 한다.

보증은 배서를 통한 유통증권으로 대체되기도 하며, 유사보증(quasi-guarantees)이 이용되기도 한다. 주채무자의 채무불이행 발생 시 보증인이 채권자로부터 당해 채권을 매입하기로 약정하는 경우이다. 또한 보증이 이행 보증이나 보증신용장의 형태로 이루어지기도 한다.

Ⅱ. 국제보증의 특수성

국제거래의 특수성이 보증에 있어서도 반영되는 경우가 많다. 예를 들면, 중장기대출계약이 보증부인 경우 보증계약에서도 보증인이 대출계약상 주채무자가 부담하는 것과 유사한 서약사항을 부담한다. 즉, 담보제공금지 서약, 재무정보의 제공 의무, 진술과 보장, 세금보전 조항 등이다. 주채무가 신디케이티드 대출인 경우에는 보증계약에 동등대우 서약과 분배 조항이 삽입된다.

통상 국제보증의 경우 주채무계약과 동일한 준거법, 재판관할을 약정함으로써 후일 소송 발생의 경우 편의를 도모한다.

보증인이 주채무자와 특수관계에 있는 경우가 아니고 독립적인 관계인 경우 보증인의 보호를 위하여 특별조항이 삽입되기도 한다. 예를 들면 주채무자의 채무불이행 시 일정한 유예기간 경과 후에 보증인에게 청구할 수 있도록 함으로써 보증인으로 하여금 주채무자와 협의할 시간을 주고 주채무자의 확실한 채무불이행의 경우에만 보증인이 책임을 지도록 하는 것이다. 또한 보증인은 자기보호를 위하여 보증계약상 보증인의 보증책임발생과 관련이 되는 정보제공을 요구할 수 있고, 채권자로 하여금 채무자의 기한의 이익 상실 시 사전에 보증인에게 통지하도록 하는 것 등이다.

Ⅲ. 보증의 법률문제

(1) 보증의 형식

보증의 형식은 보증계약의 준거법과 보증계약이 체결되는 장소의 법률에 맞아야 한다.

(2) 주채무자의 능력

보증계약의 내용에 따라 차이가 있지만 주채무자가 차입권한이 없을 경우 보증이 무효로 될 수도 있으므로 주채무자의 능력에 대한 검토가 필요하다.

(3) 보증인의 능력

보증인의 보증권한과 관련하여 실무적으로는 항상 보증인 소재지의 법률의견서를 징구하여 보증인의 보증권한을 확인할 필요가 있다.

(4) 보증인의 파산

보증인이 파산할 경우 재판관할에 따라 파산일 기준으로 일정 기간 이전에 제공한 보증은 그 효력이 부정될 수 있다.

(5) 보증서 작성 시의 고려사항들

(i) 준거법은 보증대상이 되는 주채무의 준거법과 일치시키는 것이 바람직하다.

(ii) 재판관할도 주채무의 재판관할과 일치시키는 것이 소송 시 편리하다.

(iii) 영미법을 준거법으로 할 경우 약인(consideration)이 명시되어야 한다.

(iv) 보증의 범위 및 계속적 보증의 표시에 유의해야 한다.

(v) 채권자에 의한 차주의 의무사항 변경 시 보증의 효력을 지속시키기 위하여는 이에 대한 허용조항이 있어야 한다.

(vi) 보증인이 수인일 경우 채권자와 수인의 보증인의 관계, 개별 보증인의 보증의무 면제 관련 조항에 유의하여야 한다.

(vii) 보증인 외에 물적인 담보가 있을 경우 보증인의 대위권을 배제하는 조항에 유의하여야 한다.

Ⅳ. 컴포트레터(Comfort Letter)

컴포트레터는 법률적으로 구속력이 있는 보증서의 대안으로 사용되며 통상 컴포트레터의 발행자가 법률적으로 구속받기를 원하지 않을 경우에 이용된다. 보통 컴포트레터는 발행자가 보장의 대상이 되는 대출이나 거래를 알고 있으며 승인한다는 진술로 시작한다. 또한 모회사가 차주에 대한 지분을 유지한다는 진술, 일정한 재정적인 지원을 할 것이라는 진술이 포함된다. 경우에 따라서는 차주사의 안정적인 경영을 약속하고 차주사로부터 자금회수를 하지 않겠다는 약속을 하기도 한다.

이러한 컴포트레터는 구속력이 없는 것으로 흔히 인식되지만 컴포트레터의 문구에 따라 구속력을 발생시킬 수도 있다는 점을 유의해야 한다.

영국법에서는 상업적인 합의는 분명한 표시가 없으면 법률적으로 구속이 되는 것으로 해석하는 경향이 있다. 하지만, 컴포트레터에서 많이 사용되는 문구인 "It is our intention(or policy) to do...." 에서의 'intention' 을 실행의 의무를 부담하는 약속이라고 해석하기는 어렵다 하겠다.

반면에 컴포트레터라는 타이틀하에서 "We guarantee that in the following events we will see that the debts of our subsidiary not exceeding.... will be paid in full...." 이라는 문구의 내용은 컴포트레터라는 타이틀에도 불구하고 구속력을 가지는 합의라고 해석될 것이다. 컴포트레터가 보증은 아니더라도 법적 구속력을 가지는 것으로 인정되는 경우에는 그 위반에 대하여 손해배상책임을 물을 수 있다.

또한 영국법에서는 합의를 해야 할 합의(agreement to agree)는 계약으로서 인정이 되지 않는다. 즉, 컴포트레터의 제공자가 자회사에 대한 일정한 지분을 유지하지 못하는 경우에는 보증서를 제공하기로 한 경우 이러한 합의는 그 내용이 불분명하여 구속력이 인정되기 어렵고, 제공하기로 한 보증서의 구체적인 조건이 사전에 합의된 경우에는 구속력이 인정된다.

컴포트레터의 구속력이 인정되지 않는데도 불구하고 컴포트레터에 근거하여 차주사의 채무를 변제한 경우 컴포트레터 발행회사의 이사들은 회사에 대한 충실의무를 위반한 결과가 되어 회사에 대한 책임을 부담할 수도 있다.

제7장

국제채권거래의 법률관계

제 1 절

자본시장

자본시장(capital market)이란 거래소시장과 같이 유형적인 시장의 개념은 아니고 대신에 연기금, 투자펀드 등 투자 또는 거래의 목적으로 유가증권을 사기 희망하는 다양한 금융기관들로부터 조달을 할 수 있는 거대한 자본의 양을 의미한다. 여기에서 시장(market)이란 의미는 잠재적인 유가증권 발행자들의 자금 차입요구와 유가증권 투자가들로부터의 동원가능한 자금을 의미한다고 보는 것이 정확하다. 시장의 규모는 시장참가자들로부터 조달가능한 자금의 양과 발행된 유가증권의 유통성을 의미한다.

자금차입이 필요한 기업은 은행으로부터의 대출 대신에 이러한 자본시장에서 채권(bond)을 발행함으로써 필요한 자금을 조달할 수 있다. 이 장에서는 국제자본시장에서의 자본조달을 위한 유로본드의 발행절차를 알아본다.

제 2 절

채권과 대출의 비교

자본시장에서 채권발행을 통하여 자금을 조달하는 것은 은행의 대출을 통하여 자금을 조달하는 것과 비교하여 다음과 같은 차이가 있다.

(i) 자본시장에서 차입자는 전통적으로 채무를 증명하는 문서(debt securities, instruments)를 차입금과 교환하여 발행한다. 따라서 차입자는 발행자(issuer)라고 불린다.

(ii) 대부분의 대출거래는 은행을 통하여 이루어지지만 자본시장에서 채권구입의 형식으로 자금을 공여하는 기관은 은행을 포함하여 훨씬 다양하다. 이러한 기관들은 투자가(investors)라고 불리지만 전통적인 의미의 만기까지의 보유자뿐만 아니라 만기 이전에 유가증권을 매각하여 차익을 추구하는 투기적 거래자까지도 포함한다.

(iii) 자본시장에서는 은행대출과 달리 잠재적인 투자가가 많기 때문에 채권발행자에게 조달가능한 자금도 그에 상응하게 많다고 할 수 있다. 채권시장에서의 다양한 투자가 기반은 차입자의 채무, 즉 채무에 따른 위험이 다양한 투자가 사이에 분산된다는 이점이 있어 은행대출에 수반되는 자본비용을 부담할 필요가 없다. 이러한 요인은 자본시장에서의 기채비용을 줄이는

요인이 된다.

(iv) 앞에서 대출채권의 양도에 대하여 설명하였지만 대출채권 양도절차가 언제나 신속히 이루어질 수 있는 것은 아니며 대출채권의 유통시장도 제한되어 있다고 할 수 있다. 반면에 자본시장은 잘 확립되어 있고 유가증권의 매매는 상대적으로 신속하고 단순하다. 이러한 유가증권의 신속한 매매는 시장에 풍부한 유동성을 제공하여 더 많은 투자가로 하여금 유가증권의 만기 이전에 보유 유가증권을 처분할 수 있다는 인식을 제공하여 유가증권의 매입과 매각을 수월하게 만든다. 시장의 이러한 유동성은 투자가들로 하여금 유가증권의 낮은 수익률을 인용하도록 하며 이러한 점은 채권 발행자의 차입비용을 절감시킨다.

(v) 발행되는 채권의 만기나 규모가 은행대출에 비하여 다양하며 투자가 입장에서는 은행대출에 비하여 작은 규모의 참여도 가능하다.

(vi) 상장채권의 경우는 공시문제가 있으므로 이러한 문제가 없는 은행대출이 비공개로 이루어질 수 있는 것과 차이가 있다.

(vii) 일반적으로 말하자면 자본시장에서 발행되는 채권의 경우 서약사항들이나 채무불이행의 조건들은 은행대출의 대출계약서상의 조건들과 비교할 경우 덜 엄격하다고 하겠다. 채권의 경우에도 trustee가 채권의 표준적인 covenants 조건들을 모니터링하지만 대출의 경우처럼 차입자가 준수해야 하는 다양한 재무약정들을 모니터링하는 특정 은행이 존재하지는 않는다.

채권의 분류

1. 국내채(domestic bond)와 국제채(international bond)

발행자가 국내 자본시장에서 자국의 통화표시로 발행하는 채권을 국내채, 발행자가 자국 이외의 지역에서 외국투자가를 대상으로 외화표시로 발행 · 판매하는 채권을 국제채라고 부른다.

2. note와 bond

만기 5년 이내의 중 · 단기 채권을 note, 5년 이상 만기의 채권을 bond라고 한다. bond는 모든 채권증서를 포괄하는 개념으로 사용되기도 한다.

3. 유로채(eurobond)와 외국채(foreign bond)

국제채는 유로채와 외국채로 구분되며 유로채는 주로 표시통화국 이외의 지역에서 발행되어 국제적인 인수단에 의해 인수, 판매 및 유통되며 표시통화국의 법률을 적용받지 않는다(대부분 영국법을 준거법으로 한다). 외국채는 기채시장국의 법률규제와 관련기관의 통제하에 동 국가의 법정통화로 발행되며, 동 국가의 금융기관을 중심으로 구성된 인수단에 의하여 인수, 판매 및 유통된다.

외국채는 발행지역에 따라 Yankee Bond(미국), Samurai Bond(일본), Kangaroo Bond(호주) 등으로 구분한다. 최근에는 채권의 투자가 기반 확대를 위하여 유로채와 외국채의 성격을 동시에 갖는 형태인 Global Bond의 발행이 활발하게 이루어지고 있다.

4. 고정금리부 채권(Fixed Rate Bond)과 변동금리부 채권(Floating Rate Note)

고정금리부 채권(FRB)은 전형적인 채권의 형태로 발행 시에 고정된 액면이자율에 따라 확정이자(coupon)를 지급하고 만기까지 이율이 변동되지 않는다. 이자는 일년에 한 번(annually) 또는 두 번(semi-annually) 후불로(in arrear) 지급된다. 변동금리부 채권은 일정한 기준금리(benchmark rate, LIBOR 등)에 일정률의 가산금리(spread)를 더하여 이율을 결정하며, 이율은 이자지급 시마다 현재의 기준금리를 반영하기 위하여 재계산된다.

변동금리부 채권(FRN)은 고정금리부 채권보다 이자를 자주 지급하는데(예를 들면 quarterly) 이는 변동되는 시장이자율을 반영하기 위함이다. 변동금리부 채권(FRN)은 변동금리로 대출을 하는 금융기관들에게 편리한데 이는 자금조달과 운용을 일치시키기 위하여는 변동금리 차입이 필요하기 때문이다. 즉, 금리가 떨어지면 금융기관들은 대출에서 적게 이자를 수취하지만 변동금리부채권으로 조달한 차입금의 지급이자 역시 적게 지급하게 된다.

5. 공모채와 사모채

공모채는 채권주간사에 의하여 불특정 다수의 투자가에게 판매되고 상장되는 채권으로, 거액의 자금을 조달할 수 있으며 장기자금을 조달할 수 있다는 등의 장점이 있다.

사모채는 소수의 투자가들을 상대로 발행되며, 상장되지 않고 유통이 자유롭지 못하기 때문에 채권형태의 대출(Loan)이라 할 수 있다. 공시의무가 없거나 완화되어 있어 지명도가 낮은 차입자가 공모채시장 진출을 위한 준비단계로 활용하기도 한다.

제 4 절

채권의 발행절차

I. 관련 당사자

1. 발행자(issuer)

다양한 기관들이 자본시장에서 채권을 발행하여 자금을 조달할 수 있으며 이러한 기관들로서는 우선 기업들, 은행을 포함한 금융기관들, 정부와 정부단체, 공공기관, 국제기구들을 생각할 수 있다. 각 기관들이 채권을 발행하기 위하여는 발행권한이 주어져야 한다. 예를 들면, 기업들은 이사회의 결의 또는 정관상의 기재 등 설립법에 따른 수권이 필요하다. 유로채의 경우는 채권이 발행되는 국가의 통화가 조달되는 것은 아니며 발행자가 그 통화에 대하여 특별한 수요가 없다면 파생거래나 외환거래를 통하여 사용할 통화로 교환한다.

2. 주간사(lead manager)

채권발행의 주간사는 신디케이티드 대출의 주간사와 비슷한 역할을 수행하며 주로 투자은행 같은 금융기관이 맡는다. 주간사는 채권발행을 주선하며 발행의 전체 절차, 즉 발행자로부터 채권발행에 대한 위임장(mandate letter)을 수령하여 발행자가 실제로 자금을 수취하는 절차까지를 전부 관리한다. 주간사는 채권발행의 구조, 발행시기에 대하여 발행자에게 조언하며, 채권발행의 성공과 실패에 따라서 시장에서의 명성이 좌우된다.

3. 인수단(syndicate)

인수단은 유로채를 투자가들에게 판매하려고 하는 투자은행이나 증권회사 그룹이다. 즉, 그들의 네트워크와 시장에 대한 정보를 활용하여 투자가를 찾는 일종의 발행채권 분배조직의 기능을 한다.

대부분의 유로채발행에 있어서 인수단은 발행자와 발행채권 전액을 인수하는 계약을 한다. 이렇게 함으로써 발행자는 채권발행으로 수취할 금액을 정확히 알 수 있다. 인수단은 인수수수료를 대가로 수취하며 투자가들이 전액을 인수하지 않을 경우의 위험을 지게 된다. 일부 고금리채권 발행의 경우 인수단은 발행채권의 판매를 위하여 최선의 노력을 할 뿐이고 별도의 은행단이 미판매되는 채권을 인수하는 약정을 하기도 한다.

4. 재무대리인(fiscal agent)과 수탁인(trustee)

유로채권의 발행 시에는 (재무대리인계약(fiscal agency agreement)을 통하여)이나 수탁인(신탁증서(trust deed)를 통하여)을 둔다.

(1) 재무대리인

재무대리인은 발행자에 의하여 임명되는 발행자의 대리인이며 채권소지자의 대리인은 아니다. 재무대리인의 주임무는 채권소지자에게 원리금을 지급하는 것이며 채권소지자에 대한 통지 등의 일정한 행정적인 기능을 수행한다. 재무대리인계약에서 재무대리인을 임명하며 재무대리인은 채권소지자들에게 주의 의무를 부담하지 않는다는 것을 명시한다.

(2) 수탁인

수탁인은 발행자에 의하여 선택되고 임명되지만 채권소지자들의 이익을 대변한다. 수탁인의 권한과 의무는 신탁증서(trust deed)에 기재되나 수탁인은 보통법(common law)하의 신탁법 이론에 의하여 채권소지자들에게 주의 의무를 부담한다.

(3) 수탁자와 재무대리인 간의 선택

유로채 발행의 경우에는 비용문제로 대부분 수탁인보다 재무대리인제도를 이용한다. 하지만 일정한 경우에는 수탁인을 이용한다. 즉, 담보부 채권 발행의 경우 수탁인이 담보를 관리하는 것이 필요하다. 유통이 가능한 채권의 소지인이 변경될 때마다 담보권에 대한 부분권리를 새로운 소지인에게 이전하는 것이 비현실적이기 때문이다. 따라서 수탁인이 모든 채권소지자를 위하여 담보물을 관리하는 것이 편리하다. 재무대리인은 발행자의 대리인이고 발행자의 이익을 위해 행동하므로 이러한 담보물 관리 기능을 수행할 수 없다.

또한 후순위채(subordinated issues)발행의 경우나 채권이 상장되는 경우, 채권 발행지의 법률이 요구하는 경우에는 수탁자가 필요하다.

(4) 수탁자제도의 이점

수탁자제도는 발행자와 채권소지자 양자에게 모두 이점이 있다.

1) 발행자의 이점

발행자로서는 개별적인 채권소지자들을 상대로 하기보다 채권소지자들을 대변하는 하나의 전문적인 지식을 지닌 수탁자를 상대로 하는 것이 편리한 면이 있다. 즉, 수탁자가 없을 때에는 발행자의 디폴트 시에 개별적으로 다양한 요구를 하면서 채권회수 행동을 하는 채권자들을 발행자가 일일이 대응해야 한다. 하지만 전문성이 있는 하나의 수탁자가 있다면 이를 상대하는 것이 편리할 것이다. 이 경우 수탁자는 신탁증서의 조건하에서 다수 채권자의 지시하에 움직인다. 그렇지만 대다수의 신탁증서는 수탁자에게 기술적인 디폴트(technical events of default)의 경우는 유예할 수 있는 권한을 주고 있으므로 수탁자는 이러한 점을 이용하려는 개별적인 채권자로부터 발행자를 보호할 수 있다.

또한 수탁자에게는 채권자집회를 개최함이 없이 일정한 채권의 조건을 변경하는 데 동의할 수 있는 권한이 부여되기도 한다.

2) 채권소지자들의 이점

발행인의 디폴트 시에 채권소지자들은 채권회수를 위한 개별적인 행동을 취할 필요가 없고 전문성을 지닌 수탁자에게 의존할 수 있다.

대부분의 채권발행은 무담보이므로 발행자가 재정적인 어려움에 빠지면 채권소지자들의 지위는 매우 취약해진다. 이러한 경우 채권소지자들을 위한 수탁자는 채권소지자들이 개별적으로 행동할 경우에 비해 더 효율적으로 다른 채권자들과 공동보조를 취할 수 있다. 채권소지자들의 집단결의가 필요한 경우 수탁자가 있으면 회의를 주재하고 회의의 결론을 조율할 수 있다. 디폴트 시에 채권발행자는 수탁자를 통하여 변제하므로 일부 강력한 채권소지자가 소수 채권소지자들의 희생하에 발행자와 협상하는 것을 방지할 수 있다.

수탁자는 재무대리인이 가지지 못하는 발행자에 대한 조사권이 있다. 그러나 이러한 권한은 수탁자에게 특별한 조사의무를 부여하는 것은 아니고 발행자의 연간 재무자료, 통지서, 채권소지자들을 위한 확인서 등을 수령하는 것이다.

(5) 재무대리인의 이점

수탁자 대신에 재무대리인을 임명하는 가장 큰 이점은 비용 절감이다. 수탁자는 자신을 위한 변호사 선임이 필요하고 이러한 비용은 발행인의 몫이다. 수탁자의 역할에 상응하는 수수료도 지급되어야 한다. 반면에 재무대리인의 경우는 그 역할 자체를 기관의 명성으로 생각하여 재무대리인 선임을 위한 경쟁이 치열하며 수수료도 저렴하다.

5. 지급대리인(paying agents)

지급대리인은 채권의 원리금을 지급하는 발행인의 대리인이다. 지급대리인은 발행자로부터 지급대전을 수령하여 그것을 채권소지자가 소재하는 대리인에게 다시 분배한다. 발행인이 재무대리인을 사용하면 재무대리인이 지급대리인의 역할을 한다. 발행인이 수탁자제도를 사용할 경우 지급대리인이 임명된다.

6. 변호사(legal advisors)

발행인과 주간사는 각자 변호사를 선임한다. 수탁인제도를 이용하면 수탁자도 별개의 변호사를 선임한다. 대부분의 유로채는 영국법에 의하여 규율된다. 하지만 채권발행이 섭외적인 요소가 있으면 채권 자체가 영국법에 의하여 규율되는 것과 별개로 당해 국가의 변호사를 선임하여 해당국 법규와의 일치 여부를 확인하여야 한다. 변호사의 역할은 일차적으로 채권발행의 서류를 준비하는 것이다. 주요 채권발행 서류들은 주간사의 변호사에 의하여 준비된다. 또한 변호사들은 실사과정에 참여하고 채권발행의 법률의견서를 발급한다.

7. 회계감사인(auditors)

발행인이 재무제표를 작성하는 회사인 경우 회계감사인이 채권발행 절차에 관여한다. 주간사와 주간사의 변호사는 최소한 3년간의 발행인의 재무자료를 리뷰하고 채권이 상장될 경우에는 회계감사인의 보고서가 상장서류에 첨부된다. 또한 회계감사인은 발행인의 최종 공시된 재무자료 이후 발행인의 재무상태에 큰 변화가 없다는 것을 확인하는 보장장(Comfort Letter)을 주간사와 신디케이트에게 제출하여야 하며, 상장의 경우 회계감사인의 보고서가 상장서류에 포함, 공표된다는 것에 대하여도 동의서를 제출하여야 한다.

Ⅱ. 필요서류

유로채발행의 경우 많은 서류가 필요하고 작성되는데 크게는 채권의 인수와 판매에 관련된 서류와 채권 자체에 관련되는 서류로 구분된다. 이하에서는 그중 주요한 서류에 대하여 살펴본다.

1. 기채의뢰서(mandate letter)

채권발행인이 유로채 발행과 관련하여 주간사를 선정하면 주간사와 수차례의 협의를 거쳐 채권발행의 주요 조건을 담은 위임장(mandate letter)이라는 서신을 작성한다. 이 mandate letter에 의하여 주간사는 채권발행을 시장에 알릴 수 있고 신디케이트를 구성하기 위하여 다른 금융기관을 초청할 수 있다. mandate letter의 내용은 주로 주간사에 의하여 작성된다.

2. 기채취지서(offering circular, information memorandum, placing memorandum, prospectus or listing particulars)

유로채의 경우 발행이 되어 런던증권거래소에 상장될 경우 잠재적인 투자가들에게 제공될 정보를 담은 서류를 준비해야 한다. 이러한 서류는 FSA의 기준에 적합해야 하며, 이를 기채취지서(listing paticulars)라고 부른다. 상장이 되지 않더라도 발행에 관하여 잠재적인 투자가들에게 제공될 서류가 필요한데 이러한 서류는 주간사의 선호도에 따라 offering circular, information memorandum, placing memorandum, 또는 prospectus라고 불린다. 이러한 기채취지서의 형식과 내용은 대부분 시장관행에 따르며 비상장채의 경우도 통상 상장되는 채권에 준하는 형식이 요구된다.

3. 인수계약서(subscription agreement/underwriting agreement)

인수계약서는 발행자와 주간사, 공동간사단이 체결하는 채권발행의 기본이 되는 계약이다. 이에 따라 발행자는 채권을 발행하여 간사단에 판매하고 간사단은 발행되는 채권을 매입한다. 신디케이트단은 유로채를 인수할 때 자신들이 보유할 물량은 소액일 것을 전제로 하며 인수계약 이전에 자신들이 인수하는 채권을 소화시킬 투자가들을 미리 모집한다. 유로채의 경우(특히 영국) 신디케이트단은 발행채권 전액을 인수하며 인수계약의 조건으로 신디케이티드단의 발행자에 대하여 연대책임(joint and several)을 진다. 이 점은 신디케이티드 대출의 경우 각 은행의 책임은 자신의 대출약정분에 한하는 것과 다르다.

따라서 간사단은 간사단 간 약정서(agreement among managers)에서 각자의 인수분량을 약정하더라도 인수계약서(subscription agreement)는 발행자로 하여금 필요한 경우 어느 한 간사(manager)에게 전체 발행분을 인수할 것을 요구할 수 있다. 미국의 경우 간사단의 인수약정은 개별적인 것이며 이 경우 통상 인수계약서(underwriting agreement)라고 불린다.

인수계약서에 포함되는 주요 내용은 다음과 같다.

(i) 발행의 선행조건들(conditions precedent to the issue)

간사단앞 변호사의견서, 회계감사인의 동의서와 보장장, 발행인의 보장사항에 중대하고 불리한 변화가 없다는 증명서 등

(ii) 발행의 가격조건

(iii) 간사단에게 지급되는 수수료

(iv) 발행자가 부담하는 비용들

(v) 간사단앞 발행자의 보장사항들

발행자가 채권발행과 관련하여 제공한 중요한 정보들(특히 기채취지서)이 중요한 점들에 있어서 진실하며 정확하다는 사실의 보장과 발행인이 적법 유효하게 존재한다는 법률상의 보장(인수계약서는 또한 발행인의 부실진술에 대한 간사단의 면책조항을 포함하고 있다.)

(vi) 간사단이 채권의 판매제한(selling restrictions) 규정을 준수한다는 보장

(vii) 불가항력 조항

4. 간사단 간 약정서(agreement among managers)

간사단 간 약정서에는 간사단 사이의 계약으로서 주요 기능은 각 간사가 인수할 채권액수를 정하며 간사단 수수료의 배분도 정한다. 그리고 일정한 경우에 주간사가 간사단을 대리하여 행동할 수 있는 권한을 부여한다.

5. 회계감사인의 보고서, 동의서, 컴포트레터

기채취지서에는 발행인 재무서류의 요약본이 포함되는 경우가 있다. 이러한 경우에는 발행인의 회계감사인이 요약본이 발행인의 전체 재무서류와 일치한다는 서명을 요약본에 하여야 한다. 이러한 사항은 회계감사인의 보고서에도 포함된다. 회계감사인은 또한 회계감사인의 보고서가 기채취지서에 포함되어 인쇄되는 데 대하여 동의서 발급이 요구된다. 회계감사인이 발급하는 컴포트레터에는 다음 사항이 포함된다.

(i) 최근의 감사보고서 이후로 발행인의 재무상태에 중요하고도 불리한 변화가 없다는 사실

(ii) 기채서류에 포함되어 있는 감사받지 않은 재무정보들이 정확하다는 사실

회계감사인이 제공하는 컴포트레터는 두 가지가 있으며 첫 번째는 인수계약 시에 제공되고 두 번째는 첫 번째의 것을 업데이트하여 대금납입 시에 제공된다. 이러한 컴포트레터는 간사단에게는 법률의견서와 마찬가지로 중요하며 회계감사인들은 종종 그들의 책임을 제한하려고 노력하지만 법률적으로 구속된다.

6. 법률의견서

법률의견서는 주간사와 간사단 그리고 수탁인으로부터 요구된다. 주간사의 변호사는 발행서류들의 구속성에 대한 의견서를 발급하며 발행인의 변호사는 발행인의 적법설립, 채권발행에 필요한 동의 등 수권사항이 구비되었다는 사실, 발행인에 대한 발행서류들의 강제집행성, 조세문제에 대하여 의견서를 발급한다.

7. 재무대리인계약(fiscal agency agreement)

재무대리인계약은 발행인과 재무대리인 사이의 계약이다. 재무대리인 계약에는 채권소지인이 원리금을 수취하는 구조가 규정되어 있다. 채권소지인앞으로의 지급은 지급대리인을 통하여 이루어지는데 이것은 발행인 스스로는 지급을 하는 행정적인 능력이 없기 때문이다. 채권발행이 수탁자제도를 이용할 경우는 지급대리인이 필요하고 재무대리인을 사용할 경우에는 재무대리인이 지급대리인 기능을 담당한다. 유로채의 경우는 통상 결제시스템(clearing system)을 이용하므로 실제의 지급경로는 이 시스템을 통하여 이루어진다.

[그림 7-1] 유로채의 원리금 지급 흐름도

8. 지급대리인계약(paying agency agreement)

유로채 발행 시 수탁자제도를 이용할 경우 수탁인은 원리금지급사무를 담당하지 않는다. 이 경우는 발행인과의 별도의 지급대리인계약에 의하여 지급대리인이 선임되며 재무대리인계약에서와 유사하게 지급사무를 규정한다.

9. 신탁증서(trust deed)

수탁인제도가 이용될 경우 신탁증서에는 다음 사항 등이 기재된다.

(i) 신탁관계의 설정

(ii) 수탁인의 권한과 의무

(iii) 수탁인의 임명과 해임

(iv) 채권소지인 집회에 관한 사항

(v) 발행인의 재무상태에 관한 모니터링

10. 보증증서(deed of guarantee)

일부 회사들은 조세 등의 이유로 자회사를 이용하여 채권을 발행하여 모회사를 위한 자금을 조달한다. 이러한 자회사들은 채권발행의 목적으로만 설립되거나(special purpose vehicles; SPVs) 회사가 속한 그룹의 자금조달창구 역할을 한다. 어느 경우이든 이러한 회사는 자산이 거의 없는 껍데기 회사들이다.

이러한 회사들은 채권발행 시 투자적격등급(investment grade)을 부여받지 못하므로 채권발행의 신용등급 상향을 위하여 모회사가 유로채의 원리금 지급에 대하여 보증할 필요가 있다. 보증은 유로채 자체에 배서 형식으로 표시될 수도 있고 보증증서 형식을 갖출 수도 있다.

제5절

채권의 유통

I. 발행시장과 유통시장(primary and secondary markets)

채권이 발행되면 우선 발행시장(primary market)에 제공된다. 발행시장에서는 발행자가 자금을 조달하기 위하여 투자가들에게 채권을 판매한다. 투자가가 채권을 만기까지 보유한다면 그 거래는 발행시장으로 국한된다. 그러나 대부분의 투자가들은 채권을 만기 이전에 매각하여 일찍 자본이득을 실현하려고 하는데, 이러한 시장을 유통시장(secondary market)이라고 한다. 유통시장에서는 투자가와 트레이더들이 기발행된 채권을 사고판다.

Ⅱ. 결제시스템(clearing systems)

1. 결제시스템의 기능

일부 채권들은 확정소지인식 채권증서(definitive bearer form)로 발행된다. 이러한 채권형식은 쉽게 이전될 수 있다는 장점이 있지만 지폐와 마찬가지로 도난이나 분실에 취약하다. 이러한 소지인식 채권을 다루는 데 수반되는 위험을 줄이는 한 가지 방법이 제3자로 하여금 채권을 안전하게 보관하게 하고 채권의 이전을 담당하게 하는 것이다. 이에 따라 국제적으로 유통되는 채권의 안전보관과 결제를 위하여 전문화된 결제시스템이 존재한다. 결제시스템을 이용하면 거래되는 소지인식 채권을 직접 다룰 필요가 없다. 유로시장에서는 대표적인 결제시스템으로 Euroclear와 Clearstream이 있다.

2. 결제시스템의 작동

Euroclear와 Clearstream은 채권만을 다루지는 않는다. 양 시스템 모두 대부분의 유가증권들, 즉 채권, 채무증서, 주권, 상업어음, 예탁증서 등 국제자본시장에서 활발히 거래되는 유가증권을 수탁대상으로 한다.

Euroclear와 Clearstream은 비슷한 방식으로 운영되며 결제시스템에 수탁된 유가증권들은 확정형이거나 글로벌 형태다. 결제시스템의 일차적인 목적은 발행된 이후의 소지인식 증권을 물리적으로 취급하는 것을 피하는 것이다. 그래서 실제의 채권증서(확정소지인식 증권이든 글로벌 형태이든)는 보관을 위하여 예탁은행(depositary bank)으로 넘겨지고 결제시스템은 일련의 장부기장(book entries)을 통하여 이루어진다. 결제시스템을 이용하려는 투자가는 두 개의 계좌를 개설해야 한다.

(i) 유가증권 결제계좌

(ii) 유가증권의 매매로 대금결제가 일어나는 현금계좌

결제시스템은 발행시장과 유통시장에서 모두 작동한다. 새로운 유가증권이 발행되면 유가증권은 결제일자에 간사단의 계좌에 입고되었다가 그 다음 투자가들의 계좌로 이체된다.

결제시스템은 또한 각 유가증권의 이자지급일과 상환기일을 기록하여 각 기일에 지급제시를 한다. 따라서 채권소지자들은 각 기일에 맞추어 지급을 위하여 쿠폰이나 채권을 제시할 필요가 없다. 또한 결제시스템은 투자가들의 지시에 따라 유가증권에 부착된 옵션이나 전환권을 행사한다.

제 8 장

자산유동화와 커버드본드의 법률관계

제1절 자산유동화

제2절 커버드본드

제 1 절

자산유동화

Ⅰ. 서설

1. 자산유동화의 의의

'Securitization' 이라는 용어는 원래 금융의 증권화, 즉 은행 대출에 의존하던 전통적인 자금조달방식에서 탈피하여 증권의 발행을 통한 자금조달이 확대되는 현상이라는 의미로 사용되어 왔으나, 오늘날의 자본시장에서는 '자산유동화(asset securitization)' 라는 좀더 구체적인 의미로 사용되고 있다.[1)]

자산유동화는 차입금융(debt financing)의 하나로서, 금융회사나 기업이 자신이 보유하고 있는 자산 중 대출채권이나 매출채권 등과 같이 유동성이 부족한 자산(illiquid assets)을 동질성(homogeneity)이 있는 것끼리 집합(pooling)하여,

1) 'Securitization' 은 또한 자금조달의 목적이 아니라 특정 자산과 관련된 위험을 이전시키기 위한 목적으로 전통적인 자산유동화와 파생상품을 결합시킨 합성자산유동화(synthetic securitization)까지도 포함하는 '구조화금융(structured finance)' 이라는 용어와 서로 대체적으로 사용되기도 한다.

그 집합 자산을 보유할 목적으로 특별히 만들어진 특수목적기구(special purpose vehicle; 이하 "SPV")에 이전시킨 다음, 그 이전된 자산을 기초로 하여 SPV 명의로 자본시장에서 증권(securities)을 발행하여 투자자들에게 매각하고, 그 집합 자산으로부터 장래 발생하는 현금흐름(cash flows)을 증권의 원리금 상환에 사용하는 일련의 과정을 의미한다.

[그림 8-1] 자산유동화 구조

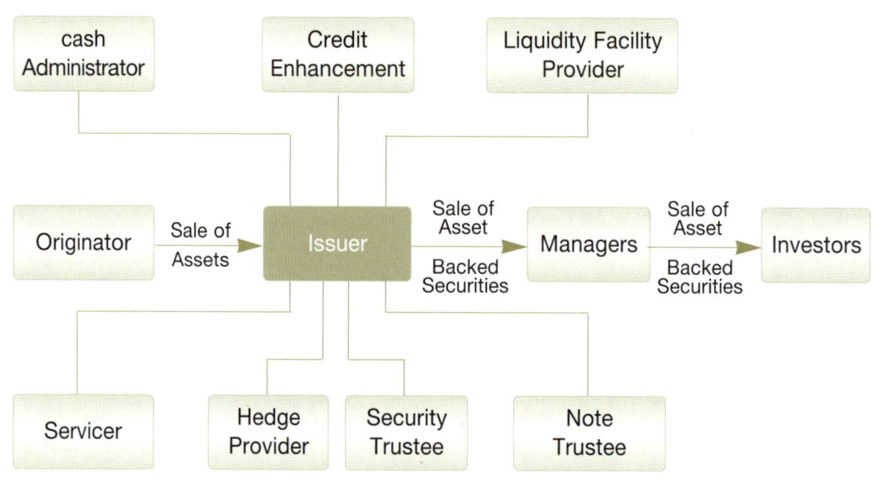

출처: IFC

금융회사나 기업의 입장에서 보면 위와 같은 자산유동화를 통하여 자금의 차입이라는 금융의 목적을 달성하게 되지만, 자산의 이전이라는 특이한 방식을 통하여 자금을 차입한다는 데 그 특징이 있다.

자산유동화는 금융회사나 기업의 입장에서는 비유동적인 자산의 현금화를 통하여 현금흐름을 개선하고 유동성을 제고할 수 있으며, 자신의 신용등급보다 높은 등급을 받기 때문에 자금조달비용을 절감할 수 있을 뿐만 아니라, 자금조달의 다변화를 통해 재무구조 개선효과를 가져올 수 있다. 특히 은행은 부실대출을 유동화함으로써 BIS 자기자본비율을 높이는 효과를 얻을 수도 있다.

투자자들의 입장에서는 투자대상의 선택범위가 넓어지고, 일반 회사채보다 상대적으로 안전하면서도 높은 수익률을 얻을 수 있다는 이점이 있다.

2. 자산유동화의 연혁

자산유동화는 1970년 미국 정부저당금융공사(Government National Mortgage Association; Ginnie Mae)가 주택저당증권(mortgage-backed securities; MBS)을 발행한 것을 효시로 하여 시작되었다. 1980년대에는 유동화대상 자산이 자동차할부금융채권(auto loans), 신용카드채권(credit card receivables) 등으로 확대되면서 서서히 발전해오다가, 1990년대에 들어 유동화 대상 자산이 장래에 현금흐름을 창출할 수 있는 거의 모든 종류의 자산으로 확대되면서 급속하게 발전하기 시작했다.

유럽에서는 1987년 이후 자산유동화 기법이 확산되었으나 영국의 MBS 시장을 제외하고는 그다지 활성화되지 못하다가, 1996년 이후 영국, 프랑스, 스페인, 네덜란드, 벨기에, 독일, 이탈리아 등에서 빠른 성장을 보였다. 특히 프랑스, 이탈리아, 스페인, 포르투갈, 그리스, 룩셈부르크, 폴란드 등의 나라들은 자산유동화 거래에 방해가 되었던 자국의 법적 장애를 극복하기 위하여 자산유동화에 관한 특별법까지 제정하여 자산 유동화를 활성화시키고 있다.

아시아에서는 1990년대 초반에 자산유동화 기법이 도입되어 1997년 이후 크게 활용되기 시작하였는데, 우리나라도 1997년 말 외환위기를 겪으면서 은행 등 금융회사의 부실채권 처리를 주된 목적으로 1998년 9월「자산유동화에 관한 법률」(이하 "자산유동화법")이 제정된 이후 급속한 성장을 하여왔다.

3. 자산유동화의 프로세스와 기본개념

자산유동화의 프로세스 및 자산유동화와 관련된 기본개념들을 은행이 가지고 있는 주택담보대출채권(mortgage loans)을 유동화하는 경우를 예로 들어 설명하면 다음과 같다.

이 은행은 유동화대상 자산인 대출채권들을 창출한(originate) 당사자라는 의미에서 "originator" 라고 하며 우리나라의 자산유동화법에서는 유동화대상 자산을 보유하고 있다는 의미에서 "자산보유자" 라는 용어를 사용하고 있다. 한편, 유동화대상 자산인 대출채권들의 채무자는 보통 단순하게 "obligors" 또는 "채무자" 라고 부른다.

은행은 유동화시키고자 하는 대출채권들을 SPV로 이전하는데, SPV로 이전된 대출채권들의 집합(pool of loans)을 일반적으로 "asset pool" 또는 "underlying assets" 이라 하며 우리나라의 자산유동화법에서는 "유동화자산" 이라고 하고 있다. 본 사례에서는 유동화자산인 대출채권들의 원금 총액이 미화 1억 불이고 이 대출채권들의 가중평균이자율은 8.55%라고 가정한다.

SPV는 유동화자산(underlying assets)을 보유하면서 이를 기초로 증권(securities)을 발행하고, 그 발행대금을 가지고 유동화자산의 대가인 1억 불을 은행에 지급하며, 유동화자산에서 나오는 현금흐름은 SPV가 발행한 증권의 원리금 상환에 사용하는데, SPV가 발행한 증권을 일반적으로 "asset-backed securities(ABS)" 라 하며, 우리 자산유동화법에서는 "유동화증권" 이라 부르고 있다. 그리고 본 사례에서와 같이 주택담보대출채권(mortgage loans)을 기초로 발행한 유동화증권은 "mortgage-backed securities(MBS)" 또는 "주택저당증권" 이라고 한다.

이와 같은 과정을 통하여, 자산보유자인 은행은 SPV로 이전한 대출채권들에 대하여 이제 하등의 직접적인 권리를 가지지 아니하며, 또한 SPV가 발행한 유동화증권을 보유하는 투자자들도 자산보유자인 은행의 일반재산에 대하여는 하등의 권리를 갖지 아니하는 구조가 만들어지게 된다.

SPV가 발행하는 유동화증권은 보통 여러 종류의 증권으로 구조화되어 발행된다. 가장 단순하게는 선순위(senior)와 후순위(junior)로 나뉘어 발행되며, 선순위(senior), 메자닌(mezzanine), 그리고 후순위(junior)로 나뉘어 발행될 수도 있고, 또한 클래스 A(class A), 클래스 B(class B) 등등 여러 종류로 나뉘어서 발행될 수도 있다. 이와 같이 선 · 후순위 구조화(이를 "subordination" 또는 "credit-tranching"이라 한다) 등을 통하여 여러 종류의 증권을 발행하는 것은 선순위증권 투자자들이 후순위증권 투자자들보다 원리금 지급우선순위에서 앞서는 권리를 가지도록 하는 등 유동화자산에 대한 서로 다른 내용의 권리를 부여하는 데 그 목적이 있다.

본 사례에서는 세 종류의 유동화증권, 즉 Class A-95%(senior bond; 선순위사채), Class B-2%(mezzanine bond; 메자닌사채), 그리고 Class C-3%(junior bond; 후순위사채)를 발행한다고 가정한다. 유동화자산인 대출채권들에서 나오는 현금흐름이 상환해야 할 유동화증권 원리금에 미치지 못할 경우 그 손실금액은 가장 먼저 Class C 사채에 의해 흡수되며, 이에 의해서도 완전히 흡수되지 아니한 손실금액은 다시 Class B 사채에 의해 흡수되므로, Class A 사채 투자자들은 Class B나 Class C 사채 투자자들보다 우선적으로 원리금을 지급받게 되며, 결과적으로 유동화자산의 손실금액이 5%를 초과하지 않는 한 유동화자산의 손실에 의한 영향을 받지 않고 원리금 전액을 지급받게 된다. 즉, Class B 사채나 Class C 사채의 존재가 Class A 사채의 손실에 대한 완충(cushion) 작용을 하게 되며, 이로 인해 Class A 사채는 신용평가기관(rating agency)으로부터 높은 신용등급(rating)을 받을 수 있게 된다.

자산유동화에 있어 Class B나 Class C 사채의 발행금액은 Class A 사채가 목표 신용등급인 AAA 등급을 받을 수 있도록 하는 수준에서 결정되는데, 이를 후순위증권의 "사이징(sizing)"이라 한다. 마찬가지로, Class C 사채의 발행금액도 Class B 사채의 목표 신용등급, 예컨대 투자등급(investment-grade rating)을 받을 수 있도록 하는 수준에서 결정된다. Class C 사채는 투기등급으로 발행되므로 투자자를 찾을 수 없는 경우가 있어 자산보유자(originator)가 매입하여 보유하는 것이 일반적이다.

이 세 종류의 증권은 서로 다른 이자율로 발행되는데, Class A 사채는 신용위험이 가장 낮으므로 가장 낮은 이자율로 발행되며, Class C 사채는 신용위험이 가장 높기 때문에 가장 높은 이자율로 발행된다. 여기에서는 이 세 종류 증권의 가중평균이자율이 7%라고 가정한다.

SPV는 대체로 실체가 없는 명목상의 회사(shell entity)로서, 자산보유자(originator)로부터 유동화자산인 대출채권들을 취득한 후에도, 그 대출채권을 추심하는 데 필요한 직원이 없어 추심 기타 자산관리기능(servicing function)을 수행할 수 없다. 따라서 차주와 거래관계가 있을 뿐만 아니라 추심 기타 자산관리를 하는 데 필요한 인프라와 시스템을 갖추고 있는 자산보유자(originator)가 자산관리기능을 담당하는 것이 보통이다. 그리하여 이제 자산보유자였던 은행은 대출채권들의 대주로서의 지위 대신에 SPV의 "자산관리자(servicer)" 로서의 지위를 가지게 된다. 경우에 따라서는 자산관리기능이 대출자산의 관리를 전문으로 하는 독립적인 제3자에게 부여될 수도 있다. 자산관리자(servicer)를 자산보유자로 할 것인지 아니면 독립적인 제3자로 할 것인지는 구조적인 관점에서라기보다는 경제적 요인에 의해 결정된다.

본 사례에서는 자산관리자에게 지급해야 하는 수수료가 연 0.5%라고 가정한다. 유동화자산인 대출채권들의 가중평균이자율 8.55%에서 SPV가 발행한 세 종류 증권의 가중평균이자율인 7%와 자산관리자에게 지급하는 자산관리수수료 연 0.5%를 합한 7.05%의 차이는 1.05%인데, 이 차이를 "초과스프레드(excess spread)" 라 한다. SPV는 잔여이익(재산)에 대한 지분권증서(residual interest certificates)를 발행할 수도 있는데, 이는 자산보유자(originator)가 매입하는 것이 보통이다.

이와 같은 자산유동화거래의 결과로서 당사자들이 실현한 내용은 다음과 같다.

우선, 자산보유자(originator)인 은행은 유동화자산인 대출채권들을 SPV에 이전하면서 그 대가로 미화 1억 불을 지급받았다. 액면금액 합계액이 미화 0.3억 불인 Class C 사채를 자산보유자(originator)인 은행이 매입하였다고 가정하면, 실제로 조달한 금액은 0.97억 불이 된다. 또한 자산보유자(originator)인 은행이 SPV의 잔여이익지분권증서(residual interest certificates)를 취득한 경우에는 잔여이익(residual interest), 즉 Class A, Class B 및 Class C 사채의 원리금이 모두 상환된 후에도 SPV에 남게 되는 재산을 취득하게 된다.

투자자들은 신용등급과 이자율이 서로 다른 세 종류의 증권 중 투자 대상을 선택할 수 있는 이점을 가지게 되었다. 이 증권들은 신용등급의 차이 이상의 서로 다른 특징, 예컨대 이자율위험의 차이(duration/convexity)도 가질 수 있다.

SPV는 유동화증권의 원리금상환 및 잔여이익의 지급이 모두 이루어지고 나면 최종적으로 아무것도 가지는 것이 없게 되는데, 이는 SPV가 자산유동화를 가능케 하기 위하여 만들어진 도구에 불과하다는 그 성격에서 도출되는 당연한 귀결이라고 할 수 있다.

4. 해외 자산유동화(Cross-Border Securitization)

국내의 금융회사나 기업이 유동화증권을 해외에서 발행하거나 외국의 금융회사나 기업이 우리나라에서 유동화증권을 발행하는 국제 자산유동화거래도, 유동화증권이 증권의 한 종류인 이상 일반적인 국제증권발행에 있어 제기되는 법률상의 쟁점을 그대로 가지고 있다.

그 외에도 유동화증권의 발행에 있어서는 일반적인 증권의 발행과는 달리 SPV를 통하여 증권을 발행하기 때문에 유동화증권 발행 이전의 단계인 자산보유자에 의한 유동화자산의 집합, SPV의 설립, 그리고 SPV에로의 유동화자산의 양도와 관련된 법률문제 등 추가적인 법적 쟁점이 발생한다.

국제증권발행과 관련된 일반적인 법률문제에 대해서는 '제7장 국제채권거래의 법률관계'에서 이미 살펴보았으므로, 이하에서는 자산유동화거래에 특유한 법적 쟁점에 대해서만 살펴보기로 한다.

Ⅱ. 자산보유자에 의한 유동화자산의 집합

1. 자산보유자

자신이 가지고 있는 자산의 유동화를 통하여 자금을 조달하고자 하는 금융회사 또는 기업을 '자산보유자(originator)' 라고 한다는 것은 앞에서 설명한 바와 같다. 그런데, 모든 금융회사나 기업이 다 자산보유자가 될 수 있는 것은 아니며, 나라마다 그 경제여건에 따라 자산보유자가 될 수 있는 자격을 서로 다르게 규정해 두고 있다. 따라서 유동화증권을 매입하는 투자자의 입장에서는 그 유동화증권의 자산보유자인 금융회사 또는 기업이 그 소재하는 국가의 국내법상 자산보유자가 될 수 있는 자격이 있는지를 확인하여야 한다. 예컨대, 우리나라의 금융회사나 기업이 해외에서 유동화증권을 발행하기 위해서는 우리나라의 법률상 자산보유자의 자격을 가지고 있어야 한다.

우리나라의 현행 자산유동화법은 자산보유자가 될 수 있는 자를 금융회사, 공기업 및 신용도가 우량한 법인으로 한정하고 있다(자산유동화에 관한 법률 제2조 제2호, 동시행령 제2조), 이는 자산유동화법상 부여되는 세제감면이나 등기특례 등의 혜택이 악용되거나, 도산 직전의 기업이 우량자산을 유동화하여 관계인에게 헐값에 매각함으로써 채권자들의 이익을 해치는 등 자산유동화제도를 악용하는 부작용을 사전에 예방하기 위해서이다. '신용도가 우량한 법인' 의 기준은 금융위원회의 「자산유동화업무감독규정」에 규정되어 있는데, 비상장법인의 경우에는 투자적격(BBB)의 평가등급을 받은 법인만이 이에 해당되지만, 상장법인의 경우에는 그러한 제한이 없이 모두 해당된다(자산유동화감독업무규정 제2조).

2. 유동화자산

유동화의 대상이 될 수 있는 자산(receivables)도 나라마다 법률제도 등의 차이 때문에 서로 다를 수 있으므로 자산보유자가 소재하는 국가의 법률에 따라 검토할 필요가 있다.

우리나라 자산유동화법은 유동화자산을 '자산유동화의 대상이 되는 채권 · 부동산 기타의 재산권' 이라고 정의하고 있는데(자산유동화에 관한 법률 제2조 제3호), 이론상으로 유동화자산은 이를 기초로 발행하는 증권의 원리금상환에 적합한 정도의 현금흐름을 창출할 수 있고, 집합(pooling)이 가능한 동질적인 (homogenous) 자산으로서 양도가능한 것이면 무엇이나 가능하다고 보는 것이 일반적이다.

장래에 사용할 신용카드 사용대금 채권 등과 같이 장차 발생할 채권도 유동화의 대상이 될 수 있는지에 대해서는 특히 나라별로 검토할 필요가 있다. 우리나라에서는 대법원 판례가 장래채권도 양도 당시 기본적 채권관계가 어느 정도 확정되어 있어 그 권리의 특정이 가능하고 가까운 장래에 발생할 것임이 상당 정도 기대되는 경우에는 양도할 수 있다고 보고 있으며(대법원 1996.7.30. 선고 95다7932 판결; 대법원 2010.4.8. 선고 2009다96069 판결 등), 실제로도 신용카드채권 등 장래 발생할 채권 중 주로 5년 이내에 발생할 채권을 이용한 자산유동화가 활발히 이루어지고 있다.

Ⅲ. SPV의 설립

1. SPV의 의의

자산유동화는 투자자가 자산보유자의 신용도가 아니라 자산보유자의 일정 자산, 즉 유동화자산의 현금흐름에 의존하는 거래이다. 따라서 유동화자산 자체 및 그로부터 발생하는 현금흐름에 대해서는 자산보유자에 대한 어떠한 채권자들보다도 투자자가 우선적인 권리를 갖도록 하는 것이 그 요체가 된다. 특히 자산보유자가 도산한 경우에도 유동화자산이 도산절차의 적용을 받지 않도록 하는 도산절연(bankruptcy remoteness)을 통하여 투자자의 권리가 영향을 받지 않도록 하는 것이 필요하다. 이와 같이 투자자들의 유동화자산에 대한 우선적 권리를 보장하기 위하여 고안된 방식이 바로 유동화자산을 다른 법인격체(legal entity) 등으로 이전시킴으로써 자산보유자의 다른 자산으로부터 분리(isolation; ring-fencing)하는 것인데, 유동화자산의 분리 수단으로 이용되는 것이 바로 SPV이다.

SPV는 또한 그 자체가 도산하지 않도록 하는 것이 필요하다. 이를 위해 SPV의 업무를 자산유동화에 관한 업무로 제한하고,[2][3] 자산유동화와 무관한 채무를

2) 우리나라의 자산유동화법은 유동화전문회사의 업무를 (i) 유동화자산의 양수 · 양도 또는 다른 신탁업자에의 위탁, (ii) 유동화자산의 관리 · 운용 및 처분, (iii) 유동화증권의 발행 및 상환, (iv) 자산유동화계획의 수행에 필요한 계약의 체결, (v) 유동화증권의 상환 등에 필요한 자금의 일시적인 차입, (vi) 여유자금의 투자, 그리고 (vii) 기타 (i) 내지 (vi)의 업무에 부수하는 업무로 제한하고 있다(자산유동화에 관한 법률 제22조).

3) 우리나라 법원은 유동화전문회사의 대표자가 자산유동화에 관한 법률 및 자산유동화계획이 정하고 있는 절차를 거치지 않고 직접 유동화자산으로 등록되어 있는 근저당권부 채권에 관하여 질권을 설정하여 준 사건에서, "[1] 자산유동화에 관한 법률이 유동화전문회사의 업무를 자산유동화계획에 따른 일정한 행위들로 제한하고 있는 취지는 유동화전문회사로 하여금 공시된 자산유동화계획에 따라 유동화전문회사의 설립 취지에 부합하는 합리적이고 정상적인 자산유동화 관련 업무 외의 업무는 수행하지 못하도록 함으로써 유동화자산을 계획에 따라 운용할 것을 기대하고 유동화증권에 투자한 투자자들에게 예측할 수 없는 위험이 발생하는 것을 방지할 필요가 있기 때문이고, 그와 같은 자산유동화에 관한 법률의 입법 목적과 그 밖의 규정들의 내용에 비추어 보면, 유동화전문회사의 업무를 자산유동화계획에 따른 일정한 행위들로 제한하고 있는 자산유동화에 관한 법률 제22조는 단순한 단속규정이 아니라 권리능력의 범위에 관한 강행규정으로서 이에 위반한 유동화전문회사의 행위는 그 효력이 없다. [2] 자산

부담할 수 없도록 하여 SPV의 채권자가 SPV의 파산 등을 신청하는 경우가 발생하지 않도록 하였다. 한편, 자산보유자로부터 독립된 임원을 두게 하고, 나아가 자산보유자와 실질적으로 연결되지 않도록 독립된 제3자로서의 형식을 갖추게 함으로써, 자산보유자가 파산하는 경우 자산보유자가 SPV로 하여금 같이 파산 신청을 하도록 하거나 또는 법원이 자산보유자와 SPV의 자산을 동일시하여 SPV를 자산보유자의 도산절차에 통합시키지 않도록 하는 것이 필요하다.

2. SPV의 법적 형태

SPV의 법적 형태는 기본적으로 그 설립지, 조세상의 효과(tax implications), 그리고 SPV가 발행하고자 하는 유동화증권의 종류, 즉 pass-through형 증권인지 아니면 pay-through형 증권인지에 따라 달라지는데, 일반적으로 신탁(trust) 또는 회사(corporation)의 형태를 취하며, 그 중 회사 형태로 설립된 SPV를 특수목적회사(special purpose company; SPC)라고 부른다. 신탁은 영미법 국가에서 많이 이용되고 있으며, SPC는 신탁의 개념에 익숙하지 아니한 대륙법계 국가에서 많이 이용되고 있다.

우리나라의 자산유동화법은 SPV로서 (i) 유동화전문회사, (ii) 유동화업무를 전업으로 하는 외국법인, 그리고 (iii) 신탁만을 인정하고 있다(자산유동화에 관한 법률 제2조 제1호 및 제3조 제1항).

우리나라 자산유동화법상의 SPC인 '유동화전문회사'는 상법상 유한회사의 형태를 취하도록 되어 있는데, 이는 유한회사가 주식회사에 비해 설립절차가 간편할 뿐만 아니라 의결권, 배당, 잔여재산(이익)분배 등의 면에서 사원평등의 예

유동화에 관한 법률의 입법 목적 및 같은 법 제10조와 제23조가 유동화전문회사의 대외적인 업무집행 행위를 상법상의 회사와는 달리 이사가 직접 행하는 것이 아니라 원칙적으로 자산관리자와 업무수탁자를 통하여 이루어지도록 강제하고 있는 점 등에 비추어 보면, 자산유동화에 관한 법률상 이사의 대표권 제한규정을 위반한 행위는 상법상 회사의 대표자가 이사회의 결의 등 회사의 내부절차를 거치지 아니한 경우와 달리, 상대방이 이를 알았거나 알 수 있었는지 여부에 관계없이 원칙적으로 무효이다."라고 판시하고 있다(서울중앙지법 2008.9.9. 선고 2008가합3898 판결).

외를 둘 수 있는 등 유연한 구조를 가질 수 있기 때문이다.

3. SPV의 법적 형태와 유동화증권의 분류

SPV가 발행하는 유동화증권의 투자자들이 SPV에 대해 가지는 권리는 지분(equity), 채권(debt) 또는 이 두 가지가 결합된 형태의 권리이다. 이러한 측면에서 유동화증권은 기본적으로 (i) 'Pass-through', (ii) 'Pay-through', 그리고 (iii) 'Collateralized debt'의 형태로 구분할 수 있다.

'Pass-through' 형태의 유동화증권은 신탁(trust)형 SPV가 발행하며, SPV가 그 투자자에게 SPV가 보유하는 유동화자산 및 그 현금흐름에 대하여 투자금액에 비례하는 직접적인 권리를 부여하는 지분(equity) 형태의 유동화증권을 말한다. 따라서 유동화자산의 조기상환위험은 투자자가 부담하게 된다.

'Pay-through' 형태의 유동화증권은 회사(corporation)형 SPV가 발행하며, SPV가 그 투자자에게 SPV가 보유하는 유동화자산 및 그 현금흐름에 대한 직접적인 권리를 부여하는 것이 아니라, 그 유동화자산의 현금흐름을 기초로 하여 발행하는 채무(debt) 형태의 유동화증권을 말한다. 따라서 유동화자산의 현금흐름에 대한 우선순위가 서로 다른 선 · 후순위 구조의 유동화증권, 변동금리부 유동화증권 등 다양한 형태로 발행될 수 있다.

'Collateralized debt' 형태의 유동화증권은 회사(corporation)형 SPV가 발행한다. SPV가 보유하는 채권(bond), 대출(loan) 등 특정 자산의 현금흐름과는 독립적인 그러나 그 특정자산으로부터 발생하고 또 그 특정 자산에 의해 담보되는 일정한 원금 및 이자를 지급받을 권리를 표창하는 권리를 투자자에게 부여하는 채무(debt) 형태의 유동화증권을 말한다.

우리나라의 자산유동화법은 유동화증권의 형태로 출자증권, 사채, 수익증권 기타의 증권 또는 증서를 규정하고 있다(자산유동화에 관한 법률 제2조 제4호). 그 중 출자증권과 사채는 유동화전문회사가 발행하는 유동화증권으로서 전술한

'Pay-through' 또는 'Collateralized debt' 형태에 해당하며, 수익증권은 신탁업자가 발행하는 유동화증권으로서 'Pass-through' 형태에 해당한다.

유동화전문회사는 상법상의 유한회사이다. 원래 유한회사는 사채를 발행할 수 없다는 것이 통설이나, 자산유동화법은 유한회사인 유동화전문회사가 사채를 발행할 수 있음을 명시하고 있다(자산유동화에 관한 법률 제31조). 또한, 유한회사는 그 사원의 지분에 관하여 지시식 또는 무기명식의 증권을 발행할 수 없으나(상법 제555조), 자산유동화법은 예외적으로 유동화전문회사가 무기명식의 출자증권을 발행할 수 있음을 명시하고 있다(자산유동화에 관한 법률 제28조 제1항).

신탁업자는 자산유동화계획에 따라 수익증권을 발행할 수 있으며, 이 경우 「자본시장과 금융투자업에 관한 법률」상의 수익증권 발행에 관한 제110조 제1항 내지 제4항의 적용을 받지 아니한다(자산유동화에 관한 법률 제32조).

이상의 설명은 법적 관점에서의 유동화증권의 분류이며, 유동화증권을 그 기초자산에 따라 분류하면 [그림 8-2]와 같다.

[그림 8-2] 기초자산에 따른 유동화증권의 분류

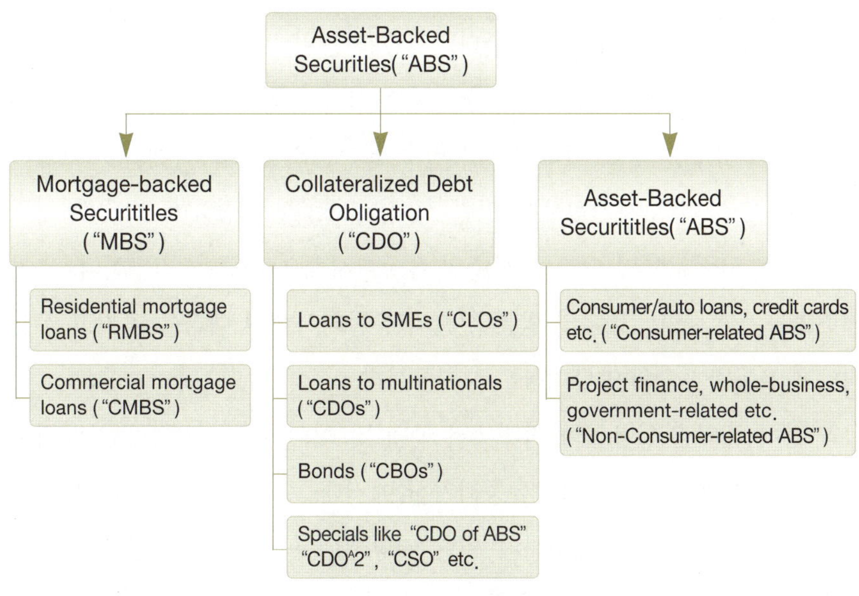

출처: HVB

4. SPV의 설립지

SPV를 어느 나라에 설립할 것인지는 자산보유자의 소재지, 조세상의 효과, 목표 투자자들의 소재지, 설립지의 법률제도 등을 고려하여 결정하게 된다.

국내 자산유동화의 경우에는 당연히 자국 내에 SPV를 설립한다. 그런데 해외 자산유동화를 위해 해외에 SPV를 설립하는 경우에는 절세 목적상 케이만, 버뮤다 등과 같은 조세피난처(tax haven) 또는 우리나라와 이중과세방지협정이 체결된 나라에 설립하는 것이 보통이다. 해외에 SPV를 설립하는 경우 어느 나라에 설립할 것인가를 결정함에 있어서는 절세 목적 외에도 그 나라의 회사법상 자본금요건, 사채발행 제한 여부, 회사운영 제한 여부, 증권 관련 법규상의 제한 등을 고려하여야 한다.

우리나라의 은행 등이 해외 자산유동화를 함에 있어서는 국내 및 해외에 각각 SPV를 설립하고 있다. 먼저, 국내에 자산유동화법상의 SPC(이하 "국내 SPC")를 설립하여 주택담보대출 등의 유동화자산을 그에 양도하고, 국내 SPC는 이 유동화자산을 기초로 두 종류의 유동화증권, 즉 외화표시 선순위 유동화사채와 원화표시 후순위 유동화사채를 발행한다. 그 중 선순위 유동화사채는 해외에 설립된 SPC(이하 "해외 SPC")가 인수하고, 후순위 유동화사채는 자산보유자가 인수한다. 해외 SPC는 국내 SPC로부터 인수한 선순위 유동화사채를 기초자산으로 하여 다시 해외 투자자들에게 일반 사채(notes)를 발행하며, 그 발행대금을 가지고 국내 SPC로부터 인수한 선순위 유동화사채의 대금을 지급한다. 그리고 국내 SPC는 해외 SPC로부터 받은 선순위 유동화사채의 대금을 가지고 자산보유자에게 유동화자산의 양수대금으로 지급한다.

이와 같이 해외 자산유동화 거래에서 국내 및 해외에 2개의 SPC를 설립하는 이유는 국내 SPC가 보유하는 유동화자산(예컨대, 주택담보대출)과 그 담보권(예컨대, 주택담보대출을 담보하기 위한 저당권), 유동화회사의 출자지분 등을 투자자들에게 담보로 제공하기 위한 것이다. 해외시장에서 담보부증권을 발행하는 경우에는 영미법상의 담보수탁(security trust)제도에 따라 담보물을 담보수탁인(security trustee)에게 간편한 방법으로 이전시키고 이 담보수탁인이 그 담보물을 모든 투자자를 위하여 보유하게끔 하고 있다.

그런데 이와 같은 담보수탁제도가 없는 우리나라에서는 국내 SPC가 간편하게 모든 투자자들에게 담보를 제공할 수 있는 방법이 없기 때문에 국내 SPC가 유동화증권을 해외에서 직접 발행하는 것은 불가능하다. 이러한 문제점을 해결하기 위하여 담보수탁제도가 인정되고 있는 해외에 SPC를 하나 더 설립하여, 일단 국내 SPC가 자산보유자로부터 유동화자산을 이전받아 이를 기초로 우리나라 자산유동화법에 따라 선순위 유동화사채를 해외 SPC에 발행하고, 나아가 국내 SPC가 보유하는 유동화자산과 그 담보권 및 출자지분에 대하여 해외 SPC를 담보권자로 하는 질권설정계약(pledge agreement)을 설정하여주고, 해외 SPC는 보통 영국법을 준거법으로 하여 자신이 보유하는 국내 SPC 발행의 선순위 유동화사채 및 국내 SPC가 제공한 질권을 담보수탁자(security trustee)에게 이전하여 담보부 사채를 발행하도록 하는 방식을 취하고 있다.

5. SPV의 신용, 유동성 등의 보강

SPV가 유동화증권의 투자자들이 요구하는 높은 등급의 유동화증권을 발행하기 위해서는 SPV의 신용위험과 유동성위험, 환율위험 및 조기상환위험을 경감시키기 위한 다양한 수단이 마련되어야 한다.

신용보강(credit enhancement)은 유동화자산 채무자들의 채무불이행으로 인해 발생하는 SPV의 신용위험을 경감시키기 위한 수단으로서, 내부신용보강과 외부신용보강으로 나눌 수 있다. 외부신용보강(external credit enhancement)은 은행 또는 신용보증기관의 지급보증 등과 같이 제3자의 지급능력을 이용하는 방법을 말한다. 내부신용보강(internal credit enhancement)은 유동화증권 그 자체를 신용위험이 경감될 수 있도록 설계하는 방식이다. 그 전형적인 수단으로는 앞에서 설명한 바와 같은 (i) 선 · 후순위 구조화(subordination 또는 credit-tranching)와 (ii) 초과스프레드(excess spread) 외에도, (iii) 유동화자산의 가치가 유동화증권의 원리금합계를 초과하도록 하는 초과담보(over-collateralization), 그리고 (iv) 신용등급 하락 등 유동화증권의 원리금상환이 의문시되는 경우에 있어서의 환매요구권(put-back option)이 있다.

유동성보강(liquidity enhancement)은 자산관리자가 유동화자산의 채무자들로부터 추심하는 유동화자산의 원리금을 SPV에 적시에 이전하지 못함으로써 유동화증권의 투자자들이 유동화증권의 원리금을 그 지급기일에 지급받지 못할 수 있는 일시적 자금부족 위험을 경감시키기 위한 수단이다. 내부신용보강의 수단과 같은 방식으로 보강될 수도 있으며, 외부 제3자와의 차입약정(credit line)이나 지급보증(guarantee) 등에 의해 보강될 수도 있다.

해외 자산유동화에 있어서는 유동화자산의 표시통화와 유동화증권의 표시통화가 서로 다른 경우가 많으므로, 그러한 경우에는 두 통화 간의 환율 및 이자율의 변동으로 인한 위험을 사전에 제거하기 위하여 은행 등의 스왑제공자(swap-provider)와 통화 및 이자율 스왑계약을 체결하는 것이 필요하다.

또한 주택담보대출이나 자동차론 등과 같이 유동화자산의 만기가 장기인 경우에는 시중금리의 하락추세 등 다양한 요인으로 채무자가 유동화자산의 채무를 조기에 상환할 가능성(prepayment risk)이 존재한다. 이로 인해 SPV는 조기상환원금을 낮은 금리로 재투자해야 하는 위험(reinvestment risk)을 부담하게 되므로, 보험회사 등이 제공하는 금리확정형상품(guaranteed investment contracts) 등을 통해 그러한 위험을 경감시킬 필요가 있다.

Ⅳ. SPV로의 유동화자산의 이전

1. 진정매매

앞에서 설명한 바와 같이 자산유동화는 투자자가 자산보유자의 신용도가 아니라 자산보유자의 일정 자산, 즉 유동화자산의 현금흐름에 의존하는 거래이다. 따라서 유동화자산 자체 및 그로부터 발생하는 현금흐름에 대해서는 자산보유자에 대한 어떠한 채권자들보다도 투자자가 우선적인 권리를 갖도록 하는 것이 그 요체가 된다. 특히 자산보유자가 도산한 경우에도 유동화자산이 도산절차의 적용을 받지 않도록 하는 도산절연(bankruptcy remoteness)을 통하여 투자자의 권리가 영향을 받지 않도록 하는 것이 필요하다.

따라서 자산보유자가 유동화자산을 양도의 형식으로 SPV로 이전하는 경우에는, 그 양도가 이루어지는 국가의 법률상 그 양도가 담보목적의 양도가 아닌 소위 '진정매매(true sale)' 이어야 한다. 만약 유동화자산의 양도가 진정매매가 아닌 담보권설정으로 인정되는 경우에는 투자자는 담보채권자의 지위에서 자산보유자의 도산절차에 의해 영향을 받을 수밖에 없기 때문이다. 예컨대, 우리나라의 경우 특히 자산보유자가 회생절차에 들어가는 때에는 담보권도 회생절차에 구속되고, 채권은 권리신고를 하지 아니하면 소멸될 뿐만 아니라 정리계획에 따라서만 변제되기 때문이다.

각국의 법률에 따라 기준이 조금씩 다르지만, 우리나라의 자산유동화법에 의하면 유동화자산의 양도가 다음과 같은 요건을 갖추는 경우에는 담보권의 설정이 아닌 진정한 매매로 인정된다(자산유동화에 관한 법률 제13조).

(i) 매매 또는 교환에 의할 것

(ii) 유동화자산에 대한 수익권 및 처분권은 양수인이 가질 것. 이 경우 양수인이 당해 자산을 처분하는 때에 양도인이 이를 우선적으로 매수할 수 있는

권리를 가지는 경우에도 수익권 및 처분권은 양수인이 가진 것으로 본다.

(iii) 양도인은 유동화자산에 대한 반환청구권을 가지지 아니하고, 양수인은 유동화자산에 대한 대가의 반환청구권을 가지지 아니할 것

(iv) 양수인이 양도된 자산에 관한 위험을 인수할 것. 다만, 당해 유동화자산에 대하여 양도인이 일정기간 그 위험을 부담하거나 하자담보책임(채권의 양도인이 채무자의 자력을 담보한 경우에는 이를 포함한다)을 지는 경우에는 그러하지 아니하다.

각국에서의 특정 자산유동화거래와 관련하여 이와 같은 진정매매의 요건이 충족되었는지의 여부에 대해서는 다음과 같은 경우 등을 포함한 다양한 해석상의 문제가 많이 발생하게 되는데, 종국적으로는 자산양도가 이루어진 국가의 국내 변호사(local counsel)의 법률의견서(legal opinion)를 통하여 진정매매 여부를 확인하여야 한다.

첫째, 유동화자산의 신용보강(credit enhancement)을 위하여 유동화증권을 선 · 후순위 구조화(subordination/credit-tranching)를 통하여 선순위와 후순위로 나누어 발행하고, 자산보유자가 후순위 유동화증권의 전부 또는 일부를 인수하는 경우, 이것이 자산보유자가 유동화자산에 대한 수익권 또는 위험을 인수한 것이 아닌가 하는 의문, 또는 국제회계기준(International Financial Reporting Standards: IFRS)의 적용에 따른 해석상의 의문 등이 제기될 수 있다.

둘째, 우리 자산유동화법은 진정매매의 요건으로 자산과 관련된 위험이 SPV에 이전될 것을 요구하면서도 자산보유자가 하자담보책임을 지는 것을 인정하고 있으므로 이 하자담보책임의 이행을 용이하게 하기 위하여 SPV가 유동화자산의 매매대금 중 일부를 자산보유자에게 지급하지 않고 유보금(reserve)으로 보유하는 경우가 있다. 이때에도 하자담보책임의 범위를 넓게 설정하는 경우에는 진정매매의 요건이 충족된 것인지의 의문이 발생할 수 있다.

그리고 우리 자산유동화법상 자산유동화를 위한 자산의 이전은 신탁계약에 의한 신탁으로써도 이루어질 수 있다. 이 경우 어떠한 요건을 갖추어야만 진정한

신탁으로 인정될 수 있을 것인지에 대해서는 자산유동화법에 규정이 없으므로, 대체로「신탁법」제8조의 사해신탁에 해당하지 않는 한 신탁재산이 자산보유자의 도산절차로부터 절연되는 것으로 보고 있다. 또한 진정한 신탁이 되기 위해서는 자산유동화법 제13조의 진정매매 요건의 충족되어야 하느냐에 대해서도 의문이 제기되고 있으나, 우리 대법원이 위탁자가 자신의 재산을 수탁자에게 관리처분의 목적으로 신탁하여 당해 재산에 대한 소유권을 대내외적으로 수탁자에게 완전히 이전한 다음 수탁자로 하여금 이 신탁재산 위에 위탁자의 채권자를 위하여 담보권을 설정하도록 하는 경우 이 신탁재산은 수탁자가 소유하는 재산이므로 그 위에 설정된 담보권은 제3자가 제공한 담보에 해당하기 때문에 위탁자의 도산절차로부터 영향을 받지 않는다는 입장을 취하고 있기 때문에(대법원 2001.7.13. 선고 2001다9267 판결; 대법원 2002.12.26. 선고 2002다49484 판결; 대법원 2003.5.30. 선고 2003다18685 판결), 신탁의 경우에는 자산유동화법 제13조가 적용되지 않는 것으로 보는 것이 일반적인 견해이다.

2. 채권양도의 대항요건 구비

유동화자산이 채권인 경우 그 양수인인 SPV가 양수받은 채권에 대한 권리를 가지고 채무자(obligors) 기타 제3자에게 대항할 수 있기 위해서는 "perfection", 즉 제3자 대항요건의 구비가 있어야 한다. 제3자 대항요건의 구비 여부는 보통 양도인인 자산보유자가 소재하는 국가의 법에 따라 판단해야 한다. 그런데 채권양도의 등록제도 또는 공시제도가 있는 나라도 있고 그렇지 아니한 나라도 있는 등 나라마다 그 구비요건이 다르므로 이를 확인하는 것이 필요하다.

우리나라의 경우 채무자에 대한 대항요건은 양도인이 채권양도사실을 채무자에게 통지하거나 채무자가 채권양도를 승낙하면 구비되며(민법 제450조 제1항), 채권양도인의 제3채권자 등 제3자에 대한 대항요건은 지명채권양도의 채무자에 대한 통지 및 승낙이 확정일자 있는 증서에 이루어지면 구비된다(민법 제450조 제2항).

그리고 채권이 이중으로 양도된 경우에는 어느 양수인의 권리가 우선하는지에 대한 "priority", 즉 우선순위의 문제가 발생되는데, 이에 대해 우리나라에서는 통지 또는 승낙에 붙여진 확정일자의 선후에 의해 결정할 것이 아니라 채권양도에 대한 채무자의 인식, 즉 확정일자 있는 양도통지가 채무자에게 도달한 일시 또는 확정일자 있는 승낙의 일시의 선후에 의하여 결정할 것이라는 것이 대법원의 입장이다(대법원 1994.4.26. 선고 93다24223 전원합의체 판결).

한편, 우리나라의 자산유동화법은 원활한 자산유동화를 도모하기 위해 유동화자산의 SPV로의 이전과 관련하여 현행 민법상 요구되는 요건과 절차에 대한 몇 가지 특례를 인정하고 있는바, 채권양도의 대항요건에 관해서는 (i) 채무자에 대한 대항요건을 갖추기 위해 채권양도통지를 함에 있어서는 양도인인 자산보유자뿐만 아니라 양수인인 SPV도 통지를 할 수 있고, (ii) 채무자의 소재불명 등으로 통지가 불가능한 경우에는 신문공고에 의해 통지를 할 수 있으며, 그리고 (iii) 채무자 외의 제3자에 대한 대항요건은 자산유동화법 제6조 제1항의 규정에 따라 금융위원회에 자산보유자 또는 SPV가 채권양도의 등록을 한 때에 이를 갖춘 것으로 본다는 특례규정을 두고 있다(자산유동화에 관한 법률 제7조).

3. 담보권의 이전

주택담보대출채권과 같이 자산보유자가 SPV에 양도하는 채권에 담보권이 붙어 있는 경우에는 그 담보권도 같이 이전되어야 한다.[4)]

우리나라의 자산유동화법은 원활한 자산유동화를 도모하기 위해 담보권의 이전과 관련하여서도 다음과 같은 절차상의 특례를 인정하고 있다.

4) 미국의 경우 UCC §9-312(a)에 의하면 대출채권에 질권을 설정하는 경우, financing statement 등록에 의해 대항요건이 구비되며, UCC §9-308(e)는 "Mortgage follows the note."라는 부종성 원칙에 따라, 대출채권상의 질권설정이 대항요건을 갖추면 그 대출채권을 담보하는 저당권상의 질권설정에 대해서도 자동적으로 대항요건을 갖춘 것이 되는 것으로 규정하고 있다.

첫째, 채권의 확정통지제도에 관한 특례이다. 현행 판례(대법원 1996.6.14. 선고 95다53812 판결) 및 대법원 등기예규(1997.9.9. 제정 제880호 근저당권에 관한 등기사무처리지침)에 의하면 자산보유자가 SPV에 근저당권담보부 채권을 양도 또는 신탁하기 위해서는 근저당권이 담보하는 채권의 금액을 먼저 확정하여야 한다. 그러나 이를 위해 채무자로부터 일일이 승낙을 받을 필요 없이, 자산보유자가 채무자에게 근저당권에 의하여 담보되는 채권의 금액을 정하여 추가로 대출채권을 발생시키지 아니하고 그 대출채권의 전부를 양도 또는 신탁하겠다는 의사를 기재한 통지서를 내용증명우편으로 발송한 때에는, 채무자가 10일 이내에 이의를 제기하지 않는 한, 통지서를 발송한 날의 익일에 당해 채권은 확정된다(자산유동화에 관한 법률 제7조의 2).

둘째, 담보권의 이전에 관한 특례이다. 질권 또는 저당권에 의해 담보된 채권을 양도하려면 질권 또는 저당권도 함께 양도하여야 하는데, 질권 또는 저당권의 양도는 질권 또는 저당권 이전의 부기등기를 하여야 그 효력이 발생한다(민법 제186조). 그러나 우리 자산유동화법에 의하면 질권 또는 저당권 이전의 부기등기 없이도 자산보유자 또는 SPV가 금융위원회에 채권양도의 등록을 한 때에 질권 또는 저당권 양도의 효력이 발생한다(자산유동화에 관한 법률 제8조 제1항).

4. 편파적 또는 사기적 양도

국가에 따라서는 민법이나 도산법에서 일정한 자산의 양도는 편파적 양도(preferential transfer) 또는 사기적 양도(fraudulent transfer)에 해당한다고 하여 그 효력을 인정하지 아니하므로 이에 대해서도 확인이 필요하다.

우리나라의 경우에도 일정한 자산양도는 「민법」 제406조에 따라 사해행위로 인정되어 법원에 의해 취소될 수 있으며, 또한 「채무자 회생 및 파산에 관한 법률」 제100조 또는 제391조에 따라 회생절차의 관리인 또는 파산관재인에 의한 부인권행사의 대상이 될 수 있다.

5. 혼장위험

SPV의 자산관리는 보통 자산보유자가 자산관리자(servicer)의 지위에서 수행하는 것이 보통이다. 그런데 자산관리자가 SPV의 유동화자산을 추심한 대금(proceeds)이 자산관리자 자신의 고유자산과 혼장(commingling)되면, SPV의 추심대금에 대한 권리의 행사가 유사시에 제한될 수 있는 위험이 존재한다. 따라서 이러한 혼장위험(commingling risk)의 방지 및 경감 제도가 갖추어져 있는지를 확인할 필요가 있다. 만약 그러한 제도가 갖추어져 있지 아니한 국가의 경우에는 그 국내 변호사를 통하여 SPV에 양도된 자산의 추적이 가능한지, 그리고 그 추적된 자산이 보호될 수 있는지에 대해 확인하는 것이 필요하다.

우리나라의 자산유동화법상 자산관리자는 관리를 위탁받은 유동화자산(그 관리 · 운용 및 처분에 따라 취득한 금전 등의 재산권 포함)을 그의 고유재산과 구분하여 관리하여야 하며, 유동화자산의 관리에 관한 장부를 별도로 작성 · 비치하여야 한다(자산유동화에 관한 법률 제11조). 그리고 자산관리자가 관리를 위탁받은 유동화자산은 자산관리자가 도산하는 경우에도 자산관리자의 도산재단을 구성하지 아니하며, SPV는 자산관리자 또는 그 파산관재인이나 회생절차의 관리인에 대하여 유동화자산의 인도를 청구할 수 있다(자산유동화에 관한 법률 제12조 제1항 및 제2항). 또한, 자산관리자가 관리를 위탁받은 유동화자산은 자산관리자의 채권자가 이를 강제집행할 수 없으며, 도산절차상의 보전처분 또는 중지명령의 대상이 되지 아니한다(자산유동화에 관한 법률 제12조 제3항).

6. 법률상 또는 계약상 채권양도의 금지

나라에 따라서는 특정 채권의 양도를 금지하는 법률이 존재할 수 있으므로 이를 확인하는 필요하다. 그리고 자산보유자로부터 SPV로 이전되는 채권의 발생원인이 된 계약 그 자체에 당사자의 특약에 의한 채권양도금지조항(antiassignment clause)이 포함되어 있을 수도 있다.

또한, 자산보유자의 기존 차입계약서상 자산보유자가 더 이상 일정 금액 이상의 담보부 차입을 하지 않기로 하는 약속조항(negative covenant)이 있는 경우 자산유동화를 위한 일정 자산의 SPV로의 양도가 이 약속조항에 위배되는 것은 아닌지에 대해서도 기존 차입계약서의 준거법 등에 따른 법률적 검토가 필요하다.

제2절

커버드본드

I. 서설

1. 커버드본드의 개념

커버드본드(covered bonds)는 주로 유럽대륙의 은행들이 자국의 커버드본드에 관한 특별법제도에 근거하여, 부동산담보대출채권(mortgage loans)이나 공공부문대출채권(public-sector loans) 등과 같은 일정한 우량 자산의 집합(cover pool; 이하 "담보 풀")을 담보자산(cover assets; collateral)으로 하여 발행하고 있는 채권(債券)으로서, 발행은행이 도산하는 경우 커버드본드 소지인들이 그 담보자산에 대하여 우선변제권(preferential claim)을 가지는 채권을 말한다. 간단히 말하면 담보부 은행채(bank bonds)이며, 넓게는 일종의 담보부 사채(secured corporate bond)라고 할 수 있다.

'커버드본드(covered bond)' 라는 용어는 독일의 Pfandbrief, 스페인의 Cédulas 또는 프랑스의 Obligation foncière와 같이 유럽대륙의 은행들이 각각

자기 나라의 특별입법에 근거하여 발행해온, 유사하면서도 각자 특이한 성격을 가지고 있는 여러 담보부 사채들을 통칭하기 위해 시장참여자들이 만들어낸 포괄적용어(umbrella term)이다.

최근에는 영국이나 미국, 캐나다, 네덜란드 등에서와 같이 특별법에 근거하지 않고 일반법에 따라 구조화기법을 이용한 커버드본드도 발행되고 있으므로 이를 포괄하는 개념으로 사용되고 있다. 경우에 따라서는 특별법에 근거하여 발행하는 커버드본드를 법정커버드본드(statutory covered bonds)라 하고, 일반법에 따라 또는 특별법에 근거하는 경우라도 구조화기법을 이용하여 발행한 커버드본드는 구조화커버드본드(structured covered bonds)라고 편의상 구분하여 부르기도 한다.

2014년에 제정된 우리나라의 커버드본드에 관한 특별법인 「이중상환청구권부 채권 발행에 관한 법률」에서는 커버드본드를 '이중상환청구권부 채권'이라는 명칭으로 표현하고 있다.

2. 커버드본드의 MBS와의 차이 및 장점

커버드본드는 은행이 보유하고 있는 부동산담보대출채권 등 일정 자산의 집합을 증권 발행을 위한 담보로 사용한다는 개념에 기초하고 있다는 점에서는 MBS와 유사하지만, 담보자산이 별도의 특수목적기구(Special Purpose Vehicle; 이하 “SPV”)로 이전되는 MBS(off-balance sheet securitization; [그림 8-3] 참조)와는 달리, 담보자산이 발행은행의 재무제표에 계속 남아 있다는 점에서 MBS와는 근본적인 차이를 가진다(on-balance sheet securitization; [그림 8-4] 참조).

따라서 커버드본드 소지인들은, 발행은행이 도산되지 않고 정상적으로 운영되고 있는 경우에는 통상적인 무담보 은행채에 있어서와 같이 커버드본드의 원리금을 그 발행은행의 일반적인 현금흐름으로부터 상환받으며, 발행은행이 도산한 경우에는 담보자산으로부터 우선적으로 원리금을 변제받을 수 있게 된다. 즉, SPV에 이전된 담보자산으로부터만 원리금의 변제를 받을 수 있는 MBS의 경우

[그림 8-3] MBS

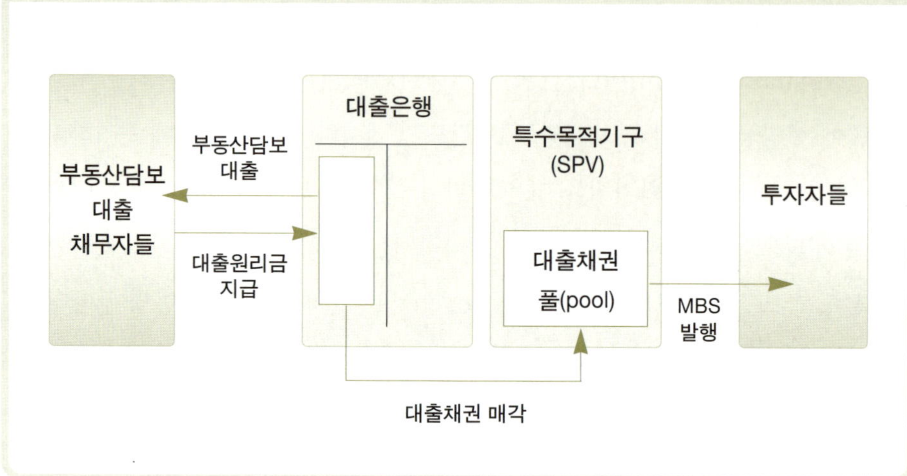

출처: EMF

[그림 8-4] 커버드본드

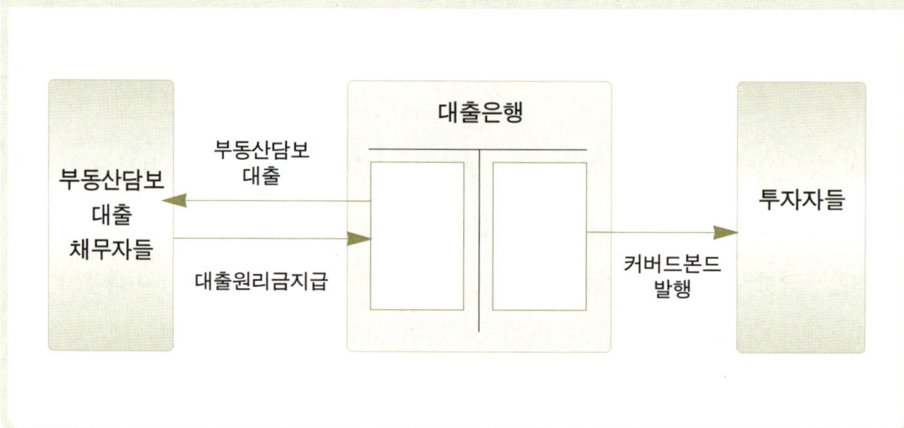

출처: EMF

와는 달리, 커버드본드 소지인들은 발행은행에 대한 상환청구권(full recourse right)과 담보자산에 대한 우선변제권(preferential claim)이라는 이중소구권(dual recourse)을 가진다.

이와 같은 이중소구권의 특징으로 인해 커버드본드는 일반적으로 그 발행은행

자체의 신용등급보다 높은 신용등급을 받을 수 있기 때문에 발행은행으로서는 낮은 비용으로 장기자금을 조달할 수 있는 이점이 있다. 또한, 2015년부터 시행되는 Basel Ⅲ는 은행이 30일 이내의 순현금 유출 규모 이상으로 '고유동성자산'을 보유할 것을 요구하는 유동성커버리지비율(Liquidity Coverage Ratio; LCR) 제도를 도입하였는데, 커버드본드는 '고유동성자산'에 포함되는 이점이 있다.

그리고 투자자들(주로 은행, 투자펀드, 연기금, 보험회사, 중앙은행 등의 기관투자가)은 국공채 이외에도 우량등급의 안전자산에 투자할 수 있는 기회를 가질 수 있게 되는 이점이 있다.

3. 커버드본드의 연혁

(1) 유럽

커버드본드는 유럽에서 채권(bond)에 대한 신뢰가 떨어졌던 17세기의 경제불황기에, 자금을 조달할 수 있는 안전한 금융상품의 필요성에서 부동산을 채권형태로 유동화시키려는 시도에 그 기원을 두고 있으며, 독일에서 7년전쟁 후 공공사업(public works projects)의 필요자금을 조달하기 위해 1770년에 'Pfandbrief'라는 이름으로 처음 발행되었다.

커버드본드는 초기에는 주로 농업자금을 조달하기 위한 수단으로 사용되었으나 후에는 주거용 및 상업용 부동산 시장에 집중하게 되었다. 19세기에 들어 커버드본드는 유럽의 거의 모든 국가가 커버드본드제도를 가지게 될 정도로 성행하였으며, 민간회사들과 은행들의 파산이 많았던 19세기 말에는 금융시스템을 안정화시키는 데 있어서도 중요한 역할을 수행하였다.

20세기 중반에 들어서는 은행간시장(interbank market)이 발달하고 그와 함께 성장한 예금 기반이 부동산담보대출의 재원으로 사용되면서 유럽의 많은 나라에서 그 중요성을 잃게 되었다.

그러나 유동성이 있는 상품에 대한 투자자의 수요를 충족시키고 또한 증가된 공공부문대출에 대한 재원을 조달하기 위하여 1995년 벤치마크형태의 독일 Jumbo Pfandbrief가 발행되면서 상황이 반전되었다. 나아가 유로화(Euro)의 탄생으로 인해, 통화에 관한 다양성을 더 이상 추구할 필요가 없게 된 투자자들은 유동성이 풍부한 금융상품을 찾는 데 집중하게 되었다. 은행들은 국제적인 자본투자자들을 유치하기 위해 신용도가 높고 유동성이 풍부한 채권을 통한 새로운 자금조달수단을 찾으면서 경쟁력 있는 자본시장상품을 만들기 위해 자신들의 커버드본드제도를 재활성화시켰으며, 주택시장의 활황으로 인해 늘어나고 있는 부동산담보대출 재원의 주요 조달수단으로 사용하게 되었다. 그 결과 오늘날에 와서는 거의 모든 유럽국가에서 커버드본드제도를 찾아볼 수 있게 되었다.

(2) 영국과 미국

유럽대륙과는 달리 MBS 제도가 발전되어 있는 미국과 영국에서는 몇 년 전까지만 해도 커버드본드가 전혀 주목을 받지 못했다.

영국에서는 2003년 영국의 HBOS(Halifax Bank of Scotland)가 최초로 계약법 등 일반법 제도하에서 구조화기법(securitization techniques)을 사용하여 유럽대륙 각국의 특별법제도에 근거한 커버드본드와 유사한 법적 · 경제적 효과를 가진 커버드본드를 발행한 후 뒤이어 몇몇 은행이 커버드본드를 발행하였으며, 커버드본드에 관한 EU 입법상의 우대조치 혜택을 받기 위해 그 후 약 3년간의 준비를 거쳐 'Regulated Covered Bond Regulations 2008' 이라는 이름의 법률을 제정하여 2008년 3월 6일부터 시행하고 있다.

미국에서는 2006년에 Washington Mutual Bank가 역시 구조화기법을 사용하여 최초로 커버드본드를 발행하였으며, 그 다음 해인 2007년 Bank of America가 동일한 구조를 사용하여 커버드본드를 발행한 적이 있을 뿐 활성화되지 못하였다. 그러나 최근 서브프라임 모기지 사태로 인해 그 기능이 거의 마비되어 있는 미국의 주택담보대출시장에서 커버드본드가 주택담보대출의 추가적인 재원조달수단으로 활용될 수 있고, 주택담보대출시장의 유동성을 확대할 수 있으며, 나아가 은행들의 자금조달수단을 다양화함으로써 그 재무구조를 강화하는 데 도움이 될 수 있다는 인식이 확산되기 시작하면서 그 발행에 커다란 관심을 가지게 되었다. 그리하여 연방예금보험공사(Federal Deposit Insurance Corporation; FDIC)가 2008년 7월 15일에 '커버드본드에 관한 FDIC의 최종 정책문서(Final FDIC Covered Bond Policy Statement)'를 발표한 데 이어, 재무부(United States Department of the Treasury; US Treasury)도 2008년 7월 28일 '주택담보대출 커버드본드에 관한 모범규준(Best Practices For Residential Covered Bonds)'을 발표하였다. 그 후 특별법을 통하여 커버드본드 발행은행 도산시의 커버드본드의 효력에 관한 법적 불확실성을 제거하고 커버드본드 구조에 대해 기본적인 통일성을 부여함으로써 미국에서의 커버드본드 시장의 성장을 도모하기 위하여 노력하고 있다.

(3) 우리나라

국내 은행권에서도 2008년부터 은행들이 보유하고 있는 주택담보대출채권을 담보로 하는 커버드본드의 해외발행에 대한 관심이 고조되어 왔다. 2009년에는 국민은행이 그리고 2010년에는 한국주택금융공사가 해외에서 커버드본드를 발행하는데 성공하였으며, 2011년 상반기에는 한국주택금융공사가 국내에서도 커버드본드를 발행하였다.

국내 은행들이 커버드본드를 발행하고자 하는 직접적인 이유는 미국 서브프라임 모기지 사태와 그로 인한 국제적인 신용경색의 여파로 야기된 국내 은행들의 해외차입여건 악화를 극복하기 위해 중장기 외화자금의 조달수단을 다양화하는 데 있다. 그러나 보다 더 근본적인 이유는, 저축시장의 상품형태가 예금에서 투자로 바뀌면서 은행의 수신 비중이 감소됨에 따라 은행의 조달비용이 상승하고 유동성위험이 높아지는 한편, 2008년부터 적용된 신바젤협약(Basel II)과 2011년부터 발효된 국제회계기준(IFRS) 등 규제의 변화로 부외거래(off-balance transactions)가 그 이점이 감소되거나 제약을 받을 것이 예상되면서 MBS 발행을 통한 자금조달도 어려워질 것에 대비하여 은행의 유동성을 확보할 필요성이 높아졌기 때문이다.

금융위원회와 금융감독원은 은행의 자금조달수단을 다양화하고 장기 · 고정금리의 주택담보대출 확대를 유도함과 동시에 커버드본드의 발행과 관련된 기준 및 절차 등을 제시하여 커버드본드의 발행 및 투자가 원활하게 이루어질 수 있는 제도적 여건을 마련하기 위하여 2011년 6월 30일 「은행의 우선변제권부채권("커버드본드") 발행 모범규준」을 제정 · 시행하였으며, 그 후 커버드본드의 법적 안전성과 투명성을 제고하기 위한 특별법 제정의 필요성이 더욱 부각됨에 따라 2014년 1월 14일 「이중상환청구권부 채권 발행에 관한 법률」을 제정하여 2014년 4월 15일부터 시행하고 있다.

4. 커버드본드의 특징

커버드본드의 안전상품으로서의 공통적인 특징은 1985년의 'EU Directive 85/611(Directive on Undertaking for Collective Investments in Transferable Securities(양도성있는 증권에 대한 집합투자령); 이하 "UCITS Directive")' 에 반영되었는 바, UCITS Directive 제22조 제(4)항은 EU에서 발행되는 채권이 특별취급을 받을 수 있는 커버드본드로서 인정되기 위해 갖추어야 할 요건으로서 (i) 발행기관이 은행(credit institution)일 것, (ii) 특별법제도에 근거하여 발행될 것, (iii) 발행기관은 공적기관에 의한 특별감독을 받을 것, (iv) 적격담보자산의 기준이 법률에 정하여져 있을 것, (v) 소지인들의 청구권이 커버드본드의 전기간 동안 충분한 적격담보자산에 의하여 담보될 것, 그리고 (vi) 발행은행이 도산한 경우에는 소지인들이 담보자산으로부터 우선변제를 받을 권리를 가질 것을 요구하고 있다.

또한, 'EU Directive 2006/48/EC(Capital Requirement Directive; 이하

"CRD")' 는 커버드본드가 (i) UCITS Directive 제22조 제4항의 요건을 충족할 것, (ii) 담보자산은 구체적으로 정해진 형태 및 신용등급의 자산으로만 구성될 것, (iii) 부동산담보대출을 담보자산으로 한 커버드본드의 발행인은 담보부동산 평가 및 감시에 관한 최저 기준을 준수할 것이라는 요건(Annex VI, PART 1, paragraph 68-70)을 만족시키는 경우에는, 이를 보유하는 은행이 감소된 위험가중치(reduced risk weighting)의 적용을 받도록 하고 있다.

이와 같이 EU의 UCITS Directive 제22조 제(4)항은 유럽 커버드본드의 최소 기준을 정하고 있는 반면, CRD는 커버드본드의 담보물로서의 적격자산의 범위를 제한하고 있는데, 이 기준과 범위가 사실상 커버드본드의 특징적 요소로 인정되고 있다.

Ⅱ. 커버드본드의 담보자산

1. 적격 담보자산

담보자산은 커버드본드의 가치를 결정하는 핵심적 요소이다. 커버드본드의 담보자산으로서의 적격성을 가지는 자산으로는 대출채권(loans), 채권(bonds) 및 이와 유사한 금융상품은 물론 담보자산의 이자율 및 통화 리스크 헤지를 위한 파생상품(derivatives)도 포함되나, 지분증권(equity securities), 부동산, 실물상품(commodities) 또는 유형자산(tangible property)은 포함되지 않는다.

가장 일반적인 담보자산으로는, EU CRD에 규정되어 있는 바와 같이, 주거용 또는 상업용 부동산담보대출채권(또는 주거용 또는 상업용 부동산담보대출채권에 의해 담보되는 MBS), 선박담보대출채권 및 공공부문대출채권이다. 대부분의 담보 풀은 또한 현금예금도 포함한다.

미국의 '주택담보대출 커버드본드에 관한 모범규준(Best Practices For Residential Covered Bonds)' 에서는 주택에 대해서만 담보자산 적격성을 인정하고 있다.

우리나라의 「이중상환청구권부 채권 발행에 관한 법률」은 일정한 요건을 갖춘 주택담보대출, 공공부문대출, 선박 · 항공기담보대출, 주택담보대출을 기초로 하여 발행된 유동화증권, 현금, 예 · 적금 등에 대해서만 담보자산 적격성을 인정한다.

2. 담보자산의 평가

모든 커버드본드는 담보자산의 건전성 최저기준(minimum cover asset quality standards)을 정하고 있다. 법정커버드본드의 경우 이 최저기준은 법령에 정해져 있으나 계약에 의해 보완될 수도 있으며, 구조화커버드본드의 경우에는 그 발행조건을 규율하는 계약에서 정해진다.

또한 대부분의 나라들은 부동산 평가에 관한 법률규정 또는 적어도 일반적으로 인정된 원칙을 가지고 있는데, 대부분의 경우 부동산평가는 부동산담보대출가능금액(mortgage lending value)이나 보수적인 시장가격(prudent market value)에 기초하고 있다.

단일 자산에 대한 LTV(Loan-to-Value) 한도도 또한 나라마다 서로 유사한바, 예컨대 주거용부동산담보대출의 경우에는 보통 60% 내지 80%의 범위 내에서 결정되고 있다.

3. 담보자산의 관리

담보자산 건전성의 최저기준에 부합하는 담보 풀 자산의 가치는 적어도 이를 담보로 발행된 커버드본드의 가치와 동일하여야 한다. 대부분의 나라에서 "담보비율원칙(cover-principle)" 이라고 하여 담보 풀의 가치가 커버드본드의 가치보다 초과담보(overcollateralization)라고 알려져 있는 일정 금액만큼 초과할 것을 요구하고 있으며, 이는 커버드본드에 활용되고 있는 유일한 신용보강(credit enhancement) 또는 신용리스크 완화수단(credit risk mitigation tool)으로서 기능하고 있다.

초과담보의 최소수준은 특별법 또는 커버드본드를 규율하는 계약에 의해 정해지며, 경우에 따라서는 위 두 가지의 혼합에 의해 정해질 수도 있다. 우리나라의 「은행의 커버드본드 발행 모범규준」은 미상환 커버드본드 발행 잔액의 5% 이상을 초과담보로 유지할 것을 요구하고 있다.

또한 커버드본드는 고정금리의 만기일시상환 방식으로 발행되므로, 발행은행은 앞에서 설명한 최저기준에 부합하는 담보 풀 자산의 가치가 커버드본드의 만기 시까지 항상 커버드본드의 가치와 동일하거나 그 이상으로 유지되도록 해야 한다. 따라서 발행은행은 만기가 된 담보자산 또는 채무불이행이 발생한 담보자산은 이를 보상하기 위해 다른 적격자산을 담보 풀에 추가시키거나 다른 적격자산으로 교체시켜야 하는 의무를 부담한다. 이러한 의미에서 커버드본드의 담보 풀은 동적(動的) 담보 풀(dynamic cover pool)이다. 이와 같은 담보 풀의 동적 성격으로 인해 위기테스트시나리오(stress test scenarios)를 포함한 보다 정확한 자산부채관리가 필요하게 되고, 또한 일반적으로 MBS보다 장기의 만기를 가질 수 있다. MBS의 경우, 이와 반대로, 은행은 유동화자산이 SPV로 이전된 후에는 유동화자산 중에 채무불이행이 있는 자산이 있다 하더라도 이를 교체할 의무를 지지 아니하며, 이러한 의미에서 유동화자산의 풀은 정적(靜的) 담보 풀(static cover pool)이다.

4. 담보자산의 감독

담보 풀(cover pool)에 대한 감독은 금융시장 등의 일반적 안정, 일반 고객의 이익, 예금보호 등에 관련된 일반적 감독과 대비되는 의미에서 커버드본드 소지인들의 이익을 위한 특별감독을 말한다.

담보 풀과 관련한 특별감독의 내용과 정도는 나라마다 다르다. 그렇지만 전형적인 특별감독의 수단에는 (i) 담보 풀 특별감시인(special cover pool monitor)의 선임, (ii) 담보 풀 특별감시인에 의한 담보 풀의 정기적 감사, (iii) 발행은행의 도산 시 커버드본드 소지인들에 대한 발행조건상의 일정에 따른 지급을 보장하기 위한 담보 풀의 계속적인 관리 및 유지 등이 포함된다.

특별법제도에 있어서는 특별감독의 임무는 보통 공공기관에 부여되며 발행은행은 커버드본드 발행에 대한 허가를 얻어야 한다. 많은 국가들의 경우 이 공공기관은 은행감독기관이다. 이 공공기관들은 또한 담보 풀 특별감시인을 선임 또는 승인하며, 담보 풀에 대한 감사를 수시로 수행한다.

일반법제도에 근거하여 발행된 커버드본드의 경우 특별감독은 계약에 의해 정해진다. 따라서 발행은행은 담보 풀을 감사하기 위한 외부 감사인을 임명하고, 커버드본드 소지인들의 이익을 보호하기 위하여 외부 수탁인(trustee)을 임명하며, 발행조건을 정한 계약문서는 수탁인의 동의 없이는 변경될 수 없도록 하는 것 등의 내용이 약정된다.

Ⅲ. 커버드본드 소지인의 권리

1. 은행에 대한 상환청구권

커버드본드는 공적 감독 및 규제를 받는 은행이 직접 발행하거나, 은행이 직접 발행하지 않은 경우에는 은행이 보증을 함으로써, 소지인들이 발행은행에 대해

상환청구권(full recourse right)을 가지도록 하는 구조를 갖춰야 한다.

대부분의 커버드본드는 은행에 의해서 직접 발행된다. 따라서 그 은행은 커버드본드의 발행주체로서 그 원리금을 지급할 무제한적이고 무조건적인 의무를 지게 된다.

은행에 대한 상환청구권은 MBS와 커버드본드의 결정적인 차이점이다. MBS 소지인들은 SPV에 이전된 유동화자산으로부터 나오는 현금흐름에 대해서만 청구권을 갖는다. 따라서 유동화자산으로부터 나오는 현금흐름이 MBS 원리금 상환에 충분하지 아니한 경우에도 MBS 소지인들은 은행에 대해서는 하등의 상환청구권을 가지지 않는다.

2. 담보자산에 대한 우선변제권

커버드본드가 일종의 담보부 사채라고 한다면, 우리의 법관념상 그 담보부 사채권자들인 커버드본드 소지인들이 담보자산에 대하여 다른 채권자들보다 우선변제를 받을 권리를 가진다는 것은 전혀 새롭거나 놀라운 일이 아니다. 담보권의 본질적 효력은 사실 담보물에 대한 우선변제적 효력에 있는 것이기 때문이다.

우리나라에서 가장 빈번히 사용되고 있는 약정담보권인 저당권과 질권에 있어서도 담보권자의 담보물에 대한 우선변제권이 인정되고 있다. 우리 민법상의 질권이나 저당권의 경우 이들 담보권자의 우선변제권은 당사자 간 담보권설정계약의 체결에 의해 부여되며, 채무자가 채무불이행을 한 경우 담보권자가 담보권의 실행에 의해 담보물을 환가하여 다른 채권자들보다 먼저 변제를 받을 수 있고, 담보제공자가 파산절차에 들어간 경우에는 별제권을 행사하여 우선변제를 받을 수 있다. 그리고 담보제공자가 회생절차에 들어간 경우에 있어서는 담보권도 권리변경이 될 수 있으나 적어도 무담보 채권자보다는 우월한 입장에 있게 된다.

그러나 커버드본드의 경우 특기할 만한 것은, 일반적으로 커버드본드 소지인들의 우선변제권이 부여되고 실현되는 방법 또는 과정이 일반적인 담보권의 그

것과 다르다는 점이다. 각국의 법정커버드본드는 발행인이 도산하는 경우 담보자산에 대한 커버드본드 소지인들의 권리를 다른 채권자들로부터의 청구권에 비해 우선적으로 보호하기 위해 서로 다른 기법을 사용하고 있다. 스페인 등 일부 국가의 경우에는 커버드본드 소지인들의 보호는 일반 도산절차에 따라 파산재단 내에서의 우선변제권을 통하여 달성된다. 그러나 대부분의 법정커버드본드는 일반 도산절차에 대한 특별 도산절차를 정한 특별법에 따라, 발행은행이 도산하는 경우 담보 풀 및 이를 담보로 하여 발행된 커버드본드를 발행은행의 대차대조표에서 분리시키는 도산절연(segregation of assets and bankruptcy remoteness)을 통하여 발행은행의 도산이 커버드본드 소지인들의 권리에 영향을 미치지 않도록 함으로써 우선변제권을 부여하고 실현하고 있으니, 이것이 바로 법정커버드본드의 핵심적인 특징이다. 달리 말하면, 담보 풀과 커버드본드는 그 발행은행이 도산하는 경우 은행의 다른 자산 및 채무로부터 분리되어(ring-fenced), 발행은행의 파산재단의 일부로서 관리되거나 청산되지 아니하며, 그리하여 담보자산은 커버드본드 소지인들의 원리금지급에만 사용 가능하게 된다. 구조화커버드본드의 경우에는 법정커버드본드와 달리 당사자 간에 담보권을 설정하는 계약을 체결함으로써 커버드본드 소지인들에게 담보자산에 대한 우선변제권을 부여한다.

그리고 법정커버드본드이든 구조화커버드본드이든 한 가지 중요한 공통의 특징은 발행인이 도산한 경우 자동적으로 기한의 이익이 상실되지 않고 커버드본드의 원리금이 발행조건상의 원리금 지급기일에 계속해서 지급되도록 한다는 데 있다. 이는 모든 커버드본드의 핵심적인 특징이 된다. 법정커버드본드의 경우에는 이 특징이 앞에서 본 바와 같이 특별법에 의하여 담보자산을 파산재단으로부터 분리시키는 파산절연을 통하여 달성한다. 구조화커버드본드의 경우, 영국에서는 담보 풀을 커버드본드 발행은행의 의무를 보증하는 SPV로 이전시킴으로써 발행은행의 파산재단으로부터 절연시키는 방법을 통하여 달성하고 있다.

따라서 (i) 커버드본드 소지인들의 담보자산에 대한 우선변제권의 확보, 그리고 (ii) 발행은행의 도산시 담보자산으로부터의 커버드본드 원리금의 발행조건상 지급일정에 따른 계속적 지급이라는 두 가지 특징을 모두 갖추는 것이 커버드본드 담보구조의 요체라고 할 수 있다.

Ⅳ. 커버드본드의 발행구조

1. 독일 Pfandbriefe의 발행구조

(1) 담보자산의 등록과 커버드본드의 발행

독일의 커버드본드(Pfandbriefe)는 'Pfandbriefgesetz(Pfandbrief Act; PfandBG; 이하 "Pfandbrief Act")' 라는 특별법에 근거하여 발행된다. 이 Pfandbrief Act는 독일의 도산법(Insolvenzordnung; German Insolvency Act)에 대한 특별법으로서의 지위를 가지며, 따라서 그에 우선한다.

발행은행은 먼저 담보자산으로서의 적격성을 가진 대출채권을 그 담보물과 함께 담보자산등록부(cover registers)에 등록한다. 담보자산등록부에의 담보자산 등록의 법률적 효과는, 아래에서 보는 바와 같이, 발행은행이 도산하는 경우 파산재단과는 별도의 법적 재단을 구성할 자산으로 확인된다는 데 있다.

담보자산등록부는 커버드본드의 종류별(즉, Mortgage Pfandbriefe, Public Pfandbriefe 및 Ship Pfandbriefe)로 각각 별도로 작성 · 유지되며, 각각의 담보자산등록부에 등록된 담보자산(cover assets)의 전체를 일괄적으로 일컬어 담보풀(cover pool)이라 한다. 커버드본드는 이 담보 풀에 있는 담보자산을 기초로 하여 발행되며 또 이에 의해 담보되는 것이다.

담보자산등록부의 일상적 관리는 발행은행에 의해 수행되지만, 담보자산의 적격성 및 담보자산등록부에의 등록의 감독은 담보자산감시인(cover pool monitor)에 의해 이루어진다. 담보자산등록부의 사본은 정기적으로 감독기관에 송부되어야 한다.

발행은행이 도산상태에 들어가지 아니한 정상적인 경우에 있어서는 커버드본드는 발행인의 무담보 사채(unsecured debt)와 다르지 않다. 커버드본드의 원리금은 담보자산인 대출채권의 원리금이 정상적으로 회수되고 있는지 여부에 불문하고 발행은행의 영업활동 전체의 현금흐름에서 지급된다. 다만 발행은행은 앞에서 설명한 바와 같이 자산부채관리 가이드라인을 계속해서 준수해야 하므로 담보 풀은 동적인 성격을 지닌다.

(2) 발행은행의 도산, 담보 풀의 분리 및 커버드본드의 계속지급

담보 풀은 발행은행이 지급불능(illiquidity), 채무초과(overindebtedness) 또는 지급불능의 임박(imminent illiquidity)을 사유로 하는 도산절차에 들어가지 않는 한 발행은행의 일반재산에 속한다. 그러나 발행은행이 도산하는 경우에는, Pfandbrief Act의 규정에 의해, 담보자산등록부에 등록되어 있는 담보자산은 발행은행의 파산재단으로부터 제외된다([그림 8-5] 참조).

이 담보자산은 도산절차의 개시에 의해 영향을 받지 않으며, 자동적으로 별도의 법적 재단(separate legal estate)을 구성한다. 따라서 커버드본드는 발행은행이 도산하더라도 자동적으로 기한의 이익이 상실되지 않으며 그 원리금은 발행조건상의 일정에 따라 지급된다. 위와 같이 담보 풀이 별도의 재단을 구성한다는 특별법의 규정에 의해, 커버드본드 소지인들은 담보자산으로부터 우선적으로 변제받을 권리(preferential claim)를 가지게 되는 것이다. 즉, 독일의 Pfandbrief 소지인들이 가지는 담보자산에 대한 우선변제권은 당사자 간의 담보약정에 의해 발생하는 것이 아니라, 발행은행이 도산한 경우 담보재산을 분리하여 관리한다

[그림 8-5] 발행은행의 도산과 담보 풀의 분리

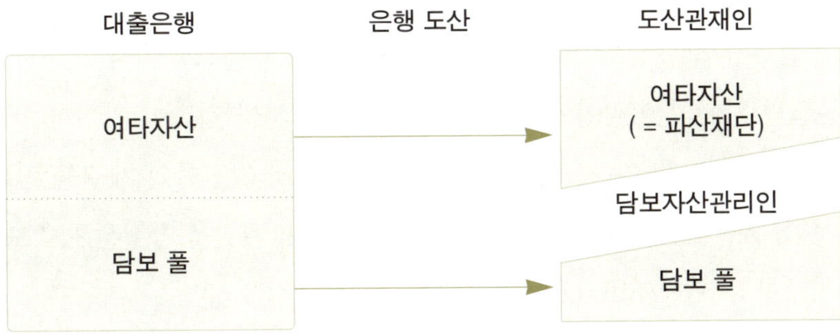

출처: vdp

는 특별법 규정에 의해 발생하는 법정담보권이라 할 수 있다.

발행은행에 대하여 도산절차가 개시되면, 파산재단으로부터 분리된 커버드본드의 담보 풀은 파산재단의 일반 도산관재인과는 별도의 특별 담보자산관리인(Sachwalter; cover pool administrator)이 관리하게 된다. 담보자산관리인은 발행은행 감독기관의 청구에 따라 관할법원이 임명하며, 담보자산의 관리 · 처분권은 법률에 의해 자동적으로 그에게 이전된다. 담보자산관리인은 만약 발행은행의 도산이 예상되고 커버드본드 소지인들의 보호를 위해 필요한 경우에는 도산절차가 개시되기 전이라도 임명될 수 있다.

담보자산관리인은 커버드본드 소지인들의 청구권이 발행계약상의 일정에 따라 만족될 수 있도록 보장하기 위하여 담보자산인 모든 대출채권의 원리금을 각 대출채권계약상의 조건에 따라 수령하여 커버드본드 소지인들의 원리금을 그 발행조건상의 일정에 따라 지급할 수 있으며, 나아가 담보 풀의 유동성을 확보하기 위하여 담보자산을 개별적으로 처분할 수도 있다. 이와 같은 형태의 관리는 커버드본드의 원리금이 전부 상환될 때까지 계속되며, 잉여금이 있는 경우에는 발행은행의 파산재단으로 이전된다.

(3) 담보 풀의 도산 및 발행은행 도산절차에의 참가

담보 풀에 대하여 도산사유가 발생한 경우에는 감독기관의 청구에 의해 별도의 도산절차가 개시될 수 있다. 담보 풀에 대해 별도의 도산절차가 개시되면 커버드본드의 기한의 이익이 상실되며 즉시 담보자산의 청산이 이루어진다. 만약 커버드본드 소지인들이 이 담보 풀의 도산절차에서 자신들의 채권을 전부 변제받지 못한 경우에는 무담보채권자의 자격으로 잔여 채권을 발행은행의 도산절차에서 청구할 수 있다(full recourse).

2. 영국 Regulated Covered Bonds의 발행구조

(1) 커버드본드의 발행 및 담보권의 설정

독일 등과 달리 커버드본드에 관한 특별법을 가지고 있지 아니하였던 영국에서는 2003년 HBOS가 계약법, 담보법, 도산법 등의 일반법제도하에서 구조화기법(securitization techniques)을 사용하여 법정커버드본드와 유사한 법적 · 경제적 효과를 가진 구조화커버드본드를 발행한 이래 다른 은행들도 계속해서 동일한 구조로 커버드본드를 발행해왔다.

커버드본드의 발행 및 감독에 관한 특별법으로 삼기 위해 영국의회가 제정하여 2008년 3월 6일부터 시행된 'Regulated Covered Bonds Regulations' (이하 "UK Regulations")도 그때까지 영국의 은행들이 사용하여왔던 구조와 동일한 구조의 커버드본드 발행만을 인정하고 있으며, 이 UK Regulations에 근거하여 발행되는 'Regulated Covered Bonds' (이하 "영국 구조화커버드본드") 구조의 주요 요소는 이 법하에서도 여전히 계약에 의해 정해지도록 되어 있다([그림 8-6] 참조).

영국 구조화커버드본드 담보구조의 특징은 담보자산이 SPV로 이전된다는 데 있다. UK Regulations에 따르면 영국 구조화커버드본드는 은행만이 발행할 수

[그림 8-6] 영국 구조화커버드본드의 발행구조

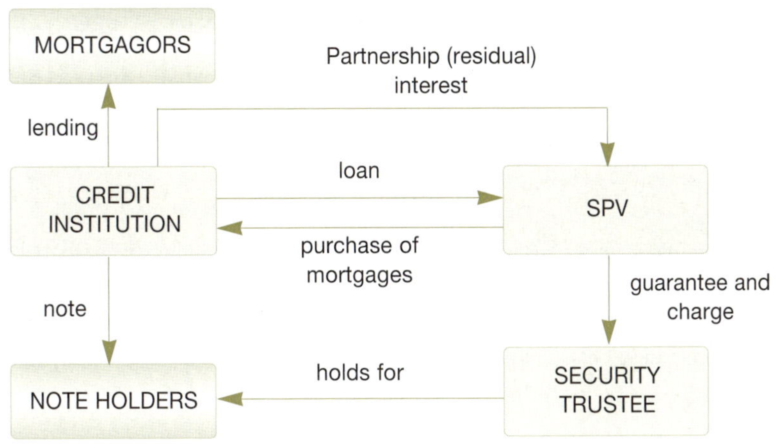

출처: HM Treasury

있다. 따라서 커버드본드는 발행은행의 직접적이고 무조건적인 채무이며, 커버드본드 소지인들의 입장에서는 발행은행에 대한 원리금 상환청구권(full recourse)을 가지게 된다. 또한 모든 담보자산은 발행은행이 도산한 경우 그 도산절차로부터 절연(bankruptcy remoteness)되도록 하기 위하여 진정매매(true sale)의 방식으로 SPV로 이전시키며, 이 SPV가 커버드본드 소지인들에 대하여 발행은행의 원리금 지급채무를 보증함과 동시에 이 보증채무를 담보하기 위하여 자신이 이전받은 담보자산에 대하여 커버드본드 소지인들을 위한 담보권을 설정함으로써 커버드본드 소지인들의 담보자산에 대한 우선변제권(preferential claim)을 부여하는 구조를 취하고 있다.

커버드본드는 은행이 발행하며 은행은 그 발행대금을 SPV에 대출한다. 지금까지 발행된 영국 구조화커버드본드의 경우 모든 SPV는 'Limited Liability Partnerships Act 2000' 에 따른 LLP(limited liability partnership; 유한책임

파트너십)의 형태로 설립되었으며, 발행은행은 이 파트너십의 구성원의 하나로 참가하였다. SPV는 이 대출금을 발행은행으로부터 담보자산, 즉 다수의 저당권 담보부 대출채권을 매입하는 데 사용한다. 지금까지 SPV가 담보자산을 매입하는 방식으로는 대부분 대출채무자에 대한 서면통지 없이 형평법상의 양도방식(equitable aasignment)에 의해 담보자산에 대한 실질적소유권(beneficial interest)만을 취득하고 법적소유권(legal title)은 발행은행에 남도록 하는 방법으로 행하여졌다. 또한 SPV의 담보자산 매입은 진정매매(true sale) 방식에 의함으로써 SPV가 매입을 한 후에는 발행은행의 채권자, 도산관재인 또는 청산인 그 누구에게도 담보자산에 대한 반환청구권이 인정되지 아니하는 구조에 의하여야 한다.

그리고 SPV가 발행은행으로부터 매입하는 담보자산의 원금총액은 커버드본드의 발행대금총액, 즉 발행은행이 SPV에 한 대출금액보다 많아야 하며, 이 차이금액이 SPV에 매각된 담보 풀의 초과담보(overcollateralization)를 구성하게 된다. 초과담보금액은 담보 풀의 질과 커버드본드가 받고자 하는 신용등급에 따라 결정되며, 초과담보에 대한 대가는 SPV에 대한 발행은행의 지분권(membership interest)의 부여 형태로 SPV가 발행은행에 지급한다.

발행은행으로부터의 대출에 대한 대가(consideration)로 SPV는 커버드본드상의 발행은행의 채무를 보증하며, 이 보증채무를 담보하기 위하여 자신의 자산(대부분이 발행은행으로부터 이전받은 담보자산으로 구성됨) 위에 담보수탁인(security trustee)앞으로 담보권을 설정한다. 담보자산은 발행은행 및 SPV가 유지하는 담보자산등록부(cover register)에 기재되어야 하며, 이 등록부는 감독기관인 FSA의 검사의 대상이 된다.

SPV는 커버드본드의 만기까지 커버드본드 소지인들의 청구권을 담보할 수 있는 금액으로 담보 풀을 유지할 의무를 부담하며, 담보비율테스트(asset coverage test)가 매월 실시된다. 또한 커버드본드 소지인들에 대한 원리금지급에 충분한 담보 풀을 유지하기 위해 필요한 경우, SPV는 담보자산으로부터 나오는 현금흐름을 가지고 발행은행으로부터 담보자산 또는 기타 적격자산을 추가로 매입해야 하며, 이를 위해 발행은행은 지속적으로 담보자산을 SPV에 매각할 의무를 진다.

(2) 발행은행의 도산 및 커버드본드의 계속지급

발행은행이 도산하는 경우, 담보자산은 발행은행과는 별도의 SPV에 이미 이전되어 있으므로 발행은행의 파산재단에 속하지 않으며 도산절차로부터 영향을 받지 않는다. 그리고 발행은행의 도산관재인은 각 대출채무자에게 대출채권의 양도사실을 통지함으로써 그때까지 발행은행이 보유하고 있던 담보자산의 법적 소유권(legal title)을 SPV에 이전하여야 한다.

또한 SPV는 커버드본드 수탁인으로부터 커버드본드 원리금의 지급지시통지를 전달받게 된다. 그러나 이 통지의 전달에 의해 SPV의 원리금 지급의무가 그 기한의 이익이 상실되는 것은 아니며, SPV는 이때부터 커버드본드의 원리금을 발행조건에서 정한 지급기일에 맞추어 지급해나갈 의무를 지게 된다. 이러한 지급금액은 SPV가 담보자산인 대출채권의 원리금으로 받은 금액 및 담보자산의 처분으로 받은 금액을 그 재원으로 한다.

(3) SPV의 도산 및 발행은행 도산절차에의 참가

SPV에 대하여 도산사유가 발생한 경우에는 SPV의 커버드본드 원리금 지급의무의 기한의 이익이 상실되며, 따라서 SPV는 그 자체의 도산절차를 통하여 커버드본드의 원리금을 지급하게 된다. 만약 커버드본드 소지인들이 이 SPV의 도산절차에서 자신들의 채권을 전부 변제받지 못한 경우에는 무담보채권자의 자격으로 잔여 채권을 발행은행의 도산절차에서 청구할 수 있다(full recourse).

3. 우리나라 이중상환청구권부 채권의 발행구조

(1) 담보자산의 등록과 커버드본드의 발행

은행이 이중상환청구권부 채권을 발행하기 위해서는 먼저 그 발행계획에 관한 사항[5]과 그 원리금 상환을 담보하기 위한 자산[6]에 관한 사항[7]을 금융위원회에 등록하여야 하는데, 이와 같이 이중상환청구권부 채권의 원리금 상환을 담보하는 자산으로서 금융위원회에 등록된 자산을 "기초자산집합(커버풀, Cover Pool)"이라 한다. 이 등록은 등록신청서류 제출일에 「자본시장과 금융투자업에 관한 법률」 제119조에 따른 증권신고서가 금융위원회에 제출되어 수리된 것으로 보고,

5) 발행계획에 관한 사항은 (i) 이중상환청구권부 채권을 발행하는 금융회사의 명칭, 소재지, 임원 및 대통령령으로 정하는 주요 주주에 관한 사항, (ii) 자본금, 대차대조표 등 적격 발행기관 요건에 관한 사항, (iii) 발행 시기, 발행 총액, 금리, 만기 등 발행조건에 관한 사항, (iv) 발행기관의 자금조달과 자금운용 구조, 이중상환청구권부 채권 발행을 통하여 조달한 자금의 운용계획(발행기관의 안정적인 자금 확보 또는 가계부채 구조개선 등에 적합할 것)에 관한 사항, (v) 기초자산집합에 포함된 채권의 채무자 보호에 관한 사항, (vi) 기초자산집합의 규모를 확대하여 추가로 이중상환청구권부 채권을 발행할 계획이 있는 경우 추가 발행한도 및 발행 예정기한 등 추가 발행계획에 관한 사항, (vii) 이중상환청구권부 채권의 상환에 필요한 자금마련 계획에 관한 사항, 그리고 (viii) 이중상환청구권부 채권의 발행, 유통 및 상환과 관련한 계획으로서 금융위원회가 정하여 고시하는 사항을 말한다(「이중상환청구권부 채권발행에 관한 법률」§6①i 및 동시행령 §5②).

6) 이중상환청구권부 채권의 담보가 될 수 있는 자산은 크게 기초자산, 유동성자산 및 기타자산으로 구분되며, 각각 다음과 같은 요건을 갖추어야 한다(이중상환청구권부 채권발행에 관한 법률」§5①):

1. 기초자산
   가. 다음의 요건을 모두 충족하는 주택담보대출채권
      1) 「주택법」 제2조제1호에 따른 주택을 담보로 하는 대출일 것
      2) 담보인정비율(주택 담보가치 대비 대출비율)이 100분의 70 이하인 대출일 것
      3) 대출 실행 당시의 총부채 상환비율(채무자의 연간 소득 대비 연간 대출 원리금 상환액의 비율)이 100분의 70 이하인 대출의 비중이 금융위원회가 정하여 고시하는 기준 이상일 것
      4) 1순위 저당권 또는 1순위 근저당권에 의하여 담보된 대출일 것
      5) 주택에 설정된 담보권이 저당권인 경우 대출금 전액이 저당권으로 담보되어 있고, 주택에 설정된 담보권이 근저당권인 경우 채권최고액이 금융위원회가 정하여 고시하는 기준 이상일 것
      6) 주택담보대출의 채무자가 이중상환청구권부 채권을 발행하는 금융회사에 대하여 현재 또는 장래에 상계할 수 있는 채권액이 금융위원회가 정하여 고시하는 기준 이상인 대출의 비중이 금융위원회가 정하여 고시하는 기준 이하일 것
      7)「채무자 회생 및 파산에 관한 법률」에 따른 파산절차 또는 회생절차가 신청되거나 개시된 자 또는 「기업구조조정 촉진법」에 따른 채권금융기관, 채권은행의 공동관리 또는 주채권은행에 의한 관리절차가 신청되거나 개시된 자에 대한 대출이 아닐 것
   나. 국가, 지방자치단체 또는 법률에 따라 직접 설립된 법인에 대한 대출채권

대통령령으로 정하는 기간(10일)이 경과한 날에 효력이 발생한다.

금융위원회에의 기초집합자산 등록의 법률적 효과는, 아래에서 보는 바와 같이, 발행은행이 파산하거나 회생절차가 개시되는 경우 그 기초자산집합은 발행은행의 파산재단 또는 회생절차의 관리인이 관리 및 처분권한을 가지는 채무자의 재산을 구성하지 아니하고, 또한 발행은행에 대하여 기업구조조정 관리절차가 개시된 경우 그 기초자산집합은 관리대상이 되는 재산을 구성하지 아니하는 별도의 재산으로 확인되며, 그 이중상환청구권부 채권의 소지인은 그 기초집합자산으로부터 제3자에 우선하여 변제받을 권리(우선변제권)을 가지게 된다는데 있다. 즉, 이중상환청구권부 채권은 이 기초자산집합을 기초로 하여 발행되며 또

다. 국채증권, 지방채증권 또는 특수채증권(법률에 따라 직접 설립된 법인이 발행한 채권)
라. 선박, 항공기를 담보로 하는 대출채권으로서 담보인정비율 등 대출의 위험관리를 위하여 다음의 요건을 갖춘 채권
1) 담보인정비율(선박 또는 항공기의 담보가치 대비 대출비율)이 100분의 70 이하일 것
2) 담보목적물인 선박 또는 항공기가 금융위원회가 정하여 고시하는 기준 이상을 보험금액으로 하는 보험에 가입되어 있을 것
마. 위 가의 요건을 충족하는 주택담보대출채권을 기초 또는 담보로 하여 발행된 다음의 자산으로서 그 지급순위가 1순위인 것
1)「자산유동화에 관한 법률」에 따른 유동화증권
2)「한국주택금융공사법」에 따른 주택저당채권담보부채권
3)「한국주택금융공사법」에 따른 주택저당증권
2. 유동성 자산
가. 현금(아래의 기타자산에 포함되는 현금은 제외)
나. 다른 금융회사 등이 발행한 만기 100일 이내의 양도성예금증서
다. 3개월 이내에 현금으로 쉽게 전환할 수 있는 자산으로서 다음과 같은 요건을 갖춘 자산
1) 신용등급 등을 고려하여 금융위원회가 정하여 고시하는 국가가 발행한 국채증권
2) 외국 법령에 따라 설립된 금융회사 중 신용등급 등을 고려하여 금융위원회가 정하여 고시하는 요건을 충족하는 금융회사가 발행한 것으로서 위 나의 양도성예금증서에 준하는 자산
3) 금융회사 등 또는 외국 금융회사에 예치된 만기 3개월 이내의 예금 · 적금
3. 기타자산
가. 기초자산 및 유동성자산으로부터의 회수금
나. 기초자산 및 유동성자산의 관리, 운용 및 처분에 따라 취득한 금전과 그 밖의 재산권
다. 이중상환청구권부 채권 발행계획에 따라 환율 또는 이자율의 변동, 그 밖에 기초자산집합과 관련한 위험을 회피하기 위하여 체결한 파생상품 거래로 인하여 취득하는 채권

7) 기초자산집합에 관한 사항은 (i) 기초자산의 종류와 명세, (ii) 유동성 자산의 종류와 명세, (iii) 파생상품 거래계약의 종류와 명세, (iv) 기초자산집합에 포함되는 자산의 평가총액과 평가내용, (iv) 이중상환청구권부 채권의 총채권액(상환된 금액은 제외)에 대한 기초자산집합의 유지 비율(담보유지비율), (vi) 기초자산집합의 관리 · 유지 방법, (vii) 기초자산집합의 처분 사유 및 방법, (viii) 수탁관리인에 관한 사항(기초자산집합에 대한 수탁관리인을 선임한 경우만 해당), (ix) 기초자산집합 감시인에 관한 사항, (x) 일시적인 차입에 관한 사항을 말한다(「이중상환청구권부 채권발행에 관한 법률」§6①ii 및 동시행령 §5③).

이에 의해 담보되는 것이다. 따라서 이중상환청구권부 채권의 소지인들이 가지는 담보자산에 대한 우선변제권은 당사자간의 담보약정에 의해 발생하는 것이 아니라 「이중상환청구권부 채권의 발행에 관한 법률」의 위와 같은 규정에 의해 발생하는 법정담보권이라 할 수 있다.[8)]

발행은행은 이중상환청구권부 채권의 각 발행계획별 기초자산집합을 발행은행의 다른 자산과 구분하여 관리하여야 할 뿐만 아니라 다른 발행계획으로 등록된 기초자산집합과도 구분하여 관리하여야 하며, 이를 위해 각 발행계획별 기초자산집합의 관리에 관한 장부를 따로 작성하고 갖춰 두어야 한다. 그리고 발행은행은 기초자산집합의 평가총액이 담보유지비율 이하로 내려갈 것으로 예상되거나 기초자산집합에 포함되는 자산이 담보자산의 적격요건을 충족하지 못하는 경우 지체 없이 기초자산 및 유동성 자산을 추가하거나 교체하여 담보유지비율과 자산의 적격요건을 준수하여야 한다. 이와 같은 기초자산집합의 관리와 투자자 보호를 위한 업무는 발행은행이 수행하는데, 발행은행은 이러한 업무를 수행하기 위하여 "수탁관리인"을 선임할 수도 있다. 발행은행이 수탁관리인을 선임한 경우에는 그 선임 사실을 금융위원회에 알려야 한다.

기초자산집합의 일상적 관리는 위와 같이 발행은행 또는 발행은행이 선임한 수탁관리인에 의해 수행되지만, 담보자산의 적격성 평가와 금융위원회에의 등록의 감독 등의 업무[9)]는 발행은행으로부터 독립적인[10)] 지위를 가지는 "기초자산집합감시인"에 의해 이루어진다. 기초자산집합 감시인은 업무수행을 위하여 필요

8) 주택담보대출 등과 같이 근저당권에 의하여 담보된 대출채권이 기초자산집합에 편입되어 금융위원회에 등록되더라도 그 근저당권이 양도되거나 그 근저당권의 피담보채권이 확정되는 것은 아니므로, 그 대출채권의 채무자는 아무런 영향을 받지 아니하며 그 근저당권의 채권최고액 한도 내에서 추가 대출을 받을 수 있다. 이러한 경우 이 추가대출채권과 이중상환청구권부 채권 중 어느 채권이 그 근저당권에 대하여 우선적인 권리를 가지는지가 문제되는데「이중상환청구권부 채권 발행에 관한 법률」은 제16조 제1항에서 "근저당권으로 담보된 채권이 기초자산집합의 기초자산으로 등록된 경우 등록 이후에 해당 근저당권에 따라 담보되는 채권이 추가로 발생하게 된 때에는, 기초자산집합으로 등록된 채권이 등록 이후 발생된 채권보다 해당 근저당권의 실행, 변제충당 및 그 밖의 권리의 실행에 있어서 우선한다" 특례조항을 두어 기초자산의 금융위원회에의 등록시점을 기준으로 이중상환청구권부 채권과 추가대출채권의 우선순위를 결정하는 것으로 규정하고 있다.

한 자료를 제공해 줄 것을 발행은행에 요청할 수 있으며, 업무수행에 관한 보고서를 분기별로 작성하여 금융위원회에 제출하고 이를 발행은행 및 열람을 요청하는 우선변제권자에게 제공하여야 한다.

발행은행이 도산상태에 들어가지 아니한 정상적인 경우에 있어서는, 이중상환청구권부 채권은 발행은행의 은행채와 다르지 않다. 이중상환청구권부 채권의 원리금은, 담보자산인 대출채권 등의 원리금이 정상적으로 회수되고 있는지 여부에 불문하고, 발행은행의 영업활동 전체의 현금흐름에서 지급된다. 이중상환청구권부 채권의 소지인은 기초집합자산에 대한 우선변제권에도 불구하고 지급기일에 발행은행에 대하여 그 채권의 지급을 청구할 수 있으며, 발행은행은 우선변제권을 이유로 그 지급의 전부 또는 일부를 거절하거나 유예하지 못한다.

(2) 발행은행의 도산 및 이중상환청구권부 채권의 계속지급

이중상환청구권부 채권의 발행은행이 파산하거나 회생절차가 개시되더라도, 그 기초자산집합은 발행은행의 파산재단 또는 회생절차의 관리인이 관리 및 처

9) 기초자산집합 감시인은 구체적으로 다음과 같은 업무를 담당한다(「이중상환청구권부 채권발행에 관한 법률」§11①):
  1. 기초자산집합에 대한 회계감사
  2. 기초자산집합에 포함되는 자산의 적격요건 및 담보유지비율 유지 여부에 대한 실사 · 평가
  3. 발행기관의 발행계획 및 관계법규 준수 여부에 대한 점검 · 평가
  4. 발행기관의 기초자산집합에 대한 관리가 우선변제권자의 권리를 침해하는 요인이 없는지에 대한 점검
  5. 1 내지 4의 업무와 관련하여 발행기관의 기초자산집합 관리 · 유지 및 우선변제권자 보호에 부적절한 사항이 있는 경우 발행기관에 대한 시정 요구
  6. 1 내지 5의 업무와 관련하여 수탁관리인에 대한 업무의 지시 · 감독(기초자산집합에 대한 수탁관리인을 선임한 경우만 해당)
  7. 기초자산집합의 처분, 경매신청, 그 밖의 권리행사 등 우선변제권의 실행을 위하여 필요한 재판상 또는 재판 외의 행위 전부

10) 기초자산집합 감시인은 기초자산집합의 적격성을 "독립적으로" 감시하기 위하여 선임되며(「이중상환청구권부 채권발행에 관한 법률」§9①), 또한 그 선임은 발행은행이 하지만 그 선임에는 금융위원회의 승인이 필요하며, 그 해임에는 금융위원회의 승인 또는 이중상환청구권부 채권의 총채권액의 100분의 75 이상을 보유하는 채권자의 동의를 필요로 한다는 점에서(「이중상환청구권부 채권발행에 관한 법률」§9①,④) 발행은행으로부터 독립적인 지위를 갖는다고 할 수 있다.

분권한을 가지는 채무자의 재산을 구성하지 아니하며, 또한 강제집행 및「채무자 회생 및 파산에 관한 법률」에 따른 보전처분 · 중지명령 또는 포괄적 금지명령의 대상이 되지 아니한다. 또한 발행은행에 대하여 기업구조조정 관리절차가 개시된 경우라도 그 기초자산집합은 관리대상이 되는 재산을 구성하지 아니한다. 따라서 발행은행에 대한 회생절차 또는 기업구조조정 관리절차에 따라 채무의 면책 · 조정 · 변경이나 그 밖의 제한이 이루어진 경우에도 이중상환청구권부 채권의 소지인의 우선변제권에는 영향을 미치지 아니한다. 따라서, 이중상환청구권부 채권은 발행은행이 도산하더라도 자동적으로 그 기한의 이익이 상실되지도 않으며 그 원리금은 발행조건상의 일정에 따라 지급된다.[11] 그리고 발행은행은 이중상환청구권부 채권의 상환되지 아니한 잔액이 존속하는 한 「이중상환청구권부 채권 발행에 관한 법률」에서 정하는 경우를 제외하고는 기초자산집합을 처분하거나 다른 채무에 대한 담보로 제공해서는 아니 되며, 이를 위반한 처분 또는 담보제공은 이중상환청구권부 채권의 소지인에 대해서는 효력이 없다.

발행은행에 대하여 파산절차, 회생절차 또는 기업구조조정 관리절차가 개시되면, 기초자산집합은 발행은행이나 수탁관리인이 아닌 기초자산집합 감시인이 관리하게 된다. 기초자산집합 감시인은 이중상환청구권부 채권의 소지인들의 채권이 발행계약상의 일정에 따라 만족될 수 있도록 보장하기 위하여 담보자산인 모든 대출채권 등의 원리금을 그 대출거래계약 등의 계약상의 조건에 따라 수령하여 커버드본드 소지인들의 원리금을 그 발행조건상의 일정에 따라 지급할 수 있으며, 나아가 담보 풀의 유동성을 확보하기 위하여 담보자산을 개별적으로 처분할 수도 있다. 이와 같은 형태의 관리는 커버드본드의 원리금이 전부 상환될 때까지 계속되며, 잔여분이 있는 경우에는 이를 발행은행, 파산관재인이나 회생절차 관리인에게 이전하여야 한다.

11) 다만, 기초자산집합은 정적(static)으로 바뀌어 더 이상 담보자산의 추가 · 교체는 일어나지 아니한다.

(3) 이중상환청구권부 채권의 지급불능, 기초집합자산의 처분 및 발행은행의 도산절차에의 참가

발행은행이 이중상환청구권부 채권의 전부 또는 일부를 변제하지 못하는 경우, 기초자산집합의 처분사유가 발생한 경우, 또는 이중상환청구권부 채권에 대한 기한 이익 상실 사유가 발생한 경우에는, 기초자산집합 감시인은 기초자산집합을 처분하여 이중상환청구권부 채권 소지인의 채권 변제에 충당할 수 있다.

기초자산집합을 처분하는 경우, 주택담보대출채권과 같은 채권을 제3자에게 매각하는 때에는 그 채권 양도의 대항요건을 갖추어야 하는데, 우리 「민법」은 채무자에 대하여는 양도인의 통지 또는 채무자의 승낙, 그리고 제3자에 대하여는 확정일자 있는 증서에 의한 통지 또는 승낙을 그 각각의 대항요건으로 규정하고 있다. 그러나 이와 같은 「민법」상의 채권양도 대항요건을 갖추기 위해서는 많은 시간과 비용이 소요되므로 「이중상환청구권부 채권 발행에 관한 법률」은 이에 관한 특례조항을 두고 있다. 즉, 채무자에 대하여는, 기초집합자산의 처분사유가 발생하는 경우[12], 발행은행 또는 감시인은 기초자산집합의 등록사실과 감시인의 처분권한에 관한 내용(이하 "등록사실 등"이라 한다)을 해당 기초자산집합에 포함되는 채권의 채무자에게 통지하거나 채무자가 승낙하면 등록사실 등에 관하여 대항요건을 갖춘 것으로 보며, 또한 발행은행 또는 감시인이 채무자에게 일정한 주소[13]로 2회 이상 내용증명우편으로 등록사실 등에 대한 통지를 발송하였으나 소재 불명 등으로 반송된 때에는 채무자의 주소지를 주된 보급지역으로 하는 2개 이상의

12) 「이중상환청구권부 채권발행에 관한 법률」제13조 제3항에 규정된 경우, 즉 (i) 발행은행이 지급기일에 우선변제권자의 채권의 전부 또는 일부를 변제하지 못하는 경우, (ii) 금융위원회에 등록한 기초자산집합의 처분사유가 발생한 경우, 또는 (iii) 우선변제권자의 채권에 대한 기한 이익 상실 사유가 발생한 경우를 말한다.

13) (i) 금융위원회에 등록한 기초자산집합에 관한 등록서류에 적혀 있는 채무자의 주소(등기부에 적혀 있는 주소가 채무자의 최후의 주소가 아닌 경우 발행은행 또는 감시인이 채무자의 최후의 주소를 알고 있을 때에는 그 최후의 주소를 말함), 또는 (ii) 금융위원회에 등록한 기초자산집합에 관한 등록서류에 채무자의 주소가 적혀 있지 아니한 경우로서 발행기관 또는 감시인이 채무자의 최후의 주소를 알고 있을 때에는 그 최후의 주소를 말한다(「이중상환청구권부 채권발행에 관한 법률」§15③i,ii).

일간신문(전국을 보급지역으로 하는 일간신문이 1개 이상 포함되어야 함)과 발행은행의 인터넷 홈페이지에 등록사실 등을 공고함으로써 그 공고일에 통지를 한 것으로 보아 등록사실 등에 대한 대항요건을 갖춘 것으로 본다고 규정하고, 이 경우 발행은행을 양도인으로 그리고 기초집합자산 감시인을 양수인으로 본다고 규정하고 있으며, 제3자에 대해서는, 기초자산집합을 금융위원회에 등록을 한 때에 등록사실 등에 관하여 대항요건을 갖춘 것으로 본다고 규정하고 있다.

그리고 기초자산집합에 포함된 기초자산으로서 근저당권으로 담보된 채권을 처분하는 경우에는 해당 근저당권으로 담보된 채권의 원본 확정 전에도 그 피담보채권과 함께 해당 근저당권을 양도할 수 있다[14].

이중상환청구권부 채권의 소지인이 우선변제권에 따라 채권 원리금의 전부 또는 일부를 변제받지 못한 경우에는 발행은행의 다른 재산으로부터 변제받을 수 있으며, 그 변제받지 못한 채권의 범위에서 발행기관의 파산절차나 회생절차에 참여할 수 있다. 또한, 발행은행의 다른 재산에 대하여 기초자산집합보다 먼저 파산절차를 통한 배당 또는 회생절차를 통한 변제가 실시되는 경우에 이중상환청구권부 채권 소지인은 이중상환청구권부 채권의 총채권액(상환된 금액은 제외)으로 해당 절차에 참여하여 배당을 받거나 변제받을 수 있다. 한편, 기초자산집합 감시인은 기초자산집합의 처분 또는 집행으로 취득한 금원 중 이중상환청구권부 채권의 변제에 충당한 후 잔여분이 있는 경우에는 발행은행, 파산관재인이나 회생절차 관리인에게 이전하여야 한다.

14) 「이중상환청구권부 채권발행에 관한 법률」§16②; 근저당권으로 담보된 채권을 근저당권의 피담보채권이 확정되기 양도하는 경우 근저당권도 함께 이전되는지에 대해서는 다툼이 있는바, 우리 판례는 "근저당권이라고 함은함은 계속적인 거래관계로부터 발생하고 소멸하는 불특정다수의 장래채권을 결산기에 계산하여 잔존하는 채무를 일정한 한도액의 범위 내에서 담보하는 저당권이어서, 거래가 종료하기까지 채권은 계속적으로 증감변동하는 것이므로, 근저당 거래관계가 계속중인 경우 즉, 근저당권의 피담보채권이 확정되기 전에 그 채권의 일부를 양도하거나 대위변제한 경우 근저당권이 양수인이나 대위변제자에게 이전할 여지는 없다"라는 입장을 취하고 있으므로(대법원 2002.07.26. 선고 2001다53929 판결), 이 조항은 근저당권의 양도에 관한 특례를 규정하여 기초자산집합의 처분을 용이하게 하는데 그 목적이 있다.

제 9 장

해외 프로젝트파이낸스

제 1 절

프로젝트파이낸스의 의의

I. 프로젝트파이낸스의 개념

비소구금융(non-recourse finance) 또는 제한소구금융(limited-recourse finance)이라고도 불리는 프로젝트파이낸스(project finance)는 금융기관 등의 대주(project finance lenders)가 특정 프로젝트(project; development)로부터 발생할 미래의 현금흐름(cash flows; revenues)을 주된 상환재원(primary source of repayment)으로 하고 그 특정 프로젝트를 추진하기 위한 물적 시설과 제반 계약 등 유 · 무형의 모든 자산을 담보(collateral)로 하되, 당해 프로젝트를 추진하는 사업주(project developer; sponsor)가 아닌 그 프로젝트를 수행할 목적으로 별도로 설립된 사업시행회사인 프로젝트회사(project company)를 차주로 하여, 프로젝트의 건설(construction) 및 운영(operation)을 위한 용도로 대출금을 제공하는 차입금융(debt financing)을 말한다.

따라서 프로젝트파이낸스(project finance)는 특정 프로젝트를 수행하는 데 필요한 대출금을 그 프로젝트를 추진하는 사업주(sponsor)의 신용을 기초로 하여 그 사업주에게 직접 제공하는 전통적인 방식의 기업금융(corporate finance)과는 근본적으로 구별되는 특수한 금융기법에 해당한다. 예컨대, 어느 에너지 회사가 풍력발전소를 건설하여 운영할 수 있도록 하기 위하여 그 에너지 회사 자체에 대출금을 제공한다면 이는 기업금융(corporate finance)에 해당하지만, 만약 그 에너지 회사가 풍력발전소를 건설 · 운영할 목적으로 별도로 설립한 특수목적기구(SPV)인 프로젝트회사(project company)에 대출금을 제공한다면 이는 프로젝트파이낸스(project finance)에 해당한다.

프로젝트파이낸스는 프로젝트 사업주(sponsor)의 입장에서는 근본적으로 프로젝트 추진을 위한 대출금을 자신이 명의가 아닌 자신과는 법적으로 독립된 별도의 프로젝트회사의 명의로 조달하는 것이기 때문에, 그 대출금에 대하여 보증(guatantee)을 하지 않는 한(nonrecourse) 법적으로는 그 대출원리금의 상환책임을 부담하지 않게 되어 프로젝트의 위험을 대주에게 전가하는 효과를 가질 수 있다. 그리고, 그 대출금이 사업주 자신의 대차대조표에 표시되지 아니하므로 자신의 재무상태에는 아무런 영향을 미치지 않는 부외거래(off-balance-sheet debt treatment)의 효과를 누릴 수 있으며, 그 대출금이 프로젝트 자체의 수익성을 바탕으로 이루어지기 때문에 사업주의 신용도에 구애받지 않고 보다 높은 부채 레버리지(debt leverage)를 활용할 수 있다. 뿐만 아니라 사업주 자신의 기존 차입계약에 규정되어 있는 추가차입금지 준수의무(negative covenants)나 일정 재무비율 준수의무(financial covenants) 등의 제약조건을 회피하여 자금을 조달할 수 있는 장점도 가지고 있다.

프로젝트파이낸스의 대주(project finance lenders)는, 사업주의 신용도를 기초로 하여 사업주에게 대출금을 제공함으로써 사업주의 모든 사업에 대한 위험을 부담하는 것이 아니라, 수익성이 있다고 판단되는 특정 프로젝트만을 수행하는 별도의 프로젝트회사에 대한 대출금 제공을 통하여 그 특정 프로젝트의 위험만을 부담한다. 때문에 당해 프로젝트의 수익성이 양호한 한 사업주의 재무상태에 관계없이 대출금을 상환받을 수 있으며 기업금융에 비하여 이자율, 수수료 등의 수준이 높아 보다 높은 수익을 얻을 수 있다는 장점을 가지고 있다.

그러나 프로젝트파이낸스의 대주는 특히 비소구(nonrecourse) 방식의 프로젝트파이낸스에 있어서는 당해 프로젝트의 위험을 전부 부담하는 것이 되고, 당해 프로젝트가 실패하는 경우 대출원리금의 상환을 받을 수 없게 되는 손실을 입게 된다. 따라서 프로젝트파이낸스의 대주는 사업주(sponsor)에 대해서는 최소한 일정 수준 이상의 자본금을 프로젝트회사에 출자(equity contribution)하도록 함으로써 프로젝트의 위험을 기본적으로 일정 부분 분담하게 할 뿐만 아니라, 프로젝트 전 기간이 아니라 건설기간 등 한시적인 기간 동안 사업주가 프로젝트 완공보증(completion guarantee) 등을 통하여 대출원리금의 상환에 책임을 지도록 함으로써 제한소구(limited-recourse)가 가능하도록 한다. 그러는 한편, 프로젝트에 내재하는 제반 위험(project risks)을 철저히 파악하여 이를 가장 잘 관리할 수 있는 프로젝트 참여자 등 이해관계인들에게 계약(contracts)을 통하여 가능한 한 많이 배분되도록 하고, 나아가 대출금에 대한 담보(security)로 프로젝트 참여자들과의 계약상의 모든 권리를 이전받는 동시에 프로젝트의 현금흐름을 창출하는 프로젝트회사의 여타 모든 자산에 대하여 제1순위 담보권(first-priority lien)을 설정하는 구조하에서 대출금을 제공하게 된다.

프로젝트파이낸스는 1856년 수에즈운하 개발이나 1299년 영국 왕실에 의한 은광산개발이 그 효시라고 일컬어지는 경우도 있으나, 비소구(non-recourse) 또는 제한소구(limited-recourse) 금융으로 알려져 있는 현대적 의미의 프로젝트파이낸스는 1930년대 미국의 은행들이 석유개발사업에서 생산될 석유의 판매대금을 상환재원으로 하고 매장된 석유를 담보로 한 대출(production payment financing)에서 처음 사용된 것으로 알려져 있다. 프로젝트파이낸스는 그 후 1970년부터 전 세계적으로 급속히 확산되기 시작하여, 1980년대부터는 세계 각국에서 석유 · 가스 · 광물 등의 자원개발사업, 수력전기 · 화력전기 등의 발전산업, 고속도로 · 항만 · 공항 · 교량 등의 교통시설, 정유공장 · 석유화학플랜트 · 담수화공장 등 대형설비산업, 유 · 무선 전화선 등 통신설비, 체육관 · 호텔 등의 레저시설과 같이 대규모의 자금조달이 필요할 뿐만 아니라 미래의 현금흐름이 어느 정도 예측 가능하고 그 확실성이 일정 부분 보장되는 거의 모든 산업분야에서 활용되고 있다. 최근에는 태양광발전 · 풍력발전 등 신재생에너지사업, 저탄소 녹색도시개발, 그린빌딩 건축 등 녹색사업 추진에도 프로젝트파이낸스의 중요성이 부각되고 있다.

프로젝트파이낸스는 그 대규모 자금조달의 필요상 세계 각국의 금융기관들이 참여하는 것이 보통이므로 원래 국제적인 성격을 가지는 것이지만, 강학상의 편의를 위하여 프로젝트가 실시되는 국가가 우리나라인지 또는 외국인지에 따라 국내 프로젝트파이낸스와 해외 프로젝트파이낸스로 구분하고 있다.

Ⅱ. BOT - 사회기반시설에 대한 민간투자 프로젝트파이낸스

BOT(Build-Operate-Transfer)라 함은, 프로젝트파이낸스의 한 형태로서, 사업소재국의 현지정부(host government)가 민간기업인 사업주(sponsor)에게 사회기반시설 등의 공공시설에 대한 사업권(concession)을 부여하고, 그 사업주는 자신이 조달한 자금으로 프로젝트를 건설(build)하여 일정 기간 동안 운영(operate)하면서 그 운영수익금으로 투자금을 회수한 후 그 시설을 현지정부에 양도(transfer)하는 방식의 프로젝트파이낸스를 말한다.

사회간접자본시설(Social Overhead Capital; SOC) 또는 사회기반시설(infrastructure)의 건설에는 대규모의 자금이 필요하기 때문에, 1980년대부터 많은 국가들이 BOT 방식을 채용하기 시작하였다. BOT 방식은 1984년 터키(Turkey)에서 공공 프로젝트를 민영화하는 과정에서 처음 채택되었으며, 그 후 많은 국가 특히 개발도상국가들에 의해 공공부문의 차입을 축소하는 동시에 자국의 사회기반시설 및 산업 프로젝트에 대한 외국인의 직접투자를 촉진시키기 위한 수단으로 널리 사용되었다.

그리하여 BOT라는 용어는 민간이 정부를 대신해서 사회기반시설 등의 공공시설을 건설 · 운영하고 그 운영수익금으로 투자금을 회수하는, 이른바 '사회기반시설에 대한 민간투자 프로젝트파이낸스'를 총칭하는 일반적인 용어가 되었다고 해도 과언이 아니다.

BOT에는 BOT(Build-Operate-Transfer), BOOT(Build-Own-Operate-Transfer), 그리고 BOO(Build-Own-Operate)의 세 가지 기본 형태가 있으며, 이를 바탕으로 한 수많은 변형된 형태가 존재한다.

사회기반시설에 대한 민간투자 프로젝트파이낸스를 지칭하는 용어로는 그 외에도 나라에 따라 'PFI(Private Finance Initiative)', 'PPP(Public-Private Partnership)', 'PSP(Private Sector Participation)' 등의 용어들이 사용되고 있다.

우리나라에서도 1994년 「사회간접자본시설에 대한 민간자본유치촉진법」 제정을 계기로 사회간접자본시설에 대한 민간투자 방식의 프로젝트파이낸스가 본격적으로 추진되기 시작하였으며, 1998년에는 동법을 「사회간접자본시설에 대한 민간투자법」으로 전면 개정하면서 민간투자자에 대한 최소 운영수입보장 등 각종 정부지원제도를 통해 그 활성화를 꾀하였다.

2005년에는 위 법률을 현행의 「사회기반시설에 대한 민간투자법」으로 다시 개정하여 민간투자의 대상이 되는 시설 범위를 도로, 철도, 항만 등의 사회간접자본시설뿐만 아니라 학교, 노인주거복지, 공공보건의료, 문화시설 등 사회기반시설로 확대함과 동시에(동법 제2조 제1호 "사회기반시설" 참조), 사업방식에 있어서도 기존의 BTO(Build-Transfer-Operate), BOT(Build-Operate-Transfer), BOO(Build-Own-Operate) 방식 외에 BTL(Build-Transfer-Lease) 방식을 도입하는 등 다양화를 도모하고 있다(동법 제4조 민간투자사업의 추진방식 참조).

제2절

프로젝트파이낸스의 특징

I. 비소구 또는 제한소구 금융

프로젝트의 총소요자금 중 사업주(sponsor)가 지분투자형식으로 출자하는 자본금(equity) 이외의 자금은 금융기관들의 대출 등을 통하여 차입(debt)하는 방식으로 조달되는데, 프로젝트회사(project company)가 이와 같은 차입금의 차주(borrower)가 된다. 따라서 법률적으로 사업주(sponsor)는 프로젝트회사의 차입금에 대해서는 보증(guarantee)을 하지 않는 한 그 차입금 상환에 대해 어떠한 책임도 지지 않는다. 이와 같이 사업주가 프로젝트회사의 차입금에 대해서 하등의 보증도 하지 아니하는 형태의 프로젝트파이낸스를 비소구금융(non-recourse finance)이라 한다. 그러나 현실적으로는 순수한 비소구금융은 존재하지 아니하며, 프로젝트의 건설기간 동안 프로젝트의 완공보증(completion guarantee) 등을 통하여 사업주(sponsor)가 제한적인 범위 내에서 프로젝트 차입금의 상환에 책임을 지도록 하는 제한소구금융(limited-recourse finance)이 일반적이다.

Ⅱ. 프로젝트 현금흐름의 중요성

프로젝트파이낸스는 프로젝트로부터 발생할 미래의 현금흐름(cash flows)을 주된 상환재원(primary source of repayment)으로 하는 금융이며, 프로젝트가 실패하더라도 사업주에 대하여 대출원리금의 상환청구를 할 수 없거나 제한적으로만 상환청구를 할 수 있을 뿐이다. 따라서 프로젝트파이낸스를 제공하는 금융기관의 입장에서는 당해 프로젝트에서 발생하는 현금흐름(cash flows)이 대출원리금을 변제하기에 충분한지 면밀히 검토하여야 한다. 이를 위하여 금융기관은 프로젝트회사가 작성한 당해 프로젝트의 재무모델(financial model)에 여러 변수를 반영하여 현금흐름을 예측하고, 이를 근거로 대출원리금 상환계수(debt service coverage ratio; DSCR), 대출기간 중 대출원리금 상환계수(loan life coverage ratio; LLCR), 프로젝트 기간 중 대출원리금 상환계수(project life coverage ration; PLCR) 등을 개발하여 프로젝트의 상환능력을 평가한다. 그리고 이러한 다양한 현금흐름 비율은 금융계약에서 다음과 같은 사항 등을 결정하는 데 이용된다.

(i) 대출원금 규모
(ii) 대출이자율
(iii) 사업주의 건설완공보증의 해지 여부
(iv) 상당한 손실이 있는 경우 보험금을 사용한 프로젝트의 재가동 여부
(v) 프로젝트계좌(project accounts; escrow accounts)에 있는 현금의 사용여부
(vi) 프로젝트회사의 주주들, 즉 사업주들에 대한 이익배당금의 지급 여부
(vii) 추가 차입금의 필요 여부
(viii) 판매계약(offtake agreement)의 변경이나 대체 필요성의 여부
(ix) 재무약정(financial covenants)의 위반에 의한 기한이익상실 여부

Ⅲ. 다수의 프로젝트 참여자와 위험의 분산

프로젝트를 추진하기 위해서는 프로젝트의 실질적인 추진자인 사업주(sponsor), 프로젝트의 법적 수행 주체이자 프로젝트파이낸스 구조의 핵심이 되는 프로젝트회사(project company), 그리고 프로젝트회사에 대출금을 제공하는 금융기관(project finance lenders)들이 참여한다. 그리고 그 외에도 프로젝트 소재국의 현지정부(host government), 프로젝트의 원재료공급자(supplier), 프로

[그림 9-1] Main Project Participants and Agreements

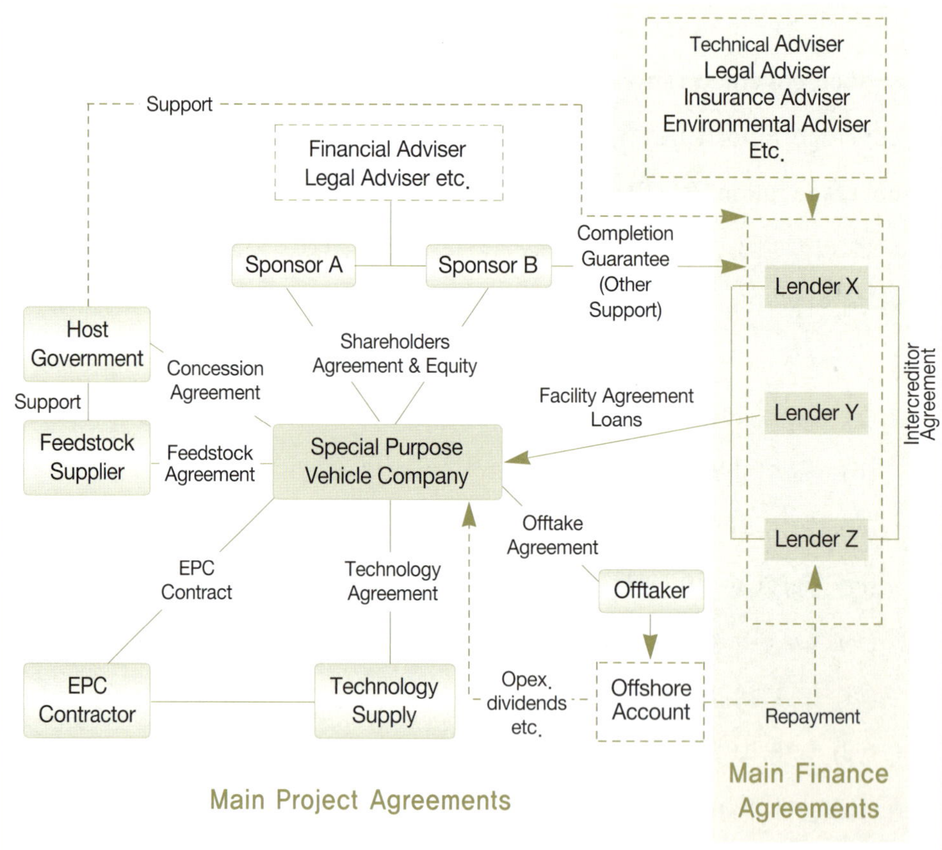

출처: HSBC

젝트의 생산품 구매자(off-taker), 프로젝트의 건설회사(EPC contractor), 프로젝트 운영회사(O&M company), 보험회사(insurance companies) 등 다수의 당사자가 참여하게 된다([그림 9-1] 참조).

프로젝트파이낸스는 사업주에 대한 비소구 내지 제한소구금융이라는 특성상 프로젝트가 실패하는 경우 대출 금융기관이 가장 커다란 손실을 부담하게 되므로, 대출 금융기관은 프로젝트에 내재하는 모든 위험을 철저히 파악해야 하며(risk identification), 나아가 그 파악된 위험을 위와 같은 프로젝트 참여자들에게 각종 계약을 통하여 배분하는 과정이 필요하다. 따라서 프로젝트파이낸스는 프로젝트 위험을 이를 가장 잘 관리할 수 있는 당사자에게 이전하는 위험배분(risk allocation)이 그 핵심이라고 하여도 과언이 아니다.

또한 사업주와 대출금융기관들은 프로젝트파이낸스의 복잡성으로 인하여 기술, 재무, 시장, 보험, 금융, 법률, 회계 등 다양한 분야에서 전문가의 조력을 필요로 하게 된다.

Ⅳ. 다양한 금융재원

프로젝트파이낸스의 주요 차입금융 제공자로는 상업은행(commercial banks), 수출신용기관(export credit agencies) 및 국제금융기구(multilateral agencies)를 들 수 있다.

1. 상업은행

상업은행(Commercial Banks)은 프로젝트의 건설자금을 중장기대출의 형태로 제공하는바, 위험분산과 자금부담 경감을 위해 세계 각국의 다수의 은행들이 대주단(syndicate)을 형성하여 신디케이티드 대출(syndicated loan) 방식으로 제공하는 것이 보통이다. 이러한 상업은행의 대출은 수출신용기관(export credit agencies)이나 국제금융기구(multilateral agencies)가 제공하는 상업적 위험(commercial risks) 또는 정치적 위험(political risks)에 대한 보증(guarantee)이나 보험(insurance)의 보호 아래 제공될 수도 있고(covered loans), 그와 같은 보호 없이 제공될 수도 있다(uncovered loans).

2. 수출신용기관

수출신용기관(Export Credit Agencies; ECAs)은 자국의 수출 및 해외투자를 촉진하고 지원하기 위한 목적으로 성립된 공적 기관으로서, 우리나라의 경우에는 한국수출입은행(The Export-Import Bank of Korea) 및 한국무역보험공사(Korea Trade Insurance Corporation)가 이에 해당한다. 각국의 수출신용기관의 정책은 서로 상이하지만, 주요 금융조건은 OECD 가이드라인의 적용을 통하여 어느 정도 조화를 이루고 있다.

프로젝트파이낸스에 있어서 수출신용기관은 일반적으로 자국의 설비수출금액과 연계된(tied) 수출연계형식의 금융(tied support)을 제공하는데, 이는 프로젝트회사(project company)가 프로젝트에 사용하기 위하여 자국에서 제조된 설비를 수입하는 경우, 이 수입대금의 결제를 위한 상업은행의 대출에 대하여 설비수출금액의 일정금액에 해당하는 보증(guarantee) 또는 보험(insurance)을 제공하는 형식으로 이루어진다. 이러한 보증 또는 보험은 프로젝트의 상업적 위험(commercial risks)과 정치적 위험(political risks)을 모두 커버(cover)하는 포괄적(comprehensive) 보증 또는 보험일 수도 있으며, 정치적 위험(political risks)만을 커버하는 경우도 있다.

수출신용기관은 위와 같은 자국의 수출과 연계된 지원(tied support) 외에도 안정적인 에너지 공급을 위한 천연자원의 개발 등 자국의 국가적 이익을 고려하여 프로젝트회사(project company)에 직접대출(direct loan)을 제공하는 경우도 있다.

3. 국제금융기구

국제금융기구(Multilateral Agencies; MLAs)는 개발도상국의 경제성장과 회원국에 대한 개발자금 지원을 목적으로 설립된 국제기구로서, 세계은행(World Bank), 세계은행 투자부문 자회사인 국제금융공사(International Finance Corporation; IFC), 세계은행의 산하기관인 세계투자보증기구(Multilateral Investment Guarantee Agency; MIGA), 아시아개발은행(Asia Development Bank), 유럽부흥개발은행(European Bank for Reconstruction and Development; EBRD) 등이 대표적이다.

국제금융기구는 직접대출("A Loan")을 제공할 수도 있고, 간접대출("B Loan") 구조하에서 실질적인 대출금 제공은 상업은행들(B Loan 대출은행들)이 하되 그 대주 명의(lender of record)는 국제금융기구로 하는 형식의 대출을 할 수도 있다. 그 중 이 B Loan 구조하에서의 대출의 경우에는 국제금융기구와 B Loan 대출은행들 간에 대출참여계약(participation agreement)이 체결된다.

4. 자본시장에서의 자금조달

프로젝트파이낸스는 1990년대 이후 은행들로부터의 차입 외에도 자본시장에서의 채권발행에 의한 차입금융도 이루어지고 있다. 채권발행에 의한 자금조달의 경우에는 국제적인 신용평가기관으로부터 투자등급(investment grade) 이상의 신용등급을 부여받는 것이 관건이며, 신용평가기관에 의한 평가기준도 은행들이 채택하고 있는 대출심사기준과 다르지 않다.

제3절

프로젝트파이낸스의 당사자

I. 프로젝트회사

프로젝트파이낸스의 가장 기본적인 구조는 우선 특정 프로젝트를 이를 추진하는 사업주로부터 법률적으로나 경제적으로 분리(ring-fencing)시키기 위하여 그 특정 프로젝트만을 수행할 특수목적기구(SPV)인 프로젝트회사(Project Company)를 설립하는 것인데, 이 프로젝트회사가 프로젝트의 건설 및 운영의 법적 주체인 동시에 차입금융의 차주(borrower)로서 프로젝트파이낸스의 중심 당사자가 된다.

프로젝트회사는 그 프로젝트를 추진하고자 하는 사업주가 프로젝트가 수행되는 현지국가(host country)에 설립한다. 그 법적 형태는 현지국가의 회사법, 외국인투자법, 세법, 회계제도 등을 고려하여 파트너십(partnership), 회사(company) 등 여러 형태로 설립될 수 있으나, 출자자인 사업주가 출자금액의 범위 내에서만 유한책임(limited liability)을 부담하는 주식회사(corporation)의 형태로 설립되는 경우가 가장 일반적이다.

사업주가 다수인 경우에는 사업주들 간에 주주간계약(shareholders agreement) 또는 합작투자계약(joint venture agreement)을 통하여 프로젝트회사의 설립과 경영에 관한 사항 그리고 프로젝트회사 주주로서의 권리와 의무를 정하게 되며, 그러한 내용이 프로젝트회사의 기본정관(articles of incorporation) 및 부속정관(bylaws)에 반영된다.

프로젝트회사의 자본금(equity)은 프로젝트 총소요자금의 20~40% 정도로 하는 것이 보통이다.

Ⅱ. 사업주

프로젝트의 사업주(Sponsor)는 프로젝트를 실질적으로 추진하는 주체인 동시에 프로젝트회사의 지분 소유자이다. 사업주는 1개 회사인 경우도 있으나, 당해 프로젝트의 규모가 큰 경우에는 프로젝트의 건설회사, 원료공급회사, 제품구매회사 등이 전략적투자자(strategic investors)의 입장에서 사업주로 참여하는 것이 보통이다. 최근에는 그 외에도 금융기관이나 기관투자가 등이 재무적투자자(financial investors)의 입장에서 사업주로 참여하는 경우도 있다.

사업주는 프로젝트 총소요자금의 20~40% 정도를 프로젝트회사의 자본금으로 출자할 의무를 부담하는 것이 보통이다. 이러한 의무는 대주(project finance lenders)와 체결하는 투자계약(investment agreement)에 반영되며, 프로젝트회사와 대주 간의 대출계약서에도 대출금의 인출선행조건(conditions precedent)에 의해서도 간접적으로 강제된다.

사업주는 프로젝트회사가 부담하는 대출금에 대하여 보증을 하지 않는 한 그 대출금의 상환에 대해 법적인 의무를 지는 것은 아니지만(nonrecourse), 실제적으로는 사업주의 명성, 경험 및 신용도는 금융기관의 프로젝트회사에 대한 대출의 의사결정에 있어 중요한 요소가 된다.

또한, 프로젝트의 공사완공위험과 같은 프로젝트의 특정 위험이 건설회사 등 관련 당사자에 의해 충분히 인수되지 않는 경우에는 사업주가 완공보증(completion guarantee) 등을 통하여 건설기간 동안에는 대출원리금의 상환책임을 부담하는 등 제한적인 범위 내에서 대출원리금의 상환에 대하여 법적 책임을 부담하는 것이 보통이다(limited recourse).

Ⅲ. 현지정부

프로젝트 소재국의 현지정부(Host Government)는 당해 정부가 프로젝트에 당사자로 참여하지 않는 한, 그 프로젝트에 대한 인허가(license, permit, approval 등) 등의 규제나 프로젝트 자체 및 그 사업주에 대한 조세를 부과하는 등의 일반적인 행정업무 이외에는 프로젝트와 직접적인 관련이 없다.

그러나 BOT 또는 BTL 사업 등 사회기반시설의 민간투자 프로젝트파이낸스의 경우, 현지정부는 양허계약(concession agreement) 또는 실시협약(implementation agreement)을 통하여 프로젝트회사에 사업권(concession)을 부여한다. 또한 프로젝트회사에의 지분참여 또는 프로젝트의 원재료공급이나 생산물구매 등을 통하여 프로젝트에 직접 참여하기도 하며, 나아가 세금혜택 부여, 환전 및 송금 보장, 사회간접자본시설의 이용권 부여 등의 방법으로 프로젝트를 지원하기도 한다. 특히 개발도상국이나 신흥시장국의 프로젝트파이낸스에 있어서는 현지정부의 프로젝트에 대한 각종 지원은 해외 자본을 유치하는 데 결정적인 역할을 한다.

Ⅳ. 건설회사

프로젝트회사가 프로젝트파이낸스의 건설공사계약을 체결함에 있어서는 프로젝트 건설의 완공위험 및 건설에 필요한 설비나 기자재 등의 조달위험을 경감시키기 위하여 일반적으로 건설회사가 확정완공일자 및 확정금액 조건하에서 프로젝트의 설계(engineering), 설비 및 기자재의 구매(procurement), 그리고 시공(construction)을 일괄적으로 책임지고 담당하는 총액고정부 일괄도급계약(fixed price lump-sum turnkey contract)을 체결하는 것이 보통이다.

이와 같이 건설회사가 프로젝트의 설계(engineering), 설비구매(procurement) 및 시공(construction)을 일괄적으로 약속하는 계약을 'Engineering, Procurement and Construction Contract' ("EPC Contract")라고 하며, 이 때 그 건설회사를 'EPC Contractor' 라고 한다.

EPC Contractor가 건설공사를 완공할 수 있고 나아가 일정 기간 공사시설의 성능보장을 할 수 있는 전문성과 경험 그리고 건실한 재무구조를 가진 건설회사인지 여부는 프로젝트의 성공 여부를 좌우하는 요소임과 동시에 금융기관의 프로젝트회사에 대한 대출 의사결정에 있어서도 가장 중요한 요소 중의 하나이다.

Ⅴ. 운영회사

프로젝트회사는 완공된 프로젝트 시설의 운영 및 관리(operation and maintenance)를 위하여 운영계약(O&M contract or operation contract)을 통하여 프로젝트 운영회사(O&M Contractor; Operator)를 선임하는 것이 보통이다.

운영회사는 당초의 생산 및 판매 계획에 따라 프로젝트 시설을 운영할 수 있는 기술적 전문성을 갖추어야 하며, 나아가 운영상의 과실 등을 원인으로 하는 손해 배상책임을 이행할 수 있는 재무적 건전성을 갖추어야 한다.

프로젝트 시설의 운영 및 관리를 프로젝트회사가 직접 담당하지 아니하고 독립된 운영회사에 위임하는 이유 중의 하나는, 프로젝트 시설이 정상적으로 작동되지 않는 경우의 손해를 부담할 주체로서 프로젝트회사 이외의 제3자가 존재하는 것을 대주가 선호하기 때문이다.

Ⅵ. 원재료공급자

원재료공급자(Fuel/Feedstock Supplier)는 프로젝트회사와의 원재료공급계약(fuel/feedstock supply agreement)을 통하여 프로젝트의 제품생산에 소요되는 원재료 및 연료를 공급하는 당사자를 말한다.

프로젝트의 원재료공급위험을 최소화시키기 위해서는 원재료공급자가 우량한 신용도와 장기적인 공급이행능력을 갖추고 있어야 한다. 그리고 프로젝트의 운영비 중에서는 원재료 및 연료의 구매비용이 가장 큰 비중을 차지하므로 구매비용 및 운송비용의 적절한 통제는 프로젝트의 성공 여부에 중요한 요소가 된다.

Ⅶ. 제품구매자

프로젝트 제품 또는 서비스의 구매자(Purchaser or Offtaker)는 프로젝트의 수익원(source of project' s revenues)으로서 프로젝트파이낸스에서 가장 중요한 당사자이다.

따라서 판매계약(sales agreement or offtake agreement)의 기간 및 거래조건은 프로젝트의 경제성에 관한 가장 중요한 평가요소가 되며, 나아가 제품구매자의 신용도는 프로젝트 자체의 신용도를 결정짓는 가장 중요한 요소가 된다.

Ⅷ. 보험회사

프로젝트파이낸스에 있어 보험은 프로젝트 참여자(project participants)에게 발생할 수 있는 다양한 프로젝트 위험을 프로젝트에 직접 참여하지 아니하는 당사자, 즉 보험회사(Insurance Company) 또는 재보험회사(Reinsurance Company)에 이전시키는 수단이다.

따라서 대주(project finance lenders)의 입장에서 보험은 프로젝트위험의 중요한 배분수단의 하나가 되며, 나아가 보험사고 시 수령하는 보험금은 대출채권의 보전수단으로서도 중요한 의미를 가진다.

Ⅸ. 대주

프로젝트파이낸스의 금융제공 당사자들(Project Finance Lenders)은 앞의 '제2절 Ⅳ. 다양한 금융재원' 부분에서 설명한 바와 같다.

X. 스왑제공자

스왑제공자(Swap Providers)는 프로젝트 기간 동안 차입금의 변동금리 이자율의 상승 위험을 헤지하기 위한 이자율스왑(interest rate swap), 프로젝트 생산물 판매대금이 국내통화로 표시되는 경우 국내통화의 외화대출 지급통화에 대한 평가절하를 헤지하기 위한 통화스왑(currency swap), 원재료가격의 상승 위험을 헤지하기 위한 상품스왑(commodity swap) 등을 제공하는 은행 등의 금융회사를 말한다.

스왑제공자들도 일반적으로 프로젝트파이낸스 대주단(lending syndicate)의 일원으로 취급되며, 따라서 스왑제공자가 프로젝트회사에 대해 가지는 채권도 그 회수 및 담보권행사에 있어 대주가 가지는 대출채권과 동등한 취급을 받는 경우가 있다.

제4절

프로젝트 위험의 파악 및 배분

Ⅰ. 서설

프로젝트의 성공은 프로젝트와 관련한 각종 위험을 파악한 후 이러한 위험을 프로젝트 당사자들에게 적절히 배분하고 관리하는 데 달려 있다.

프로젝트 위험은 기본적으로 그 성격에 따라 상업적 위험(commercial risk)과 정치적 위험(political risk) 및 환경위험(environmental risk)으로 구분할 수 있다. 상업적 위험은 건설단계의 위험과 운영단계의 위험을 포함한다. 환경위험은 건설단계와 운영단계 모두에 존재한다. 정치적 위험은 사업소재국의 정치적 환경에 의해 야기되는 직접적인 위험뿐만 아니라 법률제도의 미비로 인한 법적 위험 등도 포함한다.

이처럼 다양하게 존재하는 프로젝트의 위험은 기본적으로 프로젝트 참여자들 간의 각종 프로젝트 계약을 통해 배분된다.

Ⅱ. 상업적 위험

1. 건설단계의 위험

건설단계의 위험(Construction Phase Risks)은 프로젝트의 건설단계에서 발생하는 공사완공위험(completion risk)으로서, 그 주요 위험으로는 공사비초과(cost overruns), 완공지연(completion delays), 그리고 성능미달(performance guarantee failure)을 들 수 있다.

대주(project finance lenders)는 프로젝트의 각종 위험 중에서 공사완공위험을 가장 커다란 위험으로 인식하는데, 이는 대출금의 상환재원인 프로젝트의 수익이 발생하기 위해서는 프로젝트 시설의 완공이 그 전제가 되기 때문이다.

공사완공위험은 1차적으로 건설계약(EPC contract)을 통하여 건설회사(EPC contractor)에 이전되지만, 최종적으로는 공사완공보증(completion guarantee)을 통하여 사업주(sponsors)가 부담하는 것이 원칙이다.

2. 운영단계의 위험

프로젝트 운영단계의 위험(Operating Phase Risks)으로는 원재료의 가격 · 공급 · 운송과 관련한 원재료 공급위험(supply risk), 생산성저하 · 운영비초과 등의 운영위험(operating risk), 그리고 제품수요 · 제품가격 · 인플레이션 등과 관련한 판매위험(market risk)을 들 수 있다.

이러한 위험은 기본적으로 원재료공급계약(fuel/feedstock supply agreement), 운영계약(O&M agreement), 그리고 판매계약(offtake agreement)을 통해 배분된다.

Ⅲ. 정치적 위험

해외 프로젝트에서 발생하는 정치적 위험(Political Risks)은 프로젝트에 따라 다르지만 크게 정치적소요위험(political violence risk), 몰수위험(expropriation risk), 규제위험(regulatory risk), 계약위험(contract risk), 통화위험(currency risk) 및 법적 위험(legal risk)으로 구분할 수 있다. 이러한 정치적 위험은 현지국가의 법규를 통해서, 현지 정부나 지방자치단체 또는 국영기업체의 프로젝트에 참여하는 것을 통해서, 또는 정치적 위험 보험(political risk insurance)을 통해서 경감될 수 있다.

1. 정치적소요위험

정치적 소요(political violence)라 함은 전쟁, 내전, 혁명, 폭동 등 정치적인 목적의 달성을 주된 의도로 이루어지는 폭력적인 행위를 말하며, 이러한 정치적 소요는 프로젝트에 부정적인 영향을 끼칠 수밖에 없다. 정치적 소요는 각 국가 특유의 정치 상황에서 비롯되는 것이어서 그 예측이 쉽지 않을 뿐만 아니라 그러한 위험을 경감시킬 수 있는 별도의 방법도 없기 때문에, 정치적소요위험(Political Violence Risk)을 커버할 수 있는 보험에 가입하는 것이 필수적이라고 할 수 있다.

2. 몰수위험

몰수위험(Expropriation Risk)은 프로젝트 자산 또는 사업주가 가지고 있는 프로젝트회사의 지분을 현지정부가 차별적이고 독단적인 방식으로 또는 정당한 보상 없이 국유화시키는 위험을 포함한다. 그러나 현실적으로는 이러한 직접적인 몰수보다는 불합리한 세금, 수수료 기타 부담금의 인상 등을 통해 프로젝트

수익에 대한 현지정부의 몫(share)을 증가시키는 점진적 몰수(creeping expropriation)가 보다 더 일반적인 형태라고 할 수 있다.

3. 규제위험

규제위험(Regulatory Risk)은 현지정부가 규제환경을 합법적으로 변경함으로써 프로젝트의 수익성이 소멸되거나 악화되는 위험을 말한다. 이러한 위험은 수출입의 제한, 외국인투자제도의 변경, 가격통제, 인허가내용의 변경 등 다양한 방식에 의해 발생할 수 있다.

4. 계약위험

계약위험(Contract Risk)이라 함은 각종 프로젝트 계약이 현지국가에서는 그 집행이 불가능하거나, 계약당사자인 현지정부 또는 국영기업체 등에 의해 계약의 이행이 거절될 수 있는 위험을 말한다. 계약당사자에 의한 계약불이행의 위험은 모든 계약에 항상 존재하는 것이지만, 현지의 정부나 국영기업체 등이 계약상 대방일 경우 또는 법률제도가 선진화되어 있지 아니한 국가에서는 그러한 위험이 더욱 크다 할 수 있다. 예컨대, 현지국가에서 정치권력의 변경이 발생하여 새로운 정부가 과거 정부에 의해 체결된 계약의 이행을 거절하는 경우를 들 수 있다.

5. 통화위험

통화위험(Currency Risk)이라 함은 프로젝트회사가 현지 통화에 의한 프로젝트의 수익을 대출원리금이나 기타 지급금액의 지급통화인 외국통화로 교환하는 것이 불가능하거나 제한되는 위험을 포함한다. 또한 프로젝트회사의 대출원리금이나 프로젝트 사업주의 이익배당금 또는 회수자본금 등을 해외로 송금하는 것이 불가능하거나 제한되는 위험도 포함된다.

6. 법적위험

프로젝트 소재국인 현지국가가 개발도상국 등인 경우에는 외국인투자의 제한, 불합리한 조세제도 등으로 인한 법적위험(Legal Risk)이 존재한다. 선진화된 규제법 또는 행정법 체계와 예측가능하고 신뢰할 수 있는 사법제도의 부재 역시 개발도상국의 공통적인 특징이라고 할 수 있다. 이와 같은 상황은 프로젝트의 각종 계약이 그러한 현지국가 법률의 적용을 받을 수밖에 없는 경우 심각한 문제를 야기할 수 있다.

프로젝트 부지 인수계약(project site acquisition agreement)은 현지국가의 법을 그 준거법으로 하며, 현지의 정부 또는 국영기업체 등과의 계약에 있어서도 그 준거법은 현지국가의 법으로 하는 것이 보통이다. 또한, 금융계약은 현지국가의 법을 준거법으로 하지 않는 경우가 대부분이지만, 부동산 등에 대한 담보권설정계약은 그 부동산이 소재하는 현지국가의 법을 준거법으로 할 수밖에 없다. 따라서 현지국가의 법률상 담보권의 제3자에 대한 대항요건이나 담보권의 실행 문제 등에 불확실성이 존재하는 경우에는 대출금의 제공이 불가능할 수도 있다.

Ⅳ. 환경위험

환경위험(Environmental Risk)은 프로젝트의 건설 및 운영이 주변 생활환경이나 생태환경에 미치는 부정적인 영향으로 인해 현지국가의 관계 법령상 그 프로젝트의 수행이 불가능해지거나 또는 환경에 대한 부정적인 영향을 시정하기 위한 비용이 증가되어 프로젝트의 수익성이 악화될 수 있는 위험을 말한다.

최근 들어 환경보호는 국제사회의 중요한 관심사가 되고 있는데, 프로젝트파이낸스가 환경에 미치는 영향을 고려하여 국제금융공사(IFC)는 2003년 금융회사들과 공동으로 프로젝트파이낸스 분야에 대한 환경심사 가이드라인인 'Equator Principles(적도 원칙)' 를 제정하였으며, 2006년에는 시장성장 및 환경변화에 따라 가이드라인을 개정하여 'Equator Principles 2' 를 발표하였다.

이 원칙은 기본적으로 프로젝트의 자본비용(project capital cost)이 1,000만불을 초과하는 신규 프로젝트파이낸스에 적용되며, 적도원칙을 채택한 금융회사들(Equator Principles Financial Institutions; EPFIs)은 자행의 사회 및 환경에 관한 정책 및 내규를 준수하지 않거나 준수할 수 없는 차주에 대해서는 대출을 하지 않고 있다.

우리나라에서도 이와 같은 국제적인 추세에 부응하여 환경부가 2006년 '프로젝트파이낸스 환경심사 가이드라인' 을 제정하여 시행하고 있다.

제5절

프로젝트 계약

I. 주주간계약

1. 의의 및 주요 조항

프로젝트를 다수의 사업주들이 컨소시움(consortium)을 형성하여 공동으로 추진하는 경우에는 사업주들 간에 프로젝트회사(project company)의 설립과 경영에 관한 사항 그리고 프로젝트회사 주주로서의 권리와 의무를 정하기 위해 주주간계약(Shareholders Agreement) 또는 합작투자계약(Joint Venture Agreement)을 체결한다.

그 주요 내용으로는 일반적으로 다음과 같은 사항을 규정한다.

(i) 사업의 목적(Business of the Company)
(ii) 지분출자(Equity Contribution)
(iii) 회사의 지배구조(Corporate Governance)

(iv) 이사의 수 및 선임(Number and Appointment of Board of Directors)

(v) 신주인수권(Preemptive Rights)

(vi) 주식 양도 및 처분 제한(Restriction on the Transfer and Disposition of Shares)

(vii) 이익배당(Dividend Policy)

(viii) 경쟁금지(Non-Competition)

(ix) 비밀준수(Confidentiality)

(x) 분쟁해결방법(Dispute Resolution)

(xi) 준거법(Governing Law)

2. 주요 검토사항

위와 같은 여러 규정사항 중 대주는 특히 '(vi) 주식 양도 및 처분 제한(Restriction on the Transfer and Disposition of Shares)' 조항에 유의해야 하는데, 특히 프로젝트의 수행을 위해서 반드시 필요할 뿐만 아니라 프로젝트의 성공에 실질적인 영향을 미치는 사업주에 대해서는 프로젝트 시설이 완공되어 상업적으로 가동된 후 프로젝트가 정상적으로 운영될 수 있다고 판단되는 시점까지는 주식의 양도를 금지하는 내용이 포함되어 있는지를 검토할 필요가 있다.

Ⅱ. 실시협약

1. 의의 및 주요 조항

실시협약(Concession Agreement; Implementation Agreement)은 사회기반

시설 프로젝트 등의 경우에 현지정부가 민간사업주에 의해 설립된 프로젝트회사에 사업권(concession; license)을 부여하고 정부와 프로젝트회사 간의 프로젝트 건설 및 운영에 관한 제반 사항을 규정하는 계약을 말한다. 프로젝트의 정치적 위험(political risk)은 기본적으로 대부분 이 실시협약을 통해 관리되므로, 대주의 입장에서는 현지국가의 규제위험, 법적 위험 등을 포함한 정치적 위험과 관련된 사항에 특히 유의하여야 한다.

실시협약에 일반적으로 규정되는 사항은 다음과 같다.

(i) 일정 기간 동안의 사업권 부여
(ii) 프로젝트 및 사업권 관련 프로젝트회사의 의무
(iii) 정부의 지원 및 약속 사항
(iv) 사업권의 양도
(v) 사업권의 해지 조건

2. 주요 검토사항

(1) 사업권 부여기간

실시협약상의 사업권 부여기간(concession period)은 최소한 관련 판매계약(offtake agreement)의 기간보다는 장기이어야 하며, 대출원리금의 지급 및 사업주의 합리적인 투자수익을 보장해줄 수 있는 충분한 기간이어야 한다.

(2) 몰수의 금지 및 몰수에 대한 구제수단

실시협약은 몰수위험에 대비하여 현지정부에 의한 몰수의 금지조항을 두되, "몰수(expropriation)"의 개념을 가능한 한 넓게 정의하고, 현지국가 법률의 변경이나 관련 인허가의 소멸 또는 취득불가 등으로 발생할 수 있는 "점진적 몰수(creeping expropriation)"도 몰수의 개념에 포함시켜야 한다. 몰수에 대한 구제수단으로는 대출원리금의 지급 및 사업주의 합리적인 투자수익을 보장해 줄 수 있는 충분한 금액으로 정부가 프로젝트를 매입(buyout)할 의무를 부담하도록 하는 조항을 고려할 수 있다.

(3) 관련 인허가의 취득에 관한 현지정부의 협조의무

실시협약에는 프로젝트회사가 프로젝트를 수행하는 데 필요한 중앙정부 또는 지방자치단체의 각종 인허가(permits)를 취득할 수 있도록 하는 내용의 현지정부 협조의무를 규정해두는 것이 필요하다.

(4) 법률의 변경에 따른 위험의 회피

프로젝트에 부정적인 영향을 미치는 법률의 변경이 있는 경우에도 당해 프로젝트에 대해서는 개정법률의 내용이 적용되는 것이 아니라 기존법률의 내용이 계속해서 적용된다는 취지의 개정법률 적용배제 조항(grandfather provision)을 실시협약에 규정해두는 것이 필요하다.

(5) 기타 현지정부의 지원 및 약속

실시협약에는 그 밖에도 주권면책(sovereign immunity)의 포기, 외화 환전 및 송금의 보장 등에 대한 현지정부의 약속, 그리고 세금감면혜택이나 관세면제, 전력이나 용수의 우선적 공급 등의 투자 인센티브와 같은 현지정부의 지원에 관한 사항들을 규정해두는 것이 필요하다.

Ⅲ. 프로젝트 부지 확보 계약

1. 의의 및 주요 조항

프로젝트 부지(project site)는 현지국가의 법률이나 프로젝트의 여건 등에 따라 매입(acquisition) 또는 임차(lease)하는 방식으로 확보하는 것이 보통이다. 그리고 프로젝트 부지에의 자유로운 출입을 보장받기 위해서는 현지국가의 법률에 따라 인근 토지에 대한 지역권(easement or rights-of-way)에 관한 조항을 규정해두는 것이 필요하다.

2. 주요 검토사항

프로젝트 부지의 매입과 관련하여 특히 고려하여야 할 사항으로는 부지에 대한 환경실사(environmental due diligence)를 통하여 부지에 현존하는 토양이나 지하수의 오염 등에 관련된 환경위험을 철저히 파악하고 부지의 매도인으로부터 환경책임에 대한 면책(indemnity)을 받아두는 등 환경위험에 대비하여야 한다는 점이다.

Ⅳ. 건설계약

1. 의의 및 주요 조항

건설계약(EPC Contract)에는 여러 가지 형태의 표준계약서가 있으며, 국제적으로 가장 널리 사용되고 있는 표준계약서로는 FIDIC(The International Federation of Consulting Engineers)에 의해 간행된 'Orange Book'을 들 수 있다.

그리고 앞에서 설명한 바와 같이 프로젝트파이낸스에서는 프로젝트 시설 건설에 있어서의 공사비초과(cost overruns), 완공지연(completion delays), 성능미달(performance guarantee failure) 등의 공사완공위험(completion risk)을 경감시키기 위하여 건설회사가 프로젝트 시설의 설계(engineering), 설비 및 기자재의 구매(procurement), 그리고 시공(construction)을 일정 기일까지 책임지고 완성할 것을 약정하는 '턴키(turnkey)' 방식의 건설계약(EPC contract)을 체결하는 것이 일반적이다.

그 주요 규정 사항은 다음과 같다.

(i) 책임공사범위(Scope of Services and Responsibilities)
(ii) 공사가액(Contract Price)
(iii) 공사가액의 지급조건(Payment Terms)
(iv) 공사완공(Completion)
(v) 완공시설 성능기준(Performance Criteria)
(vi) 손해배상액의 예정(Liquidated Damages)
(vii) 하자보증(Warranties)
(viii) 설계 또는 공사범위 변경(Change Orders)
(ix) 하도급인(Subcontractors)
(x) 보험(Insurance)
(xi) 불가항력(Force Majeure)
(xii) 계약양도(Assignment)
(xiii) 채무불이행 및 구제수단(Default and Remedies)
(xiv) 분쟁해결수단(Dispute Resolution)

2. 주요 검토사항

(1) 총액고정부 일괄도급계약

총액고정부 일괄도급계약(fixed price lump-sum turnkey contract)에서는 건설회사가 고정된 공사가액으로 일정한 성능기준을 충족시키는 프로젝트 시설을 일정한 기일까지 완공하여야 할 책임을 지게 되며, 공사가액의 증액 또는 완공기간의 연장은 오로지 건설계약에 자세하게 규정되어 있는 설계 또는 공사범위 변경절차(change order procedure)에 의해서만 가능하므로, 공사비초과(cost overruns) 및 완공지연(completion delays)의 위험을 1차적으로 건설회사가 부담하게 된다. 그리고 프로젝트회사의 입장에서는 프로젝트 시설 공사비를 프리미엄 프라이싱(premium pricing) 방식에 의해 상대적으로 낮은 금액으로 고정시킬 수 있는 이점이 있다.

(2) 성능기준 및 공사완공예정일의 설정

건설계약은 시설공사가 완공(completion)되었다고 할 수 있기 위해 반드시 충족시켜야 하는 프로젝트 시설의 생산성, 효율성 및 신뢰성에 관한 엄격한 성능기준(performance criteria)을 설정하여야 하며, 이를 건설회사의 성능보장(performance guarantee)이라고 한다.

시설공사가 일단 설계내용(design specification)에 부합하고 기계적 가동이 가능한 '기계적완공(mechanical completion)'을 달성했다고 간주되는 단계에 도달하면, 성능보장의 준수 여부를 결정하기 위해 설정해둔 절차에 따라 시운전(commissioning)과 성능테스트(performance tests) 등 일련의 테스트 절차를 거치게 된다.

성능보장(performance guarantee)은 요구되는 성능기준의 정도에 따라 두 단계로 설정되는 것이 일반적인데, 하나는 '최종완공(final completion)'을 위해 충족되어야 하는 최고 수준의 성능보장(full performance guarantee)이며, 다른 하나는 프로젝트 시설을 프로젝트회사에 인도할 수 있기 위하여 건설회사가 달성하여야 할 최저 수준의 성능보장(minimum performance guarantee)이다. 이 최저 수준의 성능보장이 달성되면, 프로젝트 시설은 '실질적완공(substantial completion)'이 된 것으로 간주되어, 프로젝트회사가 프로젝트 시설을 인수하고 그 상업적 가동(commercial operation)이 가능하다는 것을 선언하게 된다. 그 후 건설회사는 최고 수준의 성능보장(full performance guarantee)을 달성하기 위하여 프로젝트 시설에 대한 최종적인 개선작업을 계속해서 수행하게 된다.

(3) 손해배상액의 예정

공사완공예정일까지의 공사완공 및 성능보장의 달성은 보통 손해배상액의 예정(liquidated damages)에 의해 강제되는 것이 보통이다. 손해배상액의 예정은 두 가지 형태, 즉 (i) 실질적완공(substantial completion)의 지체로 인한 지연 손해배상액의 예정(liquidated damages for delay; Delay LDs)과 (ii) 실질적완공은 달성되었으나 최종 성능테스트 결과 최고 수준의 성능보장을 충족시키지 못한 경우의 성능미달 손해배상액의 예정(performance liquidated damages; Performance LDs)의 두 가지 형태로 정해지는 것이 보통이다.

지연 손해배상액의 예정(Delay LDs)은 실질적완공의 지연일수에 대하여 매일당 지급금액의 형식으로 약정된다. 그리고 그 금액은 완공지연으로 인한 추가건설비용, 판매계약(offtake agreement) 및 원재료공급계약(fuel/feedstock supply agreement)상의 손해배상금액, 판매계약(offtake agreement)상의 손실수익 등을 고려하여 산정되나, 실제로는 완공지연으로 인한 모든 손실을 보상할 정도의 금액으로 정해지고 있지는 않으며, 건설회사로 하여금 가능한 한 조기에 공사완공을 달성하도록 유인하는 수준에서 결정되는 것이 보통이다. 나아가 손해배상금액의 한도(cap)도 정해두는 것이 관행이므로, 지연 손해배상액의 예정은 공사완공위험(completion risk)을 부분적으로만 경감시킬 수 있을 뿐이다.

성능미달 손해배상액의 예정(Performance LDs)은 최고 수준의 성능보장(full performance guarantee)을 충족시키지 못하는 결과 초래되는 향후 수익의 감소분을 고려하여 산정되며, 이 금액에 대해서도 한도(cap)가 설정되는 것이 보통이다.

영미법에서는 손해배상액의 예정(liquidated damages)을 위약벌(penalty)과 구별하여, 적정하게 추산된 손해배상액의 예정에 대해서는 그 강제집행을 인정하지만, 손해배상금액이 부당하게 과다한 경우에는 위약벌(penalty)로 간주하여 그 강제집행을 인정하지 아니한다.

우리나라의 법상으로도 채무불이행의 경우에 채무자가 채권자에게 지급할 것을 약속한 금전인 위약금은 그 약정목적에 따라 위약벌과 손해배상액의 예정으로 분류된다. 위약금은 당사자 간의 특별한 약정이 없는 한 손해배상액의 예정으로 추정되고 그 손해배상의 예정액이 부당히 과다한 경우에는 법원은 적당히 감액할 수 있도록 규정되어 있다(민법 제398조). 위약금이 위약벌로서의 성질을 가지는 경우에는 법원도 감액할 수 없으나 그 위약벌이 과도한 경우에는 일부 또는 전부가 공서양속에 반하여 무효로 될 수 있다(대법원 2002.4.23. 선고 2000다56976 판결 참조).

V. 판매계약

1. 의의 및 주요 조항

판매계약(Offtake Agreement; Sales Agreement)은 프로젝트회사에 현금흐름을 제공하는 계약으로서 사업주에게 가장 중요한 계약일 뿐만 아니라, 프로젝트의 시장위험(market risk) 경감을 위해 대주가 가장 세심하게 검토하는 계약이기도 하다.

판매계약은 계약기간에 따라 '장기판매계약(long-term sales agreement)' 과 '단기판매계약(spot sales agreement)' 으로, 그리고 대금 지급의무의 조건에 따라 '무조건대금지급계약(take-or-pay contract)' 과 '생산조건대금지급계약(take-and-pay contract)' 으로 구분할 수 있다. 그 밖에도 프로젝트 분야에 따라서는 대금의 산정방식과 관련하여 설비대여계약(tolling agreement), 비용전가계약(pass-through agreement) 등의 계약이 이용되고 있다.

판매계약의 주요 규정 사항은 다음과 같다.

(i) 계약기간(Term of the Agreement)
(ii) 계약효력 발생요건(Conditions Precedent to Effectiveness)
(iii) 판매 및 구매 의무(Purchase and Sale Obligation)
(iv) 가격결정방법(Pricing)
(v) 신용보강의무(Credit Support Obligations)
(vi) 계약양도(Assignment)
(vii) 채무불이행 및 구제수단(Default and Remedies)

2. 주요 검토사항

(1) 판매기간

유무선통신, 공항, 유료도로, 오일(oil) 등의 프로젝트와 같이 제품이나 서비스가 그 특성상 현물시장(spot market)에서 판매될 수밖에 없는 'merchant project' 의 경우에는 단기판매계약(spot sales agreement)이 이용될 수밖에 없다. 그러나 대부분의 사회기반시설이나 가스(gas) 프로젝트 등의 경우에 있어서는 프로젝트의 시장위험(market risk)을 경감시키기 위해 차입금의 대출원리금 지급 및 사업주의 투자수익을 보장할 수 있을 정도의 충분한 기간을 계약기간으로 하여 신용도가 높은 구매자와 장기판매계약(long-term sales agreement)을 체결하는 것이 일반적이다.

(2) 대금지급의무

한동안 대금지급의무와 관련하여 'take-or-pay' 계약의 개념과 'take-and-pay' 계약의 개념 간에 혼란이 있었다. 하지만 이제는 'take-and-pay' 계약에서는 제품이 생산된 경우에 한하여 대금의 지급의무가 발생하며, 'take-or-pay' 계약의 경우에는 무조건적(unconditionally)으로 대금지급의무가 발생하는 것으로 두 개념의 차이가 매우 명백하게 정리되어 있다.

무조건대금지급계약(take-or-pay contract)은 구매자가 일정 기간에 걸쳐 일정 수량의 제품을 구매하기로 하는 프로젝트회사와의 계약으로서, 구매자는 그 제품을 실제로 생산하는지의 여부에 관계없이 제품의 대금을 지급해야 한다는 데 그 특징이 있다. 무조건대금지급계약은 다시 두 가지의 형태로 구분할 수 있는데, "ironclad" 또는 "hell-or-high water" 형태의 계약에서는 프로젝트회사가 제품을 생산하여 인도하지 않더라도, 심지어는 제품을 생산하지 못하는 경우에도 구매자가 대금을 지급할 의무를 부담하며, "if available" 형태의 계약에서는 적어도 프로젝트회사가 제품을 생산은 할 수 있는(capable of producing product) 경우에 한하여 구매자가 대금지급의무를 부담한다.

무조건대금지급계약은 구매자의 입장에서는 반드시 필요한 제품을 적정한 가격으로 확실히 구매할 수 있다는 이점이 있거나, 아니면 프로젝트의 사업주 등 프로젝트회사와 이해관계가 있어 특정 위험을 인수할 의사가 있는 경우에 이용되며, 사실상 프로젝트의 운영기간 동안에 있어 프로젝트회사의 차입금에 대한 보증의 역할을 한다.

이와는 반대로, 생산조건대금지급계약(take-and-pay contract)은 적어도 프로젝트회사가 실제로 제품을 생산하여 인도한 경우에 한하여, 구매자가 제품을 인수하거나 또는 인수하지 않더라도 그 대금을 지급해야 하는 계약을 말한다. 따라서 이 계약은 때로는 "take-if-offered" 계약이라고도 불린다. 구매자가 제품을 인수하지 않는 경우 지급해야 할 금액은 보통 프로젝트회사의 고정비를 기초로 산정되며, 대부분 대출원리금, 고정운영비 및 사업주의 투자수익을 보장할 수 있는 금액으로 결정된다.

(3) 대금산정방법

'설비대여계약(tolling agreement)' 은 전력산업에서 많이 이용되는 계약으로서, 구매자는 프로젝트회사의 발전소에 원료(주로 가스)를 공급함과 동시에 프로젝트회사가 그 가스를 원료로 하여 생산한 전력을 구매하기로 약속하고, 프로젝트회사는 구매자로부터 공급받은 원료(가스)를 전력으로 변환시켜주기로 약속하는 계약이다. 구매자는 전력의 구매대금을 지급하는 것이 아니라 프로젝트회사가 가스를 전력으로 변환하는 서비스(conversion service)에 대한 수수료를 지급하게 된다.

설비대여계약(tolling agreement)은 구매자의 입장에서는 가스 가격이 높고 전력 가격이 낮은 경우에는 가스를 다른 거래처에 판매하고 발전소는 가동을 하지 않고, 반대로 가스 가격이 낮고 전력 가격이 높은 경우에는 가스를 프로젝트회사에 공급하여 프로젝트회사가 생산한 전력을 구매함으로써 '스파크 스프레드(spark spread)' , 즉 전력판매가격과 전력구입가격의 차이를 이윤으로 얻을 수 있는 이점이 있다.

'비용전가계약(pass-through agreement)' 도 전력산업에서 많이 사용되는 계약으로, 전력의 가격이 프로젝트회사의 비용을 기초로 계산되어 전력 구매자에게 전가되는 비용전가방식(pass through basis)의 계약을 말한다. 구매자에게 전가되는(passed through) 비용에는 프로젝트회사의 원료구입비, 대출원리금, 운영비, 보험료, 사업주의 투자수익 등이 포함된다.

Ⅵ. 원재료공급계약

1. 의의 및 주요 조항

원재료공급계약(Fuel/Feedstock Supply Agreement)에 의한 안정적인 원재료 및 연료의 확보는 프로젝트의 사업타당성을 위한 결정적 요소이다. 또한 프로젝트의 운영비(operating costs) 중에서는 원재료 및 연료의 구매비용이 가장 큰 비중을 차지하므로 그 구매비용 및 운송비용의 적절한 통제는 프로젝트의 경제성에 결정적인 영향을 미친다. 원재료구매계약의 주요 규정 사항은 다음과 같다.

(i) 계약기간(Term)
(ii) 수량 및 품질(Quantity and Quality)
(iii) 인도장소(Point of Delivery)
(iv) 가격(Price)
(v) 무조건대금지급조건(Take-or-Pay)
(vi) 공급자 신용(Supplier Credit)
(vii) 불가항력(Force Majeure)
(viii) 계약양도(Assignment)
(ix) 채무불이행 및 구제수단(Default and Remedies)

2. 주요 검토사항

(1) 계약기간

원재료공급계약의 기간은, 충분한 대체 공급원이 없는 한, 판매계약의 기간과 동일해야 하며, 적어도 대주의 대출기간보다는 길어야 한다.

(2) 대금지급조건

대주들의 입장에서는 원재료공급계약에 있어서도 판매계약에 있어서와 마찬가지로, 원재료를 합의된 가격으로 확보할 수 있는 이점을 가진 무조건대금지급계약(take-or-pay contract)이 선호되고 있다.

(3) 불가항력(force majeure)

원재료공급계약에 규정되는 불가항력 사유(force majeure events)가 판매계약에 규정되는 불가항력 사유보다 더 광범위하게 규정되지 않도록 함으로써, 원재료공급회사의 불가항력 사유로 인하여 프로젝트회사가 제품을 생산하기 위한 원재료를 공급받을 수 없음에도 불구하고 판매계약상으로는 제품 인도를 해야 되는 의무를 부담하는 경우가 발생하지 않도록 해야 한다.

Ⅶ. 운영계약

1. 의의 및 주요 조항

운영계약(O&M Contract)은 프로젝트 시설의 운영 및 관리에 관한 프로젝트회사와 운영회사간의 계약으로, 대주의 입장에서는 생산성 저하 또는 운영비초과 등의 운영위험을 경감시키키 위한 규정의 포함 여부에 유의하여야 한다.

그 주요 규정 사항은 다음과 같다.

(i) 계약기간(Term of the Agreement)

(ii) 운영서비스 범위 및 책임(Scope of Services and Responsibilities)

(iii) 보수 및 벌금(Compensations and Penalties)

(iv) 불가항력(Force Majeure)

(v) 운영회사의 보험부보의무(Insurance Obligations of the Operator)

(vi) 계약양도(Assignment)

2. 주요 검토사항

(1) 운영서비스의 범위 및 책임

운영서비스의 범위에는 일반적으로 프로젝트 시설의 운영 · 유지 · 보수 의무, 행정업무, 프로젝트 시설 완공 시 건설회사와의 협조 의무, 인력의 채용 및 연수 의무, 건설계약상의 하자보증(warranties) 이행여부 검토 의무, 원재료 · 부품 · 연료 등의 구입 · 관리 의무, 인허가 취득 및 유지 의무, 예비부품(spare parts) 등 재고의 유지관리 의무, 운영보고서의 제출 의무 등이 포함되어야 한다. 그리고 이러한 운영서비스와 관련하여 일정 수준의 성과기준(performance standards)을 설정하는 것이 보통이다.

(2) 보수 및 벌금(Compensations and Penalties)

운영계약상 보수는 정기적인 정액 수수료(fixed periodic fee)에 실비(out-of-pocket expenses)를 더하여 지급하는 방식이 가장 일반적이며, 나아가 계약상 설정되어 있는 성과기준(performance standards)의 준수 여부에 따라 보너스(bonus)를 지급하거나 손해배상액의 예정액(liquidated damages)을 배상하도록 하는 것이 보통이다.

제 6 절

금융계약

I. 대출계약

1. 서설

프로젝트파이낸스의 대출계약(Loan Agreement)도 일반 기업금융에 있어서의 대출계약과 그 구조와 내용에 있어서는 기본적으로 동일하다. 그렇지만, '인출선행조건(conditions precedent)', '차주(프로젝트회사)의 진술 및 보장 사항(representations & warranties)' 과 '차주(프로젝트회사)의 준수사항(covenants)' 그리고 '기한이익상실 및 그 효과(events of default)' 의 조항들에서는 차주(프로젝트회사)에 관한 사항 이외에도 프로젝트(project), 프로젝트 계약들(project contracts), 담보권설정계약들(security agreements) 및 여타 다수의 프로젝트 참여자(project participants)에 관한 사항을 모두 반영하여야 하기 때문에 그 규정 내용이 기업금융의 대출계약에 비해 광범위하다.

2. 인출선행조건

대출금이 최초로 인출될 수 있기 위해서는 실시협약, 프로젝트 부지확보계약, 건설계약, 판매계약, 원재료공급계약, 운영계약 등과 같은 주요 프로젝트 계약들이 대주가 만족할 만한 내용으로 체결되어 있어야 한다. 또한, 프로젝트회사의 모든 자산에 대한 담보권설정계약들이 모두 체결되어 있고 제3자에 대한 대항요건도 모두 갖추어져 있어야 한다. 나아가 대출금의 최초 인출 전에 사업주가 납입하기로 한 프로젝트회사의 자본금도 납입되어 있어야 한다.

프로젝트파이낸스에 있어서 대출계약의 최초 인출선행조건(conditions precedent to first drawdown)으로는 위와 같은 주된 사항을 포함하여 다음과 같은 사항들이 포함된다.

(i) 주요 프로젝트 계약들(core project documents)의 체결
(ii) 대주간 계약(intercreditor agreement)의 체결
(iii) 프로젝트 부지 사용에 대한 제반 인허가(project site approvals)의 취득
(iv) 모든 프로젝트 계약, 금융계약 및 담보계약에 관한 관련 변호사들의 법률의견서(legal opinions)의 제출
(v) 차주 및 사업주의 송달대리인(process agents)의 임명
(vi) 프로젝트 수행 관련 모든 인허가(licences, permits, consents and approvals)의 취득
(vii) 건설회사의 프로젝트 시설의 건설 관련 모든 인허가의 취득
(viii) 프로젝트 계좌들(project accounts)의 개설
(ix) 프로젝트회사 및 사업주의 정관(constitutional documents)의 제출
(x) 프로젝트회사, 사업주 기타 프로젝트 참여자의 프로젝트 계약, 금융계약 및 담보계약 체결의 승인에 관한 이사회결의서(corporate authorizations)의 제출

(xi) 금융계약 또는 담보계약의 효력발생 또는 제3자 대항요건 구비를 위한 등기 · 등록(registrations /filings)의 완료

(xii) 주요 보험(material insurances)에의 부보

그리고 최초 인출을 포함하여 제2차 인출 등 매 인출시의 선행조건(conditions precedent to each drawdown)으로서 매 인출시점에 있어 어떠한 채무불이행사유(default)나 기한이익상실사유(event of default)도 발생하여 존속하고 있지 않으며, 차주(프로젝트회사)의 진술 및 보장 사항(representations & warranties)이 모두 진실하고 정확하다는 조건이 충족되어야 한다는 점은 일반 기업금융의 대출계약에 있어서와 동일하다.

3. 차주의 진술 및 보장 사항

프로젝트파이낸스 대출계약에서의 차주(프로젝트회사)의 진술 및 보장 사항(representations & warranties)은 기업금융 대출계약에서의 일반적인 차주의 진술 및 보장 사항에 추가하여 프로젝트에 관한 모든 사실관계가 대주의 파악내용 및 분석내용과 부합한다는 점에 대한 진술 및 보장 사항으로 확대된다. 이러한 진술 및 보장 사항은 특정 프로젝트의 종류 또는 특성에 따라 그 규정 내용이 다소 상이할 수 있으나, 프로젝트파이낸스의 본질적 요소, 특히 프로젝트 계약들(project contracts), 프로젝트의 예산(budget) 및 예측내용(projections) 등에 많은 주안점을 두게 된다.

프로젝트의 예산 및 예측사항에 관한 진술 및 보장 사항은 건설공사예산(construction budget)과 프로젝트의 비용 및 수익 예측에 초점을 맞추게 되는데, 건설공사예산이 건설공사비용을 공정하게 반영하고 있다는 점, 그리고 프로젝트의 비용 및 수익 예측내용이 예상되는 비용 및 수익을 공정하게 반영하고 있다는 점을 그 주된 내용으로 한다. 이러한 진술 및 보장 사항들은 프로젝트회사

가 작성하고 대주가 인정한 재무모델(financial model)의 기초가 된다.

프로젝트 계약들(project contracts)에 관련되는 진술 및 보장 사항에는 프로젝트회사가 대주에게 제공한 각 프로젝트 계약서 사본이 각 프로젝트 계약서 원본과 동일하다는 것, 각 프로젝트 계약은 유효하며 집행이 가능하다는 것, 각 프로젝트 계약상 어떠한 채무불이행 사유나 불가항력 사유가 발생하여 지속되고 있지 않다는 것, 그리고 각 프로젝트 계약상 의무의 이행이 다른 프로젝트 계약이나 관련법규에 저촉되거나 위반되지 않는다는 것 등을 포함한다. 진술 및 보장 사항에는 또한 프로젝트회사가 관련법규 및 각 프로젝트 계약에 따라 프로젝트를 건설하고 운영하는 데 필요한 모든 인허가를 취득했다는 것이 포함된다.

위와 같은 사항을 포함하여 차주인 프로젝트회사의 진술 및 보장 사항으로 규정되는 일반적인 사항들을 예시하면 다음과 같다.

(i) 프로젝트회사의 설립국가, 종류, 설립 및 존속(status of project company)
(ii) 프로젝트회사의 권리능력 및 내부수권(powers and authority)
(iii) 프로젝트 계약들 및 금융계약들의 법적 유효성(legal validity)
(iv) 관련 법규 및 여타 계약과의 상충관계 부존재(non conflict)
(v) 프로젝트 계약서들의 원본과의 동일성(core project documents)
(vi) 필요 인허가의 취득(authorizations and consents)
(vii) 채무불이행 사유의 부존재(no default)
(viii) 재무제표의 정확성(financial statements)
(ix) 최종기채취지서의 진실성(final information memorandum)
(x) 해산절차 또는 청산절차의 부존재(no dissolution)
(xi) 미납세금의 부존재(taxes)
(xii) 환경오염원의 부존재(no environmental contaminants)
(xiii) 담보권설정계약의 유효성(status of security)
(xiv) 소송사건 또는 중재사건의 부존재(no litigation)

(xv) 면책특권의 부존재(no immunity)

(xvi) 프로젝트회사 자본금의 납입(subscription monies)

(xvii) 프로젝트 자산 및 인허가의 소유(property and licences)

(xviii) 주요 보험에의 부보(material insurances)

(xix) 재무모델 기본안의 적절성(base case)

4. 차주의 준수의무

(1) 서설

프로젝트파이낸스 대출계약은 또한 기업금융의 대출계약에 규정되어 있는 전형적인 차주의 준수의무(covenants)를 규정하고 있다. 이러한 차주의 준수의무 조항은 차주인 프로젝트회사로 하여금 프로젝트를 대주가 예상한 대로 유지케 하고 프로젝트 및 대주의 담보권에 부정적인 영향을 미칠 수 있는 작위 행위나 부작위 행위를 하지 못하도록 하는 데 그 기본적인 목적이 있다는 것은 일반적인 기업금융에 있어서와 동일하다. 그렇지만, 그 외에도 프로젝트 계약들, 담보권설정계약들 및 여타 다수의 프로젝트 참여자에 관한 사항을 모두 반영하여야 하기 때문에 그 규정 내용이 기업금융의 대출계약에 비해 광범위하며, 특히 프로젝트 위험의 관리를 위해 위 사항들에 대한 차주의 보고의무에 대해 특히 자세히 규정하고 있다는 특징을 가지고 있다.

프로젝트파이낸스 대출계약은 특히 차주인 프로젝트회사로 하여금 차입자금 및 프로젝트의 모든 수익을 지급계좌(disbursement account)와 수익계좌(revenue account or proceeds account)로 입금할 의무를 부담시키며, 또한 대출계약상 자금의 사용순서를 정해둔 자금관리규정(waterfall provision)에 따라 자세하게 규정된 용도 및 순서에 따라서만 자금을 사용할 의무를 부담하게 하고 있다.

프로젝트 계약들과 관련하여서는 프로젝트회사는 각 프로젝트 계약을 취소하거나 해지하는 것, 프로젝트 계약상의 권리를 제3자에게 양도 또는 처분하는 것, 프로젝트 계약상의 권리를 포기하는 것, 프로젝트 계약의 내용을 변경하는 것 등이 금지된다.

프로젝트파이낸스 대출계약상의 차주의 준수의무를 적극적 준수의무(affirmative covenants), 소극적 준수의무(negative covenants) 및 재무적 준수의무(financial covenants)로 분류하여 예시하면 다음과 같다.

(2) 적극적 준수의무

차주인 프로젝트회사가 특정 행위를 적극적으로 하기로 약속하는 적극적 준수의무(affirmative covenants)로는 전형적으로 다음과 같은 사항이 규정된다.

(i) 프로젝트회사의 존속(corporate existence)

(ii) 재무정보의 제공(financial information)

(iii) 프로젝트 관련 정보의 제공(project information)

① 건설공사 진행상황 보고(pre-completion reports)

② 프로젝트 운영상황 보고(post completion reports)

③ 설계 또는 공사범위 변경 보고(change order)

④ 프로젝트 계약 개정 보고(amendment of project document)

⑤ 불가항력사유 발생 보고(force majeure)

(iv) 기타 정보의 제공(other information)

① 주요 보험사고 보고(material insurance claims)

② 소송 또는 중재 사건 보고(litigation and arbitration)

③ 환경문제 보고(environmental matters)

④ 사업계획 보고(business plan)

⑤ 예산 보고(budgets)

(v) 주주지분 변경 보고(change of shareholders interest)

(vi) 자본금납입의무 위반 보고(breach of funding agreement letter)

(vii) 기한이익상실사유 발생 보고(events of default)

(viii) 건설공사완공(completion)

(ix) 프로젝트회사 운영(operation and maintenance)

(x) 외부 자문사(consultants)와의 협조(co-operation)

(xi) 세금납부의무 준수(taxes)

(xii) 관련 인허가 취득 및 유지(consents)

(xiii) 환경법규 준수(environmental compliance)

(xiv) 보험 부보 및 유지(insurance)

(xv) 관련 법규의 준수(applicable laws)

(xvi) 대주의 현장조사 등에의 협조(access)

(xvii) 헤징정책의 준수(hedging policy)

(xviii) 수출신용기관의 지원조건 준수(export credit agency requirements)

(3) 소극적 준수의무

차주인 프로젝트회사가 프로젝트 및 대주의 대출채권과 담보권에 부정적 영향을 미치는 특정 행위를 하지 않기로 약속하는 소극적 준수의무(negative covenants)로는 전형적으로 다음과 같은 사항이 규정된다.

(i) 추가차입(additional financial indebtedness)

(ii) 자산처분(disposal of assets)

(iii) 제3자에의 담보제공(negative pledge)

(iv) 프로젝트 계약들의 변경(amendment to core project documents)

(v) 여타 사업(other business)

(vi) 프로젝트의 포기(abandonment)

(vii) 고정자산에의 투자(capital expenditure)

(viii) 주요 계약의 추가 체결(additional material contracts)

(ix) 합병 등(mergers and acquisitions)

(x) 건설공사 등의 중단(suspension)

(xi) 제3자에의 대출 또는 신용공여(loan or credit)

(xii) 주주에의 이익배당(distribution)

(4) 재무적 준수의무

차주인 프로젝트회사가 준수하여야 할 일정 재무비율인 재무적 준수의무(financial covenants)로는 전형적으로 다음과 같은 사항이 규정된다.

(i) 대출원리금 상환계수(debt service coverage ratio)

(ii) 대출기간 중 대출원리금 상환계수(loan life coverage ratio)

(iii) 프로젝트 기간 중 대출원리금 상환계수(project life coverage ratio)

5. 기한이익상실 사유

프로젝트파이낸스 대출계약의 기한이익상실사유(events of default)는 차주인 프로젝트회사에 관련된 사항 이외에도 프로젝트, 프로젝트 계약들, 담보권설정계약들 및 여타 다수의 프로젝트 참여자에 관한 사항을 모두 반영하여야 한다. 때문에 그 기한이익상실사유가 기업금융 대출계약상의 기한이익상실사유에 비해 광범위하며, 또한 기한이익상실사유가 발생한 경우의 구제수단에 있어서도 단순히 기한이익을 상실시켜 대출금을 회수하는 데 주안점을 두기보다는 대주가 프로젝트 그 자체를 관리하고 지배하여 유지할 수 있는 권리의 확보에 더 많은 주안점을 둔다는 특징이 있다. 프로젝트파이낸스 대출계약의 일반적인 기한이익상실사유를 예시하면 다음과 같다.

(i) 대출원리금의 미지급(non payment)

(ii) 진술 및 보장 사항의 위반(misrepresentation)

(iii) 준수의무의 불이행(breach of other obligation)

(iv) 건설공사완공의 실패(completion failure)

(v) 주요 프로젝트 계약 또는 금융계약의 해지(termination of core project document or any finance document)

(vi) 다른 계약상의 채무불이행(cross default)

(vii) 인허가의 취소(revocation of consent)

(viii) 보험 부보 및 유지 의무의 불이행(material insurance)

(ix) 담보권설정계약의 무효 등(security)

(x) 프로젝트회사의 운영중단(project shutdown)

(xi) 프로젝트회사 주주 또는 프로젝트회사의 도산(insolvency)

(xii) 프로젝트의 포기(abandonment)

(xiii) 프로젝트 자산의 국유화(nationalization)

(xiv) 대출원리금 상환에 부정적인 사태의 발생(material adverse change)

(xv) 프로젝트회사 주요주주의 변경(change of control of relevant shareholder)

Ⅱ. 대주간계약

1. 서설

BOT 프로젝트 등과 같은 대규모 프로젝트에 있어서는 대주로서 상업은행뿐만 아니라 수출신용기관(ECAs), 국제금융기구(MLAs) 등 여러 종류의 금융기관이 참여한다. 그러므로 이 모든 대주가 금융과 관련한 의사를 결정하거나 일정한 행위를 취함에 있어서는 모든 대주 그룹을 대리할 공통의 대리은행(common agent bank)을 통하여 집단적으로 행동하는 것이 필요하다. 따라서 모든 대주 그룹 간의 관계를 규정하고 일정한 사안에 대한 의사결정절차, 대리은행의 의무와 책임 등에 관한 사항을 규정하는 대주간계약(Intercreditor Agreement)이 체결되는 것이 보통이며, 그 주요 규정 내용은 다음과 같다.

2. 의결권

각 대주는 대출금액(outstanding debt) 또는, 대출금인출가능기간이 만료되기 전에는, 대출금액과 미인출 대출확약금액의 합계금액(the sum of outstanding debt and outstanding commitment not yet drawn)에 비례하는 의결권을 가지는 것이 일반적인 원칙이다. 그러나 다음과 같은 경우 이 원칙이 일부 조정된다.

첫째, 수출신용기관(ECAs) 또는 국제금융기구(MLAs)가 상업은행의 대출에 대하여 보험(insurance)이나 보증(guarantee)을 제공하는 경우에는, 그 보험이나 보증에 의하여 보호되는 상업은행의 대출금에 대해서는 수출신용기관이나 국제금융기구가 그 최종적인 위험을 부담하게 된다는 이유에서, 수출신용기관이나 국제금융기구가 그 상업은행의 대출금을 위한 의결권을 직접 보유하거나 아니면 상업은행에 대하여 의결권행사의 내용을 지시할 수 있는 권리를 가지도록 하는 것이 보통이다. 다만, 수출신용기관이나 국제금융기구의 보험 또는 보증이 프로젝트의 상업적 위험(commercial risks)과 정치적 위험(political risks)을 모두 커버(cover)하는 포괄적(comprehensive) 보증 또는 보험이 아니라 정치적 위험(political risks)만을 커버하는 경우에는 상업은행과의 사이에 의결권을 분할하여 보유하는 경우도 있다.

둘째, 프로젝트회사에 대한 스왑제공자(swap provider)도 일반적으로 대주의 일원으로 취급된다. 하지만, 프로젝트회사와의 스왑계약이 해지되어 프로젝트회사의 채무가 확정되기 전에는 의결권을 가지지 않는 것이 보통이다.

3. 의사결정방법 및 결의요건

대주간계약은 일정한 사안의 의사결정에 필요한 결의요건을 정해두고 있는데, 사안의 경중에 따라 대체로 다음과 같은 결의요건을 요구한다.

첫째, 대주 전원의 찬성(unanimous consent of all lenders)을 필요로 하는 경우로서, 대출원리금 지급의무, 대출만기, 대출이자율 등의 변경이나 담보권의 해지 등과 같이 대출거래의 기본조건에 관한 사항의 의사결정에 일반적으로 요구되는 결의요건이다.

둘째, 특별다수결(super-majority decision), 즉 $66\frac{2}{3}$%의 대주의 찬성을 필요로 하는 경우로서, 건설공사완공과 관련한 사업주의 완공보증의무 해지와 같이 상업적인 측면에서 실질적으로 중요한 의미를 갖는 사항이나, 환경문제에 관한 의사결정과 같이 특별히 민감한 사항에 관한 의사결정에 일반적으로 요구되는 결의요건이며, 이 결의요건을 갖추기 위해서는 여러 대주 그룹 중 하나 또는 둘 이상의 소수 그룹(minority groups)의 찬성이 필요하게 되는 경우가 많다.

셋째, 단순다수결(simple majority decision)을 필요로 하는 경우로서, 대출과 관련한 일상적인 사항의 의사결정에 일반적으로 요구되는 결의요건이다.

4. 기한이익의 상실 및 담보권의 실행

기한이익의 상실 및 담보권의 실행을 위해 요구되는 대주의 결의요건을 정함에 있어서는 기한이익상실 사유의 성격이나 존속기간 등을 고려하여 정하여져야 할 것이다. 하지만, 기한이익의 상실 및 담보권실행이 차주 및 대주 전원에 미치는 중대성에 비추어 최소한 대주의 특별다수결(super-majority decision)을 결의요건으로 하는 경우가 일반적이다.

5. 대출원리금 지급금액의 분배

대주간계약은 차주로부터 수령한 금전(어느 한 대주의 상계권 행사에 의해 회수한 금액 포함)을 대주 간에 분배하는 조항(sharing of payments clause)을 규정해두고 있다.

차주로부터 지급받은 금액이 대출원리금 전액을 상환하기에 부족한 경우, 모든 대주 그룹이 선순위채권자(senior creditors)의 지위에 있다면 각 대주는 동순위로 자신의 대출금 비율에 따라 그 지급받은 금액을 분배받게 된다. 그러나 후순위채권자(subordinated creditors)가 있는 경우에는 관련 당사자들 간에 합의되어 있는 후순위약정(subordination provisions)상의 우선순위에 따라 그 지급받은 금액을 분배받게 된다.

제 7 절

담보관련 계약

Ⅰ. 담보권설정계약

1. 서설

프로젝트파이낸스에 있어 금융계약상 차주(프로젝트회사)의 의무는 프로젝트회사의 자산으로서 담보권의 설정이 가능한 모든 자산에 의해 담보된다. 담보권설정계약(Security Agreements)의 대상이 되는 주요 담보자산으로는 (i) 동산(personal property), (ii) 부동산(real property), (iii) 프로젝트회사에 대한 사업주의 지분(equity interests), (iv) 프로젝트회사의 예금계좌(deposit accounts), (v) 각 프로젝트 계약상 프로젝트회사의 권리(benefit of project contracts) 등을 들 수 있다.

2. 동산

프로젝트회사의 공장(plant), 설비(equipment), 예비부품(spare parts) 등의 유

체동산(physical assets)에 대한 담보권(security interest)은 보통 그 동산(personal property)이 소재해 있는 국가의 법을 준거법으로 하며, 담보권설정계약의 체결 및 담보권의 제3자 대항요건의 구비(perfecting the security interest)를 위한 등록 등의 절차를 위해서는 그 국가의 변호사(local counsel)의 지원을 받아야 한다.

프로젝트회사의 무체동산(intangible assets)에 대한 담보권의 설정은 프로젝트 소재지 국가의 법 또는 담보권이 설정되는 특허, 재산, 또는 계약을 규율하는 법이 그 준거법이 된다.

3. 부동산

프로젝트 부지로 사용되는 부동산(real property)에 대한 저당권(mortgage)의 설정은 그 부지가 소재하는 국가의 법에 따라야 한다.

만약 프로젝트회사가 프로젝트 부지에 대한 소유권을 가지고 있는 것이 아니라 임차권(leasehold interest)을 가지고 있는 경우에는 그 임차권에 대해서도 저당권(leasehold mortgage)을 설정하여야 한다. 이 경우에는 프로젝트 부지의 임대인(lessor)과도 별도의 계약을 체결하여 임대인으로 하여금 임차권에 대한 저당권 설정에 관하여 동의한다는 것, 그리고 임차기간 중 프로젝트회사의 프로젝트 부지의 평온한 점유(quiet enjoyment)를 보장한다는 점을 확약하도록 하여야 한다.

4. 프로젝트회사의 예금계좌

프로젝트회사의 모든 예금계좌(deposit accounts)에 예치되어 있는 예금의 사용에 대해서는 엄격한 통제가 이루어지며, 또한 질권(pledge)의 형식으로 담보권이 설정된다. 그러한 의미에서 프로젝트회사의 예금계좌를 관리계좌(control account)라고도 하는데, 프로젝트회사의 예금계좌는 크게 두 가지로 구분할 수 있다. 하나는 대주로부터의 차입자금과 프로젝트회사 주주로부터의 납입자본금을 예치하는 지급계좌(disbursement account)이고, 다른 하나는 프로젝트 제품의 판매대금, 보험금 등 프로젝트회사가 수취하는 모든 수익(revenues)을 예치하는 수익계좌(revenue account or proceeds account)로서 담보계좌(collateral account)라고도 불린다.

프로젝트회사의 차입자금과 납입자본금은 지급계좌(disbursement account)로 예치되며 건설공사비용과 차입자금에 대한 건설기간 동안의 이자를 지급하기 위한 용도로 사용된다. 그 예금의 지급에 대해서는 프로젝트 건설공사가 완공예정일까지 완공될 수 있으며 또한 초과비용이 발생하지 않을 것이라는 외부 엔지니어(engineer)의 확인서를 요구하는 것이 보통이다.

프로젝트 시설의 실질적 완공(substantial completion)이 이루어져 상업적 가동(commercial operation)이 시작되면, 그 후 발생하는 모든 수익(revenues)은 수익계좌(revenue account or proceeds account)로 예치되며, 그 지급에 대해서도 용도와 요건 및 순서가 규정되어 있어 엄격한 통제가 이루어진다. 이와 같이 수익계좌에 예치되어 있는 예금의 지급을 규율하는 조항을 일반적으로 자금관리규정(waterfall provision)이라 하는데, 예금의 지급은 다음과 같은 용도의 순서에 따라 지급되도록 규정하는 것이 보통이다.

(i) 대주 및 대리은행에 대한 수수료 등(fees and expenses of the lenders and agent banks)

(ii) 프로젝트회사 운영비(operation cost)

(iii) 대출원리금(debt service; interest and principal)

(iv) 세금(tax)

(v) 적립금(reserve)

① 대출원리금 지급자금 준비금(debt service reserve)

② 프로젝트회사 운영비 지급자금 준비금(O&M reserve)

③ 주요 유지보수비용 지급자금 준비금(major maintenance reserve)

(vi) 이익배당(dividend)

5. 프로젝트 계약상의 프로젝트회사의 권리

프로젝트회사가 체결한 실시협약(concession agreement), 건설계약(EPC contract), 판매계약(offtake agreement), 원재료공급계약(fuel/feedstock supply agreement), 운영계약(operation and maintenance agreement) 등의 프로젝트 계약상 프로젝트회사가 가지는 권리는 양도담보(collateral assignment)의 방식에 의해 대주앞으로 담보권이 설정된다.

프로젝트회사가 계약상 권리를 양도하기 위해서는 프로젝트 계약 상대방의 동의(consent)가 있어야 하는데 보통 양도절차는 프로젝트 계약이 체결된 때로부터 한참 후인 대출계약 체결 단계에서 이루어지는 것이기 때문에 그 동의를 얻는데 어려움이 있을 수도 있다. 대주는 또한 프로젝트 계약 상대방의 동의를 받아 프로젝트 계약상 기존의 내용을 변경하고자 하는 경우도 있을 수 있으므로, 프로젝트회사는 프로젝트 계약들을 체결함에 있어 위와 같은 양도담보 제공의 문제, 그리고 프로젝트 계약의 변경 가능성의 문제를 항상 염두에 두고 협상에 임하는 것이 필요하다.

Ⅱ. 직접계약

직접계약(Direct Agreement)이라 함은 프로젝트회사가 체결하는 실시협약(concession agreement), 건설계약(EPC contract), 판매계약(offtake agreement), 원재료공급계약(fuel/feedstock supply agreement), 운영계약

(operation and maintenance agreement) 등의 프로젝트 계약의 상대방과 대주 사이에 체결되는 계약을 말한다.

직접계약은 프로젝트회사가 프로젝트 계약상의 채무를 불이행하는 등의 사유로 프로젝트 계약의 상대방이 계약을 해지할 우려가 있는 경우에 대주가 프로젝트 계약에 개입(stepping in)하여 해지사유를 치유(curing)함으로써 프로젝트 계약이 해지되지 않고 유지될 수 있도록 하는 데 그 목적이 있다.

직접계약의 기본 내용으로는 (i) 프로젝트 계약상 프로젝트회사의 채무불이행이 있는 경우 프로젝트 계약의 상대방이 그 사실을 대주에게 통지할 의무를 부담한다는 것, (ii) 프로젝트 계약상 프로젝트회사의 채무불이행이 있더라도 프로젝트 계약의 상대방은 일정 기간(suspension period) 동안에는 그 계약의 해지권 행사가 정지된다는 것, (iii) 해지권 행사의 정지기간 동안에는 대주가 프로젝트 계약에 개입(stepping in)함으로써 프로젝트회사의 권리를 인수하여 해지사유를 치유(curing)할 수 있다는 것, (iv) 대주가 프로젝트 계약에 계속해서 관여하는 것을 원하지 않는 경우에는 언제라도 개입철회(stepping out)를 할 수 있다는 것 등의 사항이 규정된다.

Ⅲ. 공사완공보증

사업주의 공사완공보증(Completion Guarantee)은 대주의 입장에서 프로젝트의 공사완공위험(completion risk)을 최소화시키기 위한 기법으로서, 건설계약에 의해 건설회사(EPC contractor)에 완전히 배분되지 아니한 공사완공위험을 실질적으로 프로젝트의 사업주(sponsors)가 인수하게 하는 데 그 목적이 있다. 공사완공보증은 프로젝트의 각종 계약 중 가장 중요한 계약 중의 하나로서 다음과 같은 두 가지 사항을 그 핵심 내용으로 한다.

첫째, 완공지연 등의 사유로 인하여 공사비초과(cost overruns)의 문제가 발생하는 경우에는 사업주가 프로젝트회사에 추가출자(additional equity)를 하거나 또는 후순위대출(subordinated debt)을 하는 방식으로 그 초과공사비를 부담하여야 한다.

둘째, 공사의 완공이 이루어지지 않는 경우에는 사업주가 대출원리금을 상환하기로 한다. 이와 같은 사업주의 대출원리금 상환의무는 사업주가 프로젝트를 포기(abandonment)하는 경우에 특히 그 의미가 있다.

불가항력(force majeure)에 의한 사유로 공사비초과나 공사완공의 불능 문제가 생기는 경우에도 사업주의 공사완공보증책임이 발생하느냐에 관해서는 사업주와 대주의 견해가 대립될 수 있으나, 이러한 경우에도 사업주의 공사완공보증책임이 면제되는 것은 아닌 것으로, 즉 불가항력 위험(force majeure risk)은 사업주가 부담하는 것으로 약정하는 것이 원칙이다.

Ⅳ. 자본출자계약

자본출자계약(Investment Agreement)은 프로젝트의 사업주가 프로젝트회사에 출자하기로 한 자본금의 납입의무를 이행할 것을 약정하는 대주와의 계약이다.

사업주가 출자해야 할 프로젝트회사의 자본금은 대주의 대출금이 인출되기 전에 미리 모두 납입되어야 하는 것으로 약정될 수도 있고, 대출금의 인출금액에 비례하는 금액의 자본금이 대출금 인출 시마다 납입되어야 하는 것으로 약정될 수도 있다.

그리고 사업주의 신용도가 충분히 높지 않은 경우에는 그 사업주의 모회사가 사업주의 자본금 납입의무에 대해 보증을 하는 것이 보통이다.

V. 부족자금보전계약

부족자금보전계약(Cash Deficiency Agreement)은 프로젝트회사의 운영단계에서 프로젝트회사가 충분한 운전자금(working capital)을 유지할 수 있도록 하기 위하여 사업주가 그 부족자금을 프로젝트회사에 대한 추가출자(additional equity) 또는 후순위대출(subordinated debt)의 방식으로 부담하기로 약정하는 대주와의 계약이다.

사업주의 부족자금 보전의무에 대해서는 일정한 한도가 설정되는 것이 보통이며, 또한 대출계약상의 기한의 이익이 상실되지 아니한 경우에만 그 효력이 있는 것으로 약정하는 것이 일반적이다.

제10장

파생상품거래의 법률관계

제 1 절

파생상품과 파생계약

Ⅰ. 파생상품의 개념

위험(risk)은 결과의 불확실성을 말한다. 위험은 예측하지 못했던 손실을 초래할 수도 있고, 예상하지 못했던 이익을 가져다줄 수도 있다. 실물시장(commodity market)이든 금융시장(financial market)이든 시장에는 항상 실물가격위험, 주식위험, 이자율위험, 환율위험, 신용위험 등과 같은 위험이 존재하기 마련이다.

파생상품(총칭하여서는 "Derivatives"라 부르고, 개별적으로는 "a Derivative"라 부른다)은 기본적으로 이와 같은 위험을 관리하기 위한 수단으로 고안된 금융상품(financial instruments)이다. 금속, 곡물, 주식, 채권, 통화 등 일반적인 실물상품이나 금융상품(이러한 일반적인 실물상품이나 금융상품을 파생상품과 대비하여 부를 때에는 보통 "cash instruments" 또는 "primary instruments"라 부른다)의 가치는 시장(markets)에 의하여 직접 결정된다. 이와는 달리 파생상품은 다른 실물상품, 금융상품 또는 이들 상품과 관련된 기준율(reference rate)이나 지수(index) 등에 따라 그 가치가 결정된다. 이때 파생상품의 가치의 기초가 되는 다른 실물상품, 금융상품 또는 이들 상품과 관련된 기준율(reference rate)이나 지수(index) 등을 총칭하여 보통 "기초자산(underlying assets)"이라 한다. 여기에서 "파생(derivative)"이라는 용어를 사용하는 것은 파생상품의 가치가 기초자산의 가치변동으로부터 파생되어(derived) 결정되기 때문이다. 예컨대 통화옵션은 그 가치가 통화의 가격, 즉 환율의 변동에 따라 결정되며, 주식지수선물은 그 가치가 기초주식의 지수로부터 파생된다.

1970년대부터 금융분야에서 그 중요성이 크게 높아지고 있는 파생상품은 그 기초자산에 내재하는 금융위험(예컨대, 환율변동위험, 이자율변동위험, 주식가격변동위험, 실물상품가격변동위험, 신용위험 등)이 당해 기초자산과는 독립적으로 그 자체가 금융시장에서 거래될 수 있도록 함으로써, 원래는 기초자산의 가치가 변동하는 데 따른 위험을 회피(hedging)하기 목적으로 고안된 것이다. 하지만 위험을 부담하고 큰 이익을 얻으려는 투기(speculation)의 목적으로 이용되기도 하며, 또한 서로 다른 두 시장 간의 가격차이를 이용하는 차익거래(arbitrage)의 목적으로도 활용되고 있다.

파생상품은 그 종류가 극히 다양할 뿐만 아니라 혁신적으로 새로운 상품이 계속하여 개발되고 있다. 이를 그 기초자산[1]에 따라 분류하면 크게 실물상품(commodity) 또는 그와 관련된 지수 등을 기초자산으로 하는 상품파생상품(commodity derivatives)과 금융상품(financial instrument) 또는 그와 관련된 지수 등을 기초자산으로 하는 파생금융상품(financial derivatives)으로 나눌 수 있다. 파생금융상품은 다시 금리관련, 통화관련, 주식관련, 신용관련 등의 파생상품으로 구분할 수 있다. 금리통화상품, 통화파생상품, 주식파생상품 등과 같은 전통적인 파생상품은 그 기초가 되는 자산의 가격이나 지수의 변동으로 인한 위험

1) 우리나라의 「자본시장과 금융투자업에 관한 법률」 제4조 제10항은 파생상품의 기초자산으로 (i) 금융투자상품, (ii) 통화(외국의 통화를 포함한다), (iii) 일반상품(농산물 · 축산물 · 수산물 · 임산물 · 광산물 · 에너지에 속하는 물품 및 이 물품을 원료로 하여 제조하거나 가공한 물품, 그 밖에 이와 유사한 것을 말한다), (iv) 신용위험(당사자 또는 제삼자의 신용등급의 변동, 파산 또는 채무재조정 등으로 인한 신용의 변동을 말한다), 및 (v) 그 밖에 자연적 · 환경적 · 경제적 현상 등에 속하는 위험으로서 합리적이고 적정한 방법에 의하여 가격 · 이자율 · 지표 · 단위의 산출이나 평가가 가능한 것을 들고 있다.

을 관리하기 위한 것인 데 비하여, 최근 많이 이용되고 있는 신용파생상품(credit derivatives)은 금융상품과 관련된 특정 경제주체의 신용위험 관리를 목적으로 한다는 점에 그 특색이 있다.

파생상품은 또 그 거래장소에 따라 공인된 거래소(exchange)에서 거래되는 장내파생상품(exchange-traded derivatives)과 거래소 외부에서 주로 금융기관을 통하여 거래되는 장외파생상품(over-the-counter derivatives)으로 분류된다. 장내파생상품은 시장성을 높이기 위해 상품가격을 제외한 모든 계약조건이 거래소 규칙에 의해 표준화되어 있으며, 그 거래의 이행을 보장하기 위해 일일정산제도(marking-to-market), 거래증거금제도(margin requirement), 청산소제도(clearing house) 등의 제도적 장치가 마련되어 있다. 이에 비해, 장외파생상품은 고객의 특정한 요구에 따라 가격뿐만 아니라 계약단위, 인도방법, 인도시기, 대금결제방법 등 모든 계약조건을 당사자가 합의에 의해 자유로이 정할 수 있는 주문형 상품이라고 할 수 있으나, 거래상대방의 신용위험에는 노출되어 있는 파생상품이다. 선물(futures)은 대표적인 장내파생상품이고, 선도(forward)와 스왑(swap)은 장외파생상품이며, 옵션(option)은 거래소와 장외에서 모두 거래된다.

Ⅱ. 파생계약의 개념

앞에서는 파생상품을 경제적인 입장에서 파악한 것인데, 법적인 측면에서 보면 파생상품은 기초자산을 장래의 특정 기일에 매매하기로 약정하는 파생계약(Derivative Contract)이라 할 수 있다. 이 파생계약의 특징은 당사자들이 그 파생계약에 의도하는 거래가 현재가 아니라 장래에 이루어진다는 데 있다.

일정한 자산을 매매하는 경우 보통 현재 시점에서 매매계약을 체결하는데, 이 매매계약의 결과 매도인은 자산을 매수인에게 인도할 의무를 부담하게 되며, 매수인은 그 대금을 매도인에게 지급할 의무를 부담하게 된다. 물론 자산의 인도와 대금의 지급은 매매계약이 체결된 현재 시점에서 이행될 수도 있고 아니면 장래의 시점에서 이행될 수도 있다. 이와 같은 계약이 바로 전형적인 매매계약이다. 이 매매계약의 경우 그 대상은 자산 그 자체이며, 매도인과 매수인이 부담하는 의무는 자산을 인도하고 대금을 지급하는 것이다.

그런데 자산을 현재 시점에서 매매하는 것이 아니라 장래에 매매하기로 하는 계약을 체결할 수도 있는데, 이러한 계약이 바로 파생계약이다. 즉, 파생계약의 경우에는 그 파생계약 체결 시점에서는 자산의 매매가 이루어지는 것이 아니며, 장래의 특정 시점에서 자산을 매매하기로 하는 계약을 체결할 뿐이다. 따라서 파생계약의 경우에는 그 대상이 자산 자체가 아니라 장래에 있어서의 매매계약이다. 다시 말해 파생계약의 당사자는 그 파생계약의 결과 자산을 인도하고 대금을 지급할 의무를 부담하는 것이 아니라, 장래에 매매계약을 체결하고 또 그 매매계약에 따른 의무를 이행해야 할 의무를 부담하는 것이 된다.

파생계약은 근본적으로 그 계약의 성격에 따라 크게 두 가지 형태, 즉 선도(forward)와 옵션(option)으로 분류할 수 있으며, 다양한 종류의 파생상품들은 근본적으로는 모두 선도(forward)와 옵션(option) 중의 어느 하나, 또는 이들이 합성된 계약에 해당한다.

파생상품 중 가장 오래된 상품 중의 하나인 선물(futures)은 그 성격상 선도(forward)에 속하지만 거래조건이 정형화되어 거래소에서 거래된다는 점에서만 차이가 있다. 그리고 파생상품 중 가장 활발히 이용되고 있는 스왑(swap)은 일련의 선도거래가 반복적으로 결합된 것으로 선도계약의 포트폴리오로 볼 수 있다.

선도(forward)는 일정한 기초자산을 당사자 간에 정해둔 가격으로 장래의 특정일에 사고팔기로 약정하는 계약을 말하며, 당사자들은 장래의 특정일에 무조건적으로(unconditionally) 대금을 지급하고 목적물을 인도해야 한다.

옵션(option) 또한 선도계약과 마찬가지로 일정한 기초자산을 당사자 간에 정해둔 가격으로 장래의 특정일에 사고팔기로 약정하는 계약이나, 선도계약과는 달리 당사자 중의 일방이 장래의 특정일에 그 기초자산을 사거나 팔 권리는 가지되 의무는 부담하지 않는다. 때문에 그 당사자의 선택에 따라 기초자산의 매매가 이루어질 수도 있고 이루어지지 않을 수도 있다는 점에서 선도계약과는 그 성격을 완전히 달리한다.

이하에서는 가장 기본적이고 표준적인 형태의 파생계약인 선도(forward), 옵션(option) 및 스왑(swap), 그리고 비교적 최근에 발달된 신용파생계약(credit derivative contract)의 개념 및 관련 용어를 간단히 살펴본 다음, 이들 거래에 사용되고 있는 계약서인 ISDA Agreement의 구조와 내용을 서술하고자 한다. 그리고 파생상품에 관한 우리나라의 일반법인 「자본시장과 금융투자업에 관한 법률」과 외환과 관련된 파생상품거래에 관한 규제를 하고 있는 「외국환거래법」상의 규제내용과 장외파생상품에 대한 국제적 규제동향에 대해서도 간략히 살펴보기로 한다.

제 2 절

파생계약의 분류

I. 선도계약

선도계약(Forward Contract)은 앞에서 설명한 바와 같이 일정한 기초자산을 당사자 간에 정한 특정 가격으로 장래의 특정일에 사고팔기로 약정하는 계약으로서, 당사자들은 장래의 특정일에 무조건적으로 대금을 지급하고 목적물을 인도해야 한다. 이 선도계약은 장외에서 주로 두 금융기관 간, 또는 금융기관과 그 고객 간에 체결된다.

선도계약의 양 당사자 중 일정한 기초자산을 장래의 특정일에 사기로 약정한 당사자는 "매수포지션(long position)"을 가지고 있다고 하고, 그 상대방, 즉 그 기초자산을 장래의 특정일에 팔기로 약정한 당사자는 "매도포지션(short position)"을 가지고 있다고 하며, 선도계약에서 당사자 간에 정한 특정 가격을 "인도가격(delivery price)"이라 한다. 인도가격(delivery price)은 선도계약이 체결되는 시점에 있어서는 선도계약의 가치가 양 당사자 모두에게 제로(0)가 되는 금액으로 결정된다. 이는 매수포지션 또는 매도포지션을 취하는 데 그 대가로서 하등의 금액도 지급하지 않는다는 것을 의미한다.

장래에 있어서 선도계약의 가치를 결정하는 핵심 변수는 그 기초자산의 시장가격이다. 앞에서 설명한 바와 같이 선도계약이 체결되는 시점에 있어서는 선도계약의 가치는 제로(0)이다. 그러나 그 후에는 기초자산의 시장가격의 변동에 따라 선도계약은 양(positive)의 가치 또는 음(negative)의 가치를 가지게 된다. 예컨대, 선도계약의 체결 후 기초자산의 시장가격이 상승하는 경우에는 매수포지션의 가치가 양(positive)이 되어 매수포지션 보유자는 일정한 금액의 이익을 보게 되고, 그와 정반대로 매도포지션의 가치는 음(negative)이 되어 매도포지션 보유자는 동일한 금액의 손실을 보게 된다.

선도계약은 기초자산을 사고팔기로 한 장래의 특정일, 즉 "만기일 (maturity 또는 expiration date)" 에 그 결제(settlement)가 이루어진다. 즉, 만기일에 매도포지션 보유자(holder of the short position)는 기초자산을 매수포지션 보유자(holder of the long position)에게 인도(delivery)하고 이와 상환으로 인도가격(delivery price)을 수령한다. 선도계약의 결제방식에는 만기일에 기초자산이 인도되는 현물결제(physical delivery)와 기초자산의 만기일의 시장가격(market price)과 인도가격(delivery price)과의 차액만을 정산하는 차액결제(cash settlement)의 두 가지가 있는데, 일반적으로 차액결제의 방식으로 결제하는 것이 보통이다.

예를 들어, 2010년 9월 1일에 어느 투자자("당사자 A" 라 한다)가 은행("당사자 B" 라 한다)과 미화 100만 불을 2010년 10월 1일에 환율 1,100원으로 매입하기로 하는 선물환계약을 체결하였다고 하자. 이 계약에 따라, 2010년 10월 1일에 당사자 A는 미화 100만 불을 1,100,000,000원에 매입할 의무를 부담한다.

만약 2010년 10월 1일에 미화의 현물환 환율이 1,200원으로 올랐다면, 당사자 A는 미화 100만 불을 1,100,000,000원에 매수하여 이를 즉시 현물환시장에서 1,200,000,000원을 받고 매도할 수 있으므로 100,000,000원의 이익을 얻게 된다. 반면에, 당사자 B는 2010년 10월 1일 현재의 가치가 1,200,000,000원인 미화 100만 불을 1,100,000,000원만 받고 당사자 A에게 인도할 채무를 부담하므로 100,000,000원의 손해를 보게 된다. 그리고 만약 차액결제방식으로 결제를 하기로 하였다면, 2010년 10월 1일에 당사자 A는 당사자 B에게 100,000,000원을 받을 채권을 가지며, 당사자 B는 이 금액을 당사자 A에게 지급할 채무를 부담한다.

한편, 2010년 10월 1일에 미화의 현물환 환율이 1,000원으로 내렸다면, 당사자 A는 현물환시장에서 1,000,000,000원에 살 수 있는 미화 100만 불을 1,100,000,000 원에 매수하여야 하므로 100,000,000원의 손해를 보게 되며, 반대로 당사자 B는 현물환시장에서 매도한다면 1,000,000,000밖에 받지 못하였을 미화 100만 불을 1,100,000,000원에 매도하는 것이므로 100,000,000원의 이익을 보게 된다. 만약 차액결제방식으로 결제하는 경우에는, 2010년 10월 1일에 당사자 A는 당사자 B에게 100,000,000을 지급할 채무를 부담하며, 당사자 B는 당사자 A로부터 100,000,000원을 받을 채권을 갖는다.

Ⅱ. 옵션계약

옵션계약(Option Contract)은 선도계약과 마찬가지로 기본적으로는 일정한 기초자산을 당사자 간에 정한 가격으로 장래의 시점에서 사고팔기로 약정하는 계약이다. 그러나 양 당사자가 장래의 특정일에 사고팔 의무를 무조건적으로 이행해야 하는 선도계약에서와 달리, 옵션계약에서는 당자자 중의 일방이 장래에 사거나 팔 수 있는 권리(option)만을 가지며 사거나 팔아야 할 의무(obligation)는 부담하지 않는다. 당사자 중의 일방이 장래에 기초자산을 사거나 팔 권리(option)를 가지기 위해서는 일정한 대가를 지급하고 그러한 권리를 상대방으로부터 매수하여야 하기 때문에, 옵션계약은 보통 일정한 기초자산을 특정 가격으로 장래에 매수할 수 있는 권리 또는 매도할 수 있는 권리를 매매하는 계약이라고 표현되고 있다.

옵션계약은 기본적으로 두 가지 형태, 즉 콜옵션(call option)과 풋옵션(put option)으로 구분할 수 있다. 콜옵션(call option)은 그 보유자에게 일정한 기초자산을 특정 가격(이를 "행사가격(strike price)"이라 부른다)으로 살 수 있는 권리를 부여한다. 풋옵션(put option)은 그 보유자에게 일정한 기초자산을 행사가격(strike price)으로 팔 수 있는 권리를 부여한다.

옵션계약에서는 상대방으로부터 옵션(option)을 매수한 자가 "매수포지션(long position)"을 가지고 있다고 하며, 상대방에게 옵션을 매도한 자가 "매도포지션(short position)"을 가지고 있다고 한다. 옵션(option)을 부여하는 당사자는 장래에 기초자산을 팔거나 사야 할 잠재적 채무를 부담하게 되는데, 그 대가로 상대방으로부터 일정 금액의 현금을 받게 되며, 이를 "옵션가격(option premium)"이라 한다. 이와 같이 옵션계약은 계약 체결 당시 당사자 간에 일정 금액이 지급된다는 점에서도 계약 당시에 당사자 간에 하등의 금액이 지급되지 아니하는 선도계약과는 명확히 구분된다.

콜옵션(call option)과 풋옵션(put option) 모두는 다시 "유러피언옵션(European option)"과 "아메리칸옵션(American option)"으로 구분되는데, 전자의 경우에는 장래의 특정일(이를 "만기일(maturity 또는 expiration date)"이라고 부른다)에만 옵션 행사(exercise)가 가능하며, 후자의 경우에는 만기일까지는 언제라도 옵션 행사가 가능하다는 차이점이 있다.

예를 들어, 2010년 9월 1일에 어느 투자자("당사자 A"라 한다)가 은행("당사자 B"라 한다)과 미화 100만 불을 2010년 10월 1일에 환율 1,100원에 매입할 수 있는 유러피언 콜옵션(European call option)을 매입하는 계약을 체결하였다고 하자. 옵션가격(option premium) 총액은 500만 원이라 가정한다. 이 옵션은 유러피언(European) 옵션이므로 당사자 A는 만기일인 2010년 10월 1일에만 옵션을 행사할 수 있다.

만약 2010년 10월 1일의 미화의 현물환 환율이 1,000원이면, 당사자 A는 콜옵션을 행사하지 아니한다. 왜냐하면 현물환시장에서 1,000,000,000원에 매입할 수 있는 미화 100만 불을 구태여 콜옵션을 행사하여 100,000,000이나 비싼 1,100,000,000원에 살 이유가 없기 때문이다. 따라서 A와 당사자 B 사이에는 옵션계약에서 의도하였던 미화 100만 불의 매매계약은 체결되지 아니하며, 양 당사자 간에 채권 · 채무관계는 성립되지 아니한다. 이 경우 당사자 A는 옵션계약을 체결하면서 당사자 B에게 이미 지급한 옵션가격인 500만 원을 잃게 될 뿐이다.

그러나 만약 만기일인 2010년 10월 1일의 미화의 현물환 환율이 1,200원이라고 하면, 당사자 A는 콜옵션을 행사하여 환율 1,100원의 가격으로 미화 100만 불을 매입할 것이다. 이 경우 당사자 A는 현물시장에서는 1,200,000,000원을 지급해야만 살 수 있는 미화 100만 불을 1,100,000,000원에 매입할 수 있으므로 100,000,000원의 이익을 얻게 되며, 당사자 B는 현물시장에서 1,200,000,000원에 매각할 수 있는 미화 100만 불을 1,100,000,000원만 받고 당사자 A에게 인도해야 할 채무를 부담하므로 100,000,000원의 손해를 보게 된다. 만약 차액결제방식으로 결제를 하기로 하였다면, 2010년 10월 1일에 당사자 A는 당사자 B에게 100,000,000원을 받을 채권을 가지며, 당사자 B는 이 금액을 당사자 A에게 지급할 채무를 부담하게 된다.

Ⅲ. 스왑계약

스왑계약(Swap Contract)은 양 당사자가 미리 정한 공식에 따라 장래에 발생할 현금흐름을 교환하기로 하는 계약으로서, 일련의 선도거래가 반복적으로 결합된 것이므로 선도계약의 포트폴리오로 볼 수 있다. 스왑은 기초자산의 종류에 따라 금리스왑, 통화스왑, 신용스왑, 주식스왑 등 다양한 분류가 가능하다. 이하에서는 가장 기본적인 금리스왑과 통화스왑만을 간단히 살펴보기로 한다.

1. 금리스왑

금리스왑(Interest Rate Swap)은 양 당사자가 동일 통화의 일정한 금액에 대해 서로 다른 이자 기준에 따라 발생하는 이자금액을 일정 기간 동안 주기적으로 교환하기로 하는 계약을 말한다. 금리스왑에서 이자 계산의 근거가 되는 일정한 금액은 교환되지 않으며, 따라서 그 금액을 명목원금(notional principal)이라고 부른다. 가장 기본적인 금리스왑의 형태는 고정금리와 변동금리에 따른 이자금액을 교환하는 것이다.

고정금리-변동금리 스왑(fixed-to-floating interest rate swap)에서 고정금리를 보통 스왑금리(swap rate)라 부르며, 보통 스왑의 만기와 기간이 동일한 채권의 금리를 기준으로 적정 가산금리를 더하여 결정된다. 고정금리를 결정하는 기준이 되는 채권으로는 명목원금이 미화인 경우에는 US Treasury Bond, 원화인 경우에는 우리나라의 국고채 등과 같이 각국의 국채가 주로 활용된다. 변동금리는 국제거래에서는 6개월 LIBOR, 국내거래에서는 91일 CD금리인 경우가 보통이다.

고정금리-변동금리 스왑의 만기(maturity 또는 tenor)는 보통 1년 내지 15년이며, 관행적으로 고정금리를 지급하는 당사자를 스왑 매수인(buyer of the swap)이라 하고, 변동금리를 지급하는 당사자를 스왑 매도인(seller of the swap)이라 부른다.

금리스왑 당사자들 간의 채권 · 채무관계를 예를 들어 설명하면 다음과 같다. 2010년 3월 1일 당사자 A와 당사자 B가 3년 만기의 금리스왑계약을 체결하였다고 하자. 이 계약에 의하면, 당사자 A는 명목원금 100만 불에 대하여 연 0.5%의 고정금리를 당사자 B에게 지급하기로 하고, 당사자 B는 동일한 명목원금에 대하여 변동금리인 6개월 LIBOR 금리를 당사자 A에게 지급하기로 하며, 그 이자 교환은 6개월마다 하기로 정하였다고 가정한다.

첫 번째의 이자 교환은 계약체결일로부터 6개월 후인 2010년 9월 1일에 이루어지게 된다. 당사자 A는 연 0.5%의 이율로 계산한 2,500불을 당사자 B에게 지급해야 하며, 당사자 B는 2010년 9월 1일 전 6개월 동안의 6개월 LIBOR 금리, 즉 2010년 3월 1일자의 6개월 LIBOR 금리(0.4%로 가정한다)로 계산한 금액인 2,000불을 당사자 A에게 지급해야 한다.

두 번째의 이자 교환은 2011년 3월 1일에 이루어지게 되는데, 당사자 A는 역시 2,500불을 당사자 B에게 지급해야 한다. 당사자 B는 2011년 3월 1일 전 6개월 동안의 6개월 LIBOR 금리, 즉 2010년 9월 1일자의 6개월 LIBOR 금리(0.6%로 가정한다)로 계산한 금액인 3,000불을 당사자 A에게 지급해야 한다.

위와 같이 하여 만기까지 3년의 기간 동안에 모두 6번의 이자 교환이 있게 되는데, 고정금리에 따른 이자 지급금액은 매번 2,500불로 변동이 없는 반면에, 변동금리인 6개월 LIBOR 금리에 따른 이자 지급금액은 매번 달라진다.

스왑계약에서 이자지급은 차액결제방식으로 정하는 것이 보통이므로, 첫 번째 이자 교환일인 2010년 9월 1일에는 당사자 A가 500불(2,500불-2,000불)을 당사자 B에게 지급해야 할 채무를 지며, 두 번째 이자 교환일인 2011년 3월 1일에는 당사자 B가 500불(3,000불-2,500불)을 당사자 A에게 지급해야 할 채무를 부담한다.

위의 예에서, 만약 당사자 A가 제3자인 은행에 대하여 변동금리부 대출채무를 부담하고 있는 차입자라면, 이와 같은 금리스왑을 통하여 자신이 부담하고 있는 변동금리부 대출채무를 고정금리부 대출채무로 전환한 것과 같은 효과를 볼 수 있다. 또 당사자 A가 제3자인 차입자에게 고정금리부로 대출을 한 은행이라면, 이 경우에는 그 고정금리부 대출채권을 변동금리부 대출채권으로 전환한 효과를 볼 수 있다.

금리스왑의 다른 형태는 서로 다른 두 개의 변동금리에 따른 이자금액을 서로 교환하는 것인데, 이를 베이시스 스왑(basis swap)이라 한다. 이 베이시스 스왑의 경우 교환되는 이자금액의 계산근거가 되는 원금은 동일 통화일 수도 있고, 서로 다른 통화일 수도 있다. 동일 통화의 베이시스 스왑은 그 전형적인 예로

USD LIBOR 금리와 USD CP 금리를 교환하는 스왑 등을 들 수 있으며, 이 경우에는 이자금액의 계산근거가 되는 원금은 교환되지 아니한다. 이종 통화 간의 베이시스 스왑은 그 예로 USD LIBOR 금리와 원화 91일 CD 금리를 교환하는 스왑 등을 들 수 있으며, 이 경우에는 이자금액의 계산근거가 되는 원금이 교환된다.

2. 통화스왑

가장 기본적인 형태의 통화스왑(Currency Swap)은 특정 통화로 된 대출의 원금 및 고정금리를 다른 통화로 된 대출의 원금 및 고정금리와 서로 교환하기로 하는 계약이다. 통화스왑은 특정 통화표시의 대출채권을 다른 통화표시의 대출채권으로 변환하는 데 사용될 수 있다.

예를 들어, 미화 차입을 원하는 우리나라 회사 A와 원화 차입을 원하는 미국 회사 B가 한국의 원화대출시장과 미국의 미화대출시장에서 각각 다음과 같은 고정금리 조건의 원화 및 미화 표시로 된 만기 5년의 대출을 제시받았다고 하자.

[표 10-1]

	원화대출시장	미화대출시장
회사 A	6.0%	3.25%
회사 B	6.5%	2.75%
금리격차(A-B)	-0.5%	0.5%

[표 10-1]에 의하면, 한국 대출시장에서는 회사 A가 회사 B에 비해 0.5% 더 낮은 이자율로 차입할 수 있는 반면에, 미국 대출시장에서는 회사 B가 회사 A에 비해 0.5% 더 낮은 이자율로 자금을 차입할 수 있다. 따라서 회사 A는 한국의 원화대출시장에서 비교우위에 있으며, 회사 B는 미국의 미화대출시장에서 비교우위를 가지고 있다. 따라서 회사 A와 회사 B는 각자 비교우위에 있는 시장에서, 즉 회사 A는 한국 대출시장에서 원화 대출을 받고 회사 B는 미국 대출시장에서

미화 대출을 받은 다음, 통화스왑을 통하여 차입 원금 및 대출금리를 서로 교환함으로써 회사 A의 원화 대출은 미화 대출로, 회사 B의 미화 대출은 원화 대출로 각각 변환할 수 있다. 이 통화스왑을 통하여 회사 A는 미국 대출시장에서 미화를 직접 차입할 때보다 0.5%(3.25-2.75)의 이자를 절감할 수 있고, 회사 B도 마찬가지로 우리나라 원화대출시장에서 직접 원화를 차입할 때보다 0.5%(6.5-6.0)의 이자를 절감할 수 있게 된다.

통화스왑에서는 보통 원금이 당해 계약체결 시와 만기 시에 상호 교환되는데, 그 금액은 계약체결 시점의 환율에 의해 서로 동일한 금액으로 정해진다. 앞의 예에서 통화스왑계약 체결 당시의 미화 환율을 1,000원이라 한다면 통화스왑계약 체결 당시에 예컨대 1,000,000,000원과 100만 불의 원금을 서로 교환하고, 그 후 매년 회사 A는 회사 B로부터 60,000,000원(1,000,000,000원×6%)의 금액을 수취하며 회사 B는 회사 A로부터 27,500달러(USD 1,000,000×2.75%)의 금액을 수취한다. 그리고 통화스왑계약의 만기 시에는 원금을 다시 교환하게 된다.

Ⅳ. 신용파생계약

신용파생계약(Credit Derivative Contract)은 예컨대 은행이 보유하고 있는 대출채권의 채무자가 파산하거나 채무를 불이행할 위험, 즉 채무자의 신용위험을 여타 위험과 분리하여 타인에게 이전하고 그 타인은 위험부담에 따른 수수료를 수취하는 계약을 말한다. 앞에서 설명한 파생계약들은 주식가격, 실물상품가격, 금리, 환율 등의 변화에 따른 시장위험(market risk)을 관리하는 데 그 목적이 있는 반면에, 신용파생계약은 신용위험(credit risk)을 타인에게 이전시키는 데 그 목적이 있다.

신용파생계약은 선도계약(forward) 형태를 취할 수도 있고(예컨대 total return

swap), 옵션계약(option) 형태를 취할 수도 있는데(예컨대 credit default swap), 이하에서는 신용파생계약 중 가장 많이 활용되고 있는 신용스왑(credit default swap)을 중심으로 그 계약 구조 및 내용을 살펴보기로 한다.

예를 들어, 은행 A가 회사 B에 10억 원을 연 7%의 이율에 의해 3년 만기의 만기일시상환 조건으로 대출하였다고 하자. 이 경우 은행 A는 대출채무자인 회사 B가 파산하거나 이 대출금의 원리금을 상환하지 못하게 될 수 있는 회사 B의 신용위험을 부담하고 있는 것이 된다. 이 경우 은행 A가 회사 B의 신용위험으로 인해 대출금 10억 원을 회수하지 못할 위험을 제거하거나 감소시키기 위해, 회사 B의 신용위험을 보험회사 C에게 이전시키면서 그 대가로 보험회사 C에게 위 대출의 만기 시까지 일정한 수수료를 매분기 말에 정기적으로 지급하기로 하고, 보험회사 C는 만약 채무자인 회사 B에 위 대출채무의 원리금을 지급하지 못할 가능성이 있는 사건이 발생하는 경우에 은행 A가 입을 수 있는 손실금을 보상해주기로 하는 계약이 바로 신용스왑(credit default swap)이다.

위의 예에서, 대출채무자인 회사 B의 신용위험을 이전시키는 은행 A를 "보장매입자(protection buyer)" 라 하고, 그 신용위험을 인수하는 보험회사 C를 "보장매도자(protection seller)" 라고 한다. 그리고 대출채무자인 회사 B를 "준거채무자(reference entity)" 라 하고, 준거채무자의 신용위험으로부터 보호 대상이 되는 위 10억 원의 대출채무를 "준거채무(reference obligation)" 라고 한다.

보장매입자인 은행 A가 보장매도자인 보험회사 C에게 정기적으로 지급하는 수수료는 "프리미엄(premium)" 이라고 하는데, 이 프리미엄은 준거채무인 위 대출채무 10억 원에 대한 연간 비율(percentage)로 표현되며, 그 비율을 보통 "신용 스프레드(credit spread)" 라고 부른다. 만약 신용 스프레드(credit spread)가 연 300bp, 즉 연 3%로 정해져 있다면 신용매입자인 은행 A는 매분기마다 7,500,000원을 신용매도자인 보험회사 C에게 지급해야 한다.

준거채무자인 회사 B가 은행 A에 대한 위 대출채무의 원리금을 지급하지 못할 가능성이 있는 사건을 "신용사건(credit events)" 이라고 하는데, '2003 ISDA Credit

Derivatives Definitions' 은 신용사건(credit events)을 (i) 파산(Bankruptcy), (ii) 지정채무 기한이익상실(Obligation Acceleration), (iii) 지정채무 불이행(Obligation default), (iv) 지급불이행(Failure to Pay), (v) 이행거절/지급정지(Repuidation/ Moratorium) 및 (vi) 채무재조정(Restructuring)의 6가지 유형으로 정하고 있다. 신용사건(credit events) 중 파산(Bankruptcy)은 준거채무자를 기준으로 판단할 수 있으나, 다른 신용사건은 모두 준거채무자의 일정한 채무(Obligation)를 전제로 하는 것이므로 그 대상이 되는 채무(Obligation)를 미리 정해두어야 한다. '2003 ISDA Credit Derivatives Definitions' 은 그러한 채무(Obligation)를 (i) 금전지급채무(Payment), (ii) 차입금채무(Borrowed Money), (iii) 준거채무(Reference Obligations Only), (iv) 채권상의 채무(Bond), (v) 대출채무(Loan), 그리고 (vi) 채권상의 채무 또는 대출채무(Bond or Loan)의 6가지 카테고리로 나누어 그 중 1개만을 선택하도록 하고 있다.

준거채무자인 회사 B에 신용사건이 발생한 경우, 보장매도자인 보험회사 C는 그 신용사건 발생으로 인해 보장매입자인 은행 A가 입은 손실금을 지급해야 하는데, 그 손실금은 위 대출채권의 원금과 위 대출채권의 현재 시장가치의 차액에서 최근 프리미엄 지급일 이후 발생한 프리미엄 금액을 차감한 금액이 된다.

신용사건이 발생한 경우, 손실금을 정산하는 방법에는 현물결제(physical settlement)와 현금결제(cash settlement)의 두 가지 방식이 있다. 현물결제는 보장매도자가 위 대출채권을 원금의 가격으로 인수하는 방식이며, 현금결제는 위 대출채권의 원금에서 부도손실률(loss given default)을 적용하여 계산한 회수가능금액을 차감한 금액을 보장매도자가 보장매입자에게 지급하는 방식이다. 위 예에서 부도손실률이 60%라고 가정하면, 보장매도자인 보험회사 C는 400,000,000원(1,000,000,000-600,000,000)을 보장매입자인 은행 A에 지급해야 한다.

제3절

ISDA Agreement의 구성과 내용

I. ISDA Agreement의 구성

국제적인 장외 파생상품거래(OTC derivative transactions)에서는 거의 대부분 국제스왑파생상품협회(International Swaps and Derivatives Association; ISDA)에서 제정한 표준계약서 양식(이하 "ISDA 계약서" 또는 "ISDA Agreement")이 사용되고 있다.

ISDA Agreement는 (i) ISDA 기본계약서인 'ISDA Master Agreement', (ii) ISDA 기본계약서(ISDA Master Agreement)의 부속서인 'Schedule to the ISDA Master Agreement', (iii) 거래확인서인 'Confirmation', (iv) 각종 용어의 정의를 수록한 용어집인 'ISDA Definitions', 그리고 (v) 담보약정서인 'ISDA Credit Support Documents'로 구성된다([그림 10-1] 참조).

ISDA Agreement의 구성에 대한 이해의 편의를 위하여 ISDA Agreement를 구성하는 각각의 약정서를 국내대출거래에서 사용되고 있는 여신거래계약서를 구성하는 각 약정서와 대비해보면 [표 10-2]와 같다.

[그림 10-1] ISDA Agreement의 구조

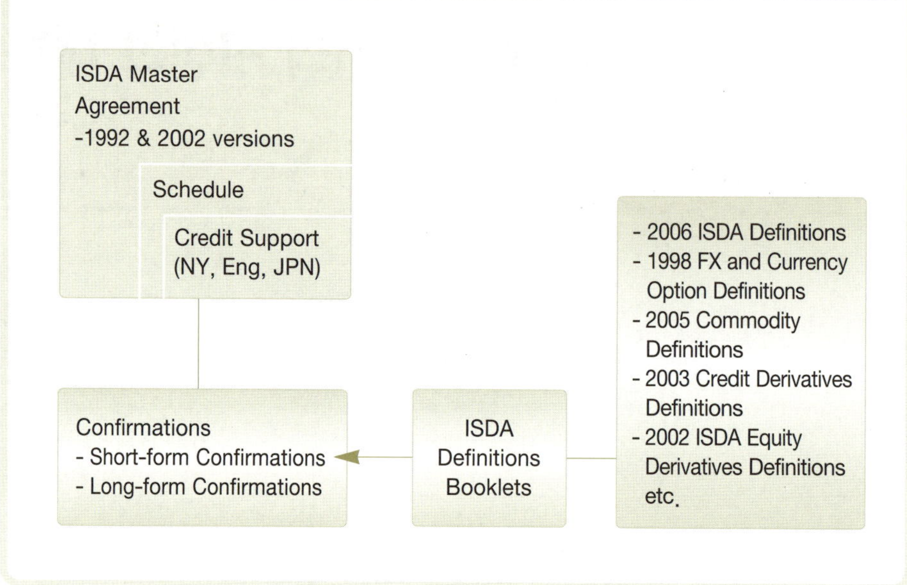

[표 10-2]

구 분	ISDA Agreement	여신거래계약서
기본계약서	ISDA Master Agreement	여신거래기본약관
부속서	Schedule	-
개별거래약정서	Confirmations	각종 여신거래약정서
용어집	ISDA Definitions	-
담보약정서	Credit Support Documents	각종 담보권설정계약서

1. ISDA 기본계약서(ISDA Master Agreement)

ISDA 기본계약서(ISDA Master Agreement; 이하 "ISDA 기본계약서")는 국내의 모든 여신거래에서 공통적으로 사용되고 있는 '여신거래기본약관' 과 마찬가지로, 구체적인 거래조건을 규정하는 것이 아니라 당사자 간의 기본적인 채권채무관계(credit relationship)와 각 당사자의 채무이행의 선행조건(conditions precedent), 진술 및 보장사항(representations and warranties), 준수사항(covenants), 그리고 계약의 기한이익상실사유(events of default)와 해지사유(termination events) 등 그 적용을 받는 양 당사자 간의 모든 파생상품거래에 공통적으로 적용되는 표준 조항들을 규정하고 있다. 국내 여신거래에서 여신거래기본약관의 내용을 변경하여 사용하지 않듯이, ISDA Master Agreement도 그 내용을 변경함이 없이 그 인쇄문언대로 사용하고 있다.

국제적인 장외 파생상품거래에 사용되고 있는 ISDA 기본계약서(ISDA Master Agreement)에는 1992년 버전인 '1992 ISDA Master Agreement (Multicurrency-Cross Border)' 와 2002년 버전인 '2002 ISDA Master Agreement' 가 있다. 2002 ISDA Master Agreement는 1992 ISDA Master Agreement를 1990년대 말 국제금융시장에 커다란 영향을 미친 러시아 은행 위기 및 아시아 외환위기 이후에 개정한 것으로서, 다양한 유예기간(grace periods)의 관점에서 볼 때 채무자에게 우호적이었다고 인식되고 있던 1992년 버전에 비해 채권자에게 보다 우호적인(more creditor friendly) 것으로 인식되고 있다. 2003년 2002 ISDA Master Agreement가 발표된 이후부터는 시장, 특히 국제시장에서는 2002 ISDA Master Agreement가 가장 보편적으로 사용되고 있다. 1992년 버전도 계속해서 널리 사용되고 있기는 하지만 2002년 버전의 새로운 조항을 포함시키는 쪽으로 수정하여 사용되고 있는 것이 일반적이다.

2. 부속서(Schedule)

ISDA 기본계약서의 부속서(Schedule to the ISDA Master Agreement; 이하 "부속서" 또는 "Schedule")는 ISDA 기본계약서의 내용을 당사자 간의 협상을 통한 합의에 의하여 수정 또는 변경하거나, 새로운 내용을 추가 또는 보충하기 위하여 사용된다. 부속서라는 용어에서도 알 수 있듯이 이 부속서는 기본계약서의 일부이다. '2002 ISDA Master Agreement' 의 전문에서도 ISDA 기본계약서와 부속서를 합쳐서 "기본계약서(Master Agreement)" 로 지칭한다고 표현하여 그러한 취지를 확인하고 있다(따라서 용어의 혼동을 피하기 위하여 부속서를 제외한 ISDA 기본계약서만을 지칭할 때에는 "ISDA 기본계약서(ISDA Master Agreement)" 라 하고, 부속서를 포함한 기본계약서를 지칭할 때에는 단순히 "기본계약서(Master Agreement)" 라고 하기로 한다).

부속서의 규정과 ISDA 기본계약서 규정 사이에 불일치가 있는 경우에는 부속서의 규정이 우선한다(2002 ISDA Master Agreement §1(b) 전단).

3. 거래확인서(Confirmations)

개별적인 각각의 파생상품거래는 보통 양 당사자가 구두 또는 기타의 방법으로 그 거래조건에 합의한 때에 법적 효력이 발생한다(2002 ISDA Master Agreement §9(e)(ii) 전단). 거래확인서(Confirmation)는 구두나 전화 등에 의해 합의된 개별 파생상품거래의 경제적인 조건이나 결제조건 등의 거래조건을 확인하기 위하여 양 당사자 간에 작성되는 문서로서, 그 작성의 주된 목적은 구속력 있는 계약이 체결되었다는 사실 및 그 계약의 내용에 대한 증거자료로 사용하는데 있다(2002 ISDA Master Agreement 전문 참조). 그러한 증거자료로서의 확인서는 법적인 쟁송절차에 있어서 또는 상대방이 도산한 경우 해당 파생계약의 체결 사실 또는 내용에 다툼이 있는 때에 특히 효용이 있으며, 녹음테이프(recorded tapes)나 증인(witnesses)보다 더 유용한 증거자료가 된다.

따라서 2002 ISDA Master Agreement §9(e)(ii) 후단은 거래확인서는 파생상품거래 후 가능한 한 즉시 체결되어야 함을 규정한 다음, 부본(팩시밀리 전송 포함)의 교부, 텔렉스의 교환, 전자메시지시스템에 의한 전자메시지의 교환, 또는 전자메일의 교환에 의해서도 작성할 수 있다고 하여 그 작성방식에 대하여 규정하면서, 이 각각의 방식에 의한 거래확인서가 모두 파생계약에 대한 충분한 증거가 된다는 것을 명시하고 있다.

ISDA 기본계약서와 부속서는 양 당사자 간에 오직 한 번만 작성되는 데 비해, 거래확인서는 개별적인 각각의 파생상품거래가 체결될 때마다 작성되므로 수개의 거래확인서가 작성되게 되며, 이러한 수개의 거래확인서들은 모두 기본계약서와 함께 하나의 계약, 즉 "단일계약(single agreement)"을 구성한다(2002 ISDA Master Agreement §1(c))(그림 10-2] 참조). 각 거래확인서에는 당해 거래에 대해서는 기본계약서의 내용이 적용된다는 취지를 명시하는 것이 일반적이다.

거래확인서와 기본계약서의 규정들 간에 불일치가 있는 경우에는 확인서의 규정이 우선한다(2002 ISDA Master Agreement §1(b) 후단).

[그림 10-2] 단일계약(single agreement)

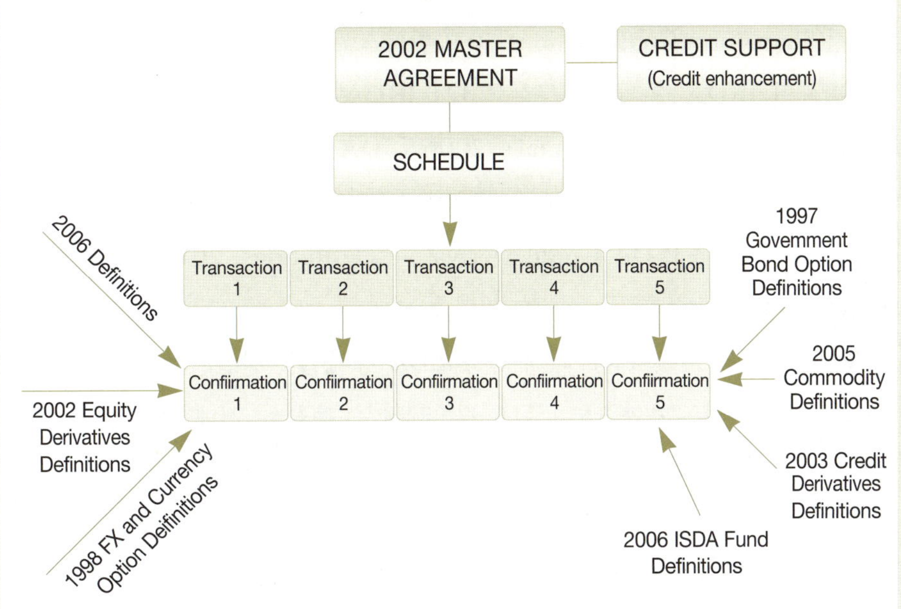

출처: Plesner

4. 용어집(ISDA Definitions)

ISDA 기본계약서는 그 자체에 ISDA 계약서에 사용된 용어의 정의를 규정하는 조항을 두고 있으나(2002 ISDA Master Agreement §14), ISDA는 그와는 별도로 당사자들이 개별적인 파생상품거래를 체결함에 있어 거래확인서(Confirmation)의 작성을 용이하도록 하기 위하여 파생상품거래의 유형별로 특정 파생상품거래에 사용되는 각종 용어의 정의 규정을 수록한 용어집들을 다수 발간하였다. 특정 파생상품거래를 위한 거래확인서에 1개 또는 수개의 용어집에 정의되어 있는 용어들을 편입시켜 적용함으로써, 당사자들은 거래확인서를 작성함에 있어 그 용어를 일일이 정의하는 대신 해당 용어집상의 표준 용어를 사용할 수 있게 되어 거래확인서를 간단하게 작성할 수 있게 된다. 또한 ISDA 용어집들은 각종의 표준 거래조건 조항들을 제시하고 있으므로, 당사자들은 거래확인서에 그러한 모든 조항을 규정할 필요가 없는바, 그러한 거래확인서를 "약식거래확인서(Short-form Confirmation)" 라고 한다.

대표적인 ISDA 용어집으로는 2021 ISDA Interest Rate Derivatives Definitions (electronic format), 2006 ISDA Definitions, 1998 FX and Currency Option Definitions, 2005 ISDA Commodity Derivatives Definitions, 2003 ISDA Credit Derivative Definitions, 2011 ISDA Equity Derivative Definitions 등을 들 수 있다.

이와 같이 특정 파생상품거래에 특정 ISDA 용어집을 편입시켜 적용하는 경우에는, 그러한 ISDA 용어집도 ISDA 기본계약서, 부속서, 거래확인서와 함께 하나의 단일계약(single agreement)을 구성한다([그림 10-2] 참조).

5. 담보약정서(ISDA Credit Support Documents)

ISDA 기본계약서가 적용되는 파생상품거래에서 발생하는 채권의 담보를 위한 표준 담보약정서로는 담보권의 설정(creation), 제3자 대항요건 구비

(perfection) 및 우선순위(priority) 등에 대해 1994년에 제정되고 미국 뉴욕주법(New York law)을 준거법으로 하는 ISDA Credit Support Annex(이하 "New York CSA"), 1995년에 제정되고 영국법(English law)을 준거법으로 하는 ISDA Credit Support Deed(이하 "English CSD")와 ISDA Credit Support Annex(이하 "English CSA"), 1995년에 제정(2008년 개정)되고 일본법(Japanese law)을 준거법으로 하는 ISDA Credit Support Annex(이하 "Japanese CSA"), 그리고 위와 같은 기존의 담보약정서들을 대체하기 위한 목적으로 New York CSA와 English CSA의 조항을 하나의 문서에 통합하여 당사자들이 적용 조항 및 준거법을 선택할 수 있도록 하여 2001년에 제정된 ISDA Margin Provisions가 있으며([그림 10-3] 참조),[1] 그 중 English CSA와 New York CSA가 국제적으로 많이 사용되고 있다.

[그림 10-3] ISDA 담보약정서(ISDA Credit Support Documents)

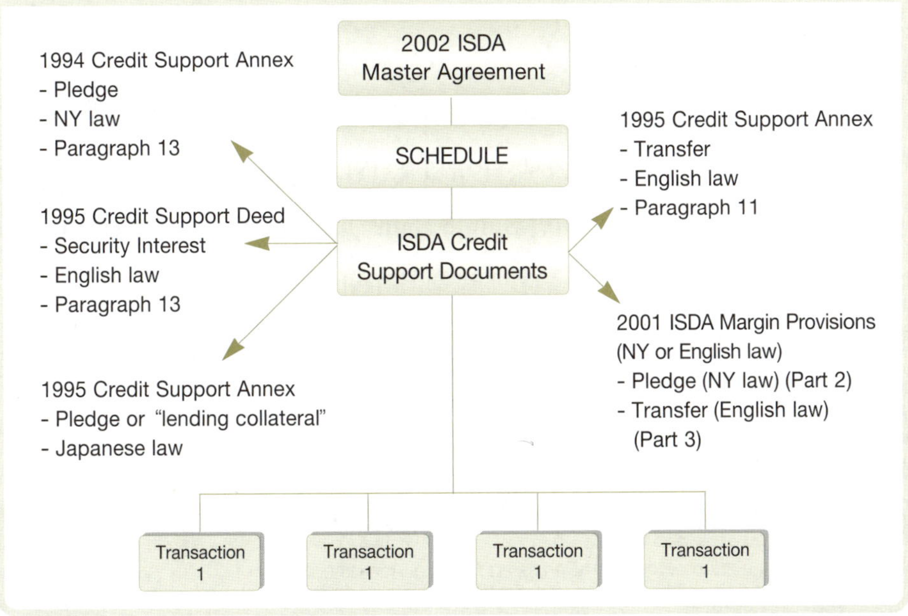

출처: Plesner

1) 비청산 장외파생상품거래의 변동증거금 및 개시증거금 담보를 위한 약정서로는 2016 Credit Support Annex for Variation Margin (VM) (Title Transfer - English Law), 2016 Credit Support Annex for Variation Margin (VM) (Security Interest - New York Law), 2018 Credit Support Deed for Initial Margin (IM) (Security Interest - English Law), 2018 Credit Support Annex For Initial Margin (IM) (Security Interest - New York Law) 등이 있다. 장외파생상품거래 관련 담보계약과 실무에 관해서는 이헌영, "비청산 장외파생상품거래 증거금규제에 관한 연구", 은행법연구 제10권 제2호 (2017. 11) 참조.

위 담보약정서들 중 English CSA는 담보물의 소유권이전(title transfer)을 통하여 담보를 제공하지만 그 외의 다른 모든 담보약정서는 담보권(security interest)의 설정을 통하여 담보를 제공한다는 점에서 서로 차이가 있다. 그리고 English CSD는 ISDA 기본계약서와는 별개의 독립된(stand-alone) 계약서임에 반하여, 그 외의 다른 모든 담보약정서는 Schedule의 부속서류(Annex)로서 결국 ISDA 기본계약서의 일부가 된다는 점에서 차이가 있다.

Ⅱ. ISDA 기본계약서의 주요 내용

1. 서설

ISDA 기본계약서의 구조는 국제금융거래에서 사용하는 다른 금융계약서의 체계와 기본적으로 동일한 구조로 되어 있다. ISDA 기본계약서의 구조를 가장 단순한 형태의 국제대출계약서인 Single Bank Term Loan Agreement의 구조와 대비하여 보면 각 조항의 제목과 배열 위치가 다소 차이가 있으나 이는 근본적인 차이가 아니라 파생상품거래의 특성을 고려한 기술적인(technical) 차이에 지나지 않는다는 것을 알 수 있다([표 10-3] 참조).

[표 10-3]

Loan Agreement	ISDA Master Agreement
* Parties and Date of Agreement (당사자 및 계약체결일자)	* Parties and Date of Agreement (당사자 및 계약체결일자)
* Preamble(생략되는 경우가 많음)	* Preamble(전문)
1. Definitions and Interpretation (용어 정의 및 해석) (a) Definitions(용어의 정의) (b) Interpretation(해석)	1. Interpretation(해석) (a) Definitions(용어의 정의); 아래 14. 참조 (b) Inconsistency(규정 불일치 경우의 해석) (c) Single Agreement(단일계약)

Loan Agreement	ISDA Master Agreement
2. Terms and Conditions of the Loan (거래조건) * Tax Gross-up (Yield Protection) (조세보상(대주수익보장))	2. Obligations(당사자의 의무) (a) General Conditions(일반거래조건) (b) Change of Account(계좌의 변경) (c) Netting of payments(지급네팅) (d) Deduction or Withholding for Tax(원천징수)
3. Conditions Precedent (대출금인출선행조건)	* 2(a)(iii) "……condition precedent……" (당사자의 의무이행 선행조건)
4. Representations and Warranties (차주의 진술 및 보장 사항)	3. Representations(당사자의 진술 및 보장 사항) (a) Basic Representations(기본적 진술 및 보장 사항) (b) Absence of Certain Events (기한이익상실사유 등의 부존재) (c) Absence of Litigation(소송의 부존재) (d) Accuracy of Specified Information(특정 정보의 정확성) (e) Payer Tax Representation (지급인의 조세에 관한 진술 및 보장 사항) (f) Payee Tax Representation (수취인의 조세에 관한 진술 및 보장 사항) (g) No Agency(본인에 의한 계약 체결)
5. Covenants(차주의 준수의무)	4. Agreements(당사자의 준수의무) (a) Furnish Specified Information(특정 정보의 제공) (b) Maintain Authorizations(인허가의 유지) (c) Comply with Laws(법률의 준수) (d) Tax Agreement(조세관련 진술사항 부정확 사실 통지) (e) Payment of Stamp Tax(인지세의 납부)
6. Events of Default(기한이익상실사유) (a) Events of Default (기한이익상실사유)	5. Events of Default and Termination Events (기한이익상실사유 및 해지사유) (a) Events of Default(기한이익상실사유) (i) Failure to Pay or Deliver(지급 또는 인도 의무 불이행) (ii) Breach of Agreement; Repudiation of Agreement (계약위반; 계약이행거절) (iii) Credit Support Default(담보약정불이행)

Loan Agreement	ISDA Master Agreement
	(iv) Misrepresentation(허위진술) (v) Default under Specified Transaction(특정거래상의 채무불이행) (vi) Cross-Default(교차 채무불이행) (vii) Bankruptcy(파산) (viii) Merger without Assumption(채무인수 없는 합병) (b) Termination Events(해지사유) (i) Illegality(불법) (ii) Force Majeure Event(불가항력사유) (iii) Tax Event(과세사유) (iv) Tax Event Upon Merger(합병에 따른 과세사유) (v) Credit Event Upon Merger(합병에 따른 신용하락사유) (vi) Additional Termination Event(추가 해지사유) (c) Hierarchy of Events (각 사유들간의 우열순위) (d) Deferral of Payments and Deliveries During Waiting Period (대기기간 중의 지급 및 인도의 연기) (e) Inability of Head or Home Office to Perform Obligations of Branch (본사 또는 본점의 지점 의무 이행 불능)
(b) Effect of Events of Default (기한이익상실사유 발생의 효과)	6. Early Termination; Close-out Netting (조기해지: 일괄정산네팅) (a) Right to Terminate Following Event of Default (기한이익상실사유 발생시의 해지권) (b) Right to Terminate Following Termination Event (해지사유 발생시의 해지권) (c) Effect of Designation(조기해지일 지정의 효과) (d) Calculations; Payment Date(계산; 지급일) (e) Payments on Early Termination(조기해지시의 지급금액) (f) Set-off(상계)
7. Miscellaneous(기타 사항)	7. Transfer(계약의 양도)
	8. Contractual Currency(계약통화)
	9. Miscellaneous(기타 사항)

Loan Agreement	ISDA Master Agreement
	(a) Entire Agreement(완전계약) (b) Amendments(계약의 변경) (c) Survival of Obligations(의무의 존속) (d) Remedies Cumulative(구제수단의 중첩성) (e) Counterparts and Confirmations(부본 및 확인서) (f) No Waiver of Rights(권리포기간주 금지) (g) Headings(각 조항의 제목) (h) Interest and Compensation(이자 및 보상)
	10. Offices; Multibranch Parties (사무소; 복수 지점 당사자)
	11. Expenses(비용) 12. Notices(통지) 13. Governing Law and Jurisdiction(준거법 및 재판관할) (a) Governing Law(준거법) (b) Jurisdiction(재판관할) (c) Service of Process(송달) (d) Waiver of Immunities(면책특권 포기)
* 위 1 참조	14. Definitions(용어의 정의)

2. 효력발생일 및 당사자

ISDA 기본계약서(ISDA Master Agreement)에 당사자가 직접 기재하여야 하는 부분은 계약서 서두 부분의 계약서 효력발생일과 당사자, 그리고 계약서 말미의 당사자 서명란의 세 곳뿐이다.

당사자들이 ISDA 기본계약서를 작성하기 전에 개별적인 파생상품거래를 먼저 체결하는 경우가 있기 때문에 그와 같은 파생상품거래에 대해서도 ISDA 기본계약서를 적용할 수 있도록 하기 위하여, ISDA 기본계약서의 서두에는 "Dated…" 라고 표현하는 대신 "Dated as of…" 라고 표현하여 ISDA 기본계약서가 실제로 작성되기 전의 날짜로부터 ISDA 기본계약서의 효력이 발생하는 것으로 할 수 있도록 하였다. ISDA 기본계약서 말미의 당사자 서명란에도 ISDA 기본계약서의 작성일자와 그 효력발생일을 구분하고 있다. 따라서 최초의 파생상품거래를 체결하면서 동시에 ISDA 기본계약서를 작성하는 경우가 아닌 경우에는, ISDA 계약서 서두 부분의 효력발생일 부분에는 최초의 파생상품거래일자를 기재하여야 한다.

3. 전문

ISDA 기본계약서의 전문(Preamble)은 동 계약서의 구조를 밝히면서 개별적인 각각의 파생상품거래("Transaction")가 ISDA 기본계약서(ISDA Master Agreement), 부속서(Schedule) 및 해당 거래확인서(Confirmation)의 적용을 받는다는 점을 명확히 하고 있다. 개별적인 각각의 파생상품거래를 의미하는 "Transaction"에 대해서는 상세한 정의 규정을 두고 있지 않은데, 이는 당사자들이 선택하는 모든 파생상품거래에 이 ISDA 기본계약서를 사용할 수 있도록 하기 위해서이다.

4. 해석

ISDA 기본계약서의 주요 목적 중의 하나는 모든 파생상품거래(all Transactions)를 하나의 계약(one contract)으로 통합하는 데 있다. 따라서 ISDA 기본계약서는 기본계약서(Master Agreement; ISDA Master Agreement와 Schedule)와 모든 거래확인서(all Confirmations)는 하나의 단일계약(single agreement)을 구성하며, 당사자들은 그러한 가정하에서만 파생상품거래를 하는 것으로 규정하고 있다(2002 ISDA Master Agreement §1(c)). 이 "단일계약(single agreement)"의 개념은 ISDA 기본계약서 §6(e)의 "일괄정산네팅(Close-out Netting)"이 가능하도록 하는 근본적인 기초 수단으로서의 의미를 갖는다.

ISDA 기본계약서(ISDA Master Agreement)의 규정 내용과 부속서(Schedule)의 규정 내용 사이에 불일치가 있는 경우에는 부속서(Schedule)의 규정 내용이 우선한다. 그리고 각각의 거래확인서(Confirmation)의 규정 내용과 ISDA 기본계약서(ISDA Master Agreement) 및 부속서(Schedule)의 규정 내용 사이에 불일치가 있는 경우에는 거래확인서(Confirmation)의 규정 내용이 우선한다(2002 ISDA Master Agreement §1(b)).

5. 당사자의 의무

ISDA 기본계약서 §2에 규정되어 있는 "당사자의 의무(Obligations)" 조항은 대출계약상의 "거래조건(Terms and Conditions of the Loan)"에 상응하는 조항이다. 그렇지만 각각의 파생상품거래의 상업적 거래조건(commercial terms)은 각 거래확인서(Confirmation)에 구체적으로 규정되므로, 이 조항에서는 모든 파생상품거래에 공통적으로 적용되는 당사자 간의 기본적인 권리의무관계에 대해서만 규정하고 있다. 또한, 대출계약서상으로는 별도의 조항으로 규정되는 당사자의 의무 이행의 선행조건(conditions precedent)을 이 조항에서 함께 규정하고 있으며, 나아가 지급네팅(payment netting)과 조세보상(tax gross-up)에 관한 내용도 규정하고 있다.

파생상품거래의 각 당사자는 기본적으로 각 거래확인서에 명시되어 있는 지급 또는 인도 의무를 이행할 의무를 부담한다(2002 ISDA Master Agreement §2(a)(i)). 이러한 각 당사자의 의무 이행은 기본적으로 (i) 상대방에게 기한이익상실사유(Event of Default) 또는 채무불이행사유(Potential Event of Default)가 발생하여 계속되지 않을 것, 그리고 (ii) 해당 거래(Transaction)에 있어 조기종료일(Early Termination Date)이 발생하거나 유효하게 지정되어 있지 않을 것을 그 선행조건(conditions precedent)으로 한다(2002 ISDA Master Agreement §2(a)(iii)). "기한이익상실사유(Event of Default)"의 정의는 ISDA

기본계약서 §5에 규정되어 있으며(2002 ISDA Master Agreement §5), “채무불이행사유(Potential Event of Default)”의 정의는 기본계약서 §14에 규정되어 있다(2002 ISDA Master Agreement §14).

양 당사자가 하나의 (i) 동일한 파생상품거래(same Transaction)에서 (ii) 같은 통화(same currency)로 (iii) 동일한 지급기일(same due date)에 각각 상대방에게 지급해야 하는 금액이 있는 경우에는, 각자가 해당 금액을 상대방에게 지급하는 대신 각각의 지급금액에서 동일금액만큼씩 차감계산하여 그 차액만을 지급할 수 있는데(2002 ISDA Master Agreement §2(c)), 이를 지급네팅(payment netting 또는 settlement netting)이라고 한다. 나아가 부속서(Schedule) 또는 거래확인서(Confirmation)를 통하여 양 당사자가 합의하는 경우에는 동일 파생상품거래에 있어서뿐만 아니라 일정 유형의 파생상품거래 또는 모든 파생상품거래에 있어서와 같이 복수 거래에 대해서도 지급네팅을 적용할 수 있는데, 이를 “복수거래 지급네팅(Multiple Transaction Payment Netting)”이라 한다(2002 ISDA Master Agreement §2(c) 후단 및 Schedule Part 4(i)). 지급네팅(payment netting)은 ‘Herstatt Risk’ 라고도 알려져 있는 결제위험(settlement risk)의 경감을 그 목적으로 한다.

그리고 한 당사자가 상대방에게 지급하는 금액에 대해 원천징수 의무를 부담하는 경우에는 상대방에게 그 사실을 신속하게 통지하고, 원천징수한 세금을 조세당국에 납부한 후 그 영수증을 상대방에게 전달하여야 한다. 만약 그 원천징수한 조세가 “보상대상조세(Indemnifiable Tax)”, 즉 그 조세를 부과하는 정부/조세당국과 일정 금액 수취인 사이에 일정한 관련이 없다면 부과되지 않았을 조세 이외의 조세(2002 ISDA Master Agreement §14 참조)인 경우에는 그 원천징수가 없었더라면 지급하였어야 할 금액을 지급하여야 한다(tax gross-up; 2002 ISDA Master Agreement §2(d)).

6. 당사자의 진술 및 보장 사항

ISDA 기본계약서 §3(Representations)은 대출계약서상의 "차주의 진술 및 보장 사항(Representations and Warranties)" 에 상응하는 조항이다. 대출계약의 경우에는 차주만이 대주에 대하여 자신의 과거 및 현재의 사실에 대한 진술 및 보장을 하지만, 파생상품거래에 있어서는 양 당사자가 각자 상대방에 대하여 진술 및 보장을 한다는 차이점이 있을 뿐이며, 그 진술 및 보장 사항에는 차이가 없다. 그러므로 이 조항에 대한 기본적인 설명은 대출계약상의 진술 및 보장 사항에 관한 설명 사항과 차이가 없다.

ISDA 기본계약서 §3에 규정되어 있는 진술 및 보장 사항 외에 추가할 진술 및 보장 사항이 있는 경우에는 부속서(Schedule) Part 4(m) 또는 거래확인서(Confirmation)를 통하여 이를 추가할 수 있다. 부속서(Schedule) Part 4(m)은 표준적인 추가 진술 및 보장 사항으로서, 각 당사자는 스스로의 판단에 따라 거래를 하고 거래의 내용을 이해하고 있으며 각 당사자는 상대방 당사자를 위하여 자문자로서의 역할을 하는 것이 아니라는 내용의 '당사자 간의 관계(Relationship Between Parties)' 와 각 당사자는 거래와 관련된 전화 대화를 녹음할 수 있다는 내용의 '대화의 녹음(Recording of Conversations)' 에 관한 사항을 규정하고 있다.

7. 당사자의 준수의무

ISDA 기본계약서 §4(Agreements)는 대출계약서상의 "차주의 준수의무(Covenants)" 에 상응하는 조항이다. 대출계약의 경우에는 차주만이 대주에 대하여 준수의무를 부담하는 형식으로 되어 있으나, 파생상품거래에 있어서는 양 당사자가 각자 상대방에 대하여 준수의무를 부담하는 형식으로 되어 있다. 그 준수의무 사항이 양 계약서의 목적의 상이함에 따라 서로 차이점이 있을 뿐이며,

그 준수의무조항의 목적은 대출계약서상 차주의 준수의무조항의 그것과 같이 당사자가 장래에 있어서 준수하여야 할 사항을 규정하는 데 있다.

각 당사자가 상대방 당사자에게 제공해야 할 문서의 구체적인 목록은 부속서(Schedule) Part 3에 기재할 수 있다.

8. 기한이익상실사유와 해지사유

(1) 서설

ISDA 기본계약서 §5(Events of Default and Termination Events)는, 대출계약서상의 기한이익상실(Events of Default) 조항과는 달리, 계약의 조기해지(Early Termination)의 원인이 되는 사유들을 두 개의 유형, 즉 기한이익상실사유(Events of Default)와 해지사유(Termination Events)로 구분하여 규정하고 있다([그림 10-4 참조]). 넓은 의미에서 기한이익상실사유(Events of Default)는 당사자에게 귀책사유가 있는 조기해지사유이며, 해지사유(Termination Events)

[그림 10-4] 기한이익상실사유와 해지사유

Event of Default
Section 5(a)

(i) Failure to pay or Deliver
(ii) Brech of Agreement; Repudiation of Agreement
(iii) Credit Support Default
(iv) Misrepresentation
(v) Default Under Specified Transaction
(vi) Cross-Default
(vii) Bankruptcy
(viii) Merger Without Assumption

Termination Events
Section 5(b)

(i) Illegality
(ii) Force Majeure Event
(iii) Tax Event
(iv) Tax Event Upon Merger
(v) Credit Event Upon Merger
(vi) Additional Termination Event

출처: Plesner

는 당사자에게 귀책사유가 없는 조기해지사유라고 할 수 있다.

ISDA 기본계약서상 기한이익상실사유의 발생에 따른 계약의 해지방법과 해지사유의 발생에 따른 계약의 해지방식에는 약간의 차이가 있다. 그러나, 양자의 궁극적인 효과, 즉 조기해지(Early Termination) 및 일괄정산네팅(Close-out Netting)이 이루어진다는 점에서는 동일하다.

기한이익상실사유와 해지사유는 ISDA 기본계약의 각 당사자 본인, 그 신용보강자("Credit Support Provider"), 또는 그 특정인("Specified Entity")에게 발생하는 사유를 말한다. 당사자의 신용보강자, 즉 "Credit Support Provider"는 당사자를 위한 지급보증인 또는 제3자 담보제공자로서 부속서(Schedule) Part 4(g)에 기재된 자를 말한다. 그리고 당사자의 특정인, 즉 "Specified Entity"는 부속서(Schedule) Part 1(a)에 기재된 자를 말하는데, 당사자의 관계회사 중 특정 회사를 지정하는 것이 보통이다.

(2) 기한이익상실사유(Events of Default)

기한이익상실사유로 ISDA 기본계약서상에는 (i) Failure to Pay or Deliver (지급 또는 인도 의무 불이행), (ii) Breach of Agreement; Repudiation of Agreement(계약위반; 계약이행거절), (iii) Credit Support Default(담보약정불이행), (iv) Misrepresentation(허위진술), (v) Default Under Specified Transaction(특정거래상의 채무불이행), (vi) Cross-Default(교차 채무불이행), (vii) Bankruptcy(파산), 그리고 (viii) Merger Without Assumption(채무인수 없는 합병)의 8가지 사유가 규정되어 있다(2002 ISDA Master Agreement §5(a)).

기한이익상실사유 중 "담보약정불이행(Credit Support Default)"(2002 ISDA Master Agreement §5(a)(iii))은 담보약정서(Credit Support Document)상의 의무가 불이행 또는 이행거절되거나, 담보약정서가 해지 또는 무효로 된 경우를 말한다. 담보약정서(Credit Support Document)는 부속서에 명시한다(Schedule Part 4(f)).

[그림 10-5] 특정거래상의 채무불이행(Default Under Specified Transaction)

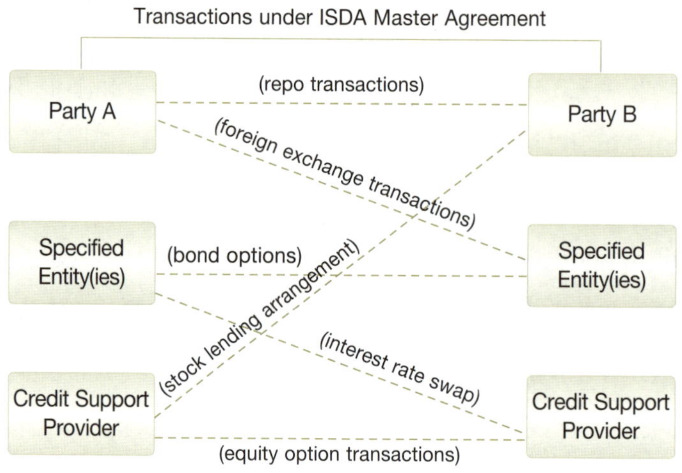

출처: Plesner

"특정 거래상의 채무불이행(Default Under Specified Transaction)"(2002 ISDA Master Agreement §5(a)(v))이라는 기한이익상실사유는 일방 당사자, 그 신용보강자(Credit Support Provider) 또는 그 특정인(Specified Entity)과 상대방 당사자, 그 신용보강자(Credit Support Provider) 또는 그 특정인(Specified Entity) 사이에서 이루어진 여타 모든 파생상품거래상의 기한이익상실사유를 전부 특정 ISDA 기본계약상의 기한이익상실사유로 하기 위한 목적으로 만들어진 기한이익상실사유이다([그림 10-5] 참조). "특정 거래(Specified Transaction)"의 정의는 ISDA 기본계약서 §14에 규정되어 있는데, 거의 모든 파생상품거래를 망라하고 있으며, 부속서(Schedule)에서 달리 정할 수도 있다. 2002년 버전인 2002 ISDA Master Agreement에서는 특정 거래의 정의가 주식대여(stock lending) 및 환매조건부거래(repo transaction)까지 포함하는 것으로 개정되었으며, 특정 거래상의 채무불이행은 그 특정거래상의 기한이익상실사유가 발생하고 나아가 실제로 기한이익이 상실된 경우에만 적용되는 것으로 개정되었다. 각 당사자의 신용보강자(Credit Support Provider) 및 특정인(Specified Entity)이 누구인지도 부속서에 명시하여야 한다(Schedule Part 1(a) 및 Part 4(g)).

기한이익상실사유 중 "교차 채무불이행(Cross-Default)" (2002 ISDA Master Agreement §5(a)(vi))은 당사자, 그 신용보강자(Credit Support Provider) 또는 그 특정인(Specified Entity)에게 "특정 부채(Specified Indebtedness)" 와 관련하여 "최저금액(Threshold Amount)" 이상의 금액에 대하여 채무불이행사유(default), 기한이익상실사유(event of default) 기타 유사한 상황이 발생한 경우를 말한다([그림 10-6] 참조). 이 교차 채무불이행(Cross-Default) 기한이익상실사유는 부속서(Schedule) Part 1(c)에서 이를 일방 당사자 또는 양 당사자에게 적용하기로 한 경우 그 해당 당사자에 대해서만 기한이익상실사유가 된다(2002 ISDA Master Agreement §5(a)(vi) 전단). "특정 부채(Specified Indebtedness)"

[그림 10-6] 교차 채무불이행(Cross-Default) 예시

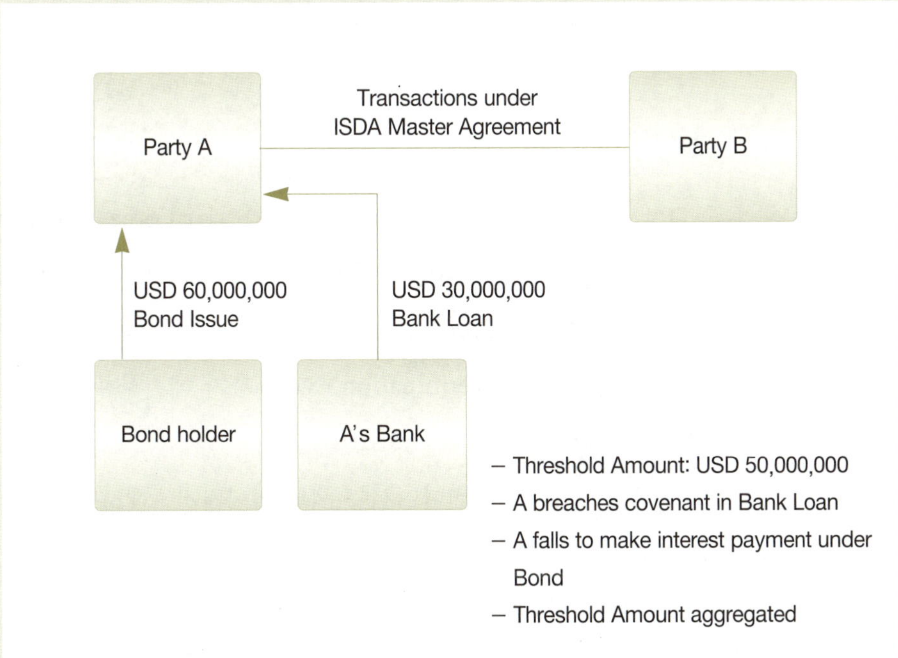

출처: Plesner

는 ISDA 기본계약서 §14에 차입금채무(any obligation in respect of borrowed money)로 정의되어 있으나, 부속서(Schedule)에서 달리 정할 수도 있으며, "최저금액(Threshold Amount)"도 교차 채무불이행(Cross-Default) 기한이익상실사유가 적용되는 당사자별로 부속서에 명시되어야 한다(Schedule Part 1(c)). 그리고 이 기한이익상실사유의 적용을 받는 당사자의 특정인(Specified Entity)도 부속서에 명시한다(Schedule Part 1(a)).

"파산(Bankruptcy)"(2002 ISDA Master Agreement §5(a)(vii))은 당사자, 그 신용보강자(Credit Support Provider) 또는 그 특정인(Specified Entity)의 파산 기타 이에 준하는 사유를 말하며, 이 기한이익상실사유의 적용을 받는 특정인(Specified Entity)도 부속서에 명시한다(Schedule Part 1(a)).

기한이익상실사유 중 "채무인수 없는 합병(Merger Without Assumption)"은 당사자 또는 그 신용보강자(Credit Support Provider)가 다른 자와 합병하거나 그 자산의 전부 또는 대부분을 다른 자에게 양도하고 그 다른 자가 ISDA Agreement상의 채무를 인수하지 아니하거나 담보약정서(Credit Support Document)의 효력이 그 다른 자에게 미치지 않는 경우를 말한다.

(3) 해지사유(Termination Events)

해지사유로는 ISDA 기본계약서상 (i) Illegality(불법), (ii) Force Majeure Event(불가항력사유), (iii) Tax Event(과세사유), (iv) Tax Event Upon Merger(합병에 따른 과세사유), (v) Credit Event Upon Merger(합병에 따른 신용하락사유), 그리고 (vi) Additional Termination Event(추가 해지사유)가 규정되어 있다(2002 ISDA Master Agreement §5(b)).

해지사유(Termination Events)와 관련하여서는 어느 당사자가 "해지사유발생 당사자(Affected Party)"인지, 그리고 어느 파생상품거래가 해지사유의 발생에 의해 영향을 받는 거래, 즉 "피영향거래(Affected Transactions)"인지를 파악하는 것이 중요하다. 어느 당사자가 해지사유발생 당사자(Affected Party)인지는 해지사유마다 다르며 ISDA 기본계약서에 명시되어 있다. 그리고 "피영향거래(Affected Transactions)"는 ISDA 기본계약서 §14에 정의되어 있는데, 해지사유가 Illegality(불법), Force Majeure Event(불가항력사유), Tax Event(과세사유) 또는 Tax Event Upon Merger(합병에 따른 과세사유)의 경우에는 그 해지사유의 영향을 받는 거래를 의미하며, 그 외의 해지사유의 경우에는 모든 거래를 의미한다.

"Illegality(불법)"는 법률의 제정이나 개정에 의해 당사자 또는 그 신용보강자(Credit Support Provider)가 피영향거래(Affected Transactions) 또는 담보약정서상의 의무를 이행할 수 없게 된 경우를 말하고(2002 ISDA Master Agreement §5(b)(i)), "Force Majeure Event(불가항력사유)"는 당사자 또는 그 신용보강자(Credit Support Provider)가 불가항력(force majeure)으로 인하여 그 의무를 이행할 수 없는 경우를 말하며(2002 ISDA Master Agreement §5(b)(ii)), "Tax Event(과세사유)"는 세법의 제정이나 개정 등으로 인해 파생상품거래상의 지급금에 대한 원천징수 등을 해야 하는 경우를 말하고(2002 ISDA Master Agreement §5(b)(iii)), "Tax Event Upon Merger(합병에 따른 과세사유)"는 당사자의 합병 등으로 인하여 파생상품거래상의 지급금에 원천징수 등을 해야 하는 경우를 말하며(2002 ISDA Master Agreement §5(b)(iv)), "Credit Event Upon Merger(합병에 따른 신용하락사유)"는 당사자, 그 신용보강자(Credit Support Provider) 또는 그 특정인(Specified Entity)이 다른 자와 합병하거나 그 자산의 전부 또는 대부분을 다른 자에게 양도하고 그 다른 자의 신용도가 당사자의 신용도에 비하여 상당히 낮은(materially weaker) 경우를 말한다(2002 ISDA Master Agreement §5(b)(v)).

이 해지사유의 적용 여부는 부속서에 규정하며 (Schedule Part 1(d)), 당사자의 특정인(Specified Entity)도 부속서에 규정한다(Schedule Part 1(a)). 그리고 "Additional Termination Event(추가 해지사유)"를 정하고자 하는 경우에는 이를 부속서에 명시할 수 있다(Schedule Part 1(g)).

9. 조기해지, 일괄정산네팅 및 상계

(1) 서설

ISDA 기본계약서 §6(Early Termination; Close-Out Netting)은 대출계약서에 있어서의 기한이익상실(Events of Default) 조항 중 기한이익상실사유 발생의 효과에 관한 규정에 상응하는 조항이다.

대출계약서에 있어서는 차주에게 기한이익상실사유가 발생한 경우 대주는 통지 등에 의해 차주의 기한이익을 상실시킬 수 있는데, '기한이익의 상실(acceleration)' 은 넓은 의미에서는 '계약의 해지(termination of contract)' 에 해당한다. ISDA 기본계약서에서는 계약의 해지를 "조기해지(Early Termination)" 라는 용어로 표현하고 있으며, 기한이익상실사유(Events of Default) 및 해지사유(Termination Events)가 발생한 경우의 조기해지 대상거래 및 절차에 대해 서로 달리 규정하고 있다([그림 10-7] 참조).

그리고 대출계약에서 차주의 기한이익이 상실된 경우 차주가 대주에게 상환할

[그림 10-7] 조기해지의 사유, 해지권자 및 대상거래

What Happened?	Who Can Terminate?	What is Terminated?
Any Event of Default	Non-defaulting Party (Automatic Early Termination, if elected in Schedule)	All Transactions
Illegality/ Force Majeure	Either party	Affected Transactions
Tax Event Upon Merger	Burdened party	Affected Transactions
Tax Event	Affected party	Affected Transactions
Credit Event Upon Merger	Non-Affected party	All Transactions
Additional Termination Event	Non-Affected party or either party(if two Affected Parties)	All Transactions, unless otherwise specified In Schedule or Confirmation

출처: ISDA

대출금 잔액의 결정은 단순한 일임에 반해, ISDA 기본계약서에 의한 파생상품거래의 경우에는 ISDA 기본계약서의 적용을 받는 거래가 다수이기 때문에 그러한 모든 거래상의 채권채무관계를 일괄적으로 청산할 수 있도록 하기 위하여 일괄정산네팅(Close-Out Netting)에 대하여 자세한 규정을 두고 있다.

(2) 조기해지(Early Termination)

기한이익상실사유(Event of Default) 발생의 효과는 당해 기한이익상실사유가 무엇인지 그리고 "자동조기해지(Automatic Early Termination)" 규정이 적용되는지 여부에 따라 달라진다.

기한이익상실사유(Event of Default)가 발생하여 계속되고 있는 경우에는, 그 "귀책당사자(Defaulting Party)"의 상대방 당사자(이하 "Non-defaulting Party")는 ISDA 기본계약서상의 모든 거래(all Transactions)를 해지할 수 있다. 그 해지는 "조기해지일(Early Termination Date)"을 지정한 통지에 의해 하는데, 그 조기해지일은 위 통지의 효력이 발생하는 날 이후이어야 하며 또한 통지일로부터 20일 이내의 일자이어야 한다(2002 ISDA Master Agreement §6(a) 전단). 다만, 기한이익상실사유가 파산(Bankruptcy)에 해당하는 사유(2002 ISDA Master Agreement §5(a)(vii)(1), (3), (4), (5), (6), 또는 (8)에 해당하는 사유)이고 또한 부속서(Schedule)에 "자동조기해지(Automatic Early Termination)" 규정이 적용되는 것으로 정해둔 경우에는(Schedule Part 1(e)), 통지가 없더라도 해당 사유가 발생한 즉시 또는 그 직전에 모든 거래가 해지된 것으로 본다(2002 ISDA Master Agreement §6(a) 후단).

해지사유(Events of Default) 발생의 효과는 해지사유발생 당사자(Affected Party)가 한 당사자인지 아니면 양 당사자 모두인지에 따라 달라진다.

해지사유발생 당사자(Affected Party)는 해지사유가 발생했다는 사실을 인지한 즉시 그 사실을 상대방 당사자에게 통지해야 한다. 과세사유(Tax Event)가 발생하고 해지사유발생 당사자(Affected Party)가 한 당사자이거나, Tax Event

Upon Merger(합병에 따른 과세사유)가 발생하고 그 해지사유발생 당사자(Affected Party)가 조세보상(tax gross-up) 등을 해야 하는 당사자(Burdened Party)인 경우, 그 해지사유발생 당사자(Affected Party)는 그러한 해지사유를 회피할 수 있도록 하기 위하여 해지사유발생 통지 후 20일 내에 피영향거래(Affected Transactions)를 다른 사무소(Offices)나 관계회사(Affiliates)에 이전하여야 한다. 만약 그 이전이 불가능한 경우에는 위 기간 내에 그 사실도 상대방 당사자에게 통지하여야 한다. 이 경우 상대방 당사자는 해지사유발생 통지를 받은 때로부터 30일 이내에 자신이 스스로 피영향거래(Affected Transactions)를 이전시킬 수 있다. 위 어느 경우든 거래의 이전에는 상대방의 사전 서면동의가 필요하다(2002 ISDA Master Agreement §6(b)(i)(ii)). 과세사유(Tax Event)가 발생하고 해지사유발생 당사자(Affected Parties)가 양 당사자 모두인 경우, 각 당사자는 해지사유발생 통지 후 30일 이내에 해지사유를 회피하기 위한 조치에 관한 합의에 이르기 위하여 합리적인 노력을 하여야 한다(2002 ISDA Master Agreement §6(b)(i)(ii)(iii)).

위와 같은 거래이전이나 합의가 이루어지지 않은 경우 또는 그 밖의 해지사유가 발생한 경우에는, 피영향거래(Affected Transactions)에 대해 20일 이내의 사전통지에 의해 조기해지일(Early Termination Date)이 지정될 수 있다(2002 ISDA Master Agreement §6(b)(iv)).

기한이익상실사유(Events of Default) 또는 해지사유(Termination Events)의 발생에 따른 해지는 해지통지서에 지정해놓은 조기해지일(Early Termination Date)에 그 효력이 발생하며(조기해지일까지 기한이익상실사유나 해지사유가 지속되고 있는지 여부는 불문함), 조기해지일이 유효하게 지정된 후에는 "해지되는 거래(Terminated Transactions)"(즉 기한이익상실사유 발생에 따른 경우에는 모든 거래(all Transactions)를 말하며, 해지사유 발생에 따른 경우에는 피영향거래(Affected Transactions)를 말함)상의 당사자 간 향후 지급 및 인도 의무는 종료되고 일괄청산금액(Close-out Amount)을 지급할 의무로 대체된다

(2002 ISDA Master Agreement §6(c)).

(3) 일괄정산네팅(Close-Out Netting)

ISDA 기본계약서상의 기한이익상실사유(Events of Default) 또는 해지사유(Termination Events)가 발생함에 따라 ISDA 기본계약서의 적용을 받는 모든 거래 또는 일부 거래가 해지되는 경우, 그 해지되는 거래(Terminated Transactions)상의 모든 채권채무를 일괄하여 청산함으로써 하나의 채권으로 만드는 것을 일괄정산네팅(Close-Out Netting)이라 한다.

일괄정산네팅(Close-Out Netting)에 의하여 한 당사자가 다른 당사자에게 지급하여야 할 최종금액은 조기해지일(Early Termination Date) 현재 이미 발생하였으나 아직 지급되지 아니한 미지급금액(unpaid amounts)과 해지되는 거래가 해지되지 않았더라면 향후 각 당사자가 상대방 당사자에게 부담하였을 의무를 현재가치로 평가한 금액인 청산금액(settlement amounts)의 두 가지 금액으로 구성된다.

그 중 청산금액을 평가하기 위한 방법으로 1992 ISDA Master Agreement는 "시장호가방식(Market Quotation)"과 "손실방식(Loss)"의 두 가지 방식을 규정하면서 당사자로 하여금 선택하도록 하고 있다. 시장호가방식(Market Quotation)은 해지되는 거래를 대체하는 다른 거래를 할 경우 수수하여야 할 금액을 청산금액으로 하는 방법으로서 그러한 대체거래에 대하여 시장에서 복수의 가격을 제시받아 결정하며, 손실방식(Loss)은 거래를 해지하는 당사자가 해지되는 거래가 해지됨으로써 현실적으로 발생하는 손실이라고 판단하는 금액을 청산금액으로 하는 방법을 말한다. 그러나, 시장호가방식(Market Quotation)의 경우 금융시장이 불안정한 상황에서는 의미있는 시장호가를 제시받는 것이 어렵고, 손실방식(Loss)은 너무 주관적이라는 문제점이 있어, 2002 ISDA Master Agreement는 이 두 가지 방식을 절충하여 "일괄청산금액(Close-out Amount)"이라는 단일 방식을 채택하였다.

2002 ISDA Master Agreement상 일괄청산금액(Close-out Amount)은 해지되는 거래를 대체하거나 그 주요 거래조건에 상응하는 경제적인 가치를 제공함에 있어 당사자들이 입을 손실이나 비용 또는 기대되는 이익의 금액을 말한다(2002 ISDA Master Agreement §14). 일괄청산금액은 해지되는 모든 거래에 대하여 산정되는 한 그 각각의 개별 거래 또는 거래그룹별로 산정될 수 있으며, 청산금액의 산정기준일은 조기해지일(Early Termination Date)이지만 조기해지일 기준의 평가가 상업적 합리성을 해칠 우려가 있는 경우에는 그 후의 상업적으로 합리적인 일자를 기준으로 한다(2002 ISDA Master Agreement §14). 일괄청산금액을 산정함에 있어서는 "산정당사자(Determining Party)" (2002 ISDA Master Agreement §14)가 상업적으로 합리적인 결과를 산출하기 위하여 선의로(in good faith) 그리고 상업적으로 합리적인 절차에 따라 결정한다. 다만, 제3자의 호가, 외부 시장정보(각종 이율, 가격, 수익률, 수익률곡선, 스프레드, 변동성, 상관성 등), 일정한 유형의 내부자료 등을 고려할 수 있다(2002 ISDA Master Agreement §14). 일괄청산금액의 산정당사자(Determining Party)는 기한이익상실사유(Events of Default)의 발생에 따른 해지의 경우에는 Non-defaulting Party이며, 해지사유(Termination Events)의 발생에 따른 해지의 경우로서 해지사유발생 당사자(Affected Party)가 한 당사자이면 그 상대방 당사자, 즉 "Non-affected Party" 가 산정당사자(Determining Party)가 되는데, 해지사유가 불법(Illegality)이나 불가항력사유(Force majeure)인 경우에는 중간시장호가(mid market quotations; bid/offer quotations의 평균)를 기준으로 산정하여야 하는 제한을 받는다. 해지사유(Termination Events)의 발생에 따른 해지의 경우로서 해지사유발생 당사자(Affected Party)가 양 당사자 모두인 경우에는 각 당사자가 산정당사자(Determining Party)가 되는데, 이 경우의 일괄청산금액은 각 당사자가 산정한 일괄청산금액의 차이를 1/2로 나누어 산정한다(2002 ISDA Master Agreement §6(e)(i)(ii)).

일괄정산네팅(Close-Out Netting)에 의하여 한 당사자가 상대방 당사자에게 지급하여야 할 하나의 최종금액을 2002 ISDA Master Agreement에서는 "조기해지정산금(Early Termination Amount)" (2002 ISDA Master Agreement §6(e))이라고 하는데, 위와 같이 산정된 일괄청산금액(Close-out Amounts)과 각 당사자의 미지급금액(unpaid amounts) 모두를 합쳐서 산출되는 차액금액이 바로 이 조기해지정산금(Early Termination Amount)이다. 이 조기해지정산금의 지급방식(payment method)에 대하여 1992 ISDA Master Agreement는 기한이익상실사유(Events of Default)의 발생에 따른 해지의 경우에는 "제1방식(First Method)"과 "제2방식(Second Method)"을 규정하고 당사자들이 선택하도록 하였다. 제1방식(First Method)은 조기해지정산금을 산정한 결과 귀책 당사자(Defaulting Party)가 그 상대방 당사자(Non-defaulting Party)에게 조기해지정산금을 지급하여야 하는 경우에만 해당 금액을 수수할 권리와 의무가 발생하고, Non-defaulting Party가 귀책 당사자(Defaulting Party)에게 조기해지정산금을 지급하여야 하는 경우에는 이를 지급하지 않아도 되는 방식을 말한다(walk-away). 제2방식(Second Method)은 귀책사유가 누구에게 있는지를 불문하고 최종적으로 산정된 조기해지정산금을 어느 일방 당사자가 상대방 당사자에게 지급하여야 하는 방식을 말한다(full two-way payments). 그러나 2002 ISDA Master Agreement는 이러한 구분을 폐지하고 제2방식(Second Method)만을 채택하고 있다(2002 ISDA Master Agreement §6(e)(i)(ii)). 조기해지정산금(Early Termination Amount)은, 일괄청산금액의 산정당사자가 계산내역을 상대방 당사자에게 통지한 후, 기한이익상실사유의 발생으로 인해 해지된 경우에는 위 통지가 효력을 발생하는 일자에, 그리고 해지사유의 발생으로 인해 해지된 경우에는 위 통지가 효력을 발생하는 일자로부터 두 번째 현지영업일에 지급해야 한다(2002 ISDA Master Agreement §6(d)).

일괄정산네팅(Close-Out Netting)은 당사자의 신용위험(credit risk) 경감을 그 목적으로 하며, 특히 일방 당사자가 도산한 때에 그 파산관재인이 각 개별 파생상품거래를 별도로 취급하여 파산재단에 유리한 거래는 이행하고 파산재단에 불리한 거래는 불이행하는 소위 '체리피킹(cherry-picking)'의 위험을 제거하기 위한 것이다. 과거 각국에서는 일괄정산네팅이 자국의 도산법상 유효한지에 대해 의문이 있었으나 많은 국가가 자국의 도산법에 그 유효성을 명시함으로써 해결하였다(외국의 당사자와 ISDA 기본계약을 체결하는 경우에는 그 상대방 국가의 법률상 일괄정산네팅이 가능한지에 대해 그 나라 변호사의 법률의견서 등을 통하여 확인하는 것이 필요하며, ISDA에서는 54개 국가의 변호사로부터 일괄정산네팅의 유효성에 관한 법률의견서를 받아 이를 회원에게 공개하고 있다). 우리나라에서도 2005년에 제정되어 2006년 4월 1일부터 시행된 「채무자 회생 및 파산에 관한 법률」에서 파생상품거래 등 적격금융거래의 해지 및 정산의 완결성을 법적으로 보장하는 제도를 명시함으로써 일괄정산네팅의 유효성을 인정하고 있다(채무자 회생 및 파산에 관한 법률 제120조 제3항 및 제336조 참조). 또한 금융기관의 BIS 자기자본규제(capital adequacy regulation)와 관련하여서도 우리나라를 포함한 대부분의 국가는 일괄정산네팅(Close-Out Netting)에 따른 순신용환산액을 기준으로 위험액을 산정할 수 있도록 하고 있다(은행업감독

[그림 10-8] 상계(set-Off)

- Payment of Early Termination Amount is subject to set-off
- Based on ISDA "Basic Set-off Provision" (User' s Guide to 1992 Master Agreement, p56)
- Does not apply cross-affillate

출처: Plesner

업무시행세칙 제17조 <별표3> 및 금융감독원 파생상품업무처리모범규준 <참고 7> 참조).

(4) 상계(Set-Off)

ISDA 기본계약서상 일방 당사자가 상대방 당사자에게 지급할 조기해지정산금(Early Termination Amount)은 당사자 간의 다른 계약상 상대방 당사자가 위 일방 당사자에게 일정한 채무를 부담하는 경우에는 그 상대방 당사자의 채무와 상계될 수 있다(2002 ISDA Master Agreement §6(f); [그림 10-8] 참조). 1992 ISDA Master Agreement에는 상계에 관한 조항이 없기 때문에 'User' s Guide to the 1992 ISDA Master Agreement' 에 수록되어 있던 'Basic Set-off Provision' 을 부속서(Schedule)에 특약사항으로 추가하는 방법으로 상계조항을 ISDA 기본계약의 내용으로 하고 있었는데, 2002 ISDA Master Agreement가 이를 명시적으로 규정한 것이다.

10. 기타 사항(Miscellaneous)

ISDA 기본계약서상 앞에서 설명한 조항들 이외의 조항들은 대부분 대출계약서상 '기타 사항(Miscellaneous)' 에 규정되는 조항들과 같으므로, 여기에서는 ISDA 기본계약서상 특별한 내용들에 대해서만 살펴보기로 한다.

(1) 사무소와 복수지점당사자(Offices and Multibranch Parties)

ISDA 기본계약서상의 사무소(Offices)에 관한 조항((2002 ISDA Master Agreement §10(a))을 적용하기로 부속서(Schedule)에 명시한 경우(Schedule Part 4(c))에는, 당사자가 본점 이외의 사무소를 통하여 거래를 한 경우에도 그 당사자의 본점에서 거래한 것과 같은 의무를 부담한다. 그리고 당사자가 자신이 복수지점당사자(Multibranch Party)임을 부속서(Schedule)에 명시하고 거래 사무소들을 지정한 경우(Schedule Part 4(d))에는, 당사자는 그 지정된 사무소들을 통해 거래를 할 수 있다(2002 ISDA Master Agreement §10(b)).

(2) 통지(Notices)

ISDA 기본계약서상의 각종 통지는 서면, 텔렉스, 팩스, 우편, 전자매체 또는 이메일로 할 수 있으나, 조기해지사유 발생의 통지나 조기해지의 통지는 전자매체나 이메일로는 할 수 없다(2002 ISDA Master Agreement §12).

(3) 준거법 및 재판관할

ISDA 기본계약의 준거법은 부속서(Schedule)에 명시하여야 한다(2002 ISDA Master Agreement §13(a); Schedule Part 4 (h)). 국제적인 파생상품거래에서는 영국법(English law)이나 미국 뉴욕주법(New York law)을 선택하는 것이 보통이다. 준거법을 영국법이나 미국 뉴욕주법으로 선택한 경우에는 영국 법원이나 뉴욕주의 법원이 각각 비전속적 재판관할권(non-exclusive jurisdiction)을 가진다(2002 ISDA Master Agreement §13(b)).

Ⅲ. 부속서의 주요 내용

ISDA 기본계약서의 조항은 '섹션(Section)' 별로 구분되어 있으나, 부속서의 조항은 '파트(Part)' 별로 구분되어 있다. 부속서는 다음과 같이 모두 5개의 파트로 구성되어 있다.

Part 1. Termination Provisions

(a) Specified Entity

(b) Specified Transaction

(c) Cross Default - Specified Indebtedness, Threshold Amount

(d) Credit Event Upon Merger

(e) Automatic Early Termination

(f) Termination Currency

(g) Additional Termination Event

Part 2. Tax Representations

(a) Payer Representations

(b) Payee Representations

Part 3. Agreement to Deliver Documents

(a) Tax forms, documents or certificates

(b) Other documents

Part 4. Miscellaneous

(a) Addresses for Notices

(b) Process Agent

(c) Offices

(d) Multibranch Party

(e) Calculation Agent

(f) Credit Support Document

(g) Credit Support Provider

(h) Governing Law

(i) Netting of Payments

(j) Affiliate

(k) Absence of Litigation

(l) No Agency

(m) Additional Representation

(n) Recording of Conversations

Part 5. Other Provisions

이와 같이 부속서(Schedule)의 Part 1 내지 Part4는 ISDA 기본계약서의 특정 조항을 당사자 간에 적용할지 여부를 선택하거나 특정 조항의 내용을 보충하기 위한 조항들로서 표준화되어 있다. 각 파트(Part)의 규정 내용은 ISDA 기본계약서의 주요 내용을 설명하면서 상당 부분 살펴보았으므로 여기에서는 그 설명을 생략한다. 부속서(Schedule)의 Part 5는 ISDA 기본계약서 내용에 대한 수정사항이나 추가합의사항을 당사자가 특별한 형식에 구애받지 않고 자유롭게 규정할 수 있도록 하고 있는데, 아래 [표 10-4]에 기재되어 있는 사항들을 그 예로 들 수 있다.

[표 10-4] 부속서(Schedule) Part 5. Other Provisions 예시

- cross affiliate set-off (if it works)
- credit downgrading (credit concern)
- escrow arrangements (if necessary)
- expand scope (to cover specific existing trades)
- Confirmations (already covered in Section 9(e))
- Counterparty specific provisions (e.g. if public entity, insurance company, pension fund, etc.)
- any other relevant representations
- incorporation of ISDA definitions booklets (may not be advisable)
- Contracts (Rights of Third Parties) Act 1999
- Product specific Part 6

출처: Plesner

부속서(Schedule)는 그 ISDA 양식상에 선택사항을 표시하거나 보충내용을 기재하는 방식으로 작성할 수도 있으나(marking-up), 별도의 종이에 타이핑을 하여 새로이 작성하는 것이 보통이며 또한 더 편리하다.

Ⅳ. 거래확인서의 주요 내용

거래확인서는 명목원금, 계약일자, 거래개시일 및 거래종료일, 적용금리, 계산방법, 계산당사자, 지급방법, 영업일 등과 같은 개별 파생상품거래의 경제적인 거래조건(economic terms)과 결제조건(settlement terms)을 그 주된 내용으로 하지만, 그 외에도 당사자 간의 법률관계를 규정하는 내용도 포함하고 있다.

거래확인서에는 먼저 당해 거래확인서가 당사자간에 체결되어 있는 특정 ISDA 기본계약서에서 말하는 "Confirmation"에 해당한다는 문언을 기재한 다음, 해당 거래확인서에 대하여 특정 ISDA 용어집을 적용한다는 취지의 문언을 기재하는데, 만약 ISDA 용어집의 규정과 당해 거래확인서의 규정이 일치하지 않는 경우에는 당해 거래확인서의 규정이 우선한다는 취지의 문언도 함께 기재하는 것이 보통이다.

그 밖에도 당사자가 스스로의 판단에 따라 거래를 한다는 취지의 추가적인 진술조항이나 조기해지권에 관한 특약사항 등을 규정하는 경우도 많은데, 기본적으로 ISDA 기본계약서의 내용과 달리 해당 거래에 대해서만 특별히 적용하고자 하는 사항은 어떠한 내용이라도 기재할 수 있다.

Ⅴ. 담보약정서의 주요 내용

1. English CSD 및 New York CSA에 의한 담보제공

ISDA 담보약정서(ISDA Credit Support Documents) 중 New York CSA와 English CSD는 그 준거법이 서로 다르기 때문에 구체적인 담보조항의 규정에는 차이가 있다. 그렇지만 양자 모두 담보물(collateral)에 대한 담보권(security interest)의 설정 방식에 의해 담보를 제공한다([그림 10-9] 참조).

담보권의 설정은 담보물이 현금인 경우에는 지급(payment)에 의해, 그리고 담보물이 증권(securities)인 경우에는 인도(delivery)에 의해서 이루어지는데, English CSD의 경우에는 담보수취인(Collateral Taker) 또는 그가 임명하는 보관인(custodian)에게 수취한 담보물을 자신의 재산과 혼장되지 않게 분별관리를 하도록 하는 등 보다 엄격한 의무를 부담시키고 있다. 그리고 담보수취인이 담보물을 담보제공자(Collateral Provider)에게 반환하면 그 즉시 담보권은 해제된다.

기한이익상실사유 발생에 따른 조기해지 시 등과 같이 담보수취인이 담보권실행을 할 수 있는 경우는 New York CSA와 English CSD의 Paragraph 8에 규정되어 있는데, 담보물의 매각대금 등 담보권실행으로 담보수취인이 취득한 가액은 ISDA 기본계약서 §6(e)에 따라 담보제공자가 담보수취인에게 지급해야 할 금액과 상계하는 데 사용할 수 있다.

New York CSA와 English CSD는 개념상 유사한 측면이 많지만 현저한 차이

[그림 10-9] English CSD 및 New York CSA상의 담보권설정

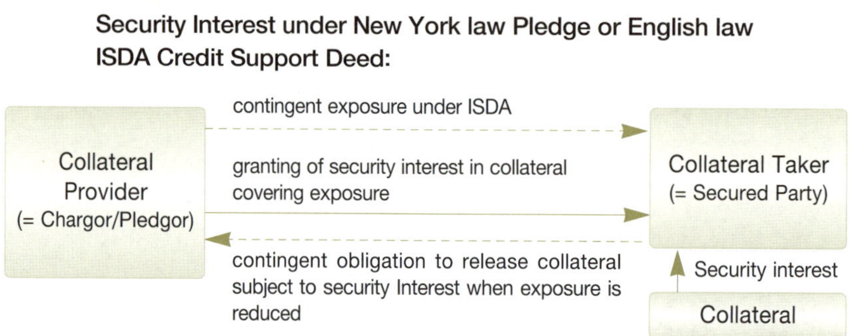

- Collateral Taker has a net contingent exposure to Collateral Provider under the ISDA
- If the Transctions under the ISDA were to be terminated, Collateral Provider would owe a net amount equal to Collateral Taker' s exposure under Section 6(e) of the ISDA
- To reduce/eliminate this exposure, Collateral Provider grants a security interest over cash or securities(collateral) to Collateral Taker under English law ISDA Credit Support Deed or NY law ISDA Credit Support Annex
- If the Transctions under the ISDA are terminated early, the Collateral Taker can enforce its security interest(i.e. sell the collateral) and use the proceeds to offset against the net amount Collateral Provider owes it under Section 6(e)

출처: Plesner

가 있는 측면도 있는데, 그중의 한 예로 담보수취인의 담보물의 이용권에 관한 차이를 들 수 있다. New York CSA는 담보수취인이 제공받은 담보물을 매각, 질권설정(pledge), 재담보제공(rehypothecation), 양도, 투자, 사용 기타 방법으로 처분하는 것을 허용하나(물론 담보수취인의 이러한 권리는 당사자 간의 합의에 의해 제한될 수 있다), English CSD는 담보수취인에게 그와 같은 담보물 이용권을 허용하지 않으며 담보물의 안전한 보관을 위하여 합리적인 주의의무를 다할 것을 요구하고 있다.

담보권설정을 함이 없이 신용장, 보험증권 등의 수단에 의한 신용보강을 하고자 하는 경우에는 이를 Paragraph 13에 "기타적격신용보강(Other Eligible Support)"으로 지정하는 방법에 의해 할 수 있다.

2. English CSA에 의한 담보제공

[그림 10-10] English CSA상의 소유권이전

Title Transfer under English law ISDA Credit Support Annex:

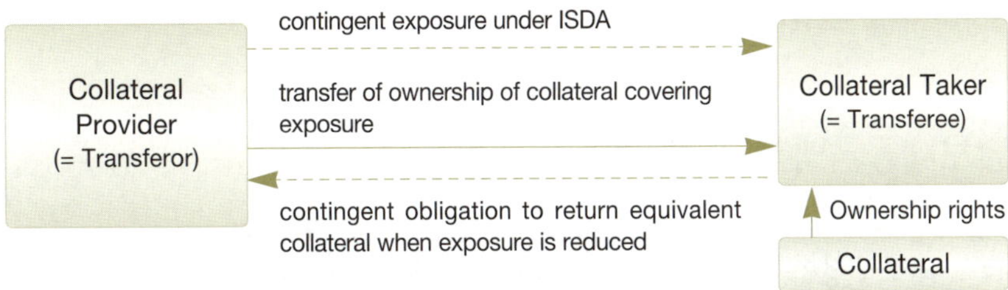

- Collateral Taker has a net contingent exposure to Collateral Provider under the ISDA
- If the Transctions under the ISDA were to be terminated, Collateral Provider would owe a net amount equal to Collateral Taker' s exposure under Section 6(e) of the ISDA
- To reduce/eliminate this exposure, Collateral Provider transfers ownership rights in cash or securities(collateral) to Collateral Taker under English law ISDA Credit Support Annex(CSA)
- If the Transctions under the ISDA are terminated early, the net amount due by Collateral Provider to Collateral Taker under Section 6(e) is offset against the value of the collateral transferred under the CSA which is included in the 6(e) calculation as an Unpaid Amount

출처: Plesner

ISDA 담보약정서(ISDA Credit Support Documents) 중 English CSA는 소유권 이전(title transfer), 즉 담보물에 대한 법적 및 실질적 소유권(legal and beneficial ownership)을 담보수취인에게 이전시키는 방식에 의해 담보를 제공한다([그림 10-10] 참조).

English CSA에서 가장 중요한 조항은 Paragraph 6인데, 이 조항은 ISDA 기본계약서상의 기한이익상실사유(Events of Default)의 발생에 따라 그 적용을 받는 모든 파생상품거래가 조기해지되는 경우에는 그 조기해지일 현재의 '기담보제공금액(Credit Support Banlance)'의 '가치(Value)'에 해당하는 금액은 ISDA 기본계약서상의 일괄정산네팅의 계산에 포함된다고 규정하고 있다. 이는 English CSA에 따라 이미 제공된 담보물의 금액은 미지급금액(Unpaid Amount)으로 취급되어 ISDA 기본계약서 §6(e)에 따른 일괄정산네팅(Close-Out Netting)의 대상이 된다는 것을 의미한다.

English CSA는 현금 또는 증권의 소유권이전에 의한 담보제공, 즉 '적격신용보강(Eligible Credit Support)'만을 규정하고 있으며, New York CSA 또는 English CSD와는 달리 '기타적격신용보강(Other Eligible Support)'에 대해서는 규정하지 않고 있다.

3. 담보제공금액 및 반환금액

ISDA 담보약정서상 당사자 간에 제공되어야 할 담보가액의 계산은 ISDA 기본계약서의 적용을 받는 모든 파생상품거래의 시가평가금액(mark-to-market valuations)을 그 기초로 한다. 먼저, ISDA 담보약정서는 신용위험노출금액이라고 할 수 있는 익스포져(exposure)의 계산방법을 규정해 두고있다. 이 금액은 특정 평가일(valuation date)에 어느 당사자(이 당사자가 담보제공자(Collateral Provider)가 된다)에게 기한이익상실사유 등이 발생하여 ISDA 기본계약서의 적용을 받는 모든 파생상품거래가 같은 일자에 해지되었다고 가정할 경우에 상대방 당사자(이 당사자가 담보수취인(Collateral Taker)이 된다)가 입을 수 있는 손실예상금액을 그 기초로 한다. ISDA 담보약정서는 이 손실예상금액을 "익스포져(Exposure)"로 정의하고 있으며, 이 익스포져 금액은 조기해지정산금(Early Termination Amount)의 산정에 관한 조항인 ISDA 기본계약서 §6에 따라 결정하도록 규정하고 있다(English CSA Paragraph 10). 익스포져(Exposure)는 ISDA 담보약정서에 명시하는 각 평가일(Valuation Date)의 평가시각(Valuation Time)에 산정한다(English CSA Paragraph 11).

ISDA 담보약정서상 담보제공자(Collateral Provider)가 담보수취인(Collateral Taker)에게 제공하여야 할 담보가액은 "신용보강의무금액(Credit Support Amount)"으로 정의되어 있다. 이 금액은 담보수취인의 익스포져(Exposure)에 담보제공자의 독립담보가액(Independent Amount)을 추가하고 담보수취인의 독립담보가액(Independent Amount)과 담보제공자의 신용한도액(Threshold)을 공제하여 산정한다(English CSA Paragraph 10; [그림 10-11] 참조). 각 당사자의 "독립담보금액(Independent Amount)"은 거래의 시가평가금액에 상관없이 상대방 당사자에게 제공하여야 하는 담보가액으로서 ISDA 담보약정서에 명시된 금액을 말하며(English CSA Paragraph 11), 이 금액은 익스포져(Exposure) 산정일자 간 거래의 변동성 그리고 익스포져(Exposure) 산정일자와 그에 따른 담보제공일자 간 거래의 변동성에 따른 신용위험에 대비할 목적으로 하여 당사자의 신용도를 반영하여 결정되는데, 고정금액으로 정할 수도 있고 각 거래의 명목금액의 비율 등에 연동되도록 할 수도 있다.

각 당사자의 "신용한도액(Threshold)"은 상대방 당사자의 익스포져(Exposure)

[그림 10-11] English CSA상의 신용보강의무금액(Credit Support Amount)

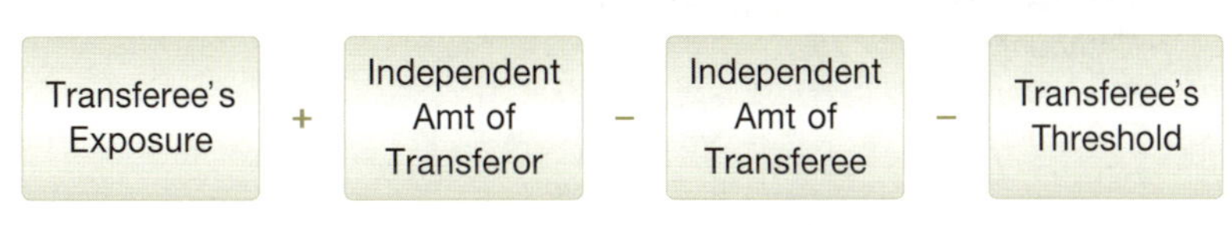

출처: Plesner

가 일정금액을 초과하는 경우에만 담보를 제공하기로 하는 약정을 하는 경우의 그 일정금액이다. ISDA 담보약정서에 명시된 금액을 말하며(English CSA Paragraph 11), 상대방 당사자가 수용할 수 있는 신용위험의 수준을 의미하는데 보통 당사자의 신용도에 따라 그 금액이 결정된다.

특정 평가일에 일단 담보수취인의 익스포저(Exposure)와 담보제공자의 신용보강의무금액(Credit Support Amount)이 산정되면, 이 익스포저(Exposure)를 담보하기 위하여 담보제공자가 담보수취인에게 제공해야 할 담보물의 가액인 "담보제공가액(Delivery Amount)"이 결정된다(English CSA Paragraph 2(a); [그림 10-12] 참조). 만약 이미 제공되어 있는 담보가 있는 경우에는 그 담보의 가액인 "기제공담보가액(Credit Support Balance)"(English CSA Paragraph 10; English CSA에서는 기제공담보가액을 표현하기 위한 용어로 "Credit Support Balance"라는 용어를 사용하고 있으나, New CSA와 English CSD에서는 "Posted Credit Support"라는 용어를 사용하고 있다)은 담보제공가액(Delivery

[그림 10-12] English CSA상의 담보제공가액(Delivery Amount)

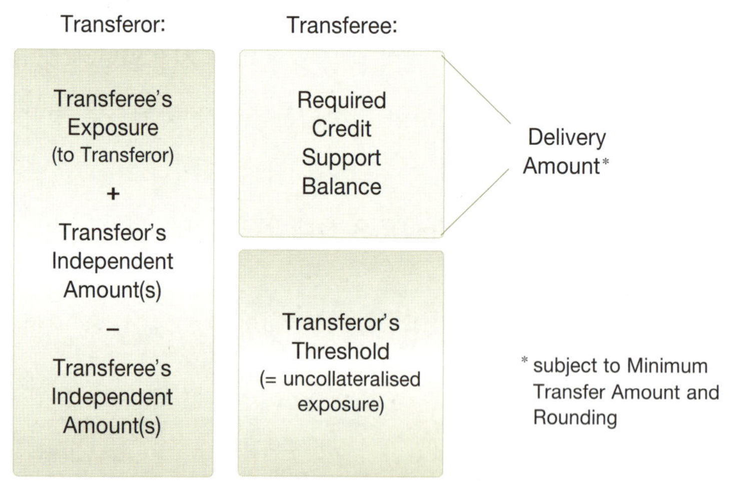

출처: Plesner

Amount)을 산정함에 있어 신용보강의무금액(Credit Support Amount)에서 공제된다(English CSA Paragraph 2). 당사자들은 또한 각 당사자의 "최소제공가액(Minimum Transfer Amount)"(English CSA Paragraph 10)을 정하여 ISDA 담보약정서(ISDA Credit Support Documents)에 명시할 수 있는데, 이 경우에는 담보제공자의 담보제공가액(Delivery Amount)이 최소한 이 금액 이상인 경우에 한해서만 담보제공자가 담보제공의 의무를 부담한다(English CSA Paragraph 2). 최소제공가액(Minimum Transfer Amount)은 소액의 담보제공을 피할 수 있도록 하여 담보제공의 횟수를 줄임으로써 당사자들의 거래비용을 감소시키는 데 그 목적이 있다.

특정 평가일에 기제공담보가액(Credit Support Balance)이 신용보강의무금액(Credit Support Amount)을 초과하는 경우에는 담보수취인이 그 차액에 상당하는 담보, 즉 "담보반환가액(Return Amount)"을 담보제공자에게 반환하여야 한다(English CSA Paragraph 2; [그림 10-13] 참조).

[그림 10-13] English CSA상의 담보반환가액(Return Amount)

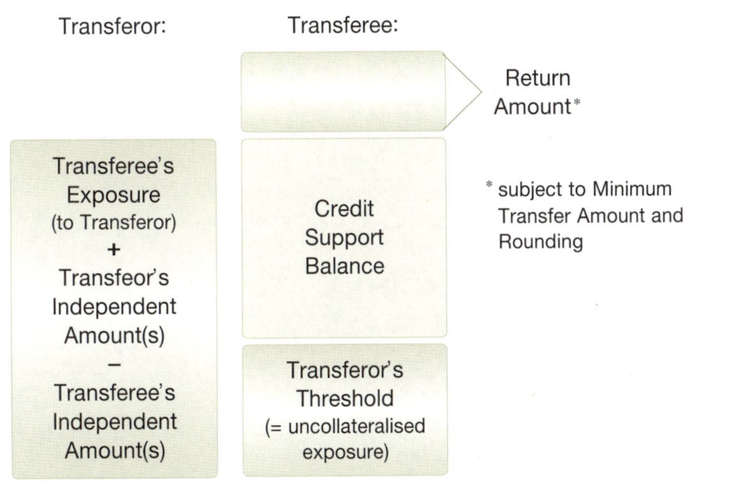

출처: Plesner

제11장

국제금융거래의 분쟁해결

제 1 절

서 설

국제금융거래에 있어 채무자가 대출원리금의 지급을 연체하거나 당사자 일방이 계약상의 의무를 위반하는 등으로 인해 분쟁이 발생하는 수가 있다. 대개의 국제금융분쟁은 국가간의 법적집행곤란, 정치외교적 입장 또는 장기거래기회의 계속유지 등 여러 가지 사유로 인하여 법적 해결이 마땅하지 않기 때문에 채무자의 상환계획을 재조정(restructuring)하거나 부족자금을 추가지원 하는 등으로 당사자의 타협에 의하여 해결됨이 보통이지만, 당사자 간의 타협에 의하여 해결되지 않을 경우에는 종국적으로 법적인 해결에 의존하지 않을 수 없게 된다.

국제거래와 관련된 분쟁의 해결방법으로는 일반적으로 소송(litigation), 그리고 소위 ADR이라 불리는 대체적분쟁해결(alternative dispute resolution) 수단인 중재(arbitration), 전문가결정(expert determination), 조정(conciliation or mediation) 등이 있다. 국제금융거래 이외의 국제거래에서는 중재(arbitration)가 가장 많이 이용되고 있으나 국제금융거래에서는 여전히 소송(litigation)이 가장 많이 이용되고 있는데, 그 이유는 법적 쟁점이 분쟁의 대상인 경우가 많으며, 정확한 법리의 적용을 통해 엄격한 판단을 받을 있고, 또한 소송이 그 공개적인 성격으로 인해 차주의 평판 및 신용도에 대한 압력수단으로도 활용될 수 있는 측면이 있기 때문이다. 그러나 국제금융거래 분야에서도 신흥시장국(emerging markets)의 참여비중이 높아지면서 외국판결의 집행 가능성 여부에 관한 관심이 높아짐에 따라 중재의 이용이 늘고 있으며, 또한 프로젝트파이낸스와 파생상품거래와 관련된 분쟁에 있어서는 그 거래의 기술적이고 전문적인 측면으로 인해 중재에 대한 관심이 높아지고 있다.

소 송

I. 서설

국제금융거래와 관련하여 발생한 분쟁을 소송에 의하여 해결하고자 하는 경우 가장 근본적인 문제는 도대체 어느 국가가 자신들의 분쟁에 관하여 재판을 할 수 있는 재판관할권을 가지는 것인지의 문제인데, 이것이 바로 국제재판관할(jurisdiction)의 문제이다. 이 문제는 분쟁의 당사자가 자신들의 합의만으로 특정 국가의 법원을 자신들의 분쟁에 대한 관할법원으로 할 것을 결정할 수 있는지 하는 문제(choice of forum)와도 직결된다. 이는 당사자가 합의하여 자국의 법원을 관할법원으로 정한 경우 자국에 재판관할권을 인정하는 국가가 있는 반면에, 당사자의 합의만으로는 자국의 재판관할권을 인정하지 아니하고 분쟁의 당사자 또는 대상과 자국 사이에 일정한 관련이 있을 것을 요구하는 국가도 있기 때문이다.

또한 국제소송의 경우 어느 특정 국가의 법원에서 재판을 하여 판결을 받았다 하더라도 만약 차주 등의 재산이 관할법원 국가 이외의 다른 국가에 있는 경우, 그 다른 국가에서도 위 판결을 가지고 강제집행을 할 수 있느냐 하는 문제가 있다. 이것이 외국판결의 집행(enforcement of foreign judgment)의 문제이다.

국제금융거래와 관련된 국제소송에 대해서는, 특히 관할법원의 합의에 의한 선택과 관련하여 위와 같은 두 가지 기본적인 문제에 대하여 알아둘 필요가 있다. 그 외에도 국가 또는 공공기관이 국제금융거래의 당사자인 경우에는 외국 법원의 재판권의 대상이 되지 않는다는 주권면제(sovereign immunity)의 이론이 있으므로 이 문제에 대해서도 검토할 필요가 있다. 국제소송의 구체적인 절차문제 중에서는 기본적으로 소송자료의 송달을 어떻게 할 것인지와 관련하여 송달대리인(agent for service of process)의 지정 문제를 계약서상에 명시하는 경우가 많으므로 이에 대해서도 살펴보기로 한다.

Ⅱ. 국제재판관할

1. 국제재판관할권의 의의

국내소송에 있어서는 당해 국가가 당연히 재판권을 가지고 있으므로, 그 나라의 여러 법원들 중 구체적으로 어느 법원이 그 특정 소송에 대해 관할권(competence)을 가지고 있는지 하는 문제만 남아 있으며, 이에 관해서는 각국의 민사소송법이 관할법원의 결정기준을 마련해두고 있다. 그러나 국제소송에 있어서는 그보다 먼저 국제재판관할권(jurisdiction)의 문제, 즉 도대체 어느 국가가 당해 국제소송에 관한 재판권을 가지고 있는지가 결정되어야 한다.

어느 국가가 국제재판관할권을 가지는지는 대주나 차주에게 매우 중요한 문제이다. 대주의 경우 어느 나라에서 재판을 하느냐에 따라 행사할 수 있는 권리의 내용이 달라질 수 있으며, 차주의 경우 응소상의 불편과 불리한 재판을 받을 여지가 따르기 때문이다.

현재 어느 국가가 국제재판관할권을 가지는지에 대해서는, 일부 국가들 간에 해결된 조약은 있으나(예컨대, 유럽국가들 간의 Brussels Convention, Lugano Convention 및 'Brussels I Regulation'), 전 세계적으로 통용되는 국제원칙이나 국제조약 등의 국제적 규범은 존재하지 아니한다. 따라서 각국은 국제거래와 관련한 소송이 자국의 법원에 제기된 경우에 과연 자국이 그 소송에 관한 재판권을 가질 것인지 여부를 결정하기 위한 기준을 자국의 국내법에 마련해두고 있다. 우리나라는 「국제사법」 제2조에서 그 기준을 규정하고 있다.

2. 국제재판관할권의 인정근거

각국이 국제분쟁에 대한 자국의 국제재판관할권의 인정근거로 삼고 있는 사항은 나라마다 차이가 있으나 주로 다음과 같은 사항이 그 근거로 인정되고 있다.

첫째, 피고의 응소이다. 다수의 국가는 재판관할에 관한 당사자 간의 사전 합의가 없더라도 일방 당사자(원고)가 자국의 법원에 제기한 소송에 다른 당사자(피고)가 자발적으로 응소하는 때에는 재판관할권을 갖는 것으로 하고 있다. 이와 같이 피고의 응소에 의하여 인정되는 재판관할을 응소관할이라 한다. 다만, 영국과 같이 피고에 대한 소송서류의 송달이 영국 내에서 가능하다는 것을 조건으로 하여서만 응소관할을 인정하는 경우도 있다.

둘째, 당사자의 관할합의이다. 영국이나 미국 뉴욕주가 당사자의 관할합의를 자국 또는 자기 주의 재판관할권의 근거로 인정하고 있는 대표적인 경우이다. 국제금융거래의 경우 대부분 당사자의 합의에 의하여 관할법원을 선택하고 있으므로, 이 관할합의에 대해서는 아래에서 별도로 검토한다.

셋째, 피고의 주소지이다. 소송은 피고 소재지의 법원에 제기되어야 한다는 것이 관할결정의 원칙으로서 우리나라를 비롯한 대다수 국가의 민사소송법에 채택되어 있다. 소송에 있어서 피고의 보호는 국제소송에 있어서도 마찬가지로 필요한 것이므로 피고의 경제적 · 사회적 생활의 근거가 되는 주소지의 법원은 국제재판관할권을 갖는 것이 보통이다.

넷째, 피고의 영업소 소재지이다. 법인인 피고가 자국법에 의하여 설립되었거나 자국내에 지사 또는 대리인(agent)을 두고 영업을 하는 경우에는 자국의 재판관할권을 인정하는 것이 일반적이다. 현지법인과 모회사는 서로 독립된 법인격을 가지고 있으므로 모회사에 대하여는 현지법인이 소재하는 국가의 재판관할권이 미치지 않음이 원칙이다. 그러나 미국에서는 현지법인이 사실상 모회사의 지점과 같은 기능을 수행하고 있다는 이유로 외국의 모회사에 대하여 미국 법원의 재판관할권을 인정한 판례가 많다.

다섯째, 재산 소재지이다. 부동산에 관한 소송에 대하여는 부동산 소재지의 재판관할권이 널리 인정된다. 부동산이 아니라도 차주의 재산이 자국의 영토 내에 소재하는 것만으로 자국의 재판관할권을 인정하는 국가도 있다.

우리나라의 국제재판관할권의 인정근거에 대하여 우리나라의 「국제사법」 제2조는 "① 법원은 당사자 또는 분쟁이 된 사안이 대한민국과 실질적 관련이 있는 경우에 국제재판관할권을 가진다. 이 경우 법원은 실질적 관련의 유무를 판단함에 있어 국제재판관할 배분의 이념에 부합하는 합리적인 원칙에 따라야 한다. ② 법원은 국내법의 관할 규정을 참작하여 국제재판관할권의 유무를 판단하되, 제1항의 규정의 취지에 비추어 국제재판관할의 특수성을 충분히 고려하여야 한다."라고 규정하여, 기본적으로 국제분쟁의 당사자 또는 대상이 우리나라와 '실질적 관련'이 있는 경우에 한해서만 국제재판관할권을 가진다는 일반원칙만을 명시하고 있다. 여기에서 "실질적 관련"이라 함은 우리나라가 국제재판관할권을 행사하는 것이 정당화될 수 있을 정도로 분쟁의 당사자 또는 대상이 우리나라와 관련성을 갖는 것을 의미한다.[1] 예컨대 피고의 주소지, 피고의 재산 소재지, 계약상

1) 국제재판관할을 결정함에 있어서는 당사자 간의 공평, 재판의 적정, 신속 및 경제를 기한다는 기본이념에 따라 국제재판관할을 결정하여야 하고, 구체적으로는 소송당사자들의 공평, 편의 그리고 예측가능성과 같은 개인적인 이익뿐만 아니라 재판의 적정, 신속, 효율 및 판결의 실효성 등과 같은 법원 내지 국가의 이익도 함께 고려하여야 하며, 이러한 다양한 이익 중 어떠한 이익을 보호할 필요가 있을지 여부는 개별 사건에서 법정지와 당사자의 실질적 관련성 및 법정지와 분쟁이 된 사안과의 실질적 관련성을 객관적인 기준으로 삼아 합리적으로 판단하여야 할 것이다(대법원 2005.1.27. 선고 2002다59788 판결, 대법원 2008.5.29. 선고 2006다71908, 71915 판결; 2010.7.15. 선고 2010다18355 판결 참조).

의 채무이행지, 분쟁 대상과 관련된 영업소의 소재지 등이 우리나라인 경우에는 실질적 관련이 있다고 보는 것이 일반적이다.

최근의 대법원 판결은 중국 회사가 한국 회사의 자회사인 중국 현지법인과 물품공급계약을 체결하고 이 현지법인에 물품을 공급한 후 물품대금 일부를 지급받지 못하자, 모회사인 한국 회사를 상대로 자회사인 중국 현지법인의 미지급 물품대금 채무에 대하여 연대책임을 부담하여야 한다고 주장하며 대한민국 법원에 물품대금의 지급을 구하는 소를 제기한 사안에서, 아래와 같이 제반 사정에 비추어 위 소는 대한민국과 실질적 관련이 있다고 판시하였다.

"1. 국제재판관할의 판단 기준

국제사법 제2조 제1항은 "법원은 당사자 또는 분쟁이 된 사안이 대한민국과 실질적 관련이 있는 경우에 국제재판관할권을 가진다. 이 경우 법원은 실질적 관련의 유무를 판단함에 있어 국제재판관할 배분의 이념에 부합하는 합리적인 원칙에 따라야 한다."라고 정하고 있다. '실질적 관련'은 대한민국 법원이 재판관할권을 행사하는 것을 정당화할 정도로 당사자 또는 분쟁이 된 사안과 관련성이 있는 것을 뜻한다. 이를 판단할 때에는 당사자의 공평, 재판의 적정, 신속과 경제 등 국제재판관할 배분의 이념에 부합하는 합리적인 원칙에 따라야 한다. 구체적으로는 당사자의 공평, 편의, 예측가능성과 같은 개인적인 이익뿐만 아니라, 재판의 적정, 신속, 효율, 판결의 실효성과 같은 법원이나 국가의 이익도 함께 고려하여야 한다. 이처럼 다양한 국재재판관할의 이익 중 어떠한 이익을 보호할 필요가 있는지는 개별 사건에서 실질적 관련성 유무를 합리적으로 판단하여 결정하여야 한다(대법원 2005. 1. 27. 선고 2002다59788 판결, 대법원 2019. 6. 13. 선고 2016다33752 판결, 대법원 2021. 2. 4. 선고 2017므12552 판결 참조).

국제사법 제2조 제2항은 "법원은 국내법의 관할 규정을 참작하여 국제재판관할권의 유무를 판단하되, 제1항의 규정의 취지에 비추어 국제재판관할의 특수성을 충분히 고려하여야 한다."라고 정하여 제1항에서 정한 실질적 관련성을 판단하는 구체적 기준 또는 방법으로 국내법의 관할 규정을 제시한다. 따라서 민사소송법 관할 규정은 국제재판관할권을 판단하는 데 가장 중요한 판단 기준으로 작용한다. 다만 이러한 관할 규정은 국내적 관점에서 마련된 재판적에 관한 규정이므로 국제재판관할권을 판단할 때에는 국제재판관할의 특수성을 고려하여 국제재판관할 배분의 이념에 부합하도록 수정하여 적용해야 하는 경우도 있다(위 대법원 2016다33752 판결 참조).

민사소송법 제2조는 "소는 피고의 보통재판적이 있는 곳의 법원이 관할한다."라고 정하고 있고, 민사소송법 제5조 제1항 전문은 "법인, 그 밖의 사단 또는 재단의 보통재판적은 이들의 주된 사무소 또는 영업소가 있는 곳에 따라 정한다."라고 정하고 있다. 이는 원고에게 피고의 주된 사무소 또는 영업소가 있는 법원에 소를 제기하도록 하는 것이 관할 배분에서 당사자의 공평에 부합하기 때문이므로, 국제재판관할에서도 피고의 주된 사무소가 있는 곳은 영업관계의 중심적 장소로서 중요한 고려요소가 된다. 한편 국제재판관할에서 특별관할을 고려하는 것은 분쟁이 된 사안과 실질적 관련이 있는 국가의 관할권을 인정하기 위한 것이다. 가령 민사소송법 제11조에서 재산이 있는 곳의 특별재판적을 인정하는 것과 같이 원고가 소를 제기할 당시 피고의 재산이 대한민국에 있는 경우 대한민국 법원에 피고를 상대로 소를 제기하여 승소판결을 얻으면 바로 집행하여 재판의 실효를 거둘 수 있으므로, 당사자의 권리구제나 판결의 실효성 측면에서 대한민국 법원의 국제재판관할권을 인정할 수 있는 것이다.

나아가 예측가능성은 피고와 법정지 사이에 상당한 관련이 있어서 법정지 법원에 소가 제기되는 것에 대하여 합리적으로 예견할 수 있었는지를 기준으로 판단해야 한다. 만일 법인인 피고가 대한민국에 주된 사무소나 영업소를 두고 영업활동을 할 때에는 대한민국 법원에 피고를 상대로 재산에 관한 소가 제기되리라는 점을 쉽게 예측할 수 있다.

국제재판관할권은 배타적인 것이 아니라 병존할 수도 있다. 지리, 언어, 통신의 편의, 법률의 적용과 해석 등의 측면에서 다른 나라 법원이 대한민국 법원보다 더 편리하다는 것만으로 대한민국 법원의 재판관할권을 쉽게 부정해서는 안 된다(위 대법원 2016다33752 판결 참조).

2. 사실관계

원심이 인용한 제1심판결에 따른 사실관계는 다음과 같다.

가. 원고들은 중화인민공화국(이하 '중국'이라 한다)에 본점을 두고 있는 중국 회사이고, 피고는 대한민국 부산광역시 해운대구에 본점을 두고 있는 대한민국 회사이다.

나. 피고는 미화 500,000달러를 출자하여 2000. 9. 29. 중국법에 따라 천진한미전자유한공사(이하 '천진한미전자'라 한다)를 중국에서 설립하였고, 현재 천진한미전자의 지분 100%를 보유하고 있다.

다. 원고들은 중국 회사인 천진한미전자와 체결한 물품공급계약(이하 '이 사건 각 물품공급계약'이라 한다)에 따라 물품을 공급한 다음 물품대금 일부를 지급받지 못하였는데 천진한미전자의 주주인 피고가 중국 회사법(이는 '중화인민공화국공사법'을 가리킨다)에 따라 미지급 물품대금 채무에 대하여 연대책임을 부담하여야 한다고 주장하며, 피고를 상대로 대한민국 법원에 물품대금의 지급을 구하는 소를 제기하였다. 이에 대하여 피고는 이 사건 소가 대한민국 법원에 국제재판관할권이 없어 부적법하다고 주장한다.

3. 원심판결의 당부

가. 원심은 다음과 같은 이유로 제1심과 같이 이 사건에 관한 대한민국 법원의 국제재판관할권을 부정하였다.

이 사건은 원고들이 천진한미전자와 체결한 이 사건 각 물품공급계약에 따라 물품을 공급했는데도 그 대금을 지급받지 못하였다는 이유로 피고에게 중국 회사법 규정에 따른 연대책임을 묻는 것이므로, 일차적으로 분쟁이 되는 사안은 천진한미전자의 원고들에 대한 미지급 물품대금 채무의 존재와 그 액수 등이다.

이 사건 각 물품공급계약의 당사자인 원고들과 천진한미전자는 모두 중국에 본점을 두고 있는 중국 회사이고, 계약의 체결, 물품 공급과 대금 지급 등이 중국에서 이루어졌으며, 관련 서류가 모두 중국어로 작성되어 심리에 필요한 중요한 증거방법이 대부분 중국에 있을 뿐만 아니라 대한민국 민사소송법상 특별재판적도 인정하기 어렵다. 이러한 사정을 고려하면 이 사건 분쟁 및 계약당사자인 원고들과 천진한미전자가 대한민국과 실질적 관련성이 있다고 인정하기 어렵다.

대한민국과 실질적인 관련성이 없는 원고들과 천진한미전자 사이의 물품 공급계약에 따른 분쟁에 대하여 천진한미전자의 주주가 대한민국 회사이고 그 주된 사무소가 대한민국에 있다는 우연한 사정만으로 대한민국 법원에 국제재판관할권을 인정하는 것은 당사자들의 재판관할에 관한 예측 가능성을 침해할 수 있다.

나. 그러나 위와 같은 사실관계와 기록에 나타난 사정을 위에서 본 법리에 비추어 살펴보면 원고들의 이 사건 소는 대한민국과 실질적 관련이 있다고 보기에 충분하다. 그 이유는 다음과 같다.

대한민국의 국제재판관할권을 인정하기 위해서는 대한민국 법원과 해당 소송의 당사자 또는 그 분쟁이 된 사안 사이에 실질적인 관련성이 있어야 한다. 원고들은 천진한미전자와 사이의 이 사건 물품공급계약에 따른 미지급 물품대금의 지급을 천진한미전자의 1인 주주인 피고에게 구하고 있는데, 피고의 보통재판적인 주된 사무소의 소재지가 대한민국에 있다. 설령 채무자인 천진한미전자가 중국 법인이고 물품공급계약의 체결지와 이행지가 중국이라고 하더라도 이 사건 분쟁이 된 사안과 당사자가 대한민국과 무관하지 않다. 특히 피고의 소송상 편의와 방어권 보장 등을 고려하면 더욱 그러하다.

한편 이 사건 분쟁이 된 사안인 물품대금 지급 청구에 대한 증명책임이 원고들에게 있고, 피고가 소송상 방어에 필요한 자료를 중국에서 수집할 필요가 있다고 하더라도 피고는 천진한미전자의 100% 지분을 보유하고 있는 모회사로서 자회사인 천진한미전자의 물품대금 채무에 관한 자료 등을 확보하거나 사실관계를 파악하는 데 큰 무리가 없다. 또한 피고는 대한민국에 주된 사무소를 두고 대한민국에서 영업활동을 하고 있으므로, 이 사건 소송을 수행하는 데 중국 법원보다 대한민국 법원이 불리하다고 볼 수 없다.

중국 회사인 원고들은 중국에서 이루어진 물품 거래관계에 따른 물품대금 지급 소송을 대한민국에서 진행할 경우 증거의 수집과 제출, 소송수행 등에서 지리적, 언어적 불편함을 겪게 된다. 그런데도 원고들이 소송 수행과 관련하여 지리상ㆍ언어상 불이익을 감수하면서 스스로 대한민국 법원에서 재판을 받겠다는 의사를 표시하고 있으므로, 원고들의 이러한 의사 또한 존중되어야 한다.

예측가능성은 피고가 법정지 법원에 소가 제기되는 것에 대하여 합리적으로 예견할 수 있었는지를 기준으로 판단해야 한다. 천진한미전자의 1인 주주인 피고로서는 천진한미전자가 물품대금 채무를 제대로 이행하지 않을 경우 자신의 주된 사무소가 있는 대한민국 법원에 천진한미전자의 물품대금 채무와 관련한 소가 제기될 수 있다는 점을 예측하지 못하였다고 보기 어렵다.

중국에서 이루어진 이 사건 각 물품공급계약에 따라 천진한미전자에 미지급 물품대금 채무가 존재하는지 여부와 그 액수에 대한 심리는 영수증, 확인서 등에 대한 조사를 통하여 할 수 있고, 그 증명이 부족할 경우 이 사건 소를 대한민국 법원에 제기한 원고들의 불이익으로 돌아가게 된다. 이러한 사정 등을 고려하면, 이 사건에서 증거조사를 반드시 중국에서 해야 하는 것은 아니다. 피고의 재산이 대한민국에 있으므로 원고들이 승소할 경우 당사자의 권리구제나 재판의 실효성 측면에서 대한민국 법원의 국제재판관할을 인정하는 것이 재판의 적정과 신속 이념에 부합한다.

나아가 원고들은 이 사건에 적용될 준거법이 중국법이라고 주장하고 있다. 그러나 준거법은 어느 국가의 실질법 질서에 따라 분쟁을 해결하는 것이 적절한지의 문제인 반면, 국제재판관할권은 분쟁이 된 사안에 대하여 당사자의 공평, 재판의 적정, 신속과 경제 등에 비추어 어느 국가의 법원에 재판관할을 인정할 것인지의 문제로서, 이 둘은 서로 다른 이념에 따라 지배된다. 국제재판관할권은 준거법에 따라서만 결정할 수 없으므로, 이 사건 법률관계의 준거법이 중국 회사법이라고 하더라도 그러한 사정만으로 이 사건 소와 대한민국 법원 사이의 실질적 관련을 부정할 수는 없다(위 대법원 2017므12552 판결 참조).

다. 그런데도 제1심과 원심은 이와 달리 원고들의 이 사건 소가 대한민국과 실질적 관련이 없다고 보아 대한민국 법원의 국제재판관할권을 부정하고, 이 사건 소를 각하하였다. 원심판결에는 국제재판관할에 관한 법리를 오해하여 판결에 영향을 미친 잘못이 있다." (대법원 2021. 3. 25. 선고 2018다230588 판결)

3. 합의관할

(1) 합의관할의 의의

재판관할에 관하여 당사자 간의 명시적 합의가 있으면 이를 근거로 자국의 재판관할권을 인정하는 국가도 있다. 국제금융거래의 경우에는 당사자의 합의에 의해 특정 국가의 법원을 계약서의 관할합의조항(choice-of-forum clause)[2]에 명시하고 있는데, 이와 같이 당사자의 합의에 의하여 인정되는 재판관할을 합의관할이라고 한다.

영국의 경우에는 대법원규칙 'Rules of the Supreme Court' Order 11의 §1(1)(d))에서 분쟁 대상인 계약이 명시적 또는 묵시적으로 영국법을 준거법으로 하거나 또는 영국의 법원(High Court)을 관할법원으로 한다는 취지의 규정을 하고 있는 경우에는 자국의 재판관할권을 인정한다.[3]

---

2) "Jurisdiction. With respect to any suit, action or proceedings relating to any dispute arising out of or in connection with this Agreement ("Proceedings"), each party irrevocably:—

(i) Submits: --

(1) if this Agreement is expressed to be governed by English law, to (A) the non-exclusive jurisdiction of the English courts if the Proceedings do not involve a Convention Court and (B) the exclusive jurisdiction of the English courts if the Proceedings do involve a Convention Court; or

(2) if this Agreement is expressed to be governed by the laws of the State of New York, to the non-exclusive jurisdiction of the courts of the State of New York and the United States District Court located in the Borough of Manhattan in New York City;" *(ISDA Master Agreement (Multicurrency - Cross Border, 1992), Section 13(b))*

3) "(d) the claim is brought to enforce, rescind, dissolve, annul or otherwise affect a contract, or to recover damages or obtain any other remedy in respect of the breach of a contract, being (in either case) a contract which?--

(i) was made within the jurisdiction; or

(ii) was made by or through an agent trading or residing within the jurisdiction on behalf of a principal trading or residing out of the jurisdiction; or

(iii) is by its terms, or by implication, governed by English law, or

(iv) contains a term to the effect that the High Court shall have jurisdiction to hear and determine any claim in respect of the contract;" *(UK Rules of the Supreme Court, Order 11, 1(1)(d))*

미국 뉴욕주는 당해 주법인 '일반채무법(General Obligations Law)' §5-1402에서 (i) 계약금액이 미화 100만 달러 이상이고, (ii) 계약의 준거법이 뉴욕주법으로 선택되어 있으며, (iii) 계약서상 뉴욕주 법원이 관할법원으로 합의되어 있는 경우에는 뉴욕주의 재판관할권을 인정하고 있다.[4)]

국제금융계약에서 영국의 법원이나 미국 뉴욕주의 법원이 관할법원으로 많이 선택되고 있는 이유는 국제금융계약의 준거법이 보통 영국법이나 미국 뉴욕주법으로 선택되기 때문이기도 하지만, 나아가 영국이나 미국 뉴욕주가 위와 같이 계약 당사자의 합의를 자국의 재판관할권의 근거로 적극적으로 인정하고 있기 때문이다.

우리나라 국제사법은 앞에서 본 바와 같이 분쟁의 당사자 또는 대상이 우리나라와 '실질적 관련' 이 있는 경우에 한해서만 우리나라가 재판관할권을 가진다는 입장을 취하고 있다. 때문에 우리나라와 합리적인 관련성이 없는 거래에 대하여 우리나라 법원을 관할법원으로 하는 관할합의가 있는 경우, 이를 근거로 우리나라의 재판관할권을 인정할 것인지에 대해서는 부정적인 견해가 우세할 것으로 생각된다.

(2) 전속적 합의관할과 비전속적 합의관할

재판관할의 합의에는 특정국의 법원에 대하여서만 재판관할을 인정하고 그 밖

4) "1. Notwithstanding any act which limits or affects the right of a person to maintain an action or proceeding, including, but not limited to, paragraph (b) of section thirteen hundred fourteen of the business corporation law and subdivision two of section two hundred-b of the banking law, any person may maintain an action or proceeding against a foreign corporation, non-resident, or foreign state where the action or proceeding arises out of or relates to any contract, agreement or undertaking for which a choice of New York law has been made in whole or in part pursuant to section 5-1401 and which (a) is a contract, agreement or undertaking, contingent or otherwise, in consideration of, or relating to any obligation arising out of a transaction covering in the aggregate, not less than one million dollars, and (b) which contains a provision or provisions whereby such foreign corporation or non-resident agrees to submit to the jurisdiction of the courts of this state." *(New York General Obligations Law §5-1402)*

의 다른 나라 법원의 재판관할을 배제하는 전속적 재판관할 합의와, 합의관할 이외에 다른 법원의 재판관할도 인정하는 비전속적 재판관할 합의가 있다.

국제금융거래의 경우에는 일반적으로 비전속적 관할합의를 하는 것이 보통이다. 이는 제3국에 소재하는 채무자 재산의 새로운 발견, 판결집행 가능성의 문제점 발생 등 미리 예측하지 못한 여러 가지 사유로 인해 관할합의에 의하여 지정된 법원 이외의 법원에 소송을 제기해야 할 경우가 있을 수 있으므로, 채권자가 원하는 국가에서 선택적으로 소송을 할 수 있도록 하기 위해서이다.

우리나라의 은행이나 기업의 국제금융거래의 경우 그 거래가 영국이나 미국 뉴욕주와는 아무런 실질적 관련이 없음에도 불구하고, 영국이나 미국 뉴욕주 법원을 관할법원으로 지정하는 관할합의가 우리나라 법상 유효한지에 대해 의문이 있을 수 있다. 그 합의관할이 비전속적 합의관할인 경우에는 그 유효성에 대해 별 의문이 없으나, 전속적 관할합의인 경우에 대해서는 대법원이 "대한민국 법원의 관할을 배제하고 외국의 법원을 관할법원으로 하는 전속적인 국제관할의 합의가 유효하기 위해서는, 당해 사건이 대한민국 법원의 전속관할에 속하지 아니하고 지정된 외국법원이 그 외국법상 당해 사건에 대하여 관할권을 가져야 하는 외에, 당해 사건이 그 외국법원에 대하여 합리적인 관련성을 가질 것이 요구된다고 할 것이고, 그와 같은 전속적인 관할합의가 현저하게 불합리하고 불공정하여 공서양속에 반하는 법률행위에 해당하지 않는 한 그 관할합의는 유효하다 할 것이다."라고 판시하여(대법원 1997.9.9. 선고 96다20093 판결; 대법원 2010.8.26. 선고 2010다 28185 판결 등), 당해 사건과 합리적인 관련성이 없는 국가의 법원을 전속적 관할법원으로 하는 합의는 무효라는 입장을 취하고 있다.

(3) 재판관할 합의시의 고려사항

관할법원을 선택함에 있어서도 준거법을 선택할 때와 마찬가지로 법률적 또는 비법률적 요소를 고려하여 결정하게 된다. 국제금융계약상 관할법원 선택 시에 고려할 법률적 요소로는 다음과 같은 것들이 있다.

1) 차주국의 간섭 배제

준거법 선택에 있어서 차주국의 입법조치에 의한 금융계약에의 간섭을 배제 내지 차단할 목적으로 차주국법 이외의 나라의 법을 준거법으로 지정한다고 함은 이미 설명한 바 있다. 그러나 준거법을 제3국법으로 지정하였더라도 차주국 법원에서 재판을 받게 되는 경우에는 차주국 법원은 재판 시 그 준거법을 무시하고 자국법을 적용해버릴 우려가 있다. 따라서 이와 같은 차주국의 간섭을 배제 내지 차단하기 위해서는 관할법원은 제3국의 법원으로 선택하는 것이 필요하다.

2) 준거법 적용상 법적 효과의 예측가능성

이론상으로는 준거법국과 법정지국이 다를 수 있지만, 준거법 적용 시의 여러 가지 법적 효과에 대한 예측가능성(predictability)을 높이기 위해서는 준거법국 법원을 관할법원으로 선택하는 것이 바람직하다.

준거법국의 관할법원은 자국법을 잘 알고 있기 때문에 계약당사자들이 의도했던 법적 효과에 관하여 가장 정확한 판정을 내릴 가능성이 크며, 또 자국법이 준거법으로 되어 있으므로 타국 법원보다는 준거법을 무시할 가능성이 적다. 이 밖에 법정지국과 준거법국이 일치하면 재판법원이 외국법의 해석에 소요되는 시간과 비용을 절약할 수 있다는 점에서도 유리하다.

3) 관할법원의 수준

관할법원이 국제금융계약상 분쟁을 재판해본 경험이 있는지 여부, 편파적이지 아니하고 공정한지 여부, 소송절차상 재판은 신속하며 간이재판(summary judgment)이나 가압류 · 압류 등이 가능한지 여부 등 법원의 재판수준 내지 재판능력도 관할법원 선택 시 중요한 고려사항이 된다.

4) 관할합의의 인정 여부

관할법원을 차주국의 법원이 아닌 제3국의 법원으로 선택할 경우, 만약 그 제3

국이 거래의 당사자 또는 대상과 실질적 관련이 없는 국가인 경우에는, 그 국가가 당사자의 관할합의를 자국의 재판관할권의 근거로 인정하는 국가이어야 한다.

5) 판결의 집행가능성

특정 국가의 관할법원의 판결을 가지고 다른 국가에 소재하고 있는 채무자의 재산을 강제집행하고자 하는 경우, 그 다른 국가가 법정지국 법원의 판결을 승인하여 강제집행을 허용할 것인지도 미리 고려하여 관할법원을 선택하여야 한다.

6) 불편한 법정지의 법리

국가에 따라서는 자국에 국제재판관할권이 인정되더라도 법원이 '불편한 법정지 법리(forum non conveniens)' 에 따라 원고 및 피고의 이해관계와 편의, 소송비용 및 증거의 이용가능성 등을 참작하여 재판관할 인정이 부적당하다고 판단되면 재판을 거부하는 경우가 있을 수 있다. 물론 관할합의에 의한 재판관할권 인정의 경우에는 불편한 법정지 법리의 적용가능성은 높지 않다 하더라도, 관할합의를 함에 있어 전혀 고려를 하지 않을 수는 없을 것이다. 따라서 국제금융계약의 실무상으로는 채무자가 부적절한 법정지라는 이유로 관할을 다툴 수 있는 권리를 미리 포기한다는 취지의 조항[5]을 계약서의 합의관할 조항에 추가해두는 것이 보통이다.

미국 뉴욕주의 민사소송법은 (i) 계약금액이 미화 100만 달러 이상이고, (ii) 계약의 준거법이 뉴욕주법으로 선택되어 있으며, (iii) 계약서상 뉴욕주 법원이 관할법원으로 합의되어 있는 경우에는, 법원이 불편한 법정지라는 이유로 관할을

5) "(ii) waives any objection which it may have at any time to the laying of venue of any Proceedings brought in any such court, waives any claim that such Proceedings have been brought in an inconvenient forum and further waives the right to object, with respect to such Proceedings, that such court does not have any jurisdiction over such party; " *(ISDA Master Agreement (Multicurrency - Cross Border, 1992), Section 13(b))*

거부하는 것을 금지시키고 있다(New York Civil Practice Law and Rules §327).[6)]

(4) 송달대리인의 지정

국제금융계약에서는 관할합의 조항에 추가하여 각 당사자는 관할법원의 소재지에서 당사자 자신을 대신하여 송달받을 송달대리인(agent for service of process)을 지정할 것을 약속하고,[7)] 관할법원의 소재지에 있는 자신의 현지법인이나 지점 등을 송달대리인으로 지정하거나, 송달대리업무를 전업으로 하는 현지의 기업을 송달대리인으로 지정한 다음, 송달대리인 지정서와 송달대리인의 승낙서를 상대방에 제출한다. 이는 소송서류를 간편하고 신속하게 송달함으로써 소송절차가 지연되는 것을 피하기 위한 것이다.

우리나라는 2000년 8월 1일부터 헤이그송달협약(민사 또는 상사의 재판상 및 재판외 문서의 해외송달에 관한 협약; Convention on the Service Abroad of Judicial and Extrajudicial Documents in Civil or Commercial Matters)에 가

---

6) "(a) When the court finds that in the interest of substantial justice the action should be heard in another forum, the court, on the motion of any party, may stay or dismiss the action in whole or in part on any conditions that may be just. The domicile or residence in this state of any party to the action shall not preclude the court from staying or dismissing the action.
(b) Notwithstanding the provisions of subdivision (a) of this rule, the court shall not stay or dismiss any action on the ground of inconvenient forum, where the action arises out of or relates to a contract, agreement or undertaking to which section 5-1402 of the general obligations law applies, and the parties to the contract have agreed that the law of this state shall govern their rights or duties in whole or in part." *(New York Civil Practice Law and Rules §327)*

7) "Service of Process. Each party irrevocably appoints the Process Agent, if any, specified opposite its name in the Schedule to receive, for it and on its behalf, service of process in any Proceedings. If for any reason any party' s Process Agent is unable to act as such, such party will promptly notify the other party and within 30 days appoint a substitute process agent acceptable to the other party. The parties irrevocably consent to service of process given in the manner provided for notices in Section 12(a)(i), 12(a)(iii) or 12(a)(iv). Nothing in this Agreement will affect the right of either party to serve process in any other manner permitted by applicable law." *(ISDA Master Agreement (Multicurrency - Cross Border, 1992), Section 13(c))*

입하였으나, 이 협약에 의하더라도 소송서류는 법원행정처 등 상당히 복잡한 경로를 통하여 송달을 할 수밖에 없으므로, 국제금융거래에 있어서는 거의 예외없이 송달대리인제도를 활용하고 있다.

4. 국제소송경합

각국의 국제재판관할권은 앞에서 본 바와 같이 다양한 근거에서 인정되고 있기 때문에 동일한 사건에 대하여 여러 국가가 국제재판관할권을 가질 수 있다. 그 결과 여러 국가의 법원에 동일한 소송이 동시에 계속되는 경우가 발생할 수 있는데, 이를 국제소송경합(international parallel litigation; international duplicative actions)이라고 한다. 이러한 국제소송경합은 소송당사자가 국제재판관할권을 가지는 여러 국가 중 자신에게 보다 유리한 법원 또는 법률을 찾게 되는 소위 포럼쇼핑(forum shopping)으로 인하여 점차 증가하는 추세에 있다.

국제소송경합이 초래하는 비용과다의 문제, 사법자원의 낭비, 그리고 상충하는 재판결과 등의 문제점을 줄이기 위하여 세계 각국의 법원들이 노력하고 있으나, 아직까지는 전 세계적으로 통용되는 이론은 정립되어 있지 않은 실정이다.

대륙법계의 국가들에서는 소위 승인예측설이 통설 · 판례의 입장인데, 이는 나중에 소송이 제기된 후소 계속 법원은 그 전에 이미 소송이 제기되어 있는 전소 계속 법원이 후소 계속 법원의 국가에서 승인될 수 있는 판결을 선고할 것으로 예상하는 때에는, 중복제소에 해당하는 것으로 보아 후소를 각하하여야 한다는 입장을 말한다.

우리나라의 법원도 이와 같은 입장에서 "외국 법원의 확정판결은 민사소송법 제217조 각 호의 요건을 모두 충족하면 우리나라에서 그 효력이 인정되고, 외국 법원의 확정판결이 위 승인요건을 구비하는 경우에는 이와 동일한 소송을 우리나라 법원에 다시 제기하는 것은 외국 법원의 확정판결의 기판력에 저촉되어 허용되지 않으므로, 외국 법원에 소가 제기되어 있는 경우 그 외국 법원의 판결이 장차 민사소송법 제217조에 의하여 승인받을 가능성이 예측되는 때에는 민사소송법 제259조에서 정한 소송계속으로 보아야 할 것이므로, 이와 동일한 사건에 대하여 우리나라 법원에 제소한다면 중복제소에 해당하여 부적법하다.”(부산지법 2007.2.2. 선고 2000가합7960 판결)라고 판시한 경우가 있다.

영미법 국가에서는 후소의 배척 근거로 자제(abstention), 전소 법원 소송계속(lis alibi pendens) 및 불편한 법정지(forum non conveniens)의 법리가 주장되고 있다. 또한 외국에서의 후소 제소를 금지하는 가처분(anti-suit injunction)도 이용되고 있다.

Ⅲ. 외국재판의 승인과 집행

1. 서 설

소송에서 패소한 채무자가 법원의 명령을 자발적으로 이행하지 않는 경우에는 승소한 채권자가 강제집행절차를 통하여 소송의 목적을 달성할 수밖에 없다. 따라서 채권자는 재판을 쉽게 집행할 수 있도록 하기 위하여 채무자의 재산이 있는 국가에서 소송을 제기하는 것이 좋다. 그러나 국제금융거래에 있어서는 재판관할 등의 여러 가지 이유로 다른 국가에서 재판을 받고 이를 기초로 채무자의 재산이 있는 국가에서 집행하여야 하는 경우가 많이 발생하게 된다.

그런데 어느 국가의 법원 재판은 그 국가의 주권행사의 결과로서 그 국가의 영역 내에서만 재판로서의 효력이 있을 뿐이며, 다른 국가에서 그 효력을 인정받기 위해서는 그 다른 국가에서 재판의 승인을 받는 절차를 밟아야 한다.

외국재판의 승인과 집행에 관해서는 일반국제법 또는 조약에서 특별히 정하고 있지 않는 한 각국의 국내법이 정하는 바에 의한다. 우리나라는 외국재판의 승인에 관해서는 「민사소송법」 제217조와 제217의2에서, 집행에 관해서는 「민사집행법」 제26조와 제27조에서 각각 규정하고 있다.

2. 외국재판의 승인요건

외국재판의 승인 요건은 나라마다 차이가 있으나 대체로 다음과 같은 요건이 필요하다. 이하에서는 우리나라에서의 외국재판의 승인에 관한 민사소송법 제217조 및 제217조의2를 중심으로 설명한다. 2014년 5월 20부터 시행된 개정 민사소송법은 외국법원의 판결뿐만 아니라 결정 등 그 밖의 재판도 승인대상에 포함시켰으며, 한 · EU FTA와 한미 FTA 발효 등으로 국내기업의 외국에서의 경제활동이 증가함에 따라 국내기업에 대한 외국에서의 법적 소송 또한 증가할 것으로 예상되는데, 국내기업에 대한 외국에서의 소송은 법문화와 법체계상의 차이뿐만 아니라 언어와 소송절차 등에서 국내기업에 불리하게 진행되는 경우가 많이 있을 수 있으므로, 외국법원의 부당한 재판으로부터 국내기업을 보호하기 위하여 외국법원의 재판이 대한민국의 법질서나 선량한 풍속에 위배되는 것인지의 여부 등 그 승인요건을 모두 충족하는지를 국내법원이 직권으로 조사하게 하였다(민사소송법 제217조 제2항).

(1) 외국 법원의 확정재판일 것

확정재판이라 함은 동일한 소송절차 내에서 통상의 방법으로 더 이상 불복할 수 없게 된 판결 또는 이와 동일한 효력이 인정되는 재판을 말한다. 확정재판인지 여부는 판결을 내린 외국의 소송법에 의하여 판단하여야 할 것이다.

> "가. 민사집행법 제26조 제1항은 "외국법원의 확정판결 또는 이와 동일한 효력이 인정되는 재판(이하 '확정재판 등'이라고 한다)에 기초한 강제집행은

대한민국 법원에서 집행판결로 그 강제집행을 허가하여야 할 수 있다."라고 규정하고 있다. 여기서 정하여진 집행판결제도는, 재판권이 있는 외국의 법원에서 행하여진 판결에서 확인된 당사자의 권리를 우리나라에서 강제적으로 실현하고자 하는 경우에 다시 소를 제기하는 등 이중의 절차를 강요할 필요 없이 그 외국의 판결을 기초로 하되 단지 우리나라에서 그 판결의 강제실현이 허용되는지 여부만을 심사하여 이를 승인하는 집행판결을 얻도록 함으로써 권리가 원활하게 실현되기를 원하는 당사자의 요구를 국가의 독점적 · 배타적 강제집행권 행사와 조화시켜 그 사이에 적절한 균형을 도모하려는 취지에서 나온 것이다. 이러한 취지에 비추어 보면, 위 규정에서 정하는 '외국법원의 확정재판 등'이라고 함은 재판권을 가지는 외국의 사법기관이 그 권한에 기하여 사법상의 법률관계에 관하여 대립적 당사자에 대한 상호 간의 심문이 보장된 절차에서 종국적으로 한 재판으로서 구체적 급부의 이행 등 그 강제적 실현에 적합한 내용을 가지는 것을 의미한다(대법원 2010. 4. 29. 선고 2009다68910 판결 참조).

한편 미국법원은 손해배상(Damages)이 채권자에게 적절한 구제수단이 될 수 없는 경우에 형평법(equity)에 따라 법원의 재량에 의하여 계약에서 정한 의무 자체의 이행을 명하는 특정이행 명령(decree of specific performance)을 할 수 있는데, 특정이행 명령을 집행하기 위해서는 그 대상이 되는 계약상 의무가 충분히 구체적이고 명확하지 않으면 아니 된다(캘리포니아주 민법 제3390조 제5호 참조). 이러한 특정이행 명령의 법적 성격과 우리나라의 민사소송법 및 민사집행법에 규정된 외국판결의 승인과 집행에 관한 입법 취지를 함께 살펴보면, 외국법원의 확정재판 등에 표시된 특정이행 명령의 형식 및 기재 방식이 우리나라 판결의 주문 형식이나 기재 방식과 상이하다 하더라도, 집행국인 우리나라 법원으로서는 민사집행법에 따라 외국법원의 확정재판 등에 의한 집행과 같거나 비슷한 정도의 법적구제를 제공하는 것이 원칙이라고 할 것이다.

그러나 특정이행 명령의 대상이 되는 계약상 의무가 충분히 특정되지 못하여 판결국인 미국에서도 곧바로 강제적으로 실현하기가 어렵다면, 우리나라 법원에서도 그 강제집행을 허가하여서는 아니 된다.

나. 앞서 본 사실관계에 의하면, 이 사건 특정이행 명령 부분은 '원고들은 피고들에 대하여 이 사건 합의각서와 독점적 라이센스 계약의 특정이행 명령을 받을 권리가 있다'고 표시하고 있을 뿐이다. 그런데 위 합의각서 등에서 당사자 사이에 양도하기로 합의한 내용은 '외국 및 국내의 특허출원, 특허권 등'을 총 망라하는 것으로서 매우 포괄적이고 광범위하다. 이와 같이 특정이행의 대상이 충분히 구체적이고 명확하지 않다면 이 사건 특정이행 명령의 판결국인 미국에서도 곧바로 강제적 실현이 가능할 것으로 보이지 아니하므로, 우리나라 법원에서도 그 강제집행을 허가할 수 없다.

다. 원심이, 이 사건 특정이행 명령 부분이 우리나라 민사집행법에 따라 강제집행으로 실현될 급부의 종류 · 내용 · 범위 등이 직접 · 구체적으로 표시되지 않았다는 이유를 들어 집행권원으로서의 적격을 갖출 수 없다고 판단한 것은 적절하지 아니하나, 이 부분 원고들의 청구를 배척한 결론은 결과적으로 정당하므로, 이 부분 원심의 판단은 판결에 영향을 미친 잘못이 없다." (대법원 2017. 5. 30. 선고 2012다23832 판결)

(2) 외국 법원의 국제재판관할권 보유

외국법원이 국제재판관할권을 가지고 있는지 여부를 판단함에 있어서는 국제재판관할권의 인정 여부에 관한 승인국의 법률에 따라 판단할 것인지 아니면 재판국의 법률에 따라 판단할 것인지에 대해 견해의 대립이 있을 수 있다.

우리나라 「민사소송법」 제217조 제1호는 "대한민국의 법령 또는 조약에 따른 국제재판관할의 원칙상 그 외국 법원의 국제재판관할권이 인정될 것"이라고 명시하여 승인국의 법률에 따라 판단해야 한다는 입장을 취하고 있다.

우리나라 대법원도 "섭외사건의 국제재판관할에 관하여 일반적으로 승인된 국제법상의 원칙이 아직 확립되어 있지 아니하고 이에 관한 우리나라의 성문법규도 없는 이상, 섭외사건에 관한 외국 법원의 재판관할권 유무는 당사자 간의 공평, 재판의 적정, 신속을 기한다는 기본이념에 따라 조리에 의하여 결정함이 상당하고, 이 경우 우리나라의 민사소송법의 토지관할에 관한 규정 또한 그 기본이념에 따라 제정된 것이므로, 그 규정에 의한 재판적이 외국에 있을 때에는 이에 따라 외국 법원에서 심리하는 것이 조리에 반한다는 특별한 사정이 없는 한 그 외국 법원에 재판관할권이 있다고 봄이 상당하다."(대법원 1995.11.21. 선고 93다39607 판결)고 판시하여 승인국법설의 입장을 취하고 있다.

(3) 외국 법원의 판결이 공정할 것

대부분의 국가는 적절한 송달절차를 취하지 아니하여 피고에게 항변할 기회를 주지 아니한 채 재판한 외국판결에 대해서는 승인을 하지 아니한다. 우리나라 「민사소송법」 제217조 제2호도 "패소한 피고가 소장 또는 이에 준하는 서면 및 기일통지서나 명령을 적법한 방식에 따라 방어에 필요한 시간여유를 두고 송달받았거나(공시송달이나 이와 비슷한 송달에 의한 경우를 제외한다) 송달받지 아니하였더라도 소송에 응하였을 것" 이라고 하여 송달의 적법성과 적시성을 요구하고 있다. 공시송달에 의한 외국재판을 승인 배제사유로 정하고 있는 것은 공시송달에 의하여서는 현실적으로 방어의 기회를 가질 수가 거의 없기 때문에 이에 의하여 소송이 제기된 경우에는 피고가 응소하지 않는 한 그 재판을 승인하지 않는다는 취지이다.

최근의 대법원 전원합의체 판결은 민사소송법 제186조 제1항과 제2항에서 규정하는 보충송달도 교부송달과 마찬가지로 외국법원의 확정재판 등을 국내에서 승인 · 집행하기 위한 요건을 규정한 민사소송법 제217조 제1항 제2호의 '적법한 송달'에 해당한다고 해석하는 것이 타당하다고 판시하였다.

> "1. 상고이유 제1점에 대한 판단
>
> 가. 원심판결 이유와 기록에 의하면, 다음과 같은 사정을 알 수 있다.
>
> 1) 뉴질랜드 오클랜드 고등법원은 원고가 제기한 대출채무 및 보증채무의 이행을 구하는 소송에서 공식적인 외교 경로를 통하여 우리나라에 거주하는 피고에 대한 소송서류의 송달을 요청하였다. 이에 대한민국 법원은

2013. 5. 1. 피고의 거소에서 피고의 남편인 원심 공동피고에게 피고에 대한 소송서류를 송달하고 원심 공동피고로부터 우편송달 통지서에 서명을 받았다.

2) 뉴질랜드 오클랜드 고등법원은 2013. 8. 15. 피고에 대한 소송서류의 송달이 대한민국 법률에 따라 적법하게 이루어졌다고 판단하고, 피고와 원심 공동피고는 공동하여 원고에게 금원을 지급하라는 내용의 이 사건 외국판결을 선고하였다. 이후 원고는 이 사건 외국판결에 따른 금원 지급 부분을 국내에서 강제집행하기 위하여 집행판결을 구하는 이 사건 소를 제기하였다.

3) 원심은, 피고에 대한 보충송달이 이루어졌다고 보면서 보충송달도 교부송달과 마찬가지로 외국법원의 판결이 우리나라에서 승인 · 집행되기 위한 요건으로 민사소송법 제217조 제1항에서 규정한 '적법한 송달'에 해당하고 그 밖에 위 규정에서 정한 요건을 충족하였으므로 이 사건 외국판결은 우리나라에서도 효력이 인정되고 위 판결에 기초한 강제집행은 허용되어야 한다고 판단하였다. 이에 대하여 피고는 통상의 송달방법이 아니라 보충송달이나 우편송달과 같이 송달을 의제하는 방식을 통하여 송달을 한 경우에는 민사소송법 제217조 제1항 제2호의 송달 요건을 충족하지 못한 것으로 보아야 한다고 주장하면서 상고하였다.

나. 보충송달 방식이 민사소송법 제217조 제1항 제2호에서 정한 '적법한 송달'에 포함되는지 여부

민사소송법 제186조 제1항과 제2항에서 규정하는 보충송달도 교부송달과 마찬가지로 외국법원의 확정재판 등을 국내에서 승인 · 집행하기 위한 요건을 규정한 민사소송법 제217조 제1항 제2호의 '적법한 송달'에 해당한다고 해석하는 것이 타당하다. 상세한 이유는 다음과 같다.

1) 우리나라는 2000년 헤이그송달협약에 가입하였으나 뉴질랜드는 현재까지 위 협약에 가입하지 않아 뉴질랜드 오클랜드 고등법원의 촉탁에 따른 송달은 국제민사사법공조법에 따라 이루어진다. 국제민사사법공조법 제15조는 외국으로부터의 촉탁에 따른 수탁사항은 대한민국 법률에 의하여 실시한다고 규정하고 있고, 보충송달은 민사소송법 제186조에서 정하고

있는 적법한 송달 방식 중의 하나이다.

2) 민사소송법 제217조 제1항 제2호에서 패소한 피고가 소장 등을 적법한 방식에 따라 송달받았을 것 또는 적법한 방식에 따라 송달받지 아니하였더라도 소송에 응하였을 것을 요구하는 것은 소송에서 방어의 기회를 얻지 못하고 패소한 피고를 보호하려는 데 목적이 있다(대법원 2016. 1. 28. 선고 2015다207747 판결 등 참조). 그러한 이유로 위 조항의 문리해석상 외국법원의 확정재판 등을 국내에서 승인 · 집행하는 데 필요한 송달 방식에서 공시송달이나 이와 비슷한 송달에 의한 경우가 제외된다. 한편 보충송달은 송달할 장소에서 송달받을 사람을 만나지 못한 경우 그의 사무원, 피용자 또는 동거인으로서 사리를 분별할 지능이 있는 사람에게 서류를 교부할 수 있도록 하여 송달을 의제하는 제도라는 성격을 갖는다. 이는 본인의 수령 대행인이 서류를 수령하여도 그의 지능과 객관적인 지위, 본인과의 관계 등에 비추어 사회통념상 본인에게 서류를 전달할 것이라고 합리적으로 기대할 수 있기 때문이다(대법원 2016. 11. 10. 선고 2014다54366 판결 등 참조). 이러한 측면에서 법원 게시판의 게시에 의하여 송달의 효력을 부여하는 공시송달 방식과는 달리 보충송달 방식은 피고에게 적절한 방어권 행사의 기회를 박탈할 우려가 현저히 적다. 나아가 만일 보충송달의 요건을 제대로 갖추지 못하여 결과적으로 적법하게 송달이 이루어지지 않은 경우에는 외국법원의 확정재판 등의 집행판결 사건에서 집행 요건으로서 송달의 적법 여부를 심리 · 판단할 수 있다. 따라서 보충송달을 민사소송법 제217조 제1항 제2호에 따른 송달 방식으로 인정하더라도 위 규정의 취지에 벗어나지는 않는다.

3) 기존 대법원 판례는 민사소송법 제217조 제1항 제2호의 규정에 따른 송달이란 보충송달이나 우편송달이 아닌 통상의 송달방법에 의한 송달을 의미하며, 그 송달은 적법한 것이어야 한다고 판시함으로써(대법원 1992. 7. 14. 선고 92다2585 판결, 대법원 2009. 1. 30. 선고 2008다65815 판결 참조), 보충송달은 위 규정에 따른 적법한 송달 방식이 아니라고 보았다. 대법원 1992. 7. 14. 선고 92다2585 판결은 외교상의 경로를 거치지 않은 영사송달의 효력이 문제된 사안이었고, 대법원 2009. 1. 30. 선고

2008다65815 판결은 피고를 대리 또는 대표하여 송달을 받을 자격이 있는지 여부가 문제된 사안으로, 보충송달의 효력이 직접적으로 문제되는 사안들이 아니었는데 외국판결의 승인 · 집행 요건인 '적법한 송달'에 관한 일반론으로 위와 같은 내용을 언급하였다. 그러나 민사소송법 제217조 제1항 제2호에서 적법한 방식에 따라 방어에 필요한 시간 여유를 두고 송달할 것을 요구하면서 송달의 방식 중 '공시송달이나 이와 비슷한 송달에 의한 경우'를 제외할 뿐 다른 송달 방식에 대하여는 제한을 두고 있지 않다는 점을 고려할 때 이는 위 조항의 문리해석에도 부합하지 않는다. 나아가 보충송달이 피고의 방어권 행사를 박탈할 수 있는 공시송달과 유사한 송달이라고 단정할 수 없다는 점은 앞서 본 바와 같다.

4) 기존 대법원 판례의 입장을 유지한다면 우리나라에서 외국법원의 확정재판 등을 승인 · 집행하기 위해서는 우리나라 판결보다 더 엄격한 방식으로 송달이 이루어져야 한다. 특히 피고가 법인인 경우 그 소송서류를 법인의 대표자 본인에게 직접 전달하지 않는다면 우리나라에서 외국법원의 확정재판 등의 승인 · 집행 시 언제나 송달 요건을 충족할 수 없게 되는 결과를 초래하게 된다.

5) 마지막으로 이 사건과 같이 외국법원이 공식적인 외교 경로를 통하여 우리나라에 거주하는 피고에게 송달을 요청하고, 우리나라에서 국제민사사법공조법 등 관련법령에 따라 보충송달 방식으로 소송서류 등을 송달한 다음 해당 외국법원의 확정재판 등이 이루어졌음에도, 그러한 송달 방식이 외국법원의 확정재판 등의 승인 · 집행 요건인 송달 요건을 충족하지 못한다는 이유로 집행판결을 허용하지 않는다면 그 자체로서 적법절차에 대한 논리적 일관성을 유지하기 어렵다. 더욱이 국제적인 교류가 빈번해지고 있는 오늘날의 현실에서 사법절차의 국제적 신뢰가 훼손될 수 있고, 송달지와 외국판결의 승인 · 집행지가 우리나라로 동일한 이상 소송의 결과를 실현하기 위한 일련의 절차 내에서 송달 방식과 관련하여 모순되는 행위 또는 평가를 한 것으로 볼 여지도 있다.

다. 기존 판례의 변경

이와 같이 보충송달은 민사소송법 제217조 제1항 제2호에서 외국법원의 확정재판 등을 승인·집행하기 위한 송달 요건에서 제외하고 있는 공시송달과 비슷한 송달에 의한 경우로 볼 수 없고, 외국재판 과정에서 보충송달 방식으로 송달이 이루어졌더라도 그 송달이 방어에 필요한 시간 여유를 두고 적법하게 이루어졌다면 위 규정에 따른 적법한 송달로 보아야 한다. 이와 달리 보충송달이 민사소송법 제217조 제1항 제2호에서 요구하는 통상의 송달방법에 의한 송달이 아니라고 본 대법원 1992. 7. 14. 선고 92다2585 판결, 대법원 2009. 1. 30. 선고 2008다65815 판결을 비롯하여 그와 같은 취지의 판결들은 이 판결의 견해에 배치되는 범위에서 이를 모두 변경하기로 한다.

라. 이 사건에 관한 판단

원심은 판시와 같은 이유로 민사소송법 제186조 제1항에 따른 보충송달도 민사소송법 제217조 제1항 제2호 요건에서 정한 송달에 해당한다고 보아, 피고에 대한 뉴질랜드 오클랜드 고등법원의 소송서류가 방어에 필요한 시간 여유를 두고 남편인 원심 공동피고를 통하여 피고의 거소에서 적법하게 송달되었다고 판단하였다.

앞서 본 법리에 비추어 보면 원심판단은 정당하고 외국법원의 확정재판 등의 승인·집행 요건인 송달 방식에 관한 법리를 오해하여 판결에 영향을 미친 위법이 없다.

2. 나머지 상고이유에 대한 판단

가. 상고이유 제2점에 관하여

원심은 판시와 같은 이유로 피고의 거소에서 남편인 원심 공동피고가 피고의 소송서류를 송달받음으로써 피고에 대한 보충송달이 이루어졌다고 판단하였다.

이 부분 상고이유 주장은 결국 사실심인 원심의 전권에 속하는 증거의 취사선택과 사실인정을 다투는 취지에 불과하여 적법한 상고이유로 보기 어렵고, 원심판결 이유를 관련 법리 및 기록에 비추어 살펴보더라도 원심판단에 피고가 소송서류를 실제로 송달받았는지 여부에 관한 심리를 다하지 않은 채 논리와 경험의 법칙을 위반하여 자유심증주의의 한계를 벗어나 사실을 잘못 인정하는 등으로 판결에 영향을 미친 위법이 없다.

나. 상고이유 제3점에 관하여

원심은 판시와 같은 이유로, 뉴질랜드 법원의 외국판결에 대한 승인 요건이 현저히 균형을 상실하지 아니하고 우리나라 민사소송법이 정한 승인 요건보다 전체로서 과중하지 아니하며 중요한 점에서 실질적으로 차이가 없는 정도라고 할 수 있으며, 뉴질랜드 법원이 우리나라의 동종 판결을 승인하리라고 기대할 수 있으므로, 이 사건 외국판결은 상호보증의 요건을 갖추었다고 판단하였다.

원심판결 이유를 앞서 본 법리에 비추어 살펴보면, 원심판단에 상호보증의 요건에 관한 법리를 오해하여 판결에 영향을 미친 위법이 없다." (대법원 2021. 12. 23. 선고 2017다257746 전원합의체 판결)

미국의 '통일외국금전판결승인법(Uniform Foreign Money-Judgments Recognition Act)'은 공정한 재판부 및 적법절차요건에 상응하는 절차를 갖추지 아니한 재판제도하에서 내려진 판결(the judgment was rendered under a system which does not provide impartial tribunals or procedures compatible with the requirements of due process of law)에 대해서도 승인을 불허하고 있다.

(4) 선량한 풍속 기타 사회질서에 반하지 않을 것

대부분의 국가는 외국재판이 자국의 선량한 풍속 기타 사회질서(public policy)에 반하지 않을 것을 승인요건으로 하고 있다. 우리나라「민사소송법」제217조 제3호도 "그 확정재판등의 내용 및 소송절차에 비추어 그 확정재판등의 승인이 대한민국의 선량한 풍속이나 그 밖의 사회질서에 어긋나지 아니할 것"이라고 규정하고 있다. 다만, 재산권에 관한 소송 또는 국제금융거래 등에 있어서는 외국판결이 승인국의 사회질서에 반하는 경우는 많지 않을 것으로 보인다.

"1. 원심판결 이유와 기록에 의하면, 다음과 같은 사실을 알 수 있다.

가. 미국 하와이주 개정법(Hawaii Revised Statutes) 제480-13조 (b)항 (1)호 (이하 '이 사건 하와이 법' 이라 한다)는 불공정한 경쟁방법을 사용한 행위 등에 따른 손해배상으로 미화 1,000달러 또는 피해자가 입은 손해의 3배의 금액 중 큰 금액을 배상받도록 규정하고 있다.

나. 미국 하와이주 법원은 피고가 원고들과 세븐디 푸드 인터내셔널, 아이앤씨 (7D Food International, Inc., 이하 '세븐디' 라 한다) 사이에서 독점적으로 식료품을 수입 · 판매하는 계약관계를 방해하고 불공정한 경쟁방법을 사용하였다는 등의 이유로 피고에게 손해배상으로 이 사건 하와이 법에 따라 원고들이 입은 손해의 3배에 해당하는 금액을 지급할 것을 명하는 판결(이하 '이 사건 하와이주 판결' 이라 한다)을 선고하였다.

2. 상고이유 제1점에 대하여

원심은, 판시와 같이 피고가 한 위법행위의 내용, 이 사건 하와이주 판결에서 인정된 최종 손해배상액의 산정방식, 최종 손해배상액을 산정한 근거가 되는 이 사건 하와이 법의 내용과 성격 등을 근거로 이 사건 하와이주 판결에서 지급을 명한 3배의 손해배상은 손해전보의 범위를 초과하는 것이라고 판단하였다.

원심판결 이유를 관련 법리와 기록에 비추어 살펴보면, 원심판단에 상고이유 주장과 같이 손해배상의 성질에 관한 법리를 오해한 잘못이 없다.

3. 상고이유 제2점에 대하여

가. 외국법원의 확정재판 등에 대한 집행판결을 허가하기 위해서는 이를 승인할 수 있는 요건을 갖추어야 한다. 민사소송법 제217조 제1항 제3호는 외국법원의 확정재판 등의 승인이 대한민국의 선량한 풍속이나 그 밖의 사회질서에 어긋나지 아니할 것을 외국재판 승인요건의 하나로 규정하고 있다. 여기서 그 확정재판 등을 승인한 결과가 대한민국의 선량한 풍속이나 그 밖의 사회질서에 어긋나는지 여부는 그 승인 여부를 판단하는 시점에서 그 확정재판 등의 승인이 우리나라의 국내법 질서가 보호하려는 기본적인 도덕적 신념과 사회질서에 미치는 영향을 그 확정재판 등이 다룬 사안과 우리나

라와의 관련성의 정도에 비추어 판단하여야 한다(대법원 2012. 5. 24. 선고 2009다22549 판결 참조).

민사소송법 제217조의2 제1항은 "법원은 손해배상에 관한 확정재판 등이 대한민국의 법률 또는 대한민국이 체결한 국제조약의 기본질서에 현저히 반하는 결과를 초래할 경우에는 해당 확정재판 등의 전부 또는 일부를 승인할 수 없다."라고 규정하고 있다. 이는 민사소송법 제217조 제1항 제3호와 관련하여 손해전보의 범위를 초과하는 손해배상을 명한 외국재판의 내용이 대한민국의 법률 또는 대한민국이 체결한 국제조약에서 인정되는 손해배상제도의 근본원칙이나 이념, 체계 등에 비추어 도저히 허용할 수 없는 정도에 이른 경우 그 외국재판의 승인을 적정 범위로 제한하기 위하여 마련된 규정이다.

또한 이러한 승인요건을 판단할 때에는 국내적인 사정뿐만 아니라 국제적 거래질서의 안정이나 예측가능성의 측면도 함께 고려하여야 하고, 우리나라 법제에 외국재판에서 적용된 법령과 동일한 내용을 규정하는 법령이 없다는 이유만으로 바로 그 외국재판의 승인을 거부할 것은 아니다.

나. 1) 우리나라 손해배상제도의 근본이념은 피해자 등이 실제 입은 손해를 전보함으로써 손해가 발생하기 전 상태로 회복시키는 것이었다(대법원 2003. 9. 5. 선고 2001다58528 판결 등 참조). 그러다가 2011년 처음으로 「하도급거래 공정화에 관한 법률」에서 원사업자의 부당한 행위로 발생한 손해의 배상과 관련하여 실제 손해의 3배를 한도로 하여 손해전보의 범위를 초과하는 손해배상을 도입하였다(제35조). 이어서 「독점규제 및 공정거래에 관한 법률」(이하 '공정거래법' 이라 한다)에서도 사업자의 부당한 공동행위 등에 대하여 실제 손해의 3배를 한도로 하여 손해전보의 범위를 초과하는 손해배상 규정을 도입하였고, 계속해서 개인정보, 근로관계, 지적재산권, 소비자보호 등의 분야에서 개별 법률의 개정을 통해 일정한 행위 유형에 대하여 3배 내지 5배를 한도로 하여 손해전보의 범위를 초과하는 손해배상을 허용하는 규정을 도입하였다.

이처럼 개별 법률에서 손해전보의 범위를 초과하는 손해배상을 허용하는 것은 그러한 배상을 통해 불법행위의 발생을 억제하고 피해자가 입은 손해를 실질적으로 배상하려는 것이다.

나. 2) 이와 같이 우리나라 손해배상제도가 손해전보를 원칙으로 하면서도 개별 법률을 통해 특정 영역에서 그에 해당하는 특수한 사정에 맞게 손해전보의 범위를 초과하는 손해배상을 허용하고 있는 점에 비추어 보면, 손해전보의 범위를 초과하는 손해배상을 명하는 외국재판이 손해배상의 원인으로 삼은 행위가 적어도 우리나라에서 손해전보의 범위를 초과하는 손해배상을 허용하는 개별 법률의 규율 영역에 속하는 경우에는 그 외국재판을 승인하는 것이 손해배상 관련 법률의 기본질서에 현저히 위배되어 허용될 수 없는 정도라고 보기 어렵다. 이때 외국재판에 적용된 외국 법률이 실제 손해액의 일정 배수를 자동적으로 최종 손해배상액으로 정하는 내용이라고 하더라도 그것만으로 그 외국재판의 승인을 거부할 수는 없고, 우리나라의 관련 법률에서 정한 손해배상액의 상한 등을 고려하여 외국재판의 승인 여부를 결정할 수 있다.

요컨대, 손해전보의 범위를 초과하는 손해배상을 명한 외국재판의 전부 또는 일부를 승인할 것인지는, 우리나라 손해배상제도의 근본원칙이나 이념, 체계를 전제로 하여 해당 외국재판과 그와 관련된 우리나라 법률과의 관계, 그 외국재판이 손해배상의 원인으로 삼은 행위가 우리나라에서 손해전보의 범위를 초과하는 손해배상을 허용하는 개별 법률의 영역에 속하는 것인지, 만일 속한다면 그 외국재판에서 인정된 손해배상이 그 법률에서 규정하는 내용, 특히 손해배상액의 상한 등과 비교하여 어느 정도 차이가 있는지 등을 종합적으로 고려하여 개별적으로 판단하여야 한다.

다. 이 사건에 관하여 살펴본다.

이 사건 하와이주 판결은 피고가 원고들과 세븐디 사이에서 독점적으로 식료품을 수입 · 판매하는 계약관계를 방해하기 위해 불공정한 경쟁방법 등을 사용한 행위를 손해배상의 대상으로 삼고 있는데, 우리나라 공정거래법에서는 이러한 피고의 행위를 불공정거래행위로 규율하고 있다(공정거래법 제45조 참조). 비록 우리나라 공정거래법은 불공정거래행위에 대해서는 손해전보의 범위를 초과하는 손해배상을 허용하고 있지 않지만, 사업자의 부당한 공동행위 등에 대해 실제 손해액의 3배 범위 내에서 손해배상을 허용함으로써 공정거래법이 규율하는 영역에 손해전보의 범위를 초과하는 손해배상을 허용하는 제도를 도입하고 있다.

결국 이 사건 하와이주 판결이 손해배상의 대상으로 삼은 피고의 행위는 실제 손해액의 3배 내에서 손해배상을 허용하는 법조항을 두고 있는 공정거래법의 규율 영역에 속하므로, 실제 손해액의 3배에 해당하는 손해배상을 명한 이 사건 하와이주 판결을 승인하는 것이 우리나라 손해배상제도의 원칙이나 이념, 체계 등에 비추어 도저히 허용할 수 없는 정도라고 볼 수 없다.

라. 그런데도 원심은 이와 달리 이 사건 하와이주 판결 중 손해전보의 범위를 초과하는 배상액 및 이에 대한 지연이자의 지급을 명하는 부분에 대하여 대한민국의 선량한 풍속이나 그 밖의 사회질서에 어긋난다고 판단하여 강제집행을 불허하였다. 이러한 원심판단에는 이 사건 하와이 법에 따라 손해전보의 범위를 초과하는 배상액의 지급을 명하는 이 사건 하와이주 판결의 승인에 관한 법리를 오해하여 판결에 영향을 미친 잘못이 있다. 이를 지적하는 상고이유 주장은 이유 있다." (대법원 2022. 3. 11. 선고 2018다231550 판결)

"가. 민사소송법 제217조 제1항 제3호는 외국법원의 확정재판 등의 승인이 대한민국의 선량한 풍속이나 그 밖의 사회질서에 어긋나지 아니할 것을 외국재판 승인요건의 하나로 규정하고 있다. 여기서 확정재판 등을 승인한 결과가 대한민국의 선량한 풍속이나 그 밖의 사회질서에 어긋나는지는 그 승인 여부를 판단하는 시점에서 확정재판 등의 승인이 우리나라의 국내법 질서가 보호하려는 기본적인 도덕적 신념과 사회질서에 미치는 영향을 확정재판 등이 다룬 사안과 우리나라와의 관련성의 정도에 비추어 판단하여야 한다 (대법원 2012. 5. 24. 선고 2009다22549 판결 등 참조).

그리고 민사소송법 제217조의2 제1항은 "법원은 손해배상에 관한 확정재판 등이 대한민국의 법률 또는 대한민국이 체결한 국제조약의 기본질서에 현저히 반하는 결과를 초래할 경우에는 해당 확정재판 등의 전부 또는 일부를 승인할 수 없다."고 규정하고 있는데, 이는 징벌적 손해배상과 같이 손해전보의 범위를 초과하는 배상액의 지급을 명한 외국법원의 확정재판 등의 승인을 적정범위로 제한하기 위하여 마련된 규정이다. 따라서 외국법원의 확정재판 등이 당사자가 실제로 입은 손해를 전보하는 손해배상을 명하는 경우에는 민사소송법 제217조의2 제1항을 근거로 그 승인을 제한할 수 없다(대법원 2015. 10. 15. 선고 2015다1284 판결 참조).

나. 원심판결 이유와 기록에 의하면, ① 이 사건 미국판결에서 배상을 명한 원고의 손해는, ㉮ 이 사건 매매계약이 이행되었을 경우 원고가 얻었을 이익에서 지출되었어야 할 매매대금이나 각종 비용을 공제한 일실이익 481,200달러, ㉯ 원고가 이 사건 매매계약의 이행과정에서 지출한 비용인 이 사건 암말의 건강검진비 465달러, ㉰ 피고의 채무불이행으로 인한 원고의 부가적 손해(incidental damage) 내지 추가지출비용(additional cost)에 해당하는 자문비용(consulting fees) 50,000달러 및 소송 전 법률비용(pre-litigation legal fees) 57,379달러, ㉱ 원고가 이 사건 미국소송 수행과정에서 지출한 2010. 5. 10.까지의 변호사보수 중 피고에게 배상을 명함이 합리적이라고 판단되는 소송비용(litigation legal fees) 50,000달러로 구성된 사실, ② 이러한 손해항목들은 모두 원고가 실제로 입은 손해 내지 실제로 지출한 비용의 범위 내의 것으로서 징벌적 손해배상 등 전보배상을 초과하는 손해액이 포함되어 있지 아니한 사실을 알 수 있다.

다. 이러한 사실관계를 앞서 본 법리에 비추어 살펴본다.

이 사건 미국판결에서 인용한 손해배상액은 모두 원고가 실제로 입은 손해 내지 실제로 지출한 비용의 범위 내에서 배상을 명한 전보적 성격의 배상액이므로, 이 사건 미국판결의 배상액이 이 사건 매매계약의 매매대금을 초과하더라도 그러한 사정만으로는 그 배상액이 과다하여 이 사건 미국판결을 승인하는 것이 대한민국의 선량한 풍속이나 그 밖의 사회질서에 반한다고 볼 수 없다. 이 사건 미국판결에서 인정한 변호사비용도 원고가 실제로 지출한 변호사보수 중에서 이 사건 미국법원이 적법한 근거에 따라 피고에게 부담시키는 것이 합리적이라고 판단한 액수의 배상만을 명한 것이므로, 이 사건 미국판결이 우리나라 법원에서 인정되는 수준보다 다액의 변호사비용을 피고에게 부담하게 하였더라도 이러한 변호사비용의 배상을 명한 이 사건 미국판결을 승인하는 것이 대한민국의 기본적인 도덕적 신념과 사회질서에 배치되는 것은 아니다.

그리고 설령 이 사건 미국판결의 승인으로 피고에게 생활기반의 파탄 위험이 있더라도 그러한 사정만으로는 이 사건 미국판결을 승인한 결과가 우리나라의 국내법 질서가 보호하려는 기본적인 도덕적 신념과 사회질서에 어긋난다고 볼 수 없고, 앞서 본 바와 같이 이 사건 미국판결이 인정한 원고의 손해액이 전보배상의 범위를 초과한다고 볼 수 없으므로 민사소송법 제217조의2 제1항을 근거로 이 사건 미국판결의 승인을 제한할 수도 없다.

따라서 민사소송법 제217조 제1항 제3호 내지 제217조의2 제1항에 따라 이 사건 미국판결의 승인을 제한할 수는 없으므로, 이 부분 상고이유의 주장은 이유 없다."(대법원 2016. 1. 28. 선고 2015다207747 판결)

(5) 상호보증 등이 있을 것

"[구]민사소송법 제217조 제4호는 우리나라만이 입을 수 있는 불이익을 방지하고 국제관계에서 형평을 도모하기 위하여 외국판결의 승인요건으로서 '상호보증이 있을 것' 을 요구하고 있지만, 판결국에 있어서 외국판결의 승인요건이 우리나라의 그것과 모든 항목에 걸쳐 완전히 같거나 오히려 관대할 것을 요구하는 것은 지나치게 외국판결의 승인 범위를 협소하게 하는 결과가 되어 국제적인 교류가 빈번한 오늘날의 현실에 맞지 아니하고, 오히려 외국에서 우리나라의 판결에 대한 승인을 거부하게 하는 불합리한 결과를 가져온다는 점을 고려할 때 우리나라와 외국 사이에 동종 판결의 승인요건이 현저히 균형을 상실하지 아니하고 외국에서 정한 요건이 우리나라에서 정한 그것보다 전체로서 과중하지 아니하며 중요한 점에서 실질적으로 거의 차이가 없는 정도라면 민사소송법 제217조 제4호에서 정하는 상호보증의 요건을 구비하였다고 봄이 상당하다. 또한 이와 같은 상호의 보증은 외국의 법령, 판례 및 관례 등에 의하여 승인요건을 비교하여 인정되면 충분하고 반드시 당사국과의 조약이 체결되어 있을 필요는 없으며, 당해 외국에서 구체적으로 우리나라의 동종 판결을 승인한 사례가 없더라도 실제로 승인할 것이라고 기대할 수 있는 상태이면 충분하다 할 것이다(대법원 2009. 6. 25. 선고 2009다22952 판결 등 참조).

원심판결 이유에 의하면 원심은 그 채택 증거를 종합하여, 미국 오레곤주법이 이혼에 관한 외국판결의 승인 및 효력에 관하여 특별한 규정을 두고 있지는 아니하나, 오레곤주 법원은 예양(comity)에 의하여 외국판결의 경우에도 ① 외국법원이 실제적 관할을 가지고 있고, ② 재판 결과가 기망에 의하여 부정하게 취득되지 않았으며, ③ 적정한 송달과 심문 등 적법절차에 따라 공정하게 이루어졌고, ④ 오레곤주의 공공질서에 어긋나지 않는 경우에는 이를 승인하여 왔다고 인정한 다음, 오레곤주의 외국판결 승인요건은 우리나라에 비해 현저하게 균형을 상실하지 아니하였고 우리나라의 민사소송법이 정한 그것보다 전체로서 과중하지 아니하며 중요한 점에서 실질적으로 거의 차이가 없다는 이유로, 오레곤주가 우리나라의 동종 판결을 승인할 것으로 기대할 수 있다고 판단하면서 미국판결이 상호보증의 요건을 갖추지 못하였다는 원고의 주장을 배척하였다.

앞서 본 법리와 기록에 비추어 살펴보면 원심의 위와 같은 판단은 정당하고, 거기에 상고이유의 주장과 같은 심리미진, 민사소송법 제217조 제4호에 관한 법리오해 등의 위법이 없다"(대법원 2013.02.15. 선고 2012므66 판결).

2014년 5월 20일 개정 시행되기 전의 구민사소송법은 "상호보증이 있을 것"을 외국재판의 승인요건으로 요구하고 있었으나, 상호보증은 반드시 조약 등 국가간의 합의가 있을 것을 요구하는 것이 아니라 외국에서 우리나라 판결을 승인함에 있어 우리나라에서 외국판결을 승인하는 것과 마찬가지로 승인할 것을 요구하는 것이다. 그러므로 외국에서 관례상 우리나라 판결을 우리나라에서와 마찬가지로 관대하게 승인하고 있으면 인정된다고 할 것이므로, 개정 민사소송법 제217조 제4호는 위 판결의 판시사항을 반영하여 "상호보증이 있거나 대한민국과 그 외국법원이 속하는 국가에 있어 확정재판등의 승인요건이 현저히 균형을 상실하지 아니하고 중요한 점에서 실질적으로 차이가 없을 것"으로 그 요건을 개정하였다.

이 상호보증 요건은 국제법상의 상호주의(reciprocity)를 고려하여 우리나라가 받을 수 있는 불이익을 방지하기 위한 요건이지만, 외국판결 승인의 요건으로서 이것을 요구하고 있는 국가는 소수에 불과하다.

3. 손해배상에 관한 확정재판의 추가 승인요건

외국재판이 손해배상에 관한 재판인 경우에는, 그 확정재판이 위의 요건을 모두 갖추고 있다 하더라도, 그 확정재판이 대한민국의 법률 또는 대한민국이 체결한 국제조약의 기본질서에 현저히 반하는 결과를 초래할 경우에는, 법원은 해당 확정재판의 전부 또는 일부를 승인할 수 없다(민사소송법 제217조의2 제1항). 그리고 법원이 이 요건을 심리할 때에는 외국법원이 인정한 손해배상의 범위에 변호사보수를 비롯한 소송과 관련된 비용과 경비가 포함되는지와 그 범위를 고려하여야 한다(민사소송법 제217의2조 제2항)).

4. 외국재판의 집행

외국재판이 승인요건을 갖추면 우리나라의 확정재판과 동일한 효력을 가지게 되나 그 재판에 기한 강제집행은 우리나라 법원에서 집행판결로 적법함을 선언한 때에 한하여 할 수 있다(민사집행법 제26조 제1항).

집행판결을 청구하는 소의 당사자는 외국재판에 당사자로 표시되어 있는 자 또는 판결국 법률에 따른 그 승계인이 당사자가 되는데, 외국재판에 의한 집행을 구하는 자가 원고이고 그 상대방이 피고가 된다.

집행판결을 청구하는 소의 관할법원은 채무자의 보통재판적 소재지의 지방법원이고, 채무자의 보통재판적이 없는 경우에는 「민사소송법」 제11조(재산소재지의 특별재판적)의 규정에 따라 채무자의 재산 소재지 지방법원이 관할한다(민사집행법 제26조 제2항).

집행판결을 청구하는 소에는 통상의 판결절차가 그대로 적용된다. 또한 집행판결은 재판의 옳고 그름을 조사하지 아니하고 하여야 하며(민사집행법 제27조 제1항), 외국재판이 확정된 것을 증명하지 아니하거나 「민사소송법」 제217조의 승인요건을 구비하지 아니한 때에는 각하하여야 한다(민사집행법 제27조 제2항).

Ⅳ. 주권면제

1. 의 의

국제금융거래에서는 주권을 행사하는 국가나 국가기관 등이 채무자로 되는 경우가 적지 않다. 그런데 국가나 국가기관 등이 채무자로 되는 경우에는 일반 사인이 채무자로 되는 경우에 비해 채권자의 채권행사에 여러 가지 제약을 받을 위험(sovereign risk)이 따른다. 예를 들면, 국가나 국가기관 등은 금융계약 체결시 자국의 헌법상 제한 또는 주권자로서의 권위문제 등을 이유로 채권자가 희망하는 법적구속을 받아들이려 하지 않거나, 금융계약 체결 후 입법조치에 의하여 자국의 법을 변경하거나 자국의 주권이 미치는 영토 내에 있는 채권자의 담보물을 수용하여 채권자에게 손해를 입힐 수도 있다.

또한 국가나 국가기관 등은 주권면제(sovereign immunity)를 주장하여 외국 법원의 재판이나 집행을 거부할 가능성도 있어 채권자가 그 국가나 국가기관 등에 대해 가지는 채권을 법적으로 강제집행하는 것이 곤란할 수도 있다.

주권면제(sovereign immunity)란 주권면책이라고도 하는데, 주권국가가 주권의 행사로서 행한 행위에 대하여는 외국 법원이 재판관할권을 가지지 않는다는 국제법상의 원칙을 말한다. 주권면제는 광의와 협의의 두 가지 의미가 있다. 광의로는 외국 법원의 사법절차 전부로부터의 면제를 의미하므로, 주권국가는 외국 법원에서의 재판으로부터 면제될 뿐만 아니라 강제집행 기타 보전처분을 포함한 강제조치로부터도 면제되는 것이 된다. 협의로는 외국 법원의 재판으로부터의 면제만을 의미한다.

주권을 행사하는 국가나 국가기관 등이 국제금융계약상 채무자로 되는 경우에는 이 원칙이 소송 및 집행에 상당한 장애가 되므로 이러한 채무자에 대하여 소송이나 집행을 할 수 있기 위해서는 채무자가 주권면제의 항변을 제기할 수 없도록 조치해둘 필요가 있다.

주권면제는 국제법상의 원칙이라고 하지만 각국의 판례와 관습 및 입법에 의하여 인정되어온 것으로, 나라마다 국가의 책임을 면제하는 범위와 기준에는 차이가 있다.

2. 제한적 주권면제

대체로 국가기능이 통치행위의 수행으로 제한되어 있었던 1900년경까지는 국가가 다른 국가의 사법절차로부터 면제되는 범위가 광범위하였다. 물론 이에는 다소의 제한이 있었지만 이 면제는 거의 절대적이었다. 그러다가 국가가 국영기업의 운영 등 일반 사인이 할 수 있는 상업적 행위도 널리 하게 된 1900년경부터는 외국이 상업적(commercial)이거나 사적(private)인 행위에 관련되어 제소된 경우 법원의 관할로부터의 면제를 부인하는 사법적 관행이 유럽의 몇 나라에서 발생하기 시작하였다. 전자의 관행을 절대적 주권면제라고 하며, 후자를 제한적 주권면제라고 한다.

미국과 영국은 1950년경까지 절대적 주권면제의 입장에 있다가 점차 제한적 주권면제의 입장으로 기울었는바, 미국은 1976년 '외국주권면제법(U.S. Foreign Sovereign Immunities Act of 1976)'을, 영국은 1978년 '국가주권면제법(State Immunity Act 1978)'을 제정하여 일반적인 면제기준을 더욱 상세하고 명백하게 규정하였다.

우리나라에는 주권면제에 관한 일반법이 제정되어 있지 아니하나, 우리 대법원은 1998.12.17. 선고 97다39216 전원합의체 판결에서 "국제관습법에 의하면 국가의 주권적 행위는 다른 국가의 재판권으로부터 면제되는 것이 원칙이라 할 것이나, 국가의 사법적(私法的) 행위까지 다른 국가의 재판권으로부터 면제된다는 것이 오늘날의 국제법이나 국제관례라고 할 수 없다. 따라서 우리나라의 영토 내에서 행하여진 외국의 사법적 행위가 주권적 활동에 속하는 것이거나 이와 밀접한 관련이 있어서 이에 대한 재판권의 행사가 외국의 주권적 활동에 대한 부당한 간섭이 될 우려가 있다는 등의 특별한 사정이 없는 한, 외국의 사법적 행위에 대하여는 당해 국가를 피고로 하여 우리나라의 법원이 재판권을 행사할 수 있다고 할 것이다." 라고 판시하여 제한적 주권면제의 입장을 천명하고 있다.

3. 주권면제의 대상 범위

국가의 주권은 연방국가의 경우에는 기본적으로 연방정부와 주정부로 이원화되어 행사되고 있으며, 일반 국가의 경우에는 중앙정부가 행사하는 것이지만, 그 외에도 지방자치단체, 국영기업, 공기업 등에 광범위하게 하부위임되어 수행된다. 따라서 주권면제의 대상이 되는 기관의 범위를 어디까지로 할 것인지가 문제된다.

아직 발효는 되지 않았으나 2004년에 UN이 채택한 '국가 및 그 재산의 재판권면제에 관한 협약(United Nations Convention on Jurisdictional Immunities of States and Their Property)' 은 '국가(State)' 에 포함되는 주권기관으로서 (i) 국가 및 국가의 정부기관(State and its various organs of government), (ii) 연방국가의 구성단위 또는 국가의 정치적 하부조직(constituent units of a federal State or political subdivisions of the State), (iii) 국가 및 기타 기관의 대행기관(agencies or instrumentalities of the State and other entities), 그리고 (iv) 국가의 대표(representatives of the State)를 열거하고 있다.

미국의 외국주권면제법(U.S. Foreign Sovereign Immunities Act of 1976)은 '외국국가(foreign state)' 에 (i) 그 정치적 하부조직(political subdivision of a foreign state)과 (ii) 그 대행기관(an agency or instrumentality of a foreign state)을 포함시키고 있다. 여기에서 '외국국가의 대행기관(an agency or instrumentality of a foreign state)' 은 (i) 회사 기타 형태의 독립된 법인으로서, (ii) 외국국가 또는 그 정치적 하부기관의 기관이거나, 또는 외국국가 또는 그 정

치적 하부기관이 주식의 과반수를 소유하거나 기타 지배권을 갖고 있으며, 그리고 (iii) 미국의 시민이 아니어야 하며 또한 제3국의 법률에 의하여 설립된 기관도 아닌 법인을 말하는 것으로 정의하고 있다.

영국의 국가주권면제법(State Immunity Act 1978)은 '국가(State)' 의 범위에 (i) 국가의 주권자 또는 원수(the sovereign or other head of that State), (ii) 국가의 정부(the government of that State), (iii) 정부의 부서(any department of that government)만을 포함시키고 있다. 다만, 정부의 집행기관과는 별개의 독립된 기관도 주권적 권한의 행사와 관련된 범위 내에서는 주권면제의 대상이 될 수 있다고 규정하고 있다.

이와 같이 주권면제의 대상기관에 대해서는 확립된 이론도 없으며, UN협약이나 각국의 입법례도 그 범위에 대해 서로 다른 입장을 가지고 있다. 그러므로, 우리나라의 금융기관이 외국의 국가 등과 거래할 경우에는 주권면제 대상기관에 앞서 언급된 기관이 모두 포함되는 것으로 취급하는 것이 실무상 안전하다고 생각된다. 특히 외국의 공기업적 성격을 가지는 기업과 거래를 함에 있어서는 항상 주권면제의 문제를 고려하는 자세가 필요하다.

외국의 금융기관도 우리나라에 대출 등을 하는 경우 그 대상이 우리나라의 「공공차관의 도입 및 관리에 관한 법률」의 적용을 받는 모든 법인, 즉 (i) 지방자치단체, (ii) 「정부투자기관관리기본법」 제2조의 규정에 의한 정부투자기관, (iii) 정부출자기관, (iv) 정부출연기관(한국철도시설공단 및 수도권신공항건설공단 등)인 경우에는 모두 주권면제 대상기관에 포함되는 것으로 간주하여 거래를 하고 있는 것으로 보인다.

4. 주권면제의 예외

(1) 상업적 행위(Commercial Activity)

제한적 주권면제이론에서는 국가 등 주권면제 대상기관의 행위라 하더라도 그

행위가 주권행사에 관련되는 공적인 행위에 해당하는 경우에만 주권면제가 인정되며, 그 행위가 일반 사인과 같은 지위에서 한 상업적 행위(commercial activity)인 경우에는 주권면제가 인정되지 않는다. 미국의 외국주권면제법은 이를 명시하고 있다.[8)]

따라서 어떠한 행위가 공적인 행위인지 또는 상업적 행위인지의 구별이 중요한 문제가 되는데, 이의 구별을 거래의 목적을 기준으로 하느냐 또는 거래의 성질을 기준으로 하느냐에 따라 동일한 행위라도 그 결론이 달라질 수 있다. 예컨대 공공차관(public loan)은 거래의 목적을 기준으로 하면 공적인 행위가 되나, 거래의 성질을 기준으로 하면 일반 사인도 할 수 있는 성질의 계약이기 때문에 상업적 행위가 된다.

영국의 국가주권면제법은 대출이나 지급보증 등 금융계약은 상업적 행위임을 명시하고 있으며, 미국의 외국주권면제법은 "상업적 행위(commercial activity)"를 일상적 상업활동 및 특별 상업활동 모두를 포함하는 개념으로 정의하면서 상업적 행위인지의 여부는 그 목적이 아니라 성질에 따라 결정한다고 규정하고 있다.[9)]

국제금융거래에서는 국가나 국가기관 등이 당사자인 경우에는 계약서에 그 당사자의 거래가 상업적 행위에 해당하며 따라서 주권면제의 대상이 되지 않는다는 내용의 진술 및 보장을 하도록 하고 있다.[10)]

---

8) "A foreign state shall not be immune from the jurisdiction of courts of the United States or of the States in any case - (2) in which the action is based upon a commercial activity carried on in the United States by the foreign state; or upon an act performed in the United States in connection with a commercial activity of the foreign state elsewhere; or upon an act outside the territory of the United States in connection with a commercial activity of the foreign state elsewhere and that act causes a direct effect in the United States;" *(U.S. Foreign Sovereign Immunities Act of 1976 §1605(a)(2))*

9) "A 'commercial activity' means either a regular course of commercial conduct or a particular commercial transaction or act. The commercial character of an activity shall be determined by reference to the nature of the course of conduct or particular transaction or act, rather than by reference to its purpose." *(U.S. Foreign Sovereign Immunities Act of 1976 §1603(d))*

(2) 주권면제의 포기(Waiver of Sovereign Immunity)

외국 법원의 재판권으로부터의 면제가 인정되는 경우에도 거래의 당사자인 국가 등이 주권면제의 항변을 하지 않겠다는 의사표시를 한 경우에는 대체로 주권면제가 인정되지 않는다. 예컨대 어느 국가가 스스로 타국의 재판권에 복종하거나 계약상 주권면제의 포기를 약속한 경우에는 주권면제가 인정되지 않는다. 미국의 외국주권면제법은 주권면제의 포기가 있는 경우에는 주권면제가 인정되지 않는다는 것을 명시하고 있다.[11]

따라서 국제금융거래에서는 국가나 국가기관 등이 당사자인 경우에는 계약서에 그 당사자가 주권면제를 포기한다는 조항을 반드시 두고 있다.[12]

10) "Waiver of Sovereign Immunity. The Borrower represents and warrants that the execution of this Agreement is a commercial rather than a public or governmental act and that the Borrower is not entitled to claim immunity from legal proceedings with respect to itself or any of its property on the grounds of sovereignty or otherwise under any law or in any jurisdiction where an action may be brought for the enforcement of any of the obligations arising under or relating to this Agreement. To the extent that the Borrower or any of its properties has or hereafter may acquire any right to immunity from set-off, legal proceedings, attachment prior to judgment, other attachment or execution of judgment on the grounds of sovereignty or otherwise, the Borrower hereby irrevocably waives such rights to immunity in respect of its obligations arising under or relating to this Agreement.

11) "A foreign state shall not be immune from the jurisdiction of courts of the United States or of the States in any case - (1) in which the foreign state has waived its immunity either explicitly or by implication, notwithstanding any withdrawal of the waiver which the foreign state may purport to effect except in accordance with the terms of the waiver;" *(U.S. Foreign Sovereign Immunities Act of 1976 §1605(a)(1))*

12) "Waiver of Immunities. Each party irrevocably waives, to the extent permitted by applicable law, with respect to itself and its revenues and assets (irrespective of their use or intended use), all immunity on the grounds of sovereignty or other similar grounds from (i) suit, (ii) jurisdiction of any court, (iii) relief by way of injunction or order for specific performance or recovery of property, (iv) attachment of its assets (whether before or after judgment) and (v) execution or enforcement of any judgment to which it or its revenues or assets might otherwise be entitled in any Proceedings in the courts of any jurisdiction and irrevocably agrees, to the extent permitted by applicable law, that it will not claim any such immunity in any Proceedings." *(ISDA Master Agreement (Multicurrency - Cross Border, 1992), Section 13(d))*

제3절

중 재

I. 중재의 의의

중재(arbitration)라 함은 당사자의 합의에 의하여 사법상의 권리나 법률관계에 관한 분쟁의 해결을 법원 이외의 제3자인 중재인(arbitrator)에게 위임하고 그 판정(award)에 복종함으로써 분쟁을 최종적으로 처리하는 강행적 분쟁해결방식이다. 국내분쟁에 대한 중재는 물론 국제분쟁에 대한 중재도 포함하는 개념이며, 우리나라에는 중재에 관한 기본법으로 「중재법」이 있다.

중재는 한 나라의 사법기관인 법원에 의한 재판과는 달리 사적으로 구성된 중재인에 의한 분쟁해결이지만, 그 중재판정(arbitration award)은 당사자를 구속한다. 이와 같은 중재판정의 당사자에 대한 구속력으로 인해 중재는 당사자에 대한 구속력이 없는 조정(conciliation or mediation)과는 구별된다.

중재는 법원에 의한 재판과는 달리 당사자의 합의, 즉 중재합의(arbitration agreement)에 그 바탕을 두고 있다. 어느 법원이 당사자 또는 분쟁에 대해 재판권을 가지기 위해서는 반드시 당사자의 관할법원 합의가 있어야 하는 것은 아니다. 즉, 법원은 자국의 민사소송법에 의해 당연히 재판권을 가지게 된다. 이와는 반대로, 중재인이 당사자 또는 분쟁에 대하여 중재권을 가지기 위해서는 반드시 분쟁의 당사자 간에 중재합의가 있어야 한다.

또한, 중재는 법원에 의한 재판과는 달리 단심제이므로 중재판정이 내려진 후에는 절차상 중대한 하자가 있는 경우 등 예외적인 경우를 제외하고는 중재판정에 대한 상소 또는 재심 등의 불복신청이 인정되지 않는다.

국내거래로 인한 분쟁이든 국제거래로 인한 분쟁이든 불문하고, 중재는 심리를 비공개로 하여 기업비밀을 보장할 수 있다는 점, 당사자의 타협에 의한 해결을 도모함으로써 분쟁 당사자의 우호관계를 계속 유지할 있다는 점, 절차에 신축성이 있다는 점, 그리고 국제분쟁의 경우에는 중립적인 국가에서 할 수 있다는 등의 장점이 있어 상업거래에 널리 이용되고 있다. 특히 분쟁이 복잡한 기술문제나 사실관계에 관련되는 경우가 많아 전문지식을 가진 중재인에 의한 판정이 필요한 건설공사, 무역거래 또는 보험거래에는 중재가 많이 이용되고 있다.

특히 국제거래에서는 금융거래의 경우를 제외하고는 재판보다는 중재가 압도적으로 많이 이용되고 있다. 이는 판결에 따른 강제집행을 외국에서 하는 경우에는 외국판결의 승인과 집행에 관한 각국의 법률이 서로 달라 그 확실성이 보장되지 않는 데 비해, 중재판정에 따른 강제집행을 외국에서 하는 경우에는 1958년의 UN조약인 뉴욕협약(New York Convention)에 따라 그 확실성이 보장되기 때문이다.

금융거래와 관련하여서는, 국내분쟁이든 국제분쟁이든 대개의 분쟁이 복잡한 기술문제 또는 사실관계보다는 법률문제에 관련되므로 전문중재인에 의한 판정의 필요성이 적다는 점, 대주인 금융기관의 입장에서 볼 때 법원의 엄격한 사법절차에 따른 정확한 법리의 적용을 통해 채권을 온전히 보전할 필요가 있다는 점, 거액의 대출금이 관련되는 분쟁을 사인인 중재인에게 해결토록 하는 것이 적절하지 못하다는 비판이 있을 수 있다는 점, 분쟁을 단심제인 중재로 처리하기에는 너무 위험이 크다는 점, 평판이나 신용도를 중시하는 차주에게는 공개적 성격을 가진 소송이 보다 신속하고 유리한 분쟁해결의 압력수단으로 될 수 있다는 점

등의 이유로 인해 중재가 많이 활용되지 않았다.

그러나 최근 들어 국제금융거래에서는 신흥시장국(emerging markets)의 참여 비중이 늘어나면서 신흥시장국에서의 외국판결의 집행 가능성 여부에 관한 관심이 높아짐에 따라 중재의 이용이 늘고 있으며, 또한 프로젝트파이낸스와 파생상품거래와 관련된 분쟁에 있어서는 그 거래의 기술적이고 전문적인 측면으로 인해 중재의 활용이 증가하는 추세에 있다.

Ⅱ. 중재합의

1. 중재합의의 의의 및 방식

중재합의란 일정한 법률관계에 관하여 당사자 간에 이미 발생하였거나 앞으로 발생할 수 있는 분쟁의 전부 또는 일부를 중재에 의하여 해결하도록 하는 당사자 간의 합의를 말한다.

중재합의는 서면으로 하여야 하며, 독립된 합의 또는 계약에 중재조항을 포함하는 형식으로 할 수 있는데, 후자의 형식으로 하는 것이 보통이다.

2. 중재합의의 내용

중재합의에는 다음과 같은 사항이 반드시 포함되어야 한다.

(1) 중재지(Venue/Seat of Arbitration)

중재지는 중재절차가 진행되는 장소로서 특정 도시로 정하는 것이 보통인데, 법적으로 의미를 가지는 것은 그 도시가 소재하는 국가이다.

첫째, 중재지 국가의 중재법이 중재절차를 규율하는데, 각국의 중재법은 당사자가 합의하지 못하는 절차사항에 대한 임의규정을 많이 담고 있으며 절차의 공정성을 담보하기 위한 몇몇 강행규정도 포함하는 것이 보통이다.

둘째, 중재판정은 중재지에서 내려진 것으로 간주되는데, 중재판정에 대해 뉴욕협약(New York Convention)이 적용되기 위해서는 중재판정이 반드시 뉴욕협약의 회원국에서 내려진 것이어야 한다.

(2) 중재언어(Language of Arbitration)

중재절차에서 사용하는 언어를 예컨대, 영어로 할 것인지 한국어로 할 것인지를 명시해두어야 한다.

(3) 중재규칙(Arbitration Rule)

중재규칙은 중재의 절차에 관한 사항을 정한 규칙으로서, 예컨대 ICC(International Chamber of Commerce), LCIA(London Court of International Arbitration), 대한상사중재원 등과 같은 중재기관이 제정한 중재규칙이 있다. 중재규칙은 재판절차규칙에 비해서 훨씬 간단하며, 당사자가 합의하여 결정하지 못하는 사항에 대해서는 중재인 또는 중재판정부에 많은 재량권을 부여하고 있다.

주의할 것은, 중재규칙은 오로지 중재의 절차에 관련된 규칙으로서, 분쟁의 대상인 실체관계의 결정에는 하등의 영향을 미치지 않는다는 점이다. 분쟁의 실체관계에 대해서는 분쟁의 대상이 된 계약, 즉 중재조항이 포함되어 있는 계약의 준거법이 적용된다.

중재규칙의 선택은 보통 그 중재규칙을 제정한 중재기관을 중재절차의 행정을 담당하는 기관으로 선정했다는 의미를 가진다. 중재기관은 분쟁의 실체관계에 대한 사항의 결정에는 일체 관여할 수 없으며, 중재의 당사자들이 의견의 불일치로 중재인을 선정하지 못하는 경우 중재인 선정을 지원하거나, 중재비용의 수납, 중재인 수수료의 결정, 중재시설의 사전예약 등 중재절차에 관련된 행정업무를 담당할 뿐이다.

(4) 중재인의 수 및 선정방법(Number and Selection of Arbitrators)

중재인은 보통 1명으로 하거나 3명으로 하는 것이 보통이며, 중재인으로 선정된 단독중재인 또는 여러 명의 중재인으로 구성된 중재인단을 중재판정부(arbitration tribunal)라 한다.

중재인을 3명으로 하는 경우에는, 양 당사자가 각각 1명의 중재인을 선정하고, 그와 같이 선정된 2명의 중재인이 나머지 1명을 선정하는 것이 일반적인 방식이다.

중재인의 국적이나 특정 자격요건 등을 중재조항에 기재하는 경우도 있다.

(5) 비밀보장(Confidentiality)

중재사실 및 중재내용의 비밀보장(confidentiality)에 대해서도 중재조항에 기재하는 것이 경우가 대부분이다.

(6) 중재의 준거법(Governing Law of Arbitration)

중재의 준거법, 즉 중재인이 중재를 함에 있어 적용하여야 할 실체법은 당해 중재조항이 포함되어 있는 계약의 준거법이다. 따라서 계약의 준거법이 계약서에 따로 명시되어 있는 경우에는 중재조항에 다시 기재할 필요가 없다. 이 중재의 준거법은 중재절차를 규율하는 중재규칙과는 다르다는 것을 특히 주의하여야 함은 앞에서 설명한 바와 같다.

(7) 중재조항의 예시

중재조항을 작성함에 있어서는 아래와 같은 예시를 참조하여 이상과 같은 필수사항이 반드시 기재되도록 하여야 한다.

"Any dispute, controversy, or claim arising out of or in connection with this contract, including any question regarding its existence, validity, or termination, shall be finally resolved by arbitration under the Rules of [name of institution] in force at [the date hereof/the date of the request for arbitration], which Rules are deemed to be incorporated by reference into this clause.

The tribunal shall consist of [a sole/three] arbitrator[s].

The place of arbitration shall be [city].

The language of the arbitration shall be [language]." [13)]

3. 중재합의의 효력

분쟁의 해결을 중재에 의하기로 하여 중재합의를 한 경우 당사자는 그 분쟁에 관하여는 법원에 소송을 제기할 수 없다. 즉, 중재합의가 있을 경우에는 법원은 재판권이 없다.

따라서 이에 위반하여 일방 당사자가 법원에 소를 제기한 경우 상대방은 중재합의가 있다는 항변을 할 수 있으며, 그러한 중재항변이 있으면 법원은 그 소를 각하하여야 한다.

중재항변은 소송절차의 처음에 제출되어야 하며, 만약 이를 제출하지 아니하

13) The Freshfields Guide to Arbitration and ADR: Clauses in International Contracts, Kluwer, 2nd ed. 1999.)

고 응소한 경우에는 중재항변을 포기한 것으로 본다. 우리 대법원도 "중재심판을 먼저 거쳐야 한다는 주장은 사건에 관하여 본안에 관한 변론을 하기 전에 하여야 하고 피고들이 그러한 항변을 제출함이 없이 본안에 관한 실질적인 변론을 하여 본안의 심리에 들어간 후에는 그러한 방소항변을 제출할 수 없다고 할 것이다" 라고 판시하고 있다(대법원 1991.4.23. 선고 91다4812 판결; 대법원 1996.2.23. 선고 95다17083 판결).

Ⅲ. 중재판정

중재판정은 분쟁 당사자에게 법원의 확정판결과 동일한 효력이 있다. 따라서 중재판정부에 불복신청을 할 수도 없고, 법원에 항소나 상고도 할 수 없으며, 분쟁 당사자는 중재판정에 구속되어 스스로 중재판정 내용을 이행하여야 한다. 다만, 일부 국가의 경우 자국에서 행해진 중재의 중재판정에 대해 다음에서 설명하는 중재판정의 승인과 집행의 거절사유와 동일한 사유로 중재판정 취소의 소를 중재지국 법원에 제기할 수 있도록 하는 국가도 있다(우리나라 「중재법」 제36조 참조)[14].

14) 뉴욕협약(Convention on the Recognition and Enforcement of Foreign Arbitral Awards; New York Convention) 적용을 받는 상사중재의 중재판정과는 달리, 워싱턴협약(Convention on the Settlement of Investment Disputes between States and Nationals of Other States; Washington Convention)에 따라 세계은행(World Bank) 산하에 설립된 중재기관인 국제투자분쟁해결센터(International Centre for the Settlement of Investment Disputes; ICSID)에서 이루어지는 ICSID 중재의 중재판정에 대해서는 워싱턴협약 제52조에 따라 분쟁 당사자는 ICSID에 취소(annulment)의 청구를 할 수 있다. 단 취소 사유는 (i) 중재판정부가 적절한 방법으로 구성되지 아니한 경우(the Tribunal was not properly constituted), (ii) 중재판정부가 명백하게 월권행위를 한 경우(the Tribunal has manifestly exceeded its powers), (iii) 중재인에게 부정이 있는 경우(there was corruption on the part of a member of the Tribunal), (iv) 중재규칙의 중대한 위반이 있는 경우(there has been a serious departure from a fundamental rule of procedure;), 그리고 (v) 중재판정문에 판정 이유가 기재되어 있지 아니한 경우(the award has failed to state the reasons on which it is based)의 5개로 한정되어 있다.

Ⅳ. 중재판정의 승인과 집행

중재판정은 법원의 확정판결과 동일한 효력을 가지지만 그 자체로서는 집행력이 없으므로 강제집행을 하기 위해서는 별도로 법원의 승인 및 집행판결을 받아야 한다. 외국의 중재판정도 마찬가지로 강제집행을 하고자 하는 재산이 있는 국가의 법원으로부터 승인 및 집행판결을 받아야 한다.

그런데 1958년의 UN조약인 뉴욕협약(New York Convention; United Nations Convention on the Recognition and Enforcement of Foreign Arbitral Awards)은 이 협약의 회원국에서 내려진 중재판정은 그 실체관계의 재심사 없이 반드시 승인하고 집행하여야 한다는 의무를 부과하고 있다(New York Convention §3). 이와 같이 회원국에서 내려진 중재판정에 대해 다른 회원국의 승인 및 집행을 의무화하는 뉴욕협약의 핵심 효력이 국제거래에서 법원에 의한 재판보다는 중재가 선호되는 가장 큰 이유이다.

다만, 뉴욕협약의 회원국은 다음과 같은 사유가 있는 경우에는 예외적으로 중재판정의 승인 및 집행을 거부할 수 있다.

첫째, 당사자의 신청에 의한 거부 사유로서, (i) 중재합의의 당사자가 해당 준거법에 따라 중재합의 당시 무능력자였던 사실 또는 중재합의가 당사자들이 지정한 법에 따라 무효이거나 그러한 지정이 없는 경우에는 중재판정이 내려진 회원국의 법에 따라 무효인 사실, (ii) 중재판정의 취소를 구하는 당사자가 중재인의 선정 또는 중재절차에 관하여 적절한 통지를 받지 못하였거나 그 밖의 사유로 본안에 관한 변론을 할 수 없었던 사실, (iii) 중재판정이 중재합의의 대상이 아닌 분쟁을 다룬 사실 또는 중재판정이 중재합의의 범위를 벗어난 사항을 다룬 사실(다만, 중재판정이 중재합의의 대상에 관한 부분과 대상이 아닌 부분으로 분리될 수 있는 경우에는 대상이 아닌 중재판정 부분만을 취소할 수 있다), (iv) 중재판정부의 구성 또는 중재절차가 당사자 간의 합의에 따르지 아니하였거나 그러한 합의가 없는 경우에는 중재절차가 행해진 국가의 법에 따르지 아니하였다는 사실, 또는 (v) 중재판정이 당사자에 대해 아직 구속력이 없거나, 또는 중재판정이 내려진 국가의 법률이나 권한 있는 기관에 의해 무효 또는 취소된 사실이 있는 경우에는 당사자의 신청에 의해 중재판정의 승인 및 집행을 거부할 수 있다(New York Convention §5(1)).

둘째, 집행국 법원의 직권에 의한 거부 사유로서, (i) 중재판정의 대상이 된 분쟁이 집행국의 법에 따라 중재로 해결될 수 없는 경우, 또는 (ii) 중재판정의 승인 또는 집행이 집행국의 선량한 풍속이나 그 밖의 사회질서에 위배되는 경우에는 법원의 직권으로 중재판정의 승인 및 집행을 거부할 수 있다(New York Convention §5(2)).[15)]

15) "외국중재판정의 승인 및 집행에 관한 협약(이하 '뉴욕협약'이라 한다)이 적용되는 외국중재판정의 일방 당사자에 대하여 외국중재판정 후에 구 회사정리법(2005.3.31. 법률 제7428호 채무자 회생 및 파산에 관한 법률 부칙 제2조로 폐지되기 전의 것)에 의한 회사정리절차가 개시되고 채권조사기일에서 그 외국중재판정에 기하여 신고한 정리채권에 대하여 이의가 제기되어 정리채권확정소송이 제기된 경우, 외국중재판정은 확정판결과 동일한 효력이 있어 기판력이 있으므로, 정리채권확정소송의 관할 법원은 뉴욕협약 제5조 소정의 승인 및 집행의 거부사유가 인정되지 않는 한 외국중재판정의 판정주문에 따라 정리채권 및 의결권을 확정하는 판결을 하여야 한다.
뉴욕협약 제5조는 승인 및 집행의 거부사유를 제한적으로 열거하면서, 그 제2항 (나)호에서 중재판정의 승인이나 집행이 그 국가의 공공의 질서에 반하는 경우에는 집행국 법원은 중재판정의 승인이나 집행을 거부할 수 있도록 규정하고 있는바, 이는 뉴욕협약의 적용을 받는 외국중재판정의 승인이나 집행이 집행국의 기본적인 도덕적 신념과 사회질서를 해하는 것을 방지하여 이를 보호하려는 데 그 취지가 있는 것이므로, 국내적인 사정뿐만 아니라 국제적 거래질서의 안정이라는 측면도 함께 고려하여 이를 제한적으로 해석하여야 하고, 해당 외국중재판정을 인정할 경우 그 구체적 결과가 집행국의 선량한 풍속 기타 사회질서에 반할 경우에 한하여 그 승인이나 집행을 거부할 수 있다(대법원 2000.12.8. 선고 2000다35795 판결, 대법원 2003.4.11. 선고 2001다20134 판결 등 참조).
뉴욕협약이 적용되는 외국중재판정에 대하여 집행국 법원은 뉴욕협약 제5조의 집행 거부사유의 유무를 판단하기 위하여 필요한 범위 내에서는 본안에서 판단된 사항에 대하여도 독자적으로 심리·판단할 수 있고, 뉴욕협약 제5조 제2항 (나)호의 집행 거부사유에는 중재판정이 사기적 방법에 의하여 편취된 경우가 포함될 수 있다. 그러나 한편, 뉴욕협약 제5조가 집행 거부사유를 제한적으로 열거하면서 중재인의 사실오인이나 법리오해 등은 집행 거부사유에서 제외하고 있는 점, 중재판정은 확정판결과 동일한 효력이 있으므로 기판력에 의하여 중재판정의 대상이 된 청구권의 존재는 이미 당사자 사이에 확정된 것인 점 등에 비추어 보면, 집행국 법원이 집행 거부사유의 유무를 판단하기 위하여 본안에서 판단된 실체적 사항에 관하여 다시 심리·판단하는 것은 예외적·제한적으로 이루어져야 한다. 따라서 집행국 법원이 당해 외국중재판정의 편취 여부를 심리한다는 명목으로 실질적으로 중재인의 사실인정과 법률적용 등 실체적 판단의 옳고 그름을 전면적으로 재심사한 후 그 외국중재판정이 사기적 방법에 의하여 편취되었다고 보아 집행을 거부하는 것은 허용되지 아니하고, 다만, 그 외국중재판정의 집행을 신청하는 당사자(이하 '신청당사자'라고 한다)가 중재절차에서 처벌받을 만한 사기적 행위를 하였다는 점이 명확한 증명력을 가진 객관적인 증거에 의하여 명백히 인정되고, 그 반대당사자가 과실 없이 신청당사자의 사기적인 행위를 알지 못하여 중재절차에서 이에 대하여 공격방어를 할 수 없었으며, 신청당사자의 사기적 행위가 중재판정의 쟁점과 중요한 관련이 있다는 요건이 모두 충족되는 경우에 한하여, 외국중재판정을 취소·정지하는 별도의 절차를 거치지 않더라도 바로 당해 외국중재판정의 집행을 거부할 수 있다고 할 것이다. 한편, 반대당사자로서는 뉴욕협약이 적용되는 외국중재판정이 내려진 국가 또는 외국중재판정의 기초가 된 법령이 속하는 국가의 권한 있는 기관에 외국중재판정의 취소 또는 정지를 신청할 수 있고, 이 경우 집행국 법원은 뉴욕협약 제6조에 의하여 그것이 적절하다고 인정될 때에는 그 외국중재판정의 집행에 관한 재판을 연기하고 신청당사자의 신청에 의하여 반대당사자에 대하여 적절한 담보를 제공할 것을 명할 수 있는바, 만일 반대당사자가 사기적인 방법으로 외국중재판정이 편취되었음을 주장하며 위와 같은 절차를 거쳐 그 외국중재판정의 취소 또는 정지를 구하는 재판에서 승소할 경우에는 이를 근거로 뉴욕협약 제5조 제1항 (마)호에 의하여 당해 외국중재판정에 대한 집행의 거부를 주장할 수 있을 것이다." (대법원 2009.5.28. 선고 2006다20290 판결)

제 12 장

법률의견서

제1절 서 설

제2절 법률의견서의 대상법률

제3절 변호사의 책임

제4절 법률의견서의 구조

제1절

서 설

국제금융거래에 있어서 대주는 차주와 체결한 계약의 법적 유효성을 확인하는 공식적인 법률의견서(formal legal opinion)를 요구하는 것이 일반적이다. 통상 당해 거래에 관여한 변호사가 의견서를 작성하며 금융을 제공 또는 주선한 은행과 인수인에게 제공된다. 법률의견서를 징구하는 관행은 미국에서 유래되었으며 은행의 감사인에게 필요한 법률절차가 준수되었다는 점과 대출금의 상환을 차주에게 강제할 수 있다는 점을 명확히 보여주기 위한 것이다.

최근에는 법률의견서를 징구하는 것이 국제거래에서 일반화되어가고 있으며 이제는 감사인의 요구사항을 떠나 은행의 표준적인 실무관행으로 정착되고 있다. 국제거래에서는 다양한 법체계가 관여하는데 법률의견서는 이러한 다양한 법체계하에서 제기되는 문제점들을 검토하고 대주에게 그 문제점들이 해결되어 거래를 진행하는 데 장애가 초래되지 않음을 확인시키는 기능을 한다. 그리고 법률적인 문제점이 있어 법률의견서상 그 문제점이 제기되면, 대주들은 그러한 위험을 평가하고 고려할 수 있다.

이와 같이 법률의견서는 국제거래에 있어서 중요한 기능을 하지만 한계점도 있다. 법률의견서는 특정한 차주에 대한 대출 결정의 적정성을 보장하지는 않으며 차주의 재무건전성이나 상환가능성을 보장하지도 않는다. 법률의견서는 차주와 협상을 거쳐 합의된 문서화된(documented) 내용만을 대상으로 하므로 향후 일어날 수 있는 모든 상황에서 차주를 압박할 수 있는 내용을 담고 있는 것도 아니다. 법률의견서는 당사자들이 체결한 계약서에 대한 것이며 체결 당시 계약서의 유효성(validity)과 집행가능성(enforceability)에 대하여 기술한다. 법률의견서의 이와 같은 성격에 대하여는 다음과 같은 말로 정리할 수 있겠다.

"완벽한 법률의견서(clean legal opinion)를 징구할 수 없으면 대출을 해서는 안 된다. 만약 완벽한 법률의견서를 징구할 수 있다면, 그래도 대출을 할지 말지 생각해보고 결정해야 한다. 대출결정과 법률의견서의 징구는 별개의 문제이다."

법률의견서는 의견서 발급 당시의 법을 기준으로 함을 기술하여야 하며 계약 체결 이후 법률의 변경을 고려하지 않는다. 법률의견서가 다루는 법은 의견서를 발급하는 변호사가 속하는 국내법에 한정된다. 따라서 법률의견서가 제공하는 편안함은 국제적인 것은 아니며 국지적인 것이다. 역으로 변호사는 자신이 개업하고 있지 않은 타 법역의 법률에 대하여 의견을 제시하도록 요청받아서는 안 된다. 변호사는 자신의 국내법에 대한 전문가일 뿐이기 때문이다.

I. 선행조건

법률의견서는 보통 금융계약상 자금인출의 선행조건으로 요구된다. 선행조건 충족에 필요한 의견서의 양식은 종종 대출계약서의 부속서류로서 첨부되므로 대출계약서의 협상과정에서 충분한 주의를 기울여야 한다.

법률의견서 양식에 대한 협상과 합의는 대출조건 자체의 협상과 혼동되거나 이에 대한 협상의 일부로 취급되어서는 안 된다. 법률은 협상의 대상이 아니며 법률의견서는 단지 법률문제에 관한 의견이기 때문이다.

Ⅱ. 법률의견서의 작성범위

가능한 한 법률의견서는 법률문제에 한정되어야 하고 변호사는 자신의 통제하에 있지 않은 사실이나 조사하여 확인할 수 없는 사실문제를 보장하여서는 안 된다. 이러한 문제는 외부변호사의 경우 특히 유의하여야 할 것이며, 차주의 사내변호사가 법률의견서를 작성할 경우에는 달라질 수 있다. 차주의 사내변호사는 차주에 대한 정보, 특히 현존하는 소송문제, 기제공된 담보현황, 내부적인 차입한도 등에 쉽게 접근할 수 있기 때문이다.

차주의 외부변호사는 이러한 회사의 내부정보에 어두우며 이러한 사항에 대한 의견제출을 요청받을 경우 가정적인 의견을 제시하거나 의견제출을 거부할 것이다.

법률의견서는 종종 일정한 사실들을 가정(assumption)하고 의견을 기술한다. 대주들은 의견서를 읽을 때 이러한 점을 유의하여야 한다. 왜냐하면 가정된 사실에 대하여는 대주들이 그 사실을 확인하여야 하는 위험이 있기 때문이다.

Ⅲ. 법률의견서의 발급권자

국제금융거래에 있어서 대주는 계약에 관련되는 다양한 법률의견서를 누구로부터 발급받아야 하는지 검토하여야 한다. 차주의 변호사와 대주의 변호사가 각각 별도로 의견서 발급을 요청받는 경우에는 의견서가 중복될 수 있다. 거래비용을 절약하기 위하여 차주는 대주에게 자신의 변호사들이 차주의 설립지법과 관련된 사안들에 관하여 법률의견서를 제공하겠다고 제안할 수도 있다. 반대로 대주는 독립된 변호사가 의견서를 발급하도록 하거나 차주의 변호사와 독립된 변호사 모두 의견서를 발급하도록 요구할 수도 있다. 이러한 점에 대한 명확한 원칙은 없으나 보통은 차주의 변호사에 의하여도 의견서가 발급된다. 차주의 사내변호사가 있는 경우 차주는 사내변호사가 의견서를 발급할 것을 주장할 수 있으나 대주는 차주의 피용인이 의견서를 발급하지 않는 것이 더 안전하다고 느낄 수도 있다.

대출계약서상의 준거법에 관한 의견서는 관행적으로 대주가 선임한 변호사가 발급한다.

제2절

법률의견서의 대상법률

국제거래에 있어서는 통상 여러 국가의 법체계가 적용되므로 법률의견서도 그에 맞추어 징구하는 것이 바람직하다.

Ⅰ. 차주의 설립지법

이와 관련하여 차주의 존재(existence) 여부, 차주의 권한(powers)과 능력(capacity) 및 차주가 계약 체결과 계약상의 의무 이행에 필요한 권한(authorities)이 있는지가 검토되어야 한다. 또한 법률의견서는 차주의 상환 및 기타 변제 능력에 법률상의 제한이 없는지 여부, 지급이자나 다른 지급금액에 대한 원천세 등 세금문제, 해당 국가에서의 차주에 대한 제소 및 판결의 집행가능성도 다루어야 한다.

차주가 국제기구인 경우에는 이러한 문제들을 규율하는 관련법을 결정하는 데 다소 어려움이 있을 수 있고 이에 대한 국제법적 원칙에 관심을 가져야 할 필요가 있다.

Ⅱ. 행위지법

자본거래나 프로젝트금융과 같이 차주의 설립지나 주된 사무소 소재지 이외의 국가에서 자금인출이나 지급 또는 이행이 이루어지는 경우 이러한 행위지국의 변호사로부터 법률의견서를 발급받을 필요가 있다.

Ⅲ. 대출계약의 준거법

이에 대한 법률의견서는 동 준거법에 따른 대출계약의 유효성과 이에 따른 대출계약의 집행가능성 및 준거법 법원에서의 판결취득 등을 다룬다.

Ⅳ. 목적물 소재지법

다른 국가에 자산이 소재하고 이를 담보로 취득하는 경우 또는 선박금융에서 선적국의 법률 등과 같이 다른 국가의 법률에 대한 검토가 필요한 경우 해당 국가의 법률의견서를 발급받아야 한다. 이 경우 법률의견서는 목적물 소재지법주의에 따라 자산에 대한 담보설정 방법과 등기절차와 같이 담보취득에 필요한 절차를 다룬다.

제3절

변호사의 책임

변호사는 의견서에서 기술한 법률의견에 책임을 져야 한다. 이는 주로 자금을 주선하거나 제공한 금융기관, 담보의 수탁자와 같이 의견서를 발급받은 자에 대한 책임이다. 변호사는 자신의 책임을 제한하기 위하여 통상 의견서에 수신인으로 지정된 자만이 의견서에 의존할 수 있다고 기재한다. 의견서에서 구체적으로 대주로부터 채권을 양수한 양수인이나 대주를 통하여 계약상의 권리를 취득한 자(대출계약 참가인 등)는 의견서에 의존할 수 없다고 명시적으로 서술하는 경우도 있다. 그러나 이와 같은 경우에도 변호사는 자신이 기술한 의견서의 견해나 계약구조에 대하여 책임을 부담할 수 있다.

실제로 변호사가 어떤 정도의 책임을 지는가 하는 것은 대개 변호사가 활동하고 있는 재판관할지의 법률에 따른다. 경우에 따라서는 법률의견서가 제공된 재판관할지의 법률 또는 의견서에 입각하여 실제 행위가 이루어진 재판관할지의 법률에 의하여도 좌우된다.

대주의 지시를 받거나 대주를 대표하는 변호사는 대주에게 의견서의 정확성에 대한 책임을 진다. 대주에 의하여 직접 선임된 경우 변호사의 책임은 선임에 따른 계약적 책임이다. 신디케이티드 금융의 경우 보통 변호사는 대리은행에 의하여 선임되고 각 대주들에 의하여 개별적으로 선임되지는 않는다. 이 경우 대리은행이 각 대주들로부터 대주를 대표하여 변호사를 선임할 권한을 위임받았음이

나타나지 않는 한 변호사는 대리은행과만 계약관계가 있다. 이때 금융계약서에 각 대주은행은 대리은행이 제공한 법률의견에 의존하지 않는다는 통상적인 조항이 포함되어 있는 경우에는 변호사는 각 대주은행에게 책임을 부담하지 않는다는 문제점이 발생한다. 이러한 점을 극복하기 위하여 신디케이티드 금융의 경우 대리은행에 의하여 선임된 변호사의 법률의견서는 그 수신인이 대리은행 및 각 대주은행으로 표시되는 경우가 많다.

법률의견서가 발급되지 않는 경우 대주의 자문변호사는 과실 없이 정확히 자문을 하여야 하는 일반적 책임을 진다. 이 책임은 계약에 내재된 모든 위험을 지적하는 것으로까지 확장될 수 있고 변호사는 계약상의 모든 법률적 위험을 평가하였음을 보장하는 일반적 책임을 지게 된다. 반면 법률의견서를 발급하는 경우에 변호사는 통상 그의 법률의견서를 작성함에 있어서 일정한 제한과 가정에 입각한다. 즉, 계약상에서 일어날 수 있는 모든 위험을 대상으로 하는 것이 아니라 의견서 작성대상을 일정한 범위로 제한하는 것이다. 이러한 면에서 법률의견서는 변호사의 책임범위를 제한하는 역할도 하는 것이다.

차주의 설립지법에 관한 법률의견서를 발급하는 차주의 변호사는 대주에 대하여 불법행위 책임을 부담할 수 있다. 이 책임은 의견서 발급에 있어 과실이 없어야 한다는 것으로 의견서 작성의 전제가 되는 가정과 제한은 앞에서 언급한 것과 마찬가지로 변호사의 책임범위를 제한하게 된다. 변호사는 대주로부터 지시를 받지 않았기 때문에 대주에 대하여 계약책임은 부담하지 않는다.

제3자의 경우 채권투자자나 원대출의 양수인 등은 계약서 작성에 관계된 변호사에게 책임을 물으려고 할지도 모른다. 이같은 제3자는 계약상 권리는 없기 때문에 변호사가 관련된 법적 업무 수행 시에 상당한 주의를 하지 못하였다는 이유로 불법행위책임을 지우려 하게 된다. 하지만 제3자가 변호사의 불법행위 책임을 묻기 위하여는 합리적으로 기대되는 상황에서 투자자가 변호사에게 의존하였고 변호사가 이를 알았을 것이라는 점과 그러한 의존이 투자결정에 중요한 역할을 하였다는 점을 입증할 필요가 있다.

제4절

법률의견서의 구조

법률의견서는 보통 네 부분으로 구성되고 이를 작성한 변호사의 주소 등이 인쇄되어 있는 편지 형식(letter form)으로 작성된다. 첫 번째 부분에서는 의견서와 관련되는 거래와 계약서들이 간략하게 언급된다. 두 번째 부분에서는 거래와 관련된 사실관계에 대하여 변호사가 한 가정들이 언급된다. 세 번째 부분에서는 변호사가 의견을 제시하는 실제적 사항들이 포함되고, 네 번째 부분에서는 발급된 의견서의 대상이 되는 법적 사안에 관한 제한사항과 예외 사항들이 기술된다.

I. 수신인 및 거래의 설명

의견서는 의견서의 수신인을 언급하면서 시작한다. 신디케이티드 대출의 경우 의견서의 수신인은 대리인과 각 대주들이 된다. 의견서를 발급하는 변호사가 대주나 차주를 위하여 일반적, 포괄적으로 고용된 것이 아니라 특정한 거래만을 위하여 고용된 경우 변호사는 의견서상에 그러한 사실을 기술함으로써 수신인으로 하여금 변호사가 당사자에 관한 일반적인 정보를 지니고 있다는 선입견을 배제할 수 있다.

다음은 관련 거래와 계약서들을 설명하는 단계이다. 검토하여야 할 주된 계약들이 체결된 이후라면 변호사는 계약체결 사실을 언급하고 이에 기초하여 의견서를 발급한다. 체결된 계약서를 검토할 시간적 여유가 없는 경우에는 계약서(안)(drafts of documents)을 검토하고 계약이 계약서(안)과 같은 내용으로 체결되었다고 가정하여 의견서를 발급한다. 변호사는 의견서 발급 시 기재된 계약서들을 검토하였고 의견서 발급 당시 자신이 속한 국가의 법을 대상으로 하며, 법률의견서를 작성함에 있어서 필요한 관련되는 문제에 관하여 고려하였음을 언급하여야 한다. 이를 언급하는 이유는, 의견서를 발급받은 자들의 입장에서 보면 변호사가 당연히 검토하였어야 할 사안을 임의로 배제하지 않았다는 점을 명확히 하는 데 있다.

Ⅱ. 가 정(assumptions)

법률의견서의 내용 순서상 다음으로는 의견서 발급 시 변호사가 설정한 가정(assumptions)들이 언급된다. 이러한 가정은 관련 계약서와 거래에 관계된 중요사실들과 관련된다. 가정은 서명의 진정(the genuineness of signature), 문서의 사본과 원본과의 일치성(conformity of copies of documents with the originals of those documents), 본인을 대표하여 서명한 자에 대한 권한 위임의 정당성을 포함하여 당사자들에 의한 계약 체결의 정당성(due execution) 및 제공된 서류, 예를 들면 이사회 의결에 관한 서류의 정확성(the accuracy of the certificates)과 같은 문제들을 다룬다.

그러나 특정 당사자에 관하여 의견서를 발급하는 변호사가 동 당사자가 연관되는 사실들을 모두 가정한다는 것은 적절하지 않다. 가령 차주의 변호사가 차주 및 차주의 거래참여에 관한 의견서를 발급하는 경우에 차주가 계약의 체결을 승인하였음을 가정한다고 하여서는 안 된다.

Ⅲ. 주요 내용

차주 측 변호사가 발급하는 의견서를 기준으로 그 주요 내용을 검토하면 다음과 같다.

1. "The Borrower is a company duly incorporated for an unlimited duration and is validly existing under the laws of the People' s Republic of China, with power and authority to own its assets and conduct its business as presently being conducted and no administrator, receiver or trustee of the borrower, its business or assets, has been appointed."

주로 차주의 주소지법에 관한 문제들로 차주의 변호사가 발급하는 의견서에 기술된다. 이 조항은 다음과 같은 요소들로 구성된다.

(i) "duly incorporated for an unlimited duration": 차주가 회사로서 적법하게 설립됨을 말하는 것으로 설립의 적법성을 알 수 있는 회사설립증명서(certificates of incorporation)와 기타 문제들에 대한 검토를 수반한다. 회사의 존립기간이 정해져 있는 경우에는 이를 명시적으로 기술할 필요가 있다. 차주가 회사가 아닌 정부기관이거나 국제기구인 경우 문구가 달라진다. 이러한 경우 이 조항에서는 국제기구의 설립근거가 되는 조약과 같이 차주

의 설립 및 존속근거를 언급해줄 필요가 있다.

(ii) "validly existing": 차주가 해산되거나 청산되지 않고 존속하고 있음을 뜻한다. 대부분의 의견서는 차주가 해산, 합병 또는 결합되려 하거나 이와 유사한 목적을 위한 조치들이 행해지는 상황을 다루지 않는다. 변호사가 이와 같은 사실을 알고 있는 경우에는 의견서에 이를 밝혀야 한다.

(iii) "in good standing": 미납 시 회사의 존속이 위협될 수 있는 세금이 모두 납부되었음을 의미한다. "good standing" 의견은 종종 미납세금이 없음을 증명하는 관련 정부당국의 증명서로 보강된다. "good standing"의 개념은 일부 국가(한국 포함)에서는 존재하지 않으므로 의견서나 관련계약서 작성 시 포함할 수 없는 경우가 있다.

(iv) "power and authority to own its assets and conduct its business as presently conducted": 이러한 권한이 없으면 차주는 대출을 상환할 자금을 조달할 수 없기 때문에 이 문구가 필요하다. 대주는 의견서를 발급하는 변호사가 속한 국가 이외의 국가에서 차주가 사업을 영위할 수 있는 권한에 대하여 의견서를 발급해줄 것을 요구할 수도 있다. 그러나 이는 허용되지 않으며 대주는 자신이 특별히 관심이 있는 특정 국가가 있으면 당해 국가 소속의 변호사로부터 따로 법률의견서를 받아야 한다.

"no administrator, receiver or trustee of the borrower, its business or assets, has been appointed" - 이 문구가 삽입되는 목적은 차주가 파산법상 파산관재인의 선정과 같은 방법으로 채권자로부터 보호받으려는 상황에 대응하는 데 있다.

2. "The borrower has power to enter into and perform the Loan Agreement and to borrow thereunder."

이 조항은 회사설립 증명서, 국내법 및 설립관련서류에 의하여 차주가 특정 계약을 체결하는 데 필요한 권한을 가지고 있으며 회사의 설립목적을 벗어난 행위(ultra vires)를 하지 않음을 입증한다. 이러한 사항은 차주 변호사의 법률의견서에서 다루어질 사안이다. 즉 차주사의 정관 및 회사의 능력에 관한 일반 법원칙에 관한 문제이다. 차주가 정부기관이나 국제기구의 경우 이러한 차입권한은 관련 법령, 조약 등에서 찾아볼 수 있다.

자산에 담보가 설정되거나 보증을 받는 경우 법률의견서는 차주의 권한뿐만 아니라 보증인의 보증제공 능력 및 해당 자산에 대하여 담보를 설정하기 위한 관련 회사의 권한과 능력까지도 다루어야 한다. 회사의 주된 사무소 소재지 이외의 국가에 소재한 자산에 담보가 설정되는 경우 자산에 대한 담보설정 가능 여부는 목적물소재지법에 따른다. 이 경우 당해 국가의 변호사가 별도로 법률의견서를 발급할 필요가 있다.

3. "All necessary action to authorize the borrowing on the terms and conditions of the Loan Agreement and to authorize the execution, delivery and performance of the Loan Agreement in accordance with its terms has been taken."

이 조항은 차주의 이사나 주주들의 계약 수권 권한 및 차주가 한도를 초과하여 차입하는 것을 허용하는 이사들의 권한에 대한 제한과 같이 차입에 필요한 절차적 문제를 다룬다. 여기에는 차주가 국가기관인 경우 계약체결 권한에 대한 제한이나 필요한 인허가도 포함된다.

이에 대한 법률의견서를 발급하는 변호사는 차주의 계약체결에 필요한 절차가 모두 충족되었는지 확인할 필요가 있다. 예를 들면 차입계약을 승인하는 이사회가 적법하게 소집되었는지, 정족수 요건이 충족되었는지 및 이사들 간의 이해상충 등의 문제가 없는지를 확인하여야 한다. 그러나 변호사는 이러한 점들을 의견서에서 가정할 수 있으므로 제반 절차적 요건들의 충족이 실제로 이루어졌는지 판단하기 어렵다. 가령 변호사가 법률의견서를 발급함에 있어서 제공받은 이사회의사록 사본이 정확하고 유효하다고 가정한 경우에는 이사회도 적절한 절차를 준수하여 소집되고 개최되었으며 의사록 사본과 같이 실제로 의결이 이루어졌다는 것도 가정하였을 것이다. 변호사에게 그 이상의 업무를 기대하기도 어려우므로 실무적으로 변호사가 가정한 의사록사본의 정확성 여부는 어느 정도 대주들의 위험부담 부분이라 하겠다.

4. "The Loan Agreement has been duly executed and delivered on behalf of the Borrower."

이 조항은 차주를 위하여 계약서에 서명하는 자들의 권한과 관련된다. 법률의견서를 발급하는 변호사는 서명자들이 이사회 의결이나 관련법령에 따라 적법하게 서명권을 위임받았는지를 확인할 필요가 있다. 위임장(power of attorney)에 의하여 관련 약정서들이 서명되는 경우 변호사는 차주가 위임장을 수여할 권한이 있는지, 이에 필요한 모든 절차를 충족하였는지를 검토하여야 한다. 위임장이 허용된 범위 내에서 대리인이 행동하는지를 점검하기 위하여 위임장의 조건도 검토할 필요가 있다. 위임장은 대리인에게 계약서를 위임장에 첨부된 형식으로 체결할 권한만을 수여할 수도 있고 계약서 조항 일부 또는 전부를 협상하고 계약서 수정에 동의할 권한까지 부여할 수도 있다. 대주는 차주의 주된 사무소 소재지법 및 위임장의 작성지법에 따라 위임장에서 정한 사항을 이행하기 위하여 대리인이 유효하게 선임되었음을 확인받을 필요가 있다.

5. "The Loan Agreement, as executed and delivered, constitute a legal, valid and binding obligation of the Borrower enforceable in accordance with its terms."

이 조항은 보통 대출계약서의 준거법 국가에 있는 변호사가 발급하는 의견서에 포함된다. 차주의 주소지에 있는 변호사가 발급하는 의견서에는 약간 변형된 형식으로 포함된다. 즉, 이 경우에는 계약서의 준거법에 따라 동 계약이 법적으로 유효하고 구속력이 있으며 강제력이 있다는 전제하에 차주 측 변호사가 동일한 내용의 의견을 기술한다.

(i) "legal, valid": 계약서에 불법적이거나 무효인 사항이 없음을 뜻한다.

(ii) "binding obligation enforceable in accordance with its terms": 여기에서의 "enforceable"은 특정한 이행을 청구할 수 있는 것은 아니며 계약불이행의 경우 법원에 소송을 제기할 수 있고 법원이 이에 대하여 구제명령을 내릴 수 있음을 의미한다. 보통 이는 손해배상을 뜻한다.

6. 'The authorizations, approvals, consents, licences, exemptions, filings, registrations, notarisations and other requirements under the laws of the People's Republic of China with respect to the Loan Agreement and the performance by the Borrower of its provisions, have been obtained and are in full force and effect."

이 조항은 차주를 관할하는 정부당국의 외환규제요건과 기타 인 · 허가사항들을 대상으로 한다. 어떤 국가에서는 차주의 지급금액 송금에 대하여 외환허가가 포괄적으로 나지 않고 이행기가 도래한 금액별로 허가를 주는 경우가 있다. 대주가 채무불이행을 이유로 대출금에 대한 기한의 이익을 상실시킨 경우 당초 취득한 외환당국의 허가가 기한이익이 상실된 대금의 지급을 허용하지 않을 수도 있다. 변호사는 관련된 외환규제허가가 원금과 이자뿐만 아니라 수수료나 기타비용 등도 포함하는지 검토하여야 한다.

7. "Under the laws of the People' s Republic of China, no deduction or withholding will be required to be made from any payment due by the Borrower under the loan agreement."

이자소득에 대하여 원천세가 부과되는 경우라면 의견서에 구체적으로 그 점에 대하여 언급하여야 한다. 대주가 원천세나 이와 유사한 세금을 납부하여야 할 의무 또는 이러한 세금을 납부하는 경우 적용세율에 대하여 조사하도록 하지 않고 대출계약서상의 세금보전 조항(grossing up clause)에 의존하는 것은 좋은 관행이 아니다. 차주의 원천세 보전 의무는 차주의 차입비용 및 상환부담금을 증가시키므로 대주는 차주에 대한 신용평가 시 이를 고려하여야 할 수도 있다.

8. "No stamp or registration or similar taxes or charges are payable under the laws of the People' s Republic of China in respect of the Loan Agreement."

인지세가 납부되어야만 계약서를 법원에서 강제집행할 수 있도록 하는 국가가 많기 때문에 이 조항이 필요하다. 인지세의 경우 정하여진 납부기간 내에 납부하지 않으면 가산세를 물게 되고 계약서를 강제집행하려면 사실상 대주가 가산세를 납부하여야 할 필요가 있다는 점도 염두에 두어야 한다. 인지세 납부가 필요한 경우라면 납부할 인지세액도 표시하여야 한다.

9. "It is not necessary under the laws of the People' s Republic of China in order to ensure the legality, validity or enforceability of the Loan Agreement that it should be filed, registered or recorded in any Public Office or elsewhere in the People' s Republic of China."

이 조항은 6번의 인 · 허가에 관한 조항과 중복되는 면이 있다. 담보가 어떤 국가 내의 자산에 대하여 설정되는 경우 이와 유사한 조항이 담보계약서와 연관될 수도 있다. 이 경우에는 담보권설정을 위하여 취하여야 할 조치와 타 채권자에 대한 우선적 효력을 확보하기 위한 조치에까지 이 조항이 확대 적용되도록 하는 것이 바람직하다.

10. "The execution and delivery by the Borrower of the Loan Agreement, the borrowing thereunder and the performance by the Borrower of the terms of the Loan Agreement will not conflict with or infringe the provisions of (1) the laws of the People' s Republic of China; (2) the Memorandum and Articles of the Borrower; (3) any order of any judicial or other authority of the People' s Republic of China; or (4) any mortgage, contract or other undertaking which is binding upon the Borrower or its assets."

이 조항은 매우 광범위하므로 어느 정도 의견서의 다른 조항들과 중복된다. (3) 및 (4)의 부분이 의견서에 포함되면 변호사 입장에서는 차주의 업무 및 차주가 관련되어 있거나 차주의 재산이 관련될 수 있는 모든 계약의 검토를 책임져야 하기 때문에 의견서에 포함시키지 않는 것이 좋다. 대신 이 부분은 보통 대출계약서 자체에서 차주가 하는 진술 및 보장에 포함되어 있다.

11. "There is no actual, pending or threatened litigation, arbitration or administrative proceedings concerning the Borrower or its assets before the Courts of or any other judicial or administrative tribunal in the People' s Republic of China."

이 조항도 법률의견서에 포함되면 차주가 관련되지만 사실상 차주 자신도 인식하지 못하고 있는 (특히 소송관련 사항) 가능한 모든 사안의 법적 검토를 변호사가 책임져야 하기 때문에 의견서에서 배제하는 것이 바람직하다. 변호사는 의견서에서 소송에 대한 가치판단을 요하는 사항인 소송의 중요성(materiality of litigation)을 언급하는 것도 피하여야 한다. 이러한 문제 역시 대출계약서에서 차주가 하는 진술 및 보장에서 다루어져야 한다.

12. "Under the laws of the People' s Republic of China the obligations of the Borrower under the Loan Agreement will rank parri passu with all its other unsecured indebtedness."

이 조항은 차주의 파산 등의 경우에는 그대로 적용되지 못하고 일정한 제한을 받는다. 또한 대출계약서 체결 시 혹은 그 이후에 차주가 제공한 담보의 지위에 대하여 언급하는 것은 아니다. 변호사가 계약상으로든 법률상으로든 제공된 모든 담보에 대하여 알 것으로 기대하는 것은 비합리적이기 때문이다.

13. "The choice of English law to govern the Loan Agreement would be recognized and given effect to by the courts of the People' s Republic of China and accordingly if proceedings were brought against the Borrower before those courts, those courts would apply the laws of England as the proper law of the Loan Agreement."

이 조항은 대주의 입장에서 중요하다. 대주는 차주국의 법원에 차주에 대한 소송을 제기할 수 있고 이 경우 차주국 법원이 대출계약상 합의된 준거법을 적용할 것이라는 점을 알아야 하기 때문이다.

14. “A judgment of the courts of England would be recognized and enforced in the People’ s Republic of China by the Courts of the People’ s Republic of China.”

이 조항의 목적은 대출계약서상 정해진 재판관할법원에서 얻은 판결을 차주가 속한 국가의 법원에서 집행할 수 있는지를 확인하는 데 있다. 법원은 보통 자동적, 무조건적으로 다른 국가의 법원이 한 판결을 승인하고 집행하지는 않기 때문에 의견서를 발급하는 변호사는 이 조항에 일정한 단서를 부여한다. 이 조항의 목적은 차주국 법원에서 사건의 실체적 사항들을 전부 다시 재판할 필요가 없음을 확실히 확인하는 데 있다. 이러한 문제는 관련 당사자국 사이의 조약에 의하여 규율되기도 하나, 항상 그러한 조약이 양 당사국 사이에 체결되어 있는 것은 아니다.

의견서는 이 조항과 관련하여 보통 다음의 사안들이 충족되는 경우에만 외국 판결이 승인될 수 있다고 규정한다.

(i) 외국 법원이 판결을 함에 있어서 절차적 규정을 준수하였을 것
(ii) 외국 법원이 재판관할권을 가질 것
(iii) 외국 법원의 판결이 최종적이고 종국적인 것일 것
(iv) 외국 법원의 판결이 확정된 금액일 것
(v) 외국 법원의 판결이 사기나 속임수에 의하여 획득된 것이 아닐 것
(vi) 외국 법원의 판결의 집행이 집행지의 공서(public policy)에 반하지 않을 것 또는 판결의 집행이 형벌이나 보상적 성격을 가지지 않을 것
(vii) 외국 법원의 판결이 사회정의(natural justice)에 반하지 않을 것

15. “Under the laws of the People’ s Republic of China neither the Borrower nor its assets is entitled to immunity from suit or enforcement of judgment

with respect to any action or proceeding that might be brought in the courts of the People's Republic of China arising out of or relating to the Loan Agreement."

이 조항은 주권면제 문제를 대상으로 하며 차주가 국가기관인 경우 특히 중요하다. 이 경우에는 차주의 자산에 대한 판결의 집행에 한정하여 기술할 필요가 있다.

16. "A judgment in the courts of the People's Republic of China may be expressed in (the relevant currency of the Loan Agreement)"

이 조항은 해당 국가의 법원이 내리는 판결의 통화표시와 관련된다.

17. "It is not necessary under the laws of the People's Republic of China in order to enable the Lenders to enforce their rights under the Loan Agreement that they should be licensed, qualified, or otherwise entitled to carry on business in the People's Republic of China."

이 조항의 목적은 대주가 차주국 내에 영업점 등이 없어도 차주에 대하여 대출계약을 집행할 수 있음을 보장하는 데 있다.

18. "By reason only of the execution, delivery and performance of the Loan Agreement by the lenders, they will not be deemed to be resident, domiciled or carrying on business in the People's Republic of China or subject to taxation under the laws of the People's Republic of China."

이 조항은 단지 대출계약과 이에 대한 관련성 때문에 외국에서 사업을 하는 것으로 간주되어 과세되는지를 정하기 때문에 대주들에게 중요하다.

Ⅳ. 제한사항(qualification)

법률의견서상 변호사의 의견이 항상 명확한 것은 아니며 변호사의 법률의견은 다양한 가정이나 제한하에서 영향을 받는다. 이러한 법률의견에 대한 제한사항들은 법률의견서를 발급하는 변호사로 하여금 일반적인 의견진술에 대한 수정을 가능하게 한다.

하지만 법률의견서를 징구하는 목적이 대출은행이 자금을 지출하기 전에 거래에 내재된 위험을 체크하는 것이므로 대출은행으로서는 당해 거래의 제한사항이 뜻하는 바를 충분히 이해하여야 한다. 법률의견서에서 흔히 볼 수 있는 제한사항들은 다음과 같다.

1. 채무자의 도산(Insolvency qualification)

"The obligations of the Borrower may be limited by bankruptcy, insolvency, liquidation, administration, reorganization and other laws of general application relating to or affecting the rights of creditors."

이러한 제한사항은 채무자의 자산에 대한 강제집행에 관련된다. 채권자의 입장으로서 이러한 법률의견서상의 제한사항을 자세한 분석 없이 수용하게 되면 당해 대출거래에 있어서 중대한 판단오류를 범할 수도 있다. 따라서 대출자 입장에서는 필요시 전문변호사를 동원하여 채무자의 도산이 채권자에게 어떤 영향을 미치는지 파악할 필요가 있다. 특히, 어떤 상황에서 채권자가 채무자 및 담보에 대한 강제집행시 법원의 승인이 필요한지 그리고 채무자의 도산 및 청산시 채무자의 어떤 거래행위가 부인의 대상이 되는지 등이다.

2. 형평법상의 제한(Equitable principles qualification)

"The enforceability of the right and remedies provided for in the documents is subject to general principles of equity including application by a court of competent jurisdiction of principles of good faith, fair dealing, commercial reasonableness, materiality, unconscionability and conflict with public policy and any other similar principles."

이러한 제한은 계약서의 강제집행성에 대한 의견과 관련하여 필요하다. 어떤 국가에서는 채권자로 하여금 권리행사 시 합리적인 범위 내에서 권리를 행사하도록 요구하는 일반 원칙이 있다. 예를 들면, 이러한 원칙은 채권자로 하여금 계약서상의 디폴트 조항에 과도하게 의존하는 것을 막는 효과가 있다. 즉 디폴트 사유는 경미하나 채권자의 구제책은 차주에게 치명적인 경우 채권자의 계약상 권리행사가 제한될 수 있다.

3. 기타 제한사항들

법률의견서에는 기타 변호사가 의견서를 발급하면서 필요하다고 생각하는 여러 가지 제한사항들이 열거된다. 채권자와 변호사들은 이러한 각각의 제한사항들을 검토하면서 각각의 제한사항이 내포하는 위험이 감내할 만한 것인지(예를 들면, 연체이자를 강제할 수 없을지도 모른다는 제한에도 불구하고 채권자들이 본건 딜을 계속 진행시킬지 여부), 또는 위험을 감소시킬 대안이 있는지(예를 들면, 판결의 강제집행가능성이 부정될 수 있을 때 중재가 더 나은 선택인지 여부)를 결정하여야 한다.

집필위원

최성현(1~3장, 8~11장)

- (現)영미계약법연구소 대표
- 한국금융연수원 교수
- 법무법인 케이씨엘 미국변호사
- 한국자산관리공사(KAMCO) 내부고문변호사
- 제일은행 법규실 및 국제금융부 과장
- 고려대학교 법과대학 졸업
- 미국 Boston University School of Law 졸업 (LL.M. in Banking Law; LL.M. in American Law)
- 미국 뉴욕주 변호사

신종신(4~7장, 12장)

- (現)김 · 장 법률사무소 미국변호사
- 산업은행 윤리준법본부 부행장
- 산업은행 법무실장
- 서울대학교 법과대학 졸업
- 미국 Cornell University Law School 졸업(LL. M.)
- 미국 뉴욕주 변호사

국제금융관계법률

초 판 1쇄 발행	1998. 5. 25
전면개정4판 1쇄	2025. 1. 24
집 필 위 원	최성현 · 신종신
발 행 인	이준수
발 행 처	한국금융연수원 03053 서울특별시 종로구 삼청로 118
전 화	02) 3700-1500
팩 스	02) 3700-1530
홈 페 이 지	www.kbi.or.kr
등 록	1990년 4월 20일(제1-1040호)

<정가 : 25,000원> ISBN 978-89-287-8233-8 13360

한국금융연수원 자격검정시험 안내

- 「국가공인자격」은 자격기본법에서 정한 기준과 절차에 따라 국가가 공인한 자격으로 신용분석사, 여신심사역, 국제금융역, 자산관리사(FP), 신용위험분석사(CRA), 외환전문역 I종, 외환전문역 II종 등 7개의 자격이 있습니다.
- 「자체인증자격」은 우리 원이 인정, 수여하는 자격으로 공개시험형 자체자격인 프라이빗 뱅커(CPB), 은행텔러, 영업점 컴플라이언스 오피서(은행)(보험)(증권), KBI 금융DT 테스트, 자금세탁방지 업무능력 검정시험 등 7개 자격이 있습니다.

구분	자 격 명 (공인/등록번호)	응시료	자격소개
국가공인자격	신용분석사 (제2024-1호) (2008-0438)	전과목 : 66,000원 1부 : 28,000원 2부 : 39,000원	금융회사의 여신관련 부서에서 기업에 대한 회계 및 비회계자료 분석을 통하여 종합적인 신용상황을 판단하고 신용등급을 결정하는 등 기업신용 평가업무를 담당하는 금융전문가
	여신심사역 (제2024-2호) (2008-0439)	전과목 : 66,000원 1부 : 28,000원 2부 : 39,000원	금융회사의 여신심사 담당자로서 경제상황과 기업의 재무, 비재무상태 등을 분석, 파악하여 적정한 대출심사 의견서 작성, 대출이율 및 대출기간 결정 등 대출실행 여부를 판단하고 자금의 효율적 운용, 대손 방지를 위한 제반조치, 여신의 법률적 검토, 사후관리업무 등 여신업무와 관련한 종합적인 업무를 수행하는 금융전문가
	국제금융역 (제2021-1호) (2008-0440)	전과목 : 66,000원 1부 : 33,000원 2부 : 33,000원	금융회사의 국제금융 관련 부서에서 국제금융시장의 동향파악, 분석 및 예측 등을 통하여 외화자금의 효율적 조달과 운용업무를 담당하고 이에 따른 리스크관리 등 국제금융 관련 업무를 수행하는 금융전문가
	신용위험분석사(CRA) (제2023-2호) (2008-0442)	1차 : 77,000원 2차 : 88,000원	금융회사 및 기업신용평가기관 등에서 개인과 기업에 대한 신용상태를 조사평가하고 신용위험을 측정 · 관리하는 여신전문가
	자산관리사(FP) (제2020-1호) (2008-0441)	전과목 : 55,000원 1부 : 28,000원 2부 : 28,000원	금융회사 영업부서의 PB(Private Banking) 팀에서 고객의 수입과 지출, 자산 및 부채현황, 가족상황 등 고객에 대한 각종 자료를 수집, 분석하여 고객이 원하는 Life Plan 상의 재무목표를 달성할 수 있도록 종합적인 자산설계에 대한 상담과 실행을 지원하는 금융전문가
	외환전문역 I종 (제2020-1호) (2008-0436)	전과목 : 55,000원	금융회사의 외환업무 중 외국환 거래 법규 및 외환거래실무를 이해하고 고객의 외화 자산에 노출되는 각종 외환 리스크를 최소화시키는 등 주로 개인 외환과 관련된 직무를 담당
	외환전문역II종 (제2020-1호) (2008-0436)	전과목 : 55,000원	금융회사의 외환업무 중 수출입업무 및 이와 관련된 국제무역규칙을 이해하고 외환과 관련된 여신 업무를 수행하는 등 주로 기업 외환과 관련된 직무를 담당
자체인증자격	은행텔러 (2008-0437)	전과목 : 55,000원	창구에서 일어나는 제반업무에 대해 신속하고 친절한 업무수행과 정확한 업무처리로 고객에게 도움을 주고 상담을 통해 문제해결을 하도록 도와주는 금융전문가
	영업점 컴플라이언스 오피서(은행) (2010-0118) (보험, 증권) (2013-0702,0703)	전과목 : 각 44,000원	금융회사의 영업점에서 준법관련 법규와 감독기관의 감독규정이 정한 내용과 취지를 충분히 이해하고 업무 수행과정에서 이를 준수하며, 영업점에서 발생 가능한 금융사고 및 민원사항이 발생하지 않도록 사전적 예방 차원에서 그 준수사항의 이행을 점검하는 금융전문가(은행, 보험, 증권 분야별로 자격이 구분됨)
	프라이빗뱅커 (CPB) (2018-004091)	1차 : 110,000원 2차 : 342,000원 (실무교육)	개인고액자산가의 자산 및 수익증대를 실현하기 위해 금융분야 전반에 걸쳐 종합적인 금융상담과 실행을 지원할 수 있는 최고급 수준의 금융자산설계전문가
	KBI 금융DT 테스트 (2021-001872)	전과목 : 44,000원	금융인 및 예비금융인을 대상으로 디지털금융 전반에 대한 기본지식과 업무활용능력 등 금융DT 관련 기본역량 평가
	자금세탁방지 업무능력 검정시험 (2023-004792)	전과목 : 66,000원	금융시스템을 이용한 자금세탁행위와 공중협박자금조달행위를 적발 및 예방할 수 있는 전문적인 업무역량 평가

소비자 알림사항

- 상기 "프라이빗뱅커(CPB)", "영업점컴플라이언스 오피서(은행)(보험)(증권)", "KBI 금융DT 테스트", "은행텔러", "자금세탁방지 업무능력 검정시험" 자격은 자격기본법 규정에 따라 등록한 민간자격으로, 국가로부터 인정받은 공인자격이 아닙니다.
- 민간자격 등록 및 공인 제도에 대한 상세내용은 민간자격정보서비스 (www.pqi.or.kr)의 '민간자격 소개'란을 참고하여 주십시오.

기타

- 응시료 환불 규정 : 접수기간 중 100%, 접수기간 종료 후 시험일 5일전 18시까지 50% 환불/이후 환불 불가
- 자격 공인번호는 재공인시점에 따라 변경될 수 있으며, 응시료, 환불규정 등은 응시 시점에 따라 변경될 수 있으니 자격시험 응시 전 반드시 한국금융연수원 홈페이지에서 응시하고자 하는 자격시험에 관한 최신 정보를 확인하시기 바랍니다. 자격시험에 관한 자세한 사항은 한국금융연수원 홈페이지를 참조하시기 바랍니다.
- 주소 : 서울특별시 종로구 삼청로 118 / TEL : 02-3700-1500 / 홈페이지 : www.kbi.or.kr